UTB 2638

Eine Arbeitsgemeinschaft der Verlage

Böhlau Verlag · Köln · Weimar · Wien
Verlag Barbara Budrich · Opladen · Farmington Hills
facultas.wuv · Wien
Wilhelm Fink · München
A. Francke Verlag · Tübingen und Basel
Haupt Verlag · Bern · Stuttgart · Wien
Julius Klinkhardt Verlagsbuchhandlung · Bad Heilbrunn
Lucius & Lucius Verlagsgesellschaft · Stuttgart
Mohr Siebeck · Tübingen
Orell Füssli Verlag · Zürich
Ernst Reinhardt Verlag · München · Basel
Ferdinand Schöningh · Paderborn · München · Wien · Zürich
Eugen Ulmer Verlag · Stuttgart
UVK Verlagsgesellschaft · Konstanz
Vandenhoeck & Ruprecht · Göttingen
vdf Hochschulverlag AG an der ETH Zürich

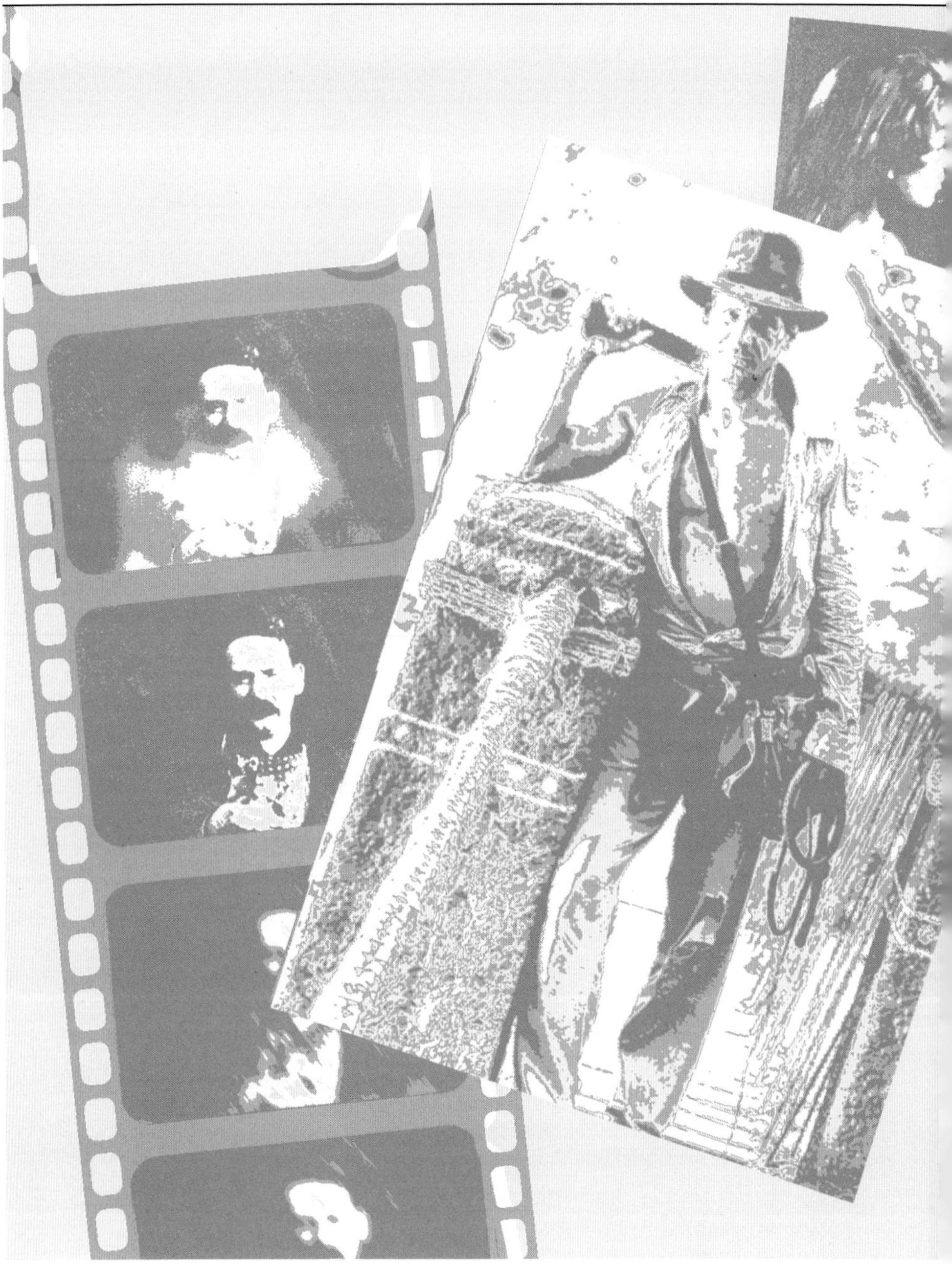

WERNER FAULSTICH

Film-geschichte

UTB basics

Wilhelm Fink

Bibliografische Information der Deutschen Nationalbibliothek

Die Deutsche Nationalbibliothek verzeichnet diese Publikation in der Deutschen Nationalbibliografie; detaillierte bibliografische Daten sind im Internet über http://dnb.d-nb.de abrufbar.

Cover: Indiana Jones @ Lucasfilm

(Wilhelm Fink GmbH & Co. Verlags-KG, Jühenplatz 1, D-33098 Paderborn)
ISBN 978-3-7705-4097-6

Printed in Germany.
Einbandgestaltung: Atelier Reichert, Stuttgart
Herstellung: Ferdinand Schöningh, Paderborn

UTB-Bestellnummer: ISBN 978-3-8252-2638-1

Inhalt

Film, Filmgeschichtsschreibung, Filmgeschichten – einführende Bemerkungen

Filmgeschichte existiert nicht im luftleeren Raum. Es ist also hilfreich und sogar notwendig, sich vor der Beschäftigung mit der im Folgenden ausgebreiteten Filmgeschichte zu vergewissern, 1. was genau hier unter „Film" verstanden wird, 2. welche unterschiedlichen Arten von „Filmgeschichtsschreibung" man unterscheiden sollte und 3. welche „Filmgeschichten" bislang bereits vorgelegt wurden.

1. Der Begriff „Film":

Filmgeschichte ist zu allererst abhängig von der Definition von Film. Es macht einen großen Unterschied aus, ob man unter Film ein komplexes Kommunikationsmedium versteht oder nur einen einzelnen Film. Ersteres impliziert praktisch alle Aspekte des Films: die Filmproduktion, den Filmverleih, die Filmrezeption, aber auch Filmästhetik, Filmsprache und die Filmzensur, ferner Filmmusik, Filmschauspieler oder Filmtheorie , sodann Filmtechnik, Filmregie und Filmkamera, auch das Kino, die Filmbesucher oder die Filmwirkung – und das wären noch längst nicht alle Dimensionen des Films als Medium. Eine solch umfassende Filmgeschichte als Mediengeschichte ist heute noch nicht möglich; dafür fehlen zu viele Vorarbeiten. Außerdem müsste sie derart umfangreich sein, dass sie wohl nur von vielen Menschen geschrieben werden könnte und nur von wenigen Menschen gelesen würde.

vom Medium...

Hier wird demgegenüber Film im engeren Sinn verstanden: Film als Produkt, als einzelner Film. Zwar sollen dabei auch übergreifende wirtschaftliche und politische, soziale und kulturelle Gesichtspunkte einbezogen werden, aber sie werden nicht im Zentrum der Darstellung stehen, sondern nur ergänzend einen Rahmen skizzieren. Und auch nicht jede Art von Einzelfilm wird einbezogen, sondern eine ganze Reihe von Filmarten bleibt ausgespart: Werbefilme, Animationsfilme, Reisefilme, wissenschaftliche Filme, also jegliche Art von Sachfilmen, auch Dokumentarfilme, Experimentalfilme, Fernsehfilme oder PR-Filme. Die folgende Filmgeschichte thematisiert ausschließlich narrative Kino-Spielfilme (die natürlich auch im Fernsehen oder auf Video und DVD verbreitet werden).

...zum einzelnen Produkt

– narrative Spielfilme

Was heißt hier „Spielfilm"? Der Film als Spielfilm benutzt Teile der visuellen und auditiven inszenierten Wirklichkeit und „spielt" mit ihnen, d.h. er fügt sie bedeutungsmäßig neu zusammen zu einer ganz anderen Wirklichkeit, die sich im Kopf des Zuschauers abspielt, zu einer neuen Wahrnehmung, die ästhetisch als kollektiver Traum zu verstehen ist, also auf Verdrängtes verweist. Die Reise, zu der der Spielfilm den Betrachter zwingt, ist also letztlich eine Expedition ins eigene Ich. Zugleich aber verbirgt sich im individuellen Filmerlebnis auch das gesellschaftliche Moment, das den Traumcharakter des Films begründet und sich der Filmanalyse erschließt. Filmgeschichte definiert sich über die Ästhetik des Films demnach zugleich als ein Stück Gesellschaftsgeschichte. Bei dieser Auffassung von Film haben die speziellen, historisch sich wandelnden Gestaltungsformen, wie sie auch in Filmgenres und Filmstars verdichtet sind, die größte Bedeutung.

Definition

Der narrative Spielfilm ist gewissermaßen „Literatur im Film". Er gewinnt seine Bedeutung nicht im Gezeigten, sondern im Akt des Zeigens: als Erlebnis. Maßgeblich dabei ist seine spezifische Ästhetik. Beim Spielfilm handelt es sich um einen kollektiven Traum, der das Verdrängte mit der gesellschaftlichen Wirklichkeit versöhnt und darin seine Geschichtlichkeit begründet..

2. Arten der Filmgeschichtsschreibung:

Filmgeschichte ist zweitens abhängig von der gewählten Methode der Filmgeschichtsschreibung. Wie jede Art von Geschichte ist auch Filmgeschichte nicht etwa die objektive Beschreibung zweifelsfrei gegebener und von allen anerkannter unverwechselbarer Wirklichkeit, sondern eine Konstruktion. Es gibt nicht „die" Filmgeschichte schlechthin, erstens weil die Wirklichkeit höchst komplex ist, also unterschiedliche Akzente erlaubt, und zweitens weil stets auch ganz verschiedene Perspektiven möglich sind. So unterscheidet sich Filmgeschichte als Technikgeschichte ebenso grundsätzlich von einer Filmgeschichte als Kunstgeschichte wie eine Geschichte der Filmtheorie von einer Filmgeschichte als Personengeschichte oder als Wahrnehmungsgeschichte. Beispiele wie etwa eine Filmgeschichte als Geschichte von Filmstars oder auch als eine Wirtschafts-, Organisations- und Sozialgeschichte (vgl. Weiterführende Literatur) können gut die Vor- und Nachteile der jeweiligen methodischen Ansätze verdeutlichen. Vom Ideal einer umfassenden Systemgeschichte, die alle Aspekte des Films als Kommunikationsmedium umfassen müßte, sind wir sowieso weit entfernt. Aber auch von einer ganzheitlichen, universalistischen Filmgeschichte, die möglichst alle Perspektiven miteinander verbinden würde, kann keine Rede sein.

von der Systemgeschichte...

Machbar und sinnvoll erscheint derzeit (innerhalb eines Rahmens der Filmbranche allgemein) nach wie vor eine Geschichte von Einzelfilmen, verbunden mit einer Geschichte der für das Medium Film so wichtigen Genres, ergänzt durch den Rekurs auf einzelne herausragende Personen, insbesondere diejenigen, die für den narrativen Film seit jeher von Bedeutung waren: Filmregisseure und Filmstars. Insofern versteht sich die folgende Filmgeschichte einschränkend als Produkt- und Genregeschichte, ergänzt um Aspekte von Personengeschichte. Mit anderen Worten: Was unsere Wahrnehmung beim Medium Film am stärksten prägt: die Filme selbst, ihre Konventionen, ihre Macher und ihre Schauspieler, – soll auch im Mittelpunkt dieser Filmgeschichte stehen.

...zur Geschichte von Einzelfilmen, Genres, Regisseuren und Stars

– Produkt- und Genregeschichte

Merksatz

Die folgende Filmgeschichte ist in der Hauptsache Produkt- und Genregeschichte, ergänzt durch Aspekte von Personengeschichte und wichtige Momente einer Geschichte der Filmbranche als umfassender Rahmen.

Natürlich wird im Folgenden Filmgeschichte nicht völlig neu geschrieben. Es gibt bereits viele verschiedene Filmgeschichten, die hier als Vorbild betrachtet und selektiv wie verdichtend ebenso genutzt werden wie vielbändige Filmlexika (ohne daß das bei den einzelnen Kapiteln immer wieder ausgewiesen wird). Allerdings haben viele auch ihre offensichtlichen Nachteile. Mehrere Filmgeschichten vertreten etwa einen universalistischen Anspruch und nehmen deshalb Bezug auf Spielfilme im Prinzip aller nur denkbaren Länder und Kulturen, zum Beispiel auch China, Australien, Korea oder afrikanische Länder. Diese globale Perspektive soll hier deutlich reduziert werden, weil solche ausländischen Filme hierzulande nur sehr selten gezeigt werden und ansonsten auch nicht verfügbar sind – also bei den allermeisten Menschen, auch den Filminteressierten, praktisch gar nicht bekannt sind. Andere Filmgeschichten dagegen konzentrieren sich nationalspezifisch nur auf deutsche Filme. Dieser gegenläufige Blickwinkel erscheint wiederum als zu eng, weil in Deutschland selbstverständlich auch viele Filme aus dem Ausland verbreitet und bekannt sind und die hiesige Kultur stark geprägt haben oder prägen. Sie auszulassen, wäre eine unzulässige Beschränkung des Gegenstandsbereichs. Es gilt also, eine Position zwischen primär ausländischen und exklusiv deutschen

3. Filmgeschichten:

vom universalistischen Anspruch...

Filmen einzunehmen: Es geht um *Filme in Deutschland.* Daß dabei keine französische (z.B. George Sadoul) oder amerikanische (z.B. David A. Cook) oder polnische Sichtweise (z.B. Jerzy Toeplitz) vorherrschen wird, sondern eine deutsche, ist ebenso unvermeidlich wie sinnvoll.

Sodann unterscheiden sich viele Filmgeschichten auch in ihren Selektionskriterien. Meistens wird denjenigen Filmen der Vorrang gegeben, denen ein künstlerischer Rang zugesprochen wird, während oskar-prämierte Filme, die ein großes Publikum gefunden haben, und standardisierte Durchschnittsfilme, die das Gros der Produktionen ausmachen, weitgehend ausgeblendet bleiben. Auch hier wird im Folgenden versucht, beide Extreme zu vermeiden und eine Kombination zu versuchen: Herausragende Avantgardefilme, welche die Filmtradition geprägt haben, werden ebenso einbezogen wie internationale Erfolgsfilme und -genres, die den Zuspruch der Massen gefunden haben. Zu den Selektionskriterien gehört also neben dem *künstlerischen Einfluss* und dem *kommerziellen Erfolg* auch das *Repräsentativ-Typische* der Durchschnittsware. Filmgeschichte ist hier vor allem die Geschichte von Mainstream-Filmen und von deutschen und ausländischen Avantgardefilmen, soweit sie eine breitere Öffentlichkeit gefunden haben.

...über Selektionskriterien...

...zum Bildungskanon

In Nutzung der zahlreichen, bereits vorgelegten diversen Filmgeschichten, d.h. unter Bezugnahme auf die Standards und den relativen Konsens von Filmwissenschaftlern, soll im Folgenden versucht werden, aus dem Totum aller Filme nach den benannten Kriterien einen Kanon zu bilden, der heutigen Bildungsansprüchen aus deutscher Sicht gerecht wird. Dabei muss man in Rechnung stellen, daß von den Hunderttausenden bis Millionen Filmen, die weltweit hergestellt wurden, nur noch schätzungsweise 10 Prozent erhalten und deutlich unter 0,1 Prozent potentiell zugänglich sind.

Zugleich soll ein gewichtiger Nachteil fast aller Vorlagen vermieden werden: Die allermeisten bislang vorgelegten Filmgeschichten sind einfach zu umfangreich. Hier soll demgegenüber der bescheidene Versuch gemacht werden, Filmgeschichte auf das Wichtigste zu reduzieren und im Licht des derzeitigen Forschungsstandes prägnant zu bündeln, also lediglich in ihren Grundzügen wiederzugegeben. Das bedeutet schmerzliche Einschnitte: Vermutlich werden just diejenigen Regisseure, Filme und Stars, die der Leser, die Leserin erwartet, fehlen. Aber Selektion und Verdichtung müssen als unvermeidlich akzeptiert werden, wenn man auf begrenztem Raum einen Vorschlag für die Basics eines Filmkanons, für ein Mindestwissen zur Filmkultur vorschlagen will.

Die Beschränkung des Seitenumfangs wird dadurch kompensiert, dass die folgende Filmgeschichte zum Selbststudium konzipiert wurde und neben vielen Übungs- und Weiterführenden Fragen auch zahlreiche kommentierte Literaturhinweise anbietet, vor allem zur deutschen Filmgeschichte. Grundkenntnisse wichtiger Filmklassiker, Regisseure, Schauspieler und Genres im Rahmen der Entwicklung des narrativen Spielfilms können in einem solchen überschaubaren Modul „Filmgeschichte" problemlos eigenständig erweitert werden.

– Filmgeschichte zum Selbststudium

Filmgeschichte wird im Folgenden, mit der Priorität auf dem Film in Deutschland, in acht Phasen eingeteilt.

8 Phasen der Filmgeschichte

Phase I	1895-1900	Vor- und Frühgeschichte – die Anfänge des Films bis zur Jahrhundertwende
Phase II	1900-1914	Nationale Besonderheiten und die Ausbildung von Genres bis zur etablierten Filmindustrie
Phase III	1914-1933	Vom Stummfilm zum Tonfilm – ökonomische und ästhetische Schwerpunkte zur Zeit der Weimarer Republik
Phase IV	1933-1945	Filmkultur unterm Hakenkreuz
Phase V	1945-1960	Der „Weltfilm" der Nachkriegszeit
Phase VI	1960-1975	Die Konkurrenz zum Fernsehen und die Erneuerung
Phase VII	1975-1990	Genrewandel – Diversifikation, Revival, Mix
Phase VIII	1990-heute	Ausblicke – Digitalisierung und Globalisierung

Kritererien für die Zäsurenbildung waren erstaunlicherweise primär äußere Faktoren: ein genereller Wandel der Medienkultur zur Jahrhundertwende von den Print- zu den elektronischen Medien, der 1. Weltkrieg und seine politischen und wirtschaftlichen Auswirkungen, der Faschismus von Hitlers Machtergreifung bis zum 2. Weltkrieg, dann die Konkurrenz des Mediums Film mit dem Fernsehen und schließlich erneut ein sich abzeichnender medienkultureller Wandel von den elektronischen zu den digitalen Medien. Medienimmanente Veränderungen wie der Wandel vom Kurzfilm zum Langfilm, von kleinen Produktionsfirmen zum Studiosystem der Konzerne, vom Stummfilm zum Tonfilm, vom Schwarz-Weiß-Film zum Farbfilm oder vom nationalen Film und verschiedenen Filmmärkten zum „Weltfilm" und einer globalen Filmkultur spielten hier nur eine sekundäre Rolle. Ganz offensichtlich ist der Film also, im Unterschied zu anderen Medien, ein eher reaktives Medium, dessen Verarbeitungs- und Kompensationsfunktion – wie prinzipiell bei jeder Art von Fiktion oder „Literatur" – im Vordergrund steht. Auch darin äußert sich sein Charakter als kollektiver Traum.

Literatur

Literatur

Georges Sadoul: Geschichte der Filmkunst (orig. 1955). Wien 1957, Frankfurt/Main 1982.

Älterer Klassiker der internationalen Filmgeschichtsschreibung bis um 1950, unter besonderer Berücksichtigung des Kunstcharakters von Film.

Ulrich Gregor und Enno Patalas: Geschichte des Films (orig. 1962). Reinbek 1980.

Deutsche Standarddarstellung der internationalen Filmgeschichte von den Anfängen bis zum Jahr 1960, ergänzt durch eine Weiterführung von Ulrich Gregor bis Mitte der 70er Jahre (Berlin 1977).

Dieter Prokop: Soziologie des Films. Darmstadt, Neuwied 1970, 1974..

Schematischer Versuch einer Beschreibung der Filmgeschichte als Wirtschafts-, Organisations- und Sozialgeschichte am Beispiel der amerikanischen Filmindustrie.

Jerzy Toeplitz: Geschichte des Films, 1895-1945 (orig. 1972), 2 Bde. Ost-Berlin 1983, Frankfurt/Main o.J.

Umfangreiche Geschichte der internationalen Filmkunst, auf knapp 2000 Seiten, aus polnischer Sicht.

Adolf Heinzlmeier, Bernd Schulz, Karsten Witte: Die Unsterblichen des Kinos, 3 Bde. Frankfurt/Main 1980-1982.

Filmgeschichte als internationale Stargeschichte in Einzeldarstellungen.

David A. Cook: A History of Narrative Film. New York, London 1981, 3rd. rev. ed. 1996..

Im amerikanischen Ausbildungssektor etablierte umfangreiche Darstellung des internationalen Films aus US-amerikanischer Sicht auf gut 1000 Seiten, mit einem didaktisch akzentuierten Begleitband .

Lexikon des Internationalen Films, hrsg. vom Katholischen Institut für Medieninformation e.V. und der Katholischen Filmkommission für Deutschland. Reinbek 1987ff.

Unverzichtbares Nachschlagewerk für die einzelnen Filme mit vielen kundigen Hinweisen zum Verständnis, wenn auch gelegentlich mit problematischen Wertungen.

Knut Hickethier (Hrsg.). Filmgeschichte schreiben. Ansätze, Entwürfe und Methoden. Berlin 1989.

Sammelband mit zahlreichen Beiträgen zu Problemen und Methoden der Filmgeschichtsschreibung.

Werner Faulstich und Helmut Korte (Hrsg.): Fischer Filmgeschichte, 5 Bde. Frankfurt/Main 1990-1995.

Darstellung von 100 Jahren Film am Beispiel von 100 exemplarischen Filmanalysen von den Anfängen bis 1995.

Uli Jung (Hrsg.): Der deutsche Film: Aspekte seiner Geschichte von den Anfängen bis zur Gegenwart. Trier 1993.

Sammelband mit 10 Beiträgen verschiedener Autoren zu wichtigen Aspekten des deutschen Films und amerikanischer Filme in Deutschland.

Wolfgang Jacobsen, Anton Kaes und Hans Helmut Prinzler (Hrsg.): Geschichte des deutschen Films. Stuttgart, Weimar 1993.

Sammelband mit 17 Beiträgen teils zu Jahrzehnten, teils zu wichtigen Themen, national begrenzt auf den deutschen Film, unter Einschluss auch des Dokumentar- und des Experimentalfilms.

Kristin Thompson und David Bordwell: Film History. An Introduction. New York 1994.

In den USA etablierte Geschichte des internationalen Films aus amerikanischer Sicht auf 850 Seiten.

Geoffrey Nowell-Smith (Hrsg.): Geschichte des internationalen Films (orig. 1996). Stuttgart, Weimar 1998.
Sammelband zur Geschichte des internationalen Films auf knapp 800 Seiten, mit 89 Einzeldarstellungen von über 50 Autorinnen und Autoren unter Einschluss auch von Ländern wie Indonesien, Taiwan und Iran.

1895-1900 Vor- und Frühgeschichte

Phase I

Inhalt

Technische Vorläufer und gesellschaftlicher „Bedarf" | 1.1

Wie ist der Film entstanden?

Am Anfang steht die Frage: Wie ist das neue Medium Film Ende des 19. Jahrhunderts entstanden? Darauf sind bereits viele und ganz unterschiedliche Antworten gegeben worden, die jedoch in der Regel nur Teilerklärungen bieten. Am beliebtesten und entsprechend verbreitet ist die Technikgeschichte. Demnach wurden verschiedene technische Erfindungen miteinander kombiniert und führten zu dem ganz neuen Medium. Nicht selten wird damit die angebliche „Geburt" des Films lokalisiert, aber diese Metapher unterschlägt die Frage gewissermaßen nach den Erzeugern. In der Tat gab es zahlreiche technische Vorläufer, die eine wichtige Rolle gespielt haben. Doch von einer systematischen Entwicklung und gar von einem Schritt direkt von der Technik zum Film als komplexem System kann überhaupt keine Rede sein. Das Problem ist sehr viel schwieriger.

Technische Faktoren

Immerhin muß man bei den technischen Vorläufern vier wichtige Teilbereiche unterscheiden:

1. Projektionstechnik

Erstens verbesserte sich die seit der Laterna magica des 18. Jahrhunderts bekannte und verbreitete Projektionstechnik. Zauberer und Schausteller boten auf Jahrmärkten den Massen zur Unterhaltung mechanische Abfolgen von beleuchteten Bildern auf einer Leinwand: Phantasmagorien – Geister, Visionen, Schauergestalten, Unvorstellbares, Sensationen.

2. Stroboskopischer Effekt

Zweitens entdeckte man den stroboskopischen Effekt, der beispielsweise beim „Lebensrad" oder bei der „Wundertrommel" eingesetzt wurde: Dreht man eine Scheibe, auf der am Rand in einer Reihe Bilder in fortlaufenden Handlungsphasen aufgemalt sind, immer schneller, so erscheint die Abfolge von Einzelbildern bzw. Teilhandlungen auf einmal als kontinuierliche Bewegung. Auch das bekannte „Taschenkino" funktioniert nach diesem Prinzip.

3. Fotografie

Bei beidem handelte es sich um „optisches Theater", die benutzten Bilder waren jeweils gezeichnet oder gemalt. Der dritte Teilbereich stellt eine wichtige Erweiterung dar: die Erfindung und Verbreitung der Fotografie seit Mitte des 19. Jahrhunderts. Damit konnten Bilder gleichsam von der Wirklichkeit selbst angefertigt werden. Komplexe Bewegungsabläufe wurden mit der Fotokamera fixiert – und die festgehaltene Wirklichkeit erschien als reale, als authentische Wirklichkeit. Das gilt insbesondere für die sogenannten Reihenbilder, d.h. eine Abfolge zahlreicher Momentaufnahmen von Handlungsprozessen.

4. Zelluloid

Viertens schließlich wurde das Zelluloid erfunden, ursprünglich als Ersatz für Elfenbein, wie man es für die Herstellung von Billiardkugeln benötigte. Mit dem Zelluloid war die materielle Basis für den biegsamen Endlosstreifen des Films bereitgestellt.

Merksatz

Technische Faktoren waren Voraussetzungen für die Entstehung des Films, haben aber im Vergleich mit anderen Aspekten nur eine begrenzte Bedeutung.

Diese und weitere technische Erfindungen wurden von verschiedenen Personen zu unterschiedlichen, je unvollkommenen Synthesen zusammengebracht. So baute der Deutsche Ottomar Anschütz 1886/87 ein Tachyskop („Schnellseher"), mit dem „lebende Bilder" sensationell zu kleinen Geschichten ausgebaut und vorgeführt wurden: Kellner stolperten, Zimmerleute frühstückten, Herren mit Zylindern grüssten. Aber er benutzte noch Glasplatten, und technische sowie ökonomische Probleme verhinderten den Erfolg. Der Engländer William Friese-Greene machte 1889/90 erste Filmaufnahmen mit ruckartigem Zelluloidfilm, konnte seine Patente aber kommerziell nicht auswerten und starb arm und unbekannt. Oder der Amerikaner Thomas Alpha Edison benutzte bereits den beidseitig perforierten Zelluloidfilm und erfand eine neue Aufnahmekamera, mit der er kurze Filmchen herstellte: „Teddy, der dressierte Hund", „Tanzende Girls" oder „Polizei hebt eine chinesische Opiumhöhle aus". Aber er bot die „lebenden Fotografien" ab 1893 im Kinetoskop an, einer kleinen Maschine mit einem Guckloch für den einzelnen Betrachter, der einen Nickel einwerfen mußte („Nickel-Odeon"), nicht im Saal auf einer Leinwand für ein größeres Publikum.

Unvollkommene Synthesen
– Ottomar Anschütz
– William Friese-Greene
– Thomas Alpha Edison

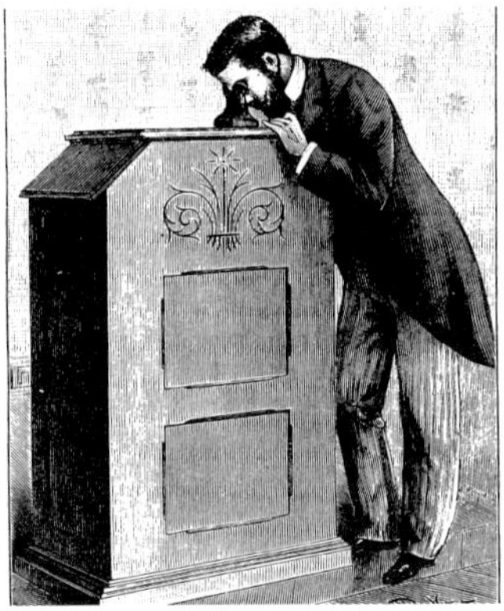

Abb 1

Das Kinetoskop Edisons

Die Beispiele zeigen, daß es bei den Vorläufern des Films keine internationale Zusammenarbeit gab, daß vielmehr technische Bemühungen um „laufende Bilder" und verschiedene Syntheseversuche gleichzeitig unabhängig voneinander in ganz verschiedenen Ländern gemacht wurden. Offenbar war die Entstehung des Films historisch „fällig". Warum?

Der gesellschaftliche „Bedarf"

Der Film war die Antwort auf einen bestimmten gesellschaftlichen „Bedarf". Das kann hier nur sehr knapp angedeutet werden. Im 19. Jahrhundert vollzogen sich enorme gesamtgesellschaftliche Umwälzungen, denen die traditionellen Medien nicht mehr zu entsprechen vermochten: Die Bevölkerungszahlen explodierten gleichsam. Der Lebensraum der Menschen wurde durch die entstehende Massengesellschaft verdichtet und zugleich anonymisiert. Kontexte gingen verloren und mussten durch Einzeleindrücke ersetzt werden. Der Blick wurde fragmentarisch, vergleichbar den Arbeitsvorgängen in den Fabriken der entstehenden Industriegesellschaft, zergliedert und aufgespalten. Die traditionelle Ständegesellschaft löste sich auf und wurde durch eine neue soziale Schichtenpyramide ersetzt. Das brachte Orientierungslosigkeit mit sich und führte zu einem zunehmenden Bedarf an Unterhaltung und Zerstreuung. Nicht zuletzt technische Sensationen dienten als Kompensation einer entfremdeten Industriearbeit. Der einzelne Mensch wurde ohnmächtig und bedeutungslos und fremdbestimmt wie nie zuvor – woraus eine enorme Sehnsucht nach der Verfügbarkeit von Welt erwuchs.

Von der literalen zur visuellen Kultur

Die gesamte Medienkultur des 19. Jahrhunderts war eine Gegenreaktion auf die Dominanz der literalen Kultur, der „Buchstabenkultur" der Druckmedien wie im 18. Jahrhundert. Die Menschen strebten wieder nach Visualisierung, nach Sinnlichkeit, nach Anschaulichkeit. Diesem Trend folgten selbst die Printmedien der Zeit mit ihren Bebilderungsstrategien: die Zeitschrift, das Blatt, das Plakat, der Bilderbogen und die Ansichtskarte.

Daß dieser allgemeine Trend Ende des 19. Jahrhunderts zum neuen Medium Film führte, erklärt sich aus einem Phänomen, das auch schon bei der Entstehung früherer Medien wie etwa der Zeitung zu beobachten war: dem Funktionensynkretismus.

Definition

Unter Funktionensynkretismus versteht man die Kombination einzelner Funktionen, wie sie als solche schon bei älteren Medien beobachtet werden konnten, zu einer innovativen Gestalt, die ihrerseits dem neuen Bedarf zu entsprechen imstande ist.

Funktionensynkretismus beim Film:

Das heißt hier: Der Film griff spezielle Teilleistungen unterschiedlicher Vorläufermedien auf und bündelte sie ganz neu. Dabei handelte sich sich um Funktionen dreier verschiedener Medien:

- szenische Live-Inszenierung

- Vom traditionellen Medium Theater übernahm der Film die szenische Live-Inszenierung in der Aufführung und verdoppelte den Schauspieler zum Film-Schauspieler. Die klassische Bühne wurde dabei quasi durch die Realität ersetzt.

- authentische Wirklichkeit

- Von der hochaktuellen Fotografie übernahm der Film das Anhalten der sichtbaren, authentischenWirklichkeit und die Sinnlichkeit unmittelbarer Anschauung, transformierte das Einzelbild aber in einen kontinuierlichen Bewegungsablauf.

- narrative Grundstruktur

- Vom traditionellen, fast vergessenen Primärmedium Erzähler bzw. Bänkel- und Moritatensänger übernahm der Film die Enthebung von Raum und Zeit, das Erzählen von fiktionalen Geschichten. Nur spielten diese Geschichten nicht mehr allein in der Phantasie der Zuhörerinnen und Zuhörer, sondern quasi in der Wirklichkeit selbst.

Der Film ermöglichte den Menschen des ausgehenden 19. Jahrhunderts also, den gesellschaftlichen Veränderungen durch eine neue psychosoziale Wirklichkeitspositionierung zu begegnen. Der Film war imstande, Illusion und Imagination unterm Vorzeichen bloßer Reproduktion von Wirklichkeit bereit zu stellen, den Schein zu perfektionieren und damit letztlich einen Tausch realer (trister) Realität zu ermöglichen, wenn auch im Filmerlebnis zeitlich begrenzt. Der Kinofilm erwies sich insofern als brauchbarer Mechanismus zur Lebenshilfe für viele.

Skladanowski, Lumière und Méliès | 1.2

Die Frage nach „dem" Erfinder des Films ist falsch gestellt. Erstens gab es nicht nur einen Erfinder, sondern viele, und zweitens mußte sich das Medium Film als ein komplexes Kommunikationssystem erst einmal etablieren und durchsetzen. Dabei waren neben der Technik noch sehr viel wichtigere Faktoren ausschlaggebend.

In den 90er Jahren des 19. Jahrhunderts existierte in England, Frankreich, Deutschland, den USA, auch in Rußland und Polen eine Vielzahl von Apparaten, die „lebende Bilder" zeigten und die verschiedensten Namen trugen. Manche waren technisch weit entwickelt und auch bekannt – so das Bioskop von den Brüdern Max und Emil Skladanowsky. Sie führten eigene Filme wie „Italienischer Bauerntanz" oder „Das boxende Känguruh" vor, in deutschen Großstädten und auch im Ausland. Doch ein französischer Konkurrent setzte sich im direkten Wettstreit durch.

Max und Emil Skladanowski

Das war der Kinematograph der Brüder Auguste und Louis Lumière. Nach einem Vortrag über die fotografische Industrie führten sie am 22. März 1895 in Paris den „ersten Film der Welt" vor: „Arbeiter verlassen die Lumière-Werke". Gezeigt wird in einer einzigen langen Einstellung, wie das Fabriktor sich öffnet, Arbeiterinnen und Arbeiter herausströmen und rechts und links ins Off gehen, bis alle verschwunden sind und das Fabriktor wieder geschlossen wird. Die Zeitgenossen schätzten daran besonders die beeindruckende Lebendigkeit der Wirklichkeit als Ausdruck des Lebens.

Auguste und Louis Lumière

Solche realistischen Alltagsszenen wurden auch in zahlreichen anderen kleinen, oft nur Sekunden oder Minuten dauernden Filmchen dargestellt, z.B. „Die Ankunft des Zuges", „Den Hafen verlassende Barke", „Henley Regatta", „Niederlegen einer Mauer" oder „Der begossene Rasensprenger". Sie hatten allesamt dokumentarischen Charakter. Dabei dominierte die Faszination an der technischen Innovation: die „perfekte" Reproduktion von Wirklichkeit, die „wunderbare Natürlichkeit". Der Film war hier Verdoppelung von Wirklichkeit – die Brüder Lumière sahen in ihrem Kinematographen stets nur eine Verbesserung der Fotografie.

– realistische Alltagsszenen

– dokumentarischer Charakter

Der Kinematograph bedeutete den Durchbruch der neuen Technik, zumal hier der spätere Kinobesuch simuliert wurde: Erstmals am 28. Dezember 1895 wurde mit diesem Gerät in Paris eine öffentliche Filmvorführung zum Eintrittspreis von einem Franc angeboten. Deshalb gilt dieser Tag vielen als der „Geburtstag" des neuen

– 28. Dezember 1895

Mediums. Gleichwohl wurden andere Faktoren gewichtiger. Zwar gab es bereits 1898 mehr als tausend solcher Filmstreifen, aber sie spielten für die Ausbildung des Films als Medium, als komplexes System rasch keine Rolle mehr.

Abb 2

„Die Ankunft des Zuges" (1895)

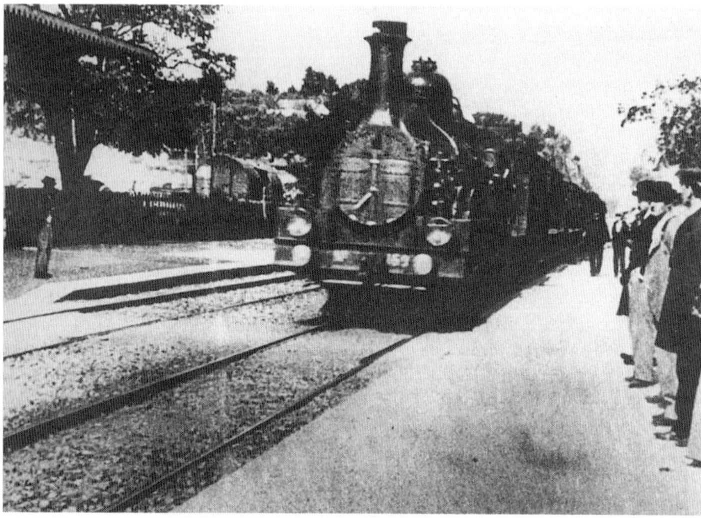

George Méliès

Entscheidend wurde vielmehr George Méliès, der in Paris ein kleines Theater betrieb und dann selbst, nachdem er den Kinematographen gesehen hatte, ins Filmgeschäft einstieg. Méliès schuf ganz andere Filme als die Lumières: Er ersetzte die dokumentarähnliche Reproduktion von Wirklichkeit durch „Zauberfilme". Bei ihm gab es Geister, Teufel, magische und phantastische Bilder, dargestellt von kostümierten Schauspielern, die in Studios vor Kulissen auftraten, wobei Szenen nach einem Drehplan künstlerisch angeordnet wurden und einer narrativen Dramaturgie folgten. Auch Farbe und Begleitton waren keine Seltenheit. Der Illusionist Méliès kann deshalb mit Recht als der erste Regisseur der Filmgeschichte bezeichnet werden. Zugleich war er aber auch Kameramann, Aufnahmeleiter, Dekorateur, Techniker, Beleuchter, Entwickler, Vorführer, Filmverkäufer usw. in einer Person.

- Zauberfilme

- narrative Dramaturgie

Er drehte von 1896 bis 1900 rund 60 Filme, darunter traditionelle Märchen wie „Aschenbrödel", Feen- und Geistergeschichten oder Horror- und Zaubergeschichten. Selbst seine „Aktualitäten" waren fiktionalisiert. Den ersten Höhepunkt der Filmgeschichte brachte der damals erste Langfilm, nach Vorlagen von Jules Verne und Herbert G. Wells (von 280 Metern Länge bzw. 15 Minuten Dauer): „Die Reise zum Mond" (1902). Hier wurde die blanke Wirklichkeit durch Phantasie, Imagination und Vision endgültig überholt.

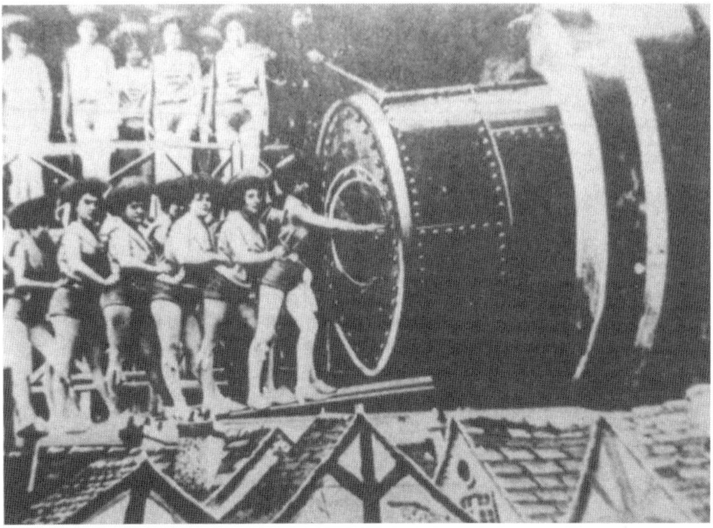

Abb 3

„Die Reise zum Mond" (1902)

Mit Méliès entstand der narrative Spielfilm. Seine Filme markieren – von der etablierten Filmgeschichtsschreibung weitgehend übersehen – nicht nur neue Themen und Inhalte, sondern den Übergang von einer theatralen Performanz, die szenisch-gestisch ist, zur narrativ integrierenden Illusion: vom Zeigen zum Erzählen, vom Zuschauerkollektiv zum individuellen Kinozuschauer, letztlich vom Theater zum Film als dem neuen Erzählmedium.

Merksatz

Die Geschichte des Films begann nicht mit technischen Erfindungen oder „einem" Erfinder, auch nicht mit den Brüdern Lumière und dem angeblichen „Geburtstag" am 28.12.1895, sondern erst mit den Spielfilmen von George Méliès und deren Verbreitung bis zur Jahrhundertwende. Das neue Kommunikationssystem entstand also im 19. Jahrhundert und erlangte im Verlauf des 20. Jahrhunderts seine gesellschaftliche Dominanz.

Inwiefern auch andere Themen früher Filmproduktion eine Rolle gespielt haben, ist bislang noch kaum erforscht. Neben „dokumentarischen" Filmen gab es wohl nicht nur die zwei Hauptformen „deftige Komik/ Clownerien/ Verbrechen" sowie „Herzeleid/ Sentimentalitäten", sondern auch Delikates, Erotisches und Pornografisches – Schleiertänze, Bauchtänze, Entkleiderungsszenen wie z.B. „Rund um die Badekabine", „Schlangentanz der Fatima" oder „Le Bain" und andere filmische „Schweinereien" („stag film"). Sie wurden in Herrenclubs, Herrensalons und Bordellen gezeigt, sind aber heute offenbar nicht mehr erhalten bzw. zugänglich.

Der sog. „stag film"

1.3 | Frühe Produktionsformen

Filmgeschichte darf nicht auf Personen- und Produktgeschichte oder gar nur Technikgeschichte reduziert werden. Wesentliche Befunde erbringt auch die soziologisch und ökonomisch geprägte Produktions- und Institutionengeschichte, gerade für die Anfänge des neuen Mediums als System. Sie kann hier aber ebenfalls nur angedeutet werden, zumal sie nationalspezifisch ganz unterschiedlich verlief.

Beispiel Frankreich: Pathé Frères

Beispiel Frankreich: 1897 verkauften die Brüder Lumière, die ihre Filme komplett in Eigeninitiative produziert und vermarktet hatten, ihre Patente an den französischen Schausteller Charles Pathé, der mit dem Unternehmen Pathé Frères als Begründer der französischen Filmindustrie gesehen werden kann. Filme wurden hier in Ausschöpfung und steter Erweiterung der Produktionskapazitäten marktorientiert in eigenen Ateliers in verschiedenen Ländern hergestellt und in möglichst hohen Kopiezahlen verkauft. Maßgeblich waren unterschiedliche Erfolgsrezepte und Publikumserwartungen. Primär ging es dabei um Normierung, Standardisierung, Kontrolle, Rationalisierung, Konzentration und Kapitalisierung – der Film wurde „Massenware". Das Unternehmen begann mit einer eigenen Rohfilmproduktion, d.h. strebte nach vertikaler Konzentration, beschäftigte eine ganze Reihe von Regisseuren und überflügelte die bis dahin führende Firma Star-Film von Méliès. Trotz Konkurrenz im eigenen Land durch Léon Gaumont dominierte Pathé Frères fast zwei Jahrzehnte lang den Filmemarkt in Frankreich und ganz Europa, zeitweise auch in den USA.

Spätestens ab 1904 bzw. 1910 bildeten sich dann die großen Produktionsgesellschaften heraus. Die Tendenz zum Langfilm machte einen größeren Kapitaleinsatz erforderlich und zielte auf eine bessere Amortisation der Investitionen – das war der Übergang vom Film*verkauf* zum Film*verleih*.

Merksatz

Standardisierung und Konzentration bei der Filmproduktion trugen wesentlich zur Institutionalisierung des neuen Mediums bei.

Auch in Deutschland gab es zahlreiche Filmpioniere wie z.B. Hermann O. Foersterling oder Guido Seeber, die zur Ausbildung einer industriellen Filmproduktion beitrugen. Herausgestellt werden sollen hier nur zwei wichtige Personen bzw. Instanzen: Ludwig Stollwerck und Oskar Messter.

Beispiel Deutschland:

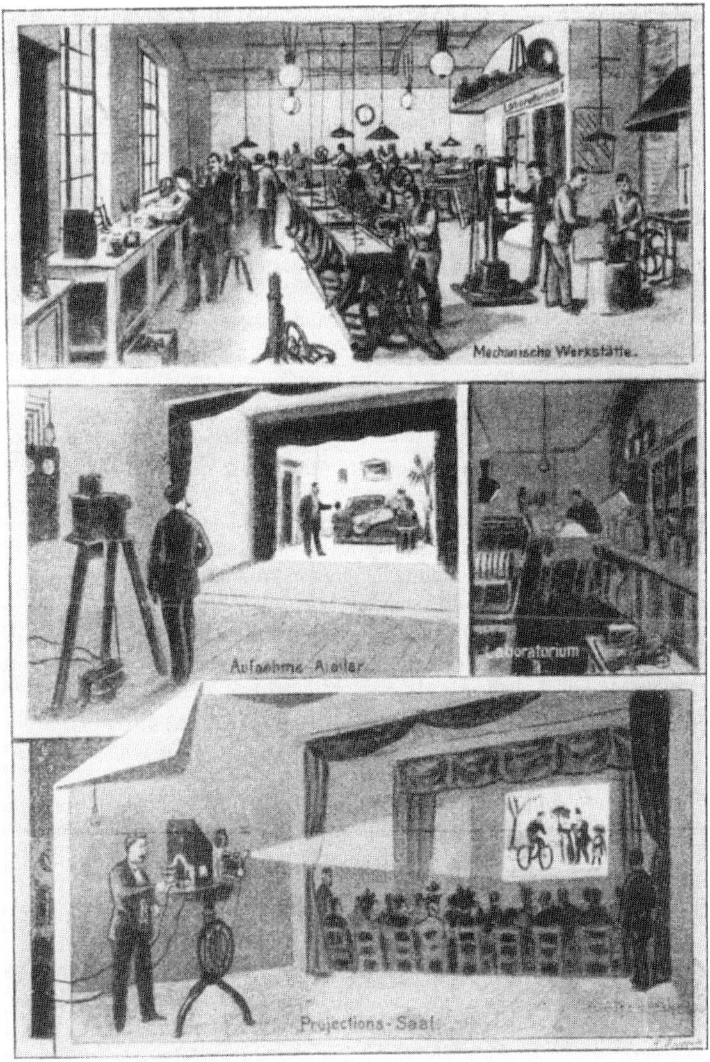

Abb 4

Produktionsanlagen von Messter

– Ludwig Stollwerk

Stollwerck von der gleichnamigen Schokoladen- und Süßwarenfabrik in Köln investierte in Lumières Kinematograph und stellte ihn gemeinsam mit Schokoladen- und Bonbon-Automaten überall zur Benutzung auf, auch auf den Bahnhöfen. Die Filme wurden im Wochenrhythmus gewechselt, sie wurden stark beworben und durch eigene Filme ergänzt, so daß eine Art Stammpublikum heranwuchs. Damit erzielte der Konzern nicht nur große Gewinne, sondern sorgte auch dafür, daß bereits im Jahr 1896 bis zu 1,4 Millionen Menschen in Deutschland die Lumière-Filme sahen und daraus eine große Akzeptanz für das neue Medium erwuchs: ein neuer Medienmarkt.

– Oskar Messter

Auch Messter drehte ab 1896 eigene Informations- und Unterhaltungsfilme und fungierte dabei als Regisseur, Kameramann, Dramaturg, Entwickler, Kopierer und Vorführer zugleich. Er war bestrebt, die vormittags aufgenommenen Filme bereits am Abend desselben Tages vorzuführen. Sein wichtigster Beitrag war die Nutzung der Malteserkreuzschaltung, von Pierre Jules César Janssen erfunden, von ihm verbessert und in den Kinoprojektionsapparat eingebaut. Sie ermöglichte einen ruckfreien Übergang von Bild zu Bild und verbesserte damit die Suggestion einer kontinuierlichen Bewegung. Weil er außerdem fortlaufend bestrebt war, alle Zweige der Filmapparate- und Filmbearbeitungstechnik zu optimieren und organisatorisch in einer Hand zu vereinen, legte er den Grundstock der späteren deutschen Filmindustrie. Er gilt als „der erste Marktführer für kinematographische Produkte".

1.4 | Jahrmarkt- und Wanderkino

Filmproduktion und Filmdistribution waren von Anfang an eng miteinander verknüpft. Deshalb sprach man gelegentlich auch nicht vom „Film", sondern vom „Kino" als Medium. Der Film war im Kern Aufführungsereignis. Als charakteristisch für das Ende des 19. Jahrhunderts gilt dabei die Ausweitung der Filmdistribution vom stationären Angebot wie am Anfang zum Jahrmarkt- und Wanderkino.

Von der stationären Aufführung...

Die stationäre Aufführung von meist zehn bis zwölf kurzen Filmen in einem Zeitraum von fünfzehn bis dreißig Minuten in einem eigenen Raum, etwa einem Varieté, brachte gravierende Nachteile mit sich: die Beschränktheit des Angebots, die Kürze der Zeit, insofern auch die Limitierung des Eintrittsgeldes, die Begrenztheit der Besucherplätze, nicht zuletzt auch den mechanischen Verschleiß der immer wieder abgespielten Filme. Für ein bürgerliches Publikum, ökonomisch, schichtenmäßig und ethnisch eher homogen, wurde die Filmunterhaltung zunehmend schal, sobald sich die Faszination an der „technischen Novität" erschöpft hatte. Nach frühen Vorläufern wie einem ersten „Lichtspieltheater" 1896 in Berlin und weiteren Kinos 1900 in Hamburg und Würzburg sollten in Deutschland erst ab 1905 die ersten ortsfesten Ladenkinos als stationäre Abspielstätten von Dauer entstehen, und zwar primär für Spielfilme.

...für die Mittelschichten...

...zum Wanderkino...

Vorführungen durch Schausteller auf mobilen Jahrmärkten und durch Wanderkinos waren bereits um 1900 die Regel. Filme wurden dort gezeigt, wo das Publikum zusammenkam, auf Messen und Rummelplätzen, zu Kirchweih- und Schützenfesten, aber auch in kleineren Städten und Gemeinden in eigens angemieteten Räumlichkeiten. Und sie wurden so lange gezeigt, wie das Publikum an den Aufführungen Interesse hatte. Das ambulante Kinogewerbe erschloss dabei ein neues Publikum: Verkäuferinnen, kleine Büroangestellte, Gelegenheitsarbeiter, Hausangestellte, Arbeiter aus den Randgebieten der Industriestätte, also Kleinbürger und die „Proletarierklasse", nicht zuletzt auch Immigranten, die dem visuellen Medium auch ohne Kenntnisse der deutschen Sprache folgen konnten.

... für die Unterschichten

Merksatz

Der Wandel in den Distributionsformen in der Frühgeschichte des Films hat schichtenübergreifend breite und unterschiedliche Publika auf das neue Kommunikationssystem und seine Unterhaltungsfunktionen hingewiesen und damit wesentlich zu seiner gesellschaftlichen Institutionalisierung beigetragen.

Nehmen wir die Stadt Lüneburg als ein Beispiel: 1896 wurde hier die erste Filmvorführung in der Lokalzeitung annonciert, mit Filmen von Lumière und Méliès im Programm, zunächst als Sensation, dann als Bildungsprogramm (1897) und sogar als Kinderprogramm (1898). Im Jahr 1900 wurde hier in einem großen Zelt die erste Filmversion der Oberammergauer Passionsspiele gezeigt. Im selben Jahr gab es im Hansa-Saal Spielfilme wie „Aschenbrödel" von Méliès zu sehen. Und ab dann war der reisende Kinematograph zwischen Freakshows, Hellseherinnen, Dampfkarussels, Hippodromen und Bratwurstständen auf Lüneburger Jahrmärkten eine Selbstverständlichkeit. Als erstes Ladenkino entstand hier das „Edison-Theater" im Jahre 1907.

Abb 5

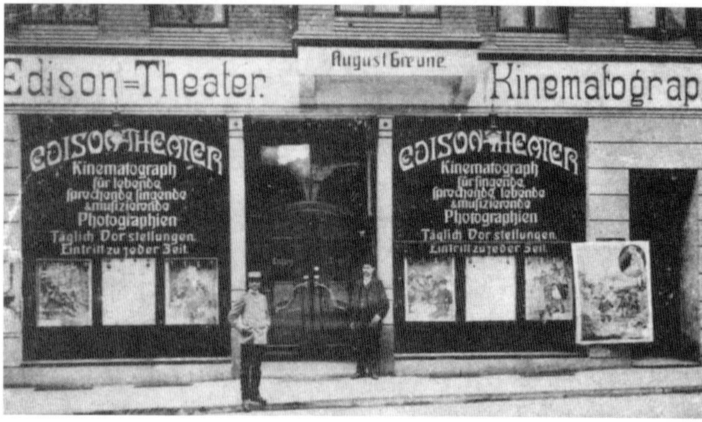

Das Lüneburger „Edison-Theater" im Jahr 1909

Literatur

C.W. Ceram: Eine Archäologie des Kinos. Reinbek 1965.

Unwissenschaftliche, aber unterhaltsam geschriebene Darstellung der frühen Filmgeschichte von den Vorläufern über Lumière und Méliès bis zu Messter und der frühen Filmindustrie (reich bebildert).

Friedrich von Zglinicki: Der Weg des Films. Textband. Hildesheim, New York 1979.

Detaillierte Darstellung der Anfänge der Filmgeschichte in 36 Kapiteln, von der Laterna magiga, dem Lebensrad und anderen Vorläufern über die Brüder Skladanowsky, das Ladenkino und die ersten Berliner Filmstätten bis zur Ufa, der Filmindustrie im Ausland und dem ersten Tonfilm.

Ricarda Strobel (Hrsg.): Film- und Kinokultur in Lüneburg. Bardowick 1993.

Sammelband mit zwölf Teilstudien zur Frühgeschichte der Lüneburger Kinokultur, der Kinogeschichte im Dritten Reich, einzelner Filmtheater bis hin zum Filmangebot in Lüneburger Videotheken und Kinobesuchern im Jahr 1992/93.

Georges Méliès – Magier der Filmkunst. Kintop – Jahrbuch zur Erforschung des frühen Films, H. 2. Basel, Frankfurt/Main 1993.

Themenheft zu Méliès mit zahlreichen interessanten Beiträgen.

Herbert Birett: Lichtspiele. Der Kino in Deutschland bis 1914. München 1994.

Knapper Versuch einer Gesamtbilanz in Querschnitten (Pionierzeit, Frühgeschichte, Gründerzeit) und in Längsschnitten (Filmästhetik, Technik, Wirtschaft, Filmwirkung).

Joachim Castan: Max Skladanowsky oder der Beginn einer deutschen Filmgeschichte. Stuttgart 1995.

Beschreibt Edison und Lumière als die Erfinder des Films, stellt aber Max Skladanowsky als unbestritten ersten deutschen Filmpionier ins Zentrum der Studie.

Martin Loiperdinger: Film & Schokolade. Stollwercks Geschäfte mit lebenden Bildern. Frankfurt/Main, Basel 1999.

Spannende Rekonstruktion der Anfänge des Films unter Rekurs u.a. auf Edisons Guckkasten und Lumières Kinematograph, unter besonderer Berücksichtigung der Verbreitung durch Stollwercks Automaten und mit ausführlichen Besprechungen der gezeigten dokumentarähnlichen Städtebilder und aktuellen Ereignisse.

Elisabeth Ezra: Georges Méliès. The birth of the auteur. Manchester, New York 2000.

Gute knappe Einführung in Ästhetik, Dramaturgie und Bedeutung von Méliès mit Hinweisen zu den Standardwerken der Forschung.

Thomas Elsaesser: Filmgeschichte und frühes Kino. Archäologie eines Medienwandels. München 2002.

Vielfältige Einzelstudien zur Filmgeschichte, u.a. zu Edison, Lumière, der entstehenden Institution Kino, auch zu Griffith, Fritz Lang und anderen Filmformen.

Werner Faulstich: Medienwandel im Industrie- und Massenzeitalter (1830-1900). Die Geschichte der Medien, Bd. 5. Göttingen 2004.

Darstellung der neuen Medienkultur des 19. Jahrhunderts in ihrer Vielfalt und ihrem Wandel, unter besonderer Berücksichtigung auch der Medien Foto und Film.

Übungs- und Wiederholungsfragen

1 Welche vier technischen Vorläufer haben sich als wichtig für die Entstehung des Films erwiesen?

2 Nennen Sie drei Personen, die sich ohne Erfolg um eine Synthese der technischen Erfindungen bemüht haben.

3 Inwiefern stellt die Medienkultur des 19. Jahrhunderts eine Gegenreaktion zum 18. Jahrhundert dar?

4 Was heißt Funktionensynkretismus für die Entstehung des Films? Benennen Sie die relevanten Teilfunktionen und ihre Medien.

5 Was charakterisiert die Filme der Brüder Lumière?

6 Welcher Tag gilt allgemein als der „Geburtstag" des Films?

7 Was charakterisiert die Filme von Méliès?

8 Was versteht man unter einem „stag film"?

9 Welches Unternehmen gilt als Begründer der französischen Filmindustrie?

10 Welche Merkmale der frühen Filmproduktion trugen wesentlich zur Institutionalisierung des neuen Mediums bei?

11 Worin bestand der wesentliche Beitrag Stollwercks zur Entstehung des Films?

12 Womit verbesserte Messter die Kinoprojektion?

13 Inwiefern legte Messler den Grundstock der späteren deutschen Filmindustrie?

14 Worin bestand der Wandel in den Distributionsformen beim frühen Film und welche Bedeutung muß ihm zugesprochen werden?

Weiterführende Arbeitsaufgaben

- Erforschen Sie die Anfänge des Kinos an Ihrem Wohnort, in Ihrer Stadt. Recherchieren Sie dabei insbesondere in den einschlägigen Archiven der Lokalpresse und des Ordnungsamtes.
- Informieren Sie sich über die technischen Vorläufer des Films, etwa mit dem Besuch eines entsprechenden Museums.
- Informieren Sie sich ausführlicher über den gesellschaftlichen Wandel im 19. Jahrhundert zur Massen- und Industriegesellschaft und rezipieren Sie entsprechende sozialpsychologische Fachstudien zu den mentalen Auswirkungen.
- Informieren Sie sich ausführlich über den Konkurrenzkampf zwischen den Brüdern Skladanowski und den Brüdern Lumière und die genauen Gründe für den Lumière-Sieg.
- Analysieren Sie einen der Spielfilme von Méliès und achten Sie dabei insbesondere auf die dramaturgischen und filmästhetischen Bauformen.
- Vertiefen Sie ihre Kenntnisse über die fast 20jährige Dominanz von Pathé Frères in der internationalen Filmindustrie.

Zusammenfassung

Das neue Medium Film entstand auf der Grundlage verschiedener technischer Faktoren und vielfältiger Bemühungen, die unabhängig voneinander in ganz verschiedenen Ländern stattfanden. Entscheidend war letztlich ein Funktionensynkretismus nach Maßgabe eines neuen gesellschaftlichen „Bedarfs", dem traditionelle Medien nicht mehr entsprechen konnten. Szenische Live-Inszenierung (Theater), authentische Wirklichkeit (Fotografie) und narrative Grundstruktur (Erzähler) wurden im Film neu kombiniert und erlaubten den Menschen im Wandel von einer primär abstrakt-literalen zu einer wieder stärker sinnlich-visuellen Kultur eine zeitgemäße psychosoziale Wirklichkeitspositionierung als Lebenshilfe im Alltag. Obwohl der Kinemathograph und die dokumentarähnlichen Filme der Brüder Lumière den Durchbruch der neuen Technik darstellten, können erst die „Zauberfilme" von George Méliès ab 1896 als Anfang des narrativen Spielfilms angesehen werden.

Zusammenfassung

Annalistik wichtiger Filme
1895 „Arbeiter verlassen die Lumière-Werke“ (Lumière)
1895 „Die Ankunft des Zuges“ (Lumière)
1899 „Aschenbrödel“ (Méliès)
1902 „Die Reise zum Mond“ (Méliès)

Einbezogen werden müssen zum Verständnis der zunehmenden Institutionalisierung des Films als Medium, d.h. als ein komplexes Kommunikationssystem,aber auch die Auswirkungen der Standardisierung, Konzentration und Kapitalisierung bei der Produktion, der Wandel in der Distribution von der stationären Aufführung zum Wanderkino sowie die schichtenübergreifende Einbeziehung unterschiedlicher Publika bei der Rezeption.

1900-1914 Nationale Besonderheiten

Phase II

Inhalt

Der Film war von Anfang an ein internationales Medium; deshalb muß auf ganz unterschiedliche Entwicklungsstränge abgehoben werden, die aufeinander Einfluss genommen haben. Dadurch wird das Bild komplexer und erscheint möglicherweise verwirrend. Jedoch zeigen vergleichbare Kriterien eine übergreifend lineare, kontinuierliche Entwicklung zum Beginn seiner Geschichte.

Übergreifende Entwicklungskategorien:

- Kinokonzentration

- An erster Stelle stehen Veränderungen im Distributionsbereich. Nachdem sich der Film schon in den Anfängen sowohl für das Bürgertum als auch für die unteren Schichten als Attraktion erwiesen hatte, vollzog sich nun der Wandel vom Ladenkino zum seriösen „Lichtspielhaus“ (auch wenn der Film partiell noch längere Zeit als Bedrohung von Kultur und Moral angesehen wurde).

- Filmindustrialisierung

- Zugleich konsolidierte sich in den verschiedenen Ländern die Industrialisierung der Filmproduktion bis hin zum Oligopol.

Definition

Ein Oligopol meint die ökonomische Dominanz einiger weniger Anbieter – im Unterschied zu einem Polypol, d.h. einer Vielzahl von Anbietern, und einem Monopol, der Vorherrschaft nur eines einzigen Anbieters.

- Langfilm

- Drittens setzte sich überall der Trend zum abendfüllenden sogenannten Langfilm durch.

- Filmstars

- Zugleich trat an die Stelle der Dominanz der Filmhandlung mit unbekannten Schauspielern die Bevorzugung individueller, wieder erkennbarer Schauspielerinnen und Schauspieler als Identifikationsobjekte: Filmstars.

- Genres

- Das Zusammenwirken dieser Faktoren führte schließlich zur Herausbildung spezifischer Erzählmuster mit motivlichen, dramaturgischen oder stilistischen Konventionen – zu Genres, die als spezifische Wahrnehmungsschemata fungierten. Daß sie hier nationalspezifisch zugespitzt werden, soll nur Schwerpunkte markieren und darf nicht exklusiv verstanden werden.

Merksatz

Die Trends zu Kinokonzentration, Filmindustrialisierung, Langfilmen, Filmstars und Genres prägten die Anfänge der Entwicklung in fast allen Filmländern.

Der Beginn des 1. Weltkriegs markiert in mehrfacher Hinsicht eine deutliche Zäsur in der Geschichte des Films, insbesondere in Europa und vor allem in Deutschland. Das Jahr 1914 sah den „Sieg des Films" (Jerzy Toeplitz) als neues Medium mit gesellschaftlicher Dominanz: weltweit 60.000 feste Kinos, Hunderte von Millionen von Zuschauern, eine kaum noch überschaubare Zahl von Filmproduktionsgesellschaften mit der Tendenz zum supranationalen Oligopol, ein Netz von Verleihbüros rund um die ganze Welt, ein globaler Markt mit unzähligen Rekorden – z.B. wurden die 2.900 Kinos im Deutschen Reich täglich von 1,392 Mio. Zuschauern aufgesucht; eine Filmkopie wurde dabei durchschnittlich von 100.000 Menschen gesehen, die „Filmschlager" gar von 13 Mio. Besuchern. Dabei lag die Blütezeit des Films als Stummfilm erst im Anschluss daran, zur Zeit der Weimarer Republik.

2.1 | Die Komödie in Frankreich

Pathé Fréres

Der Trend zur monopolähnlichen Beherrschung des Marktes war bereits bei Pathè Frérès ausgeprägt. Der französische Konzern belieferte fast alle Kinos und auch die Filmabspielstätten auf Jahrmärkten und als Wanderkino in vielen Ländern, einschließlich der USA, mit seinen Produkten und errichtete selbst zahlreiche eigene Kinos. Um 1909 wurden hier wöchentlich mehr als zehn neue Filme produziert und monatlich rund 500 Kameras, Projektoren und andere Geräte vertrieben – die Technik von Pathé war weltweit zum Standard der Filmindustrie geworden. Zur gleichen Zeit nannte das Unternehmen fast 200 Kinos in Frankreich und Belgien sein eigen. Über ein Netz von Agenturen wurden die Filme erst verkauft und später verliehen – rund 200 Kopien von jedem Film allein in die USA. Bis 1913/14 mußte man dann die Filmproduktion an nationale Tochtergesellschaften u.a. in den USA, Russland, Italien und Holland übertragen und Pathè Frérès fungierte nur noch als eine Art Dachgesellschaft.

Léon Gaumont

Louis Aubert

Von einer ähnlichen vertikalen Konzentration geprägt, allerdings ohne Kinokette, war der Hauptkonkurrent von Pathé: die französische Firma Léon Gaumont. Andere wie Louis Aubert konzentrierten sich dagegen auf den Filmverleih, auf die Exklusiv-Aufführungsrechte von Filmen und auf eigene Filmpaläste zur Erstaufführung.

Filmserien

Bis 1911 waren fast alle französischen Filme Einakter, mit einer Länge von fünf bis sieben Minuten (Komödien) bis zu zehn bis fünfzehn Minuten (ernstere Genres). Der frühere Erklärer, der die Vorführungen oft kommentiert hatte, war längst verschwunden und durch Zwischentitel ersetzt worden. Eine Besonderheit bildeten die komischen Filmserien (zwischen 1906 und 1914 insgesamt 58) – eine Marktstrategie, die immer neue Geschichten bzw. Filme mit ein und derselben zentralen Figur entwickelte. Da gab es beispielsweise die Serie „Calino" (ab 1909) um einen unfähigen Beamten, eine Serie um einen Unhold, eine Serie um einen Don Juan mit großer Nase, eine Serie um einen bürgerlichen Mann im ständigen Kampf mit seiner Frau um die Herrschaft im Haus oder auch die Kriminalserie

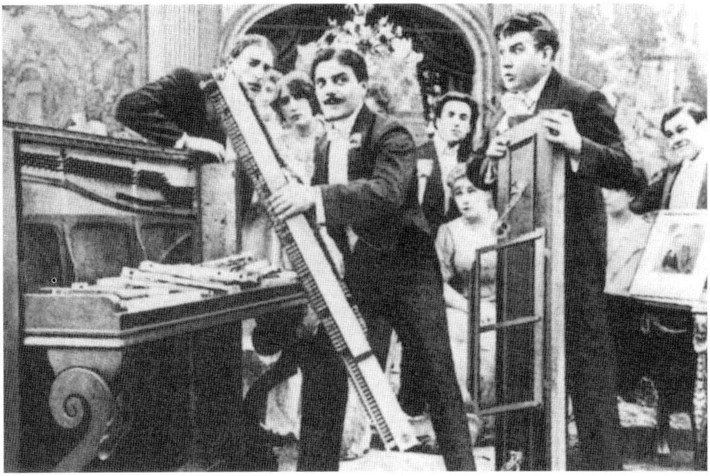

Abb 6

Max Linder als Max

„Fantomas" um den gleichnamigen Verbrecher (ab 1913), die später noch mehrmals wiederaufgelegt werden sollte. Besondere Bedeutung hat die Serie „Max" (ab 1908) um einen verwirrten Vorstadt-Dandy, der in Luxus lebt und dauernd in komische Situationen gerät, weil er hinter jungen hübschen Damen her ist. Max wurde seinerzeit gespielt von Max Linder, der in dieser Rolle bis 1914 zum beliebtesten der vielen Komikerstars avancierte.

Genre-Vielfalt

Neben den Komikserien für die Massen gab es einflußreiche Kunstfilme wie „Die Ermordung des Herzogs von Guise" (1908), für anspruchsvolle bürgerliche Kreise, Romanverfilmungen wie „Der Glöckner von Notre Dame" (1911), Historienfilme wie „Die Elenden" (1912) und Melodramen wie „Die Herzensbrecherin" (1913). Später tauchten Spielfilme mit zwei und drei Akten auf; diese Langfilme wurden vom Publikum angenommen und erwiesen sich als ungleich profitabler. Der erste französische abendfüllende Kinofilm war „Das Kind von Paris" (1913), eine Mischung der Genres Krimi und Familienmelodram um ein verlorenes Kind, das sich in Gefahr befindet.

2.2 | Der Western in den USA

Die amerikanischen Kinobetreiber waren zunächst einmal von der Konkurrenz vieler kleinerer Anbieter untereinander geprägt und weitgehend abhängig von französischen Filmproduktionen und entsprechender Technik, denn Edisons Nickel-Odeons hatten sich bei der Entwicklung des Films zum neuen Medium als Sackgasse erwiesen. Als die Nachfrage stieg und die Kinos boomten – in New York soll es 1905 nur zwei Kinos gegeben haben, 1908 dagegen bereits 500 – und in zahlreichen Städten über hundert Verleihfirmen entstanden, gründeten 1908 die wichtigsten Firmen (u.a. Edison, Biograph und Vitagraph) mit europäischen Produzenten und Herstellern (u.a. Pathé und Mèliès) einen Trust von zehn Unternehmen, um die Preise für die Filmtechnik hochzutreiben, die Patente zu bündeln und kommerziell auszunutzen und damit den amerikanischen Markt zu monopolisieren (MPPC = Motion Pictures Patents Company). New York war das Produktionszentrum, erweitert um Chicago und andere. Dabei orientierten sie sich ausnahmslos an unterhaltsamen Kurzfilmen mit einer Dauer von bis zu fünfzehn Minuten.

Der Trust MPPC

Dagegen opponierten die „Unabhängigen“, die verstärkt auf anspruchsvollere Filme und auf Langfilme setzen, insbesondere auf den Western als neues Genre. Um 1910 ließen sie sich in Hollywood bei Los Angeles nieder, wo man bei kontinuierlich schönem Wetter an Originalschauplätzen, auf billig zu erwerbendem Grund und Boden, bei einem nur geringen Einfluss der Gewerkschaften kostengünstig drehen konnte. Hier wurde im Laufe der Zeit das sogenannte Studiosystem entwickelt, mit dem „Hollywood“ zunehmend den Weltmarkt dominieren sollte. Zu den unabhängigen Produzenten gehörten Carl Laemmle und William Fox, Adolph Zukor mit Paramount und Marcus Loew mit dem Vorläufer der späteren MGM. Erst allmählich gingen sie dazu über, auch den amerikanischen Kinomarkt zu beherrschen, insbesondere die neuen Filmpaläste in den Großstädten für die Erstaufführungen. Ziel war die Dominanz über die gesamte Wertschöpfungskette, von der Produktion über den weltweiten Verleih bis zu den Abspieltheatern.

Die Independents in Hollywood

Die Konzentration auf den abendfüllenden Spielfilm von bis zu neunzig Minuten, ergänzt durch kurze Wochenschauen oder Trickfilme, erforderte zwar einen höheren Kostenaufwand, brachte aber auch sehr viel höhere Einnahmen. Programmatisch setzte man dabei auf ein System von Stars. 1909 warb Carl Laemmle die Schauspielerin Florence Lawrence von der Produktionsfirma Biograph ab, wo sie als „Biograph Girl“ firmiert hatte, nannte sie „IMP Girl“(Independent Motion Picture) und baute sie systematisch zum Star auf. Das implizierte zahlreiche Tourneen und PR-Maßnahmen bis hin zu lancierten falschen Todesnachrichten an die Presse. Andere holten sich etablierte Theaterstars (z.B. Sarah Bernhardt). Wieder andere wie Adolph Zukor bauten ab 1910 einen eigenen Star auf: Mary Pickford. Ersten Ruhm hatte die Schauspielerin ebenfalls bei Biograph erworben, unter der Regie von David W. Griffith. Pickford wurde berühmt in der gleichbleibenden Rolle des schlichten, einfachen Mädchens mit den blonden Ringellöckchen, deren kindliche Unschuld aber zugleich auch kokett und verführerisch wirkte: Jungfrau und Nymphe in einem. Sie galt spätestens seit dem Film „Tess aus dem Land der

Das Starsystem

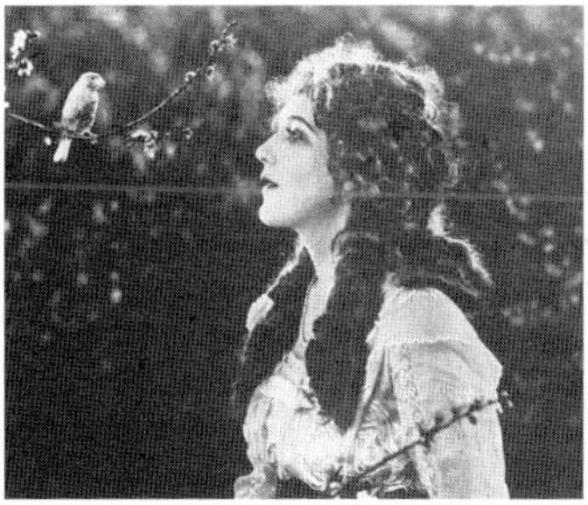

Abb 7

Mary Pickford – der erste Filmstar

Abb 8

„Der grosse Eisenbahnraub"

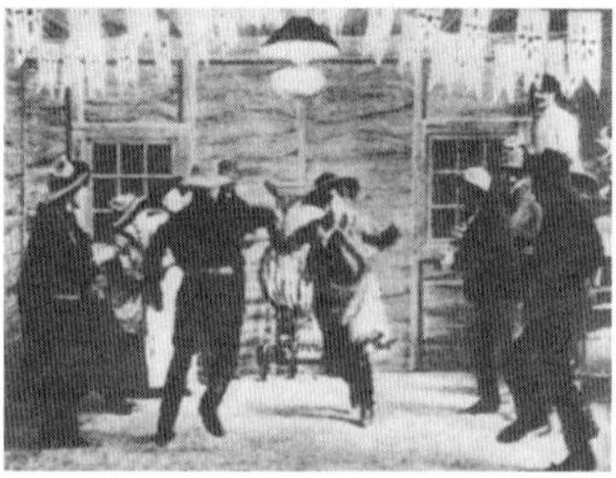

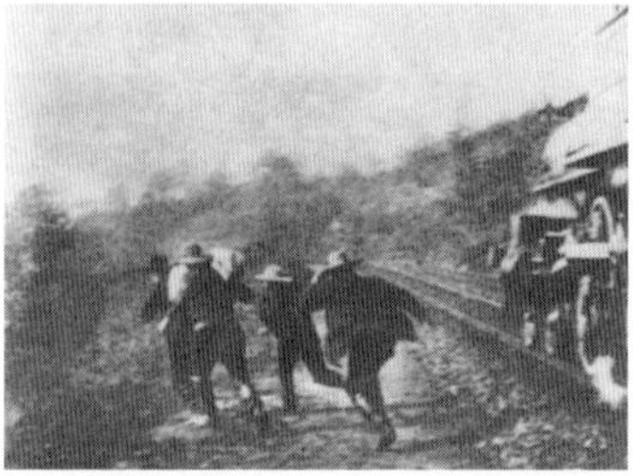

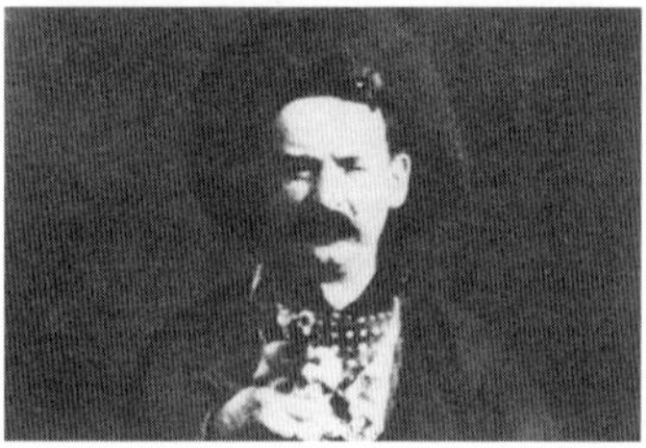

Stürme" (1914) als Amerikas Liebling und seitdem als der erste große Star der Filmgeschichte. Später verdiente sie auf dem Höhepunkt ihres Ruhms bis zu 10.000 Dollar pro Woche.

Der Western war in den USA bereits seit Ende des 19. Jahrhunderts mit der Figur des Frontier bzw. der Erfahrung des gerade besiedelten „Wilden Westens" tief in der amerikanischen Kultur verankert und ein anerkanntes, etabliertes Genre (insbesondere über Buchromane wie „The Virginian" von Owen Wister 1902, Groschenhefte um Figuren wie Billy the Kid oder Jessie James, einschlägige Theaterstücke, Malerei, Fotos, Western-Songs und -Balladen oder auch die Zirkusshows von Buffalo Bill). Daß sich auch das neue Medium Film dieses Sujets schon früh annahm, war naheliegend. „Der grosse Eisenbahnraub" (1903) von Edwin S. Porter – ursprünglich Kameramann bei Edison und bereits mit Filmen wie „Das Leben eines amerikanischen Feuerwehrmannes" (1902) hervorgetreten – gilt als der erste Western der Filmgeschichte, gewissermaßen der erste amerikanische Heimatfilm. Aber es gab noch viele andere Cowboy- und Indianerfilme der Zeit, allesamt noch über die Nickel-Odeons vermarktet. Wichtige Filme darunter waren „Der rote Mann und das Kind" (1908) und „Das Massaker" (1912), beide von Griffith, „Der Postkutschenfahrer und das Mädchen" (1913) von und mit Tom Mix, „Der Mann aus Virginia" (1914) von Cecil B. DeMille, nicht zuletzt auch die (von 1908 bis 1915) Serie von über 300 Western um die Titelfigur „Broncho Billy" von und mit Gilbert M. Anderson, gefolgt von Western-Serien mit dem eher realistischen Cowboy-Star William S. Hart und zahlreichen anderen Westernhelden.

Der erste Western

Western-Serien mit Stars wie Tom Mix und William S. Hart

Ideologisch zugehörig zum Western war auch das dreistündige Epos „Geburt einer Nation" (1915) von Griffith, auch wenn es erst zu Beginn des 1. Weltkriegs entstand und mit großem Erfolg in die amerikanischen Kinos kam. Dies nicht nur, weil Griffith für Biograph auch mehrere Western gedreht hatte, sondern weil dieser Film sich ebenfalls der amerikanischen Geschichte zuwendet und mit der ideologischen Rekonstruktion von der Einfuhr afrikanischer Sklaven nach Amerika über die Abschaffung der Sklaverei in den Nordstaaten und der Ermordung Präsident Lincolns bis zum Bürgerkrieg mit den Südstaaten und dem Ku-Klux-Clan als Retter der Ordnung, verknüpft mit dem Schicksal zweier Familien aus dem Norden und dem Süden, eine wichtige Positionsbeschreibung aus der Sicht der damaligen Veteranen lieferte. Dieser Film gilt trotz seiner fragwürdigen Ideologie auch heute noch, mit seinen dramatisierenden Handlungsmontagen, einer neuen Beleuchtungstechnik und elaborierten Einstellungsästhetik (z.B. Kombination von Nahaufnahmen von Schauspielern mit Totalen von Landschaften), als Klassiker der amerikanischen Filmgeschichte.

Das Epos „Geburt einer Nation"

Als Schauspieler, Regieassistent und Regisseur hatte Mack Sennett vier Jahre unter Griffith gearbeitet, wurde dann jedoch in der Doppelrolle von Darsteller und Regisseur als Neubegründer eines ursprünglich in Frankreich entstandenen Genres einer breiten Öffentlichkeit bekannt: der Slapstick Comedy. Beispielfilme, allesamt Kurzfilme, wären: „Cohen zieht eine Schuld ein" (1912), „Cohen rettet die Fahne" (1913), „Mabel in peinlicher Lage" und „Mabel am Steuer" (beide 1914). Dabei handelt es sich um eine Aneinanderreihung von Gags, geprägt von Situationskomik, Improvisationen, special effects und rasanten Schnitten. Tortenschlachten, Verfolgungsjagden, Verwechslungsgeschichten, clowneske Blödeleien, Katastrophen, Grimassen, leicht bekleidete Badenixen, tölpelhafte Polizisten, die Vorliebe für das Unwahrscheinliche, eine anarchische Lust am Chaos – stets wurde grell und vulgär jegliche Ordnung destruiert: Protest aus der Sicht von unten. Sennett gilt als Vorläufer und Wegbereiter für Charlie Chaplin.

Mack Sennett und die Slapstick-Comedy

Der Monumentalfilm in Italien | 2.3

Auch in Italien dominierten zunächst französische Produktionen und französische Technik, an denen sich italienische Pioniere orientierten. Auch hier ging ein Boom an Jahrmarktaufführungen, Wanderkinos und festen Abspielstätten einer begrenzten Zahl allmählich entstehender Produktionsfirmen in den Städten Rom (ab 1905), Turin (ab 1905), Mailand (ab 1907) und einigen anderen voraus. Ab 1905 wurden auch eigene Filme gedreht, wobei im Zuge einer enormen Expansion der heimischen Filmindustrie mehrere Faktoren den Siegeszug des italienischen Monumentalfilms – auch als historischer Kostümfilm bezeichnet – begünstigten. Er fand auch in den USA besondere Verbreitung und beeinflusste Griffiths „Geburt einer Nation“ wesentlich:

Einflussfaktoren:

- Commedia dell´arte

– Erstens waren in Italien die Traditionen der Commedia dell´arte im Volkstheater immer noch verbreitet und geschätzt. Das galt umso mehr für eine in südlichen Landesteilen weitgehend illiterale Gesellschaft mit zahlreichen Dialekten, die vom visuellen Medium Film überwunden wurden.

Definition

Die Commedia dell´arte, im 16. und 17. Jahrhundert eine Stegreif- und Maskenkomödie, hat sich etabliert als Jahrmarkts- oder Volkstheater mit feststehenden Figurentypen und einem improvisierten Handlungsverlauf, der nur rahmenmäßig vorgegeben ist. Meist geht es um einfache Liebes-, Eifersuchts-, Verwechslungsspiele, die turbulent, theatralisch gestenreich und oft obszön entfaltet werden. Unter den Typen mit festgelegten traditionellen Kostümen finden sich neben dem Liebespaar etwa der eifersüchtige Alte, der pseudogelehrte Dottore, der Narr und Prahlhans, der gefräßige Tölpel und die vorlaut-witzige Dienerin. Charakteristisch sind Witz, Spontaneität, Schlagfertigkeit, Karikatur und Spott.

- nationale Quellen und Stoffe

– Zweitens griff der italienische Film auf die gesamte Bandbreite der römischen Traditionen und Stoffe zurück, von der Macht der Cäsaren, Christus und Nero bis zu den Borgia und Medici. Popularliteratur, volkstümliche Mythen, römische Geschichte, aber auch Werke der Hochliteratur wie Dantes „Inferno“ dienten als Quellen. Die späteren Bibel-, Sandalen- oder Antikfilme und die Filme um Muskelmänner und starke Helden – als ein Subgenre des Abenteuerfilms – rekurrierten immer wieder auf diese ersten Erfolge.

– Drittens erhielten die entstehenden Monumentalfilme im Zusammenhang mit dem imperialistischen Krieg Italiens mit der Türkei (1911/12) ideologisch Propagandafunktion. Im populären Spektakel wurde die Rückkehr zur glorreichen Vergangenheit römischer Macht beschworen, und das neue Medium als populäre und billige Zerstreuung versprach Trost für die hungernden Massen. Der damals berühmte italienische Dichter Gabriele D´Annunzio, der den tripolitanischen Feldzug verherrlichte und später zum Wegbereiter des italienischen Faschismus wurde, prägte auch die italienischen Filmproduktionen der Zeit mit seiner manierierten Rhetorik, seinem deklamatorischen Pathos und seinem Nationalismus.

– imperialistische Propaganda um 1911/12

– Gabriele D´Annunzio

Herausragende Beispiele für die fast ausnahmslos auch internationalen erfolgreichen Langfilme wären „Der Fall von Troja" (1911) von Giovanni Pastrone und Romano L. Borgnetto, „Die letzten Tage von Pompeiji" (1913) von Eleuterio Rodolfi, „Das befreite Jerusalem" (1911), „Quo Vadis" (1913), „Antonius und Cleopatra" (1913) und „Gajus Julius Cäsar" (1914), alle von Enrico Guazzoni, und schließlich „Cabiria" (1914) von Piero Fosco (alias Giovanni Pastrone), der als „Höhepunkt des italienischen Stummfilms" gilt. Bereits 1912 wurden im Durchschnitt in Italien drei neue Filme täglich herausgebracht, darunter natürlich noch viele Kurzfilme. Die Vorliebe für historische Stoffe und monumentale Architekturen war dabei so groß, daß beispielsweise „Die letzten Tage von Pompeji", 1908 erstmals verfilmt, im Jahre 1913 gleich zweimal auf die Leinwand gebracht wurde.

Langfilme

In „Cabiria" wird vor dem Hintergrund der Punischen Kriege zwischen Rom und Karthago ein aufregendes Drama entfaltet: Die schöne Patriziertochter Cabiria wird in Karthago während eines Ätnaausbruchs von Piraten geraubt, auf dem Skalvenmarkt verkauft und soll einem Feuergott geopfert werden. Sie wird aber rechtzeitig von dem muskelbepackten Sklaven Maciste gerettet und einer Fürstin zur Erziehung übergeben. Majiste wird festgenommen und angeschmiedet. Nach vielen Irrungen und Wirrungen gelingt es schließlich Axilla, dem Herrn Macistes, seinen Sklaven ebenso wie Cabiria zu befreien und beide nach Karthago zurückzubringen, zum Happy End zwischen Axilla und seiner Verlobten Cabiria. Das vollzieht sich inmitten von Sensationen der aufregendsten Art: Schlachten, Feuersbrünste, die Elefanten Hannibals beim Marsch über die schnee-

Abb 9

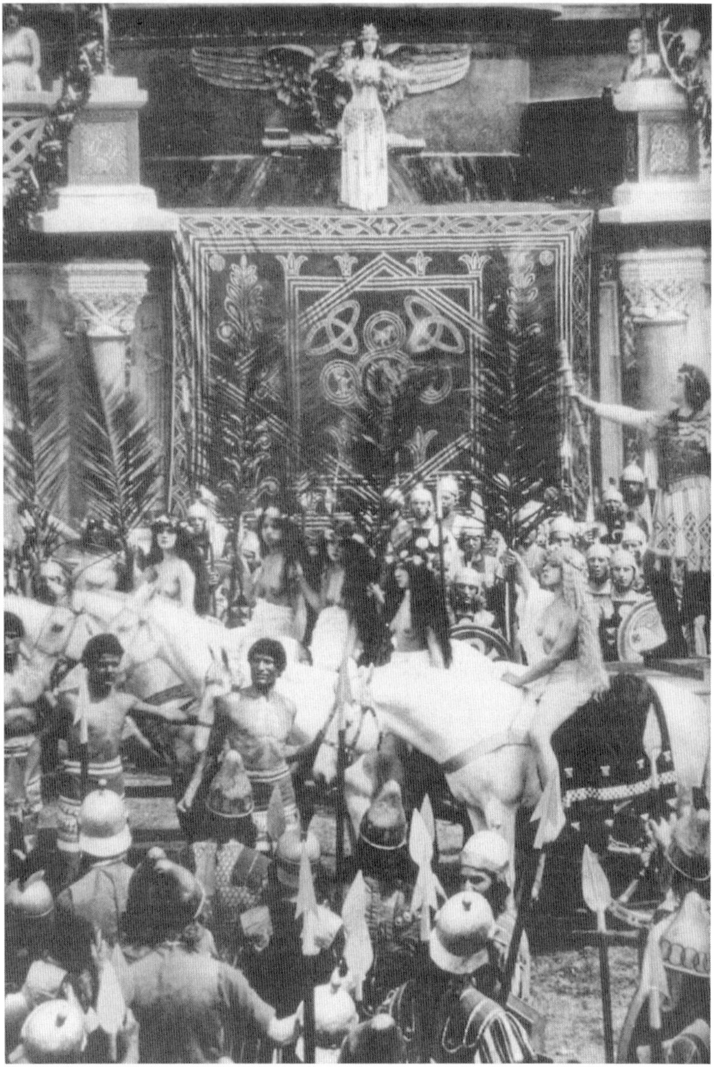

Eine Massenszene in „Quo Vadis"

bedeckten Alpen, die Vernichtung der römischen Flotte oder die Opferung der Kinder im Baal-Tempel. Auch ästhetisch weist der Film zahlreiche Neuerungen auf: elaborierte Dekorationen mit Raumtiefe, eine große Anzahl von Komparsen in den Massenszenen, lange Kamerafahrten und Panoramaschwenks, „natürliche" Farben, Auf-

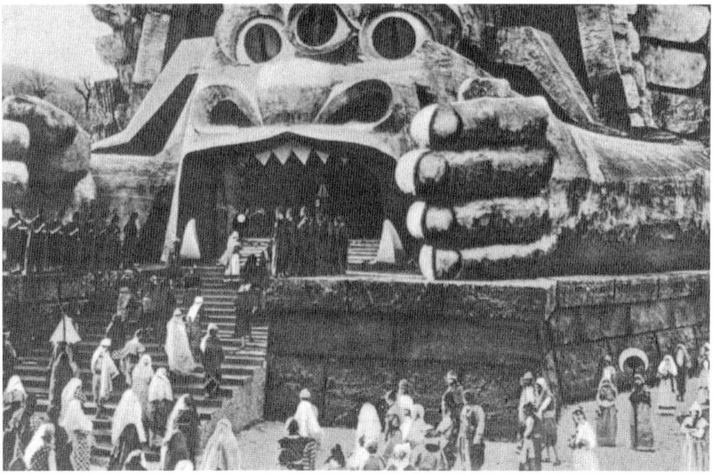

Abb 10

„Cabiria"(1914)

und Abblenden, Gegenlicht- und Hell-Dunkel-Aufnahmen, realistische Außenaufnahmen, Parallelmontagen – ein Bilderbogen von episch-visueller Breite. Beides wird hier in der Kombination von Geschichtsdrama und Gefühlsdrama befriedigt: Schaulust und Mitfühlen (Irmbert Schenk).

Italienische Filmstars

Die erste italienische Filmdiva war Lyda Borelli, mit Filmen wie „Aber meine Liebe stirbt nicht" (1913) und „Die nackte Frau" (1914). Andere nennen Francesca Bertini, gefolgt von zahlreichen weiteren Schauspielerinnen wie z.B. Maria Carmi, Italia Almirante Manzini und Rina De Liguoro oder auch einige männliche Publikumslieblinge nach dem Vorbild von Bartolomeo Pagano, der den Sklaven Maciste gespielt hatte. Während letztere Kraft und Stärke verkörperten, inszenierten die weiblichen Filmstars eine Mischung aus Sinnlichkeit, Melancholie und Ängstlichkeit, in luxuriösen Milieus und üppigen Kostümen und Dekorationen, und verkörperten damit eine frühe Form des Vamp.

Weitere Genres

Weitere Genre-Akzente wurden gesetzt durch die Verfolgungskomödien und Lustspiele nach dem Vorbild von André Deed (1909-1911), mit einer Galerie von bis zu vierzig komischen Charakteren, und durch das italienische Melodrama, das auf die Traditionen der Oper zurückgriff. Der erst spät wiederentdeckte Film „Im Dunkeln verloren" (1914) von Nino Martoglio wurde aber auch als Tendenz zum Realismus gewertet.

2.4 | Das Melodram in Deutschland

Später als in anderen Ländern setzte in Deutschland (abgesehen von Berlin) im Jahr 1908 der Kinoboom ein. Die Zahl der auf den Markt kommenden Filme schnellte von 578 (1906) über 1.986 (1908) bis auf 5.721 (1913) nach oben. Von den Anfängen bis 1914 sind schätzungsweise rund 35.000 Filme unterschiedlicher Länge gelaufen, von denen ein Fünftel erhalten sein dürfte (Herbert Birett). Zum Ende des Jahrzehnts wurden immer mehr Ladenkinos zu großen Lichtspieltheatern mit bis zu 400 Sitzplätzen und mehr umgebaut, während die Zahl der Wanderkinos deutlich abnahm. Auch der Verleih erlebte eine Blüte, neben Berlin auch Hamburg, Königsberg, Düsseldorf, Frankfurt und andere Städte. Paul Davidson erweiterte seine Kinokette „Union-Theater“ u.a. um die Bereiche Produktion und Verleih; sein U.T. am Berliner Alexanderplatz wies 1914 nicht weniger als 1.200 Plätze auf. Das Unternehmen expandierte auch in der Folge und sollte schließlich (1917) zur Universum Film AG (Ufa) führen, dem mächtigsten deutschen Filmkonzern.

Kinokette „Union-Theater“

Die deutsche Filmproduktion – bei zunehmender Ausdifferenzierung der verschiedenen Handlungsrollen (Filmautor, Filmregisseur, Kameramann, Darsteller, Produzent usw.) – begann in nennenswertem Umfang erst um 1910 bzw. 1913. Bis dahin waren französische, italienische und amerikanische Filme, teils auch dänische Produktionen auf dem deutschen Kinomarkt dominant, zu etwa 85%. Schwerpunkte der Produktion waren neben Berlin München, Düsseldorf, Hamburg und einige andere.

Späte deutsche Filmproduktion

Kinopublikum

In Deutschland wurden die Kinos weniger vom konservativen Bildungsbürgertum noch von organisierten Arbeitern besucht, sondern eher von Jugendlichen, auch von Arbeitslosen, von Händlern, Handwerkern und Gehilfen und vor allem von Frauen, wie eine empirische Untersuchung von Emilie Altenloh aus dem Jahr 1912 aufzeigt. Das Publikum war größtenteils Laufpublikum, d.h. es gab ein ständiges Kommen und Gehen, und entstammte tendenziell allen sozialen Schichten. Ganz offensichtlich fanden sich hier heterogene Bevölkerungsgruppen zur Betäubung von Langeweile, zur gemeinsamen Zerstreuung und Unterhaltung. Dem Wilhelminischen Kino vor dem Ersten Weltkrieg wurde gar emanzipatorische Bedeutung zugesagt, etwa wenn von einer „heimlichen Komplizenschaft zwischen Kinematographie und Frauenemanzipation“ (Heide Schlüpmann) gesprochen wird.

Das Filmangebot war heterogen. Bunte Programme an Kurzfilmen dominierten zunächst noch, bevor sie ab 1910 von Langfilmen abgelöst wurden; erst 1914 waren die „Mehrakter" selbstverständlich. Das neue Erzählkino orientierte sich dabei vor allem am bürgerlichen Drama, in seiner populären Form des Melodrams. Dabei handelt es sich um ein Kino der Gefühle, der Leidenschaften, der Ambivalenz von weiblicher Autonomie und Unterwerfung, von Unschuld und triebhaftem Schurkentum – um die (scheiternde) Initiation der Frau in der kleinbürgerlichen Gesellschaft.

Das Melodram

Filmbeispiele: „Die Sünden der Väter" (1912/13) zeigt eine junge Frau als Modell, das vom Maler ausgenutzt und dann fallen gelassen wird, worauf sie verzweifelt ihr Bild, Grundlage ihres Erfolgs, mit dem Messer zerstört. „Die arme Jenny" (1912) beschreibt eine proletarische Heldin, die in ihrer Liebe zu einem bürgerlichen Mann enttäuscht wird. In „Das Mädchen ohne Vaterland" (1912) hält die Protagonistin ihrem Liebhaber, einem Soldaten, die Treue bis in den Tod.

Filmbeispiele

Die Dänin Asta Nielsen, die hier jeweils die Hauptrolle spielte, hatte bereits auf dem Theater in Kopenhagen erste Erfolge gefeiert, ersetzte dann aber medienspezifisch große Gesten und laute Stimme durch Sparsamkeit in Bewegung und Mimik. Zum Filmstar wurde sie mit der dänischen Produktion „Abgründe" (1910), die auch in Deutschland in den Verleih kam, worauf Davidson sie 1911 mit ihrem Mann, dem Regisseur Urban Gad, unter Vertrag nahm und die deutschen Erfolgsfilme produzierte. Subversive Leidenschaft, eine neue Sinnlichkeit und das Offenlegen von Gefühlen durch eine elaborierte Gestik machten Nielsen zum erotischen Star der Zeit. Ihre Frauengestalten in dieser Zeit wirkten psychologisch authentisch, weil sie immanent einerseits gegen normierte Glücksvorstellungen protestierten und damit unterdrückte Triebwünsche speziell des weibli-

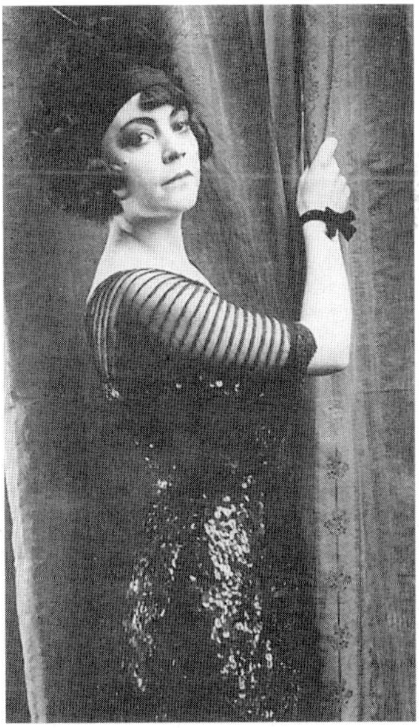

Abb 11

Asta Nielsen als Star

Abb 12

Der „Monopolfilm" und die Nielsen-Werbung

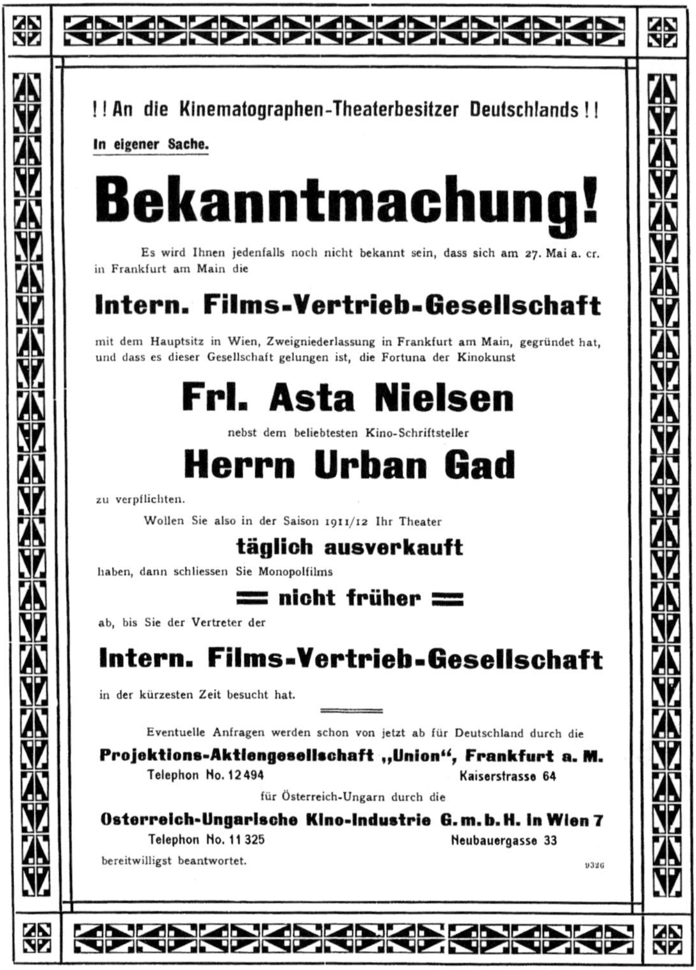

chen Publikums zum Ausdruck brachten, andererseits aber realitätsgemäß immer wieder in Leid, Versagung und Tod scheiterten. Begierde führt zum Schmerz, das Streben nach Selbstbestimmung zum Untergang – diese Ideologie versöhnte letztlich wieder mit den gesellschaftlich dominanten Moral- und Lebensformen. Ein solches Melodram war im tragischen Scheitern der Heldin zutiefst pessimistisch.

Die Einführung des „Monopolfilms" begünstigte das Starprinzip, insofern hier eine Verleihfirma als einzige im nationalen Raum die

Vermarktung des abendfüllenden Spielfilms übernahm und damit entsprechende exklusive Werbemaßnahmen ermöglichte: Kinobesitzer konnten exklusiv mehrere Filme mit ein und demselben Star buchen – erstmals am Beispiel von Asta Nielsen realisiert, mit der im Jahr 1911 tatsächlich auch acht von zehn vorab angekündigte Filme herausgebracht wurden. Es gab im deutschen Kino aber gleich zwei frühe Filmstars: neben der Dänin Asta Nielsen, die vom Theater kam, auch die Deutsche Henny Porten, ebenfalls „mütterliche Venus und leidendes Weib“ (Knut Hickethier), aber weniger spektakulär und als Ufa-Star mit einem Schwerpunkt erst nach Beginn des Weltkriegs und in den 20er Jahren.

Henny Porten als Filmstar

Gegner, Skeptiker und Kritiker des Filmmelodrams gab es in großer Zahl; insbesondere Lehrer und Beamte kämpften den Kampf gegen „Schmutz und Schund“ der Kinematographie, um die Jugend vor dem Verderben zu retten. Auch Zensurmaßnahmen der Behörden sowie spezielle Steuern und Gebühren zielten auf die Rettung der allgemeinen Moral. Allein von 1912 bis 1914 wurden von der Berliner Zensur rund 12.000 Filme geprüft (Herbert Birett). Und die Medienkonkurrenz wirkte sich aus: Theaterschauspieler wurden dazu motiviert, sich nicht für Filmproduktionen engagieren zu lassen. Als dann jedoch sogar der Max-Reinhardt-Star Albert Bassermann vor die Kamera trat, lief der Boykott ins Leere und der lange Kinofilm wurde tendenziell auch von höheren sozialen Schichten akzeptiert.

Zensur und andere Widerstände

Auch in deutschen Produktionen wurde filmästhetisch experimentiert. Der Film „Zweimal gelebt“ (1912) von Max Mack nach einem Skript von Heinrich Lautensack bedient sich beispielsweise der Parallelhandlung, womit mehrere Plots und unterschiedliche Spannungsbögen möglich waren. Im Asta-Nielsen-Film „Die Sufragette“ (1913) setzte man gegenüber den bis dahin bestimmenden Totalen kleine Bildausschnitte ein und Schwenks, auch wenn der Rhythmus der Bildmontage noch vergleichsweise langsam gehalten war. Generell wurden die Einstellungsgrößen immer differenzierter und funktionaler. In „Der Andere“ (1913) von Max Mack, einer Variation des Jekyll&Hyde-Motivs, wurde strategisch die Großaufnahme benutzt, um die gestische Wucht und die Expressivität der mimischen Gestaltung zu unterstreichen. Als der bedeutendste frühe deutsche Film gilt – aus filmkünstlerischer Sicht – „Der Student von Prag“ (1913) von Stellan Rye, nach einem Stoff von Hanns Heinz Ewers, in enger Zusammenarbeit mit dem Kameramann Guido Seeber und

Filmästhetische Experimente

mit dem Schauspieler Paul Wegener in der Hauptrolle. Hier verkauft ein Student sein Spiegelbild an den Teufel, wobei für die Doppelgänger-Aufnahmen immer wieder die perfektionierte Mehrfachbelichtung und raffinierte Licht/Dunkel- und Schatteneffekte genutzt wurden.

„Der Student von Prag" als „Autorenfilm"

„Der Student von Prag" gilt als Beginn des sogenannten „Autorenfilms" – der Begriff meint nur, dass damals auch bekannte Autoren wie Gerhart Hauptmann, Arthur Schnitzler und Hugo von Hofmannsthal für den Film verpflichtet wurden, um sein Image kulturell aufzuwerten.

Abb 13

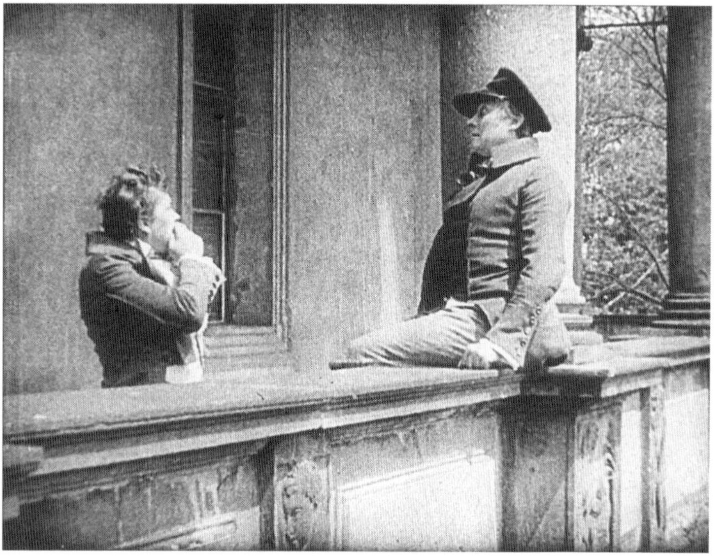

Der Student Balduin trifft seinen Doppelgänger

Siegfried Kracauer interpretierte diesen „ersten deutschen Kunstfilm" trotz aller literarischer Ambitionen auch als „Vorzeichen" des deutschen Faschismus (was heute allerdings eher als subjektive Projektion ohne besondere mentalitätsgeschichtliche Relevanz erscheint). Thematisiert wird in dem eher elitären Film das traditionelle Motiv des faustischen Teufelspakts, bei dem der Student schließlich in seiner Verzweiflung auf seinen Doppelgänger schießt und damit sich selbst umbringt. Die Bedeutung des Films liegt weder im Stoff noch in der Inszenierung, bei der der Handlungsraum noch ganz bühnenmäßig strukturiert ist und auch die Einstellungsgrößen noch ganz den Sehkonventionen des Theaters verpflichtet sind. Ausschlaggebend ist vielmehr die erzeugte Atmosphäre des Unheimlichen, des Grauens und der Bedrohung, die dadurch bedeutungsvoll erscheint, dass sie das „Andere“, das Verdrängte, das Unterbewußte in Szene setzt: die Erfahrung einer gestörten Identität.

Merksatz

Zwar ist hier immer vom Stummfilm die Rede, der in der Regel mit mehr oder weniger Zwischentiteln verbal erläutert wurde. Man muss dabei aber in Rechnung stellen, daß praktisch alle Filmvorführungen, meist als Illustration der Handlung, akustisch untermalt wurden – per Klavier, mit einem Orchester oder per Grammophon.

Weitere Genres

Andere Genres stehen neben dem deutschen Melodram: frühe Einakter-Pornos wie „Die Hochzeitsnacht einer Dame der besten Gesellschaft“ und andere realistische Koitusszenen (vor 1910), Bergfilme wie „Der Alpenjäger“ (1910), Ehedramen wie „Zweimal gelebt“ (1911) oder soziale Dramen um Dienstmädchen und Verkäuferinnen wie „Madeleine“ (1912), insbesondere Serien von Kriminal- und Detektivfilmen, beispielsweise „Der Mann im Keller“ (1913) von Joe May, mit dem Gentleman-Detektiv Stuart Webbs, sowie die Anfänge des Filmlustspiels mit Ernst Lubitsch, etwa „Der Stolz der Firma“ (1914). Spießertum, Konservatismus, konventionelle Moralität und der Kult der heilen Familie dominierten.

Andere Beiträge (z.B. Dänemark, Russland) | 2.5

Der Film war von Anfang an ein internationales Medium und Spielfilme wurden auch in zahlreichen anderen Ländern verbreitet und produziert. Das soll hier exemplarisch im Rekurs auf Dänemark und Russland verdeutlicht werden.

Dänemark

Im kleinen Dänemark boomte die Kinoszene Ende des ersten Jahrzehnts; 1910 gab es mehr als hundert Kinos, davon fünfzig allein in Kopenhagen. Begründer der dänischen Filmindustrie war Ole Olsen, der als Kinobesitzer auch in die Produktion einstieg und 1906 die Nordisk Films Kompagni gründete, nach Pathè international zeitweise die zweitwichtigste Filmgesellschaft; im Jahr 1913 produzierte sie nicht weniger als 370 Filme. Olsen drehte seine Spielfilme für den Export und vertrieb sie über eigene Vertretungen in zahlreichen europäischen Ländern. Sein erster Langfilm „Weiße Sklavinnen“ unter der Regie von August Blom, nach einer Vorlage der kleinen Produktionsgesellschaft Fotorama (1910), thematisierte provokativ Mädchenhandel und Prostitution und war international ein gewaltiger Erfolg. Mit diesem und vergleichbaren Filmen konnten erotische Sensationen in nie gekannter Deutlichkeit auf die Leinwand gebracht werden. In melodramatischen Idyllen mit höchst schematischer Handlungsführung wurde also Verbotenes erkundet, in der Regel mit einem tragischen Ausgang. Insbesondere der „dänische Kuss" wurde dabei weltberühmt: ekstatisch, lange andauernd, mit voller Ekstase der Frau.

Auf die internationale Bedeutung von Asta Nielsen, die ihren ersten Film für Nordisk drehte, wurde bereits hingewiesen. Thematisch gab es Anfang des zweiten Jahrzehnts neben dem frivolen Salonstück ein zweites Standbein, für das der Film „Atlantis" (1913), wieder von August Blom, nach einer Vorlage des Literatur-Nobelpreisträgers Gerhart Hauptmann repräsentativ ist: düstere Geschichten um die Unausweichlichkeit menschlicher Schicksale. So werden bei „Atlantis" die Liebeserlebnisse eines Arztes mit drei Frauen (der kranken Ehefrau, der kalten Geliebten und der stillen Verehrerin) verbunden mit dem spektakulären, technisch aufwendig in Szene gesetzten Untergang des Überseedampfers Titanic und beeindruckenden Panikszenen an Bord.

Russland

In Russland begann die Produktion eigener Filme noch später als in Dänemark; Alexander Alexejewitsch Chanshonkow (1906 Filmverleih, ab 1908 Filmproduktionen) gilt als Begründer der russischen Filmindustrie. Im ersten Jahrzehnt bestand hier primär ein Absatzmarkt für ausländische Firmen. Allerdings stieß die „lebende Fotografie" von Anfang an auf großes Interesse in der Bevölkerung, speziell als Jahrmarktvergnügen und beim Wanderkino, ab 1904 auch in ersten stationären „Elektrotheatern", insbesondere in St. Petersburg. Übersprungen wurden hier die in anderen Ländern verbreiteten Burlesken und Komödien. Stattdessen entstanden ab 1908 zahlreiche „Kunstfilme": Bearbeitungen von Theaterstücken und Romanadaptionen (z.B. „Anna Karenina" mit einer Vorführdauer von zwölf Minuten). Ansonsten gab es an eigenen Versuchen Salon-Melodramen wie „Leiche Nr. 1346" (1912) oder „Fürstin Dudu" (1913) sowie Historien- und Propagandafilme wie „Die Verteidigung von Sewastopol" (1911), ursprünglich als monarchistischer Politfilm geplant und von den Zuschauern als Hommage an das kämpfende russische Volk verstanden, und „Die Herrschaft der Romanows" (1913). Nach der Revolution sollte die politische Dimension des russischen Films noch deutlicher werden.

Im Prinzip ähnlich verlief auch die Entwicklung in anderen Ländern wie zum Beispiel Schweden, Polen und Japan, wobei manche

Länder wie England mit Serien und frühen Parodien, aber auch durch die Betonung des Dokumentarischen, durchaus eigene Akzente zu setzen imstande waren.

Literatur

Literatur

Emilie Altenloh: Zur Soziologie des Kinos. Die Kino-Unternehmung und die sozialen Schichten ihrer Besucher. Diss. Jena 1914.

Erste empirische Untersuchung zur damaligen Filmproduktion (Organisation, gesetzlicher Rahmen etc.) und zum Publikum.

Helmut H. Diederichs: DER STUDENT VON PRAG. Einführung und Protokoll. Stuttgart 1985.

Drehbuch und Fotos aus dem exemplarisch zu verstehenden Film, mit allen Zwischentiteln, erläutert in einer Einführung zuProduktion und Rezeption.

Helga Belach (Hrsg.): Henny Porten. Der erste deutsche Filmstar, 1890-1960. Berlin 1986.

Anregender Sammelband mit zahlreichen Beiträgen zu den vielen Facetten des Phänomens Filmstar am Beispiel von Henny Porten.

Sabine Lenk: Théatre contre Cinéma. Die Diskussion um Kino und Theater vor dem Ersten Weltkrieg in FrankreichMünster 1989.

Eine von vielen interessanten Studien zu speziellen Teilaspekten – hier zum Diskurs in Frankreich über das Kino als möglichen Erben des alten Mediums Theater.

Irmbert Schenk: Der italienische Historienfilm von 1905 bis 1914. Uni Bremen 1991.

Kurze Interpretation des italienischen Historienfilms als Eroberung von Raum und Geschichte, unter Verknüpfung filmästhetischer, politischer und filmökonomischer Aspekte.

Jörg Schweinitz (Hrsg.): Prolog vor dem Film. Nachdenken über ein neues Medium 1909-1914. Leipzig 1992.

Sammelband mit zahlreichen zeitgenössischen deutschen Stellungnahmen zum neuen Medium Film von namhaften Literaten, Kinoreformern und Filmkritikern.

Corinna Müller: Frühe deutsche Kinematographie. Formale, wirtschaftliche und kulturelle Entwicklungen. Stuttgart 1994.

Standardwerk zur frühen deutschen Filmgeschichte insbesondere als Wirtschaftsgeschichte, speziell zur Ablösung des Kurzfilms durch den langen Spielfilm.

Herbert Birett: Lichtspiele. Der Kino in Deutschland bis 1914. München 1994.

Knapper Versuch einer Gesamtbilanz in Querschnitten (Pionierzeit, Frühgeschichte, Gründerzeit) und in Längsschnitten (Filmästhetik, Technik, Wirtschaft, Filmwirkung).

Richard Abel: The Cine Goes to Town. French Cinema 1896-1914. Berkeley, Los Angeles, London 1994, 1998.

Umfangreiches amerikanisches Standardwerk mit Schwerpunkten auf der französischen Filmindustrie, der Kinosituation und den Kurzfilmen im Übergang zum narrativen Langfilm.

Corinna Müller und Harro Segeberg (Hrsg.): Die Modellierung des Kinofilms. Zur Geschichte des Kinoprogramms zwischen Kurzfilm und Langfilm 1905/06-1918. München 1998..

Wichtiger Sammelband mit zahlreichen Einzelstudien u.a. zu Komödie, Western, Detektivfilm-Serien und Autorenfilmen.

Übungs- und Wiederholungsfragen

1 Welche nationalübergreifende Entwicklungskategorien lassen sich Anfang des 20. Jahrhunderts beobachten?

2 Was heißt Oligopol?

3 Wieviel Filme produzierte Pathé Frères 1909 wöchentlich, wieviel Kameras, Projektoren etc. wurden monatlich verkauft und wieviel Kinos besaß das Unternehmen zu dieser Zeit?
4 Wer war der Hauptkonkurrent von Pathé Frères?
5 Welche Besonderheiten wies der frühe französische Film auf? Nennen Sie ein Beispiel.
6 Wie hieß der erste französische abendfüllende Kinofilm?
7 Wie hieß der Trust der Produktionsfirmen in den USA, wann wurde er gegründet und an welchem Typ Film orientierte er sich?
8 Wer gehörte zu den Independents, wann ließen sie sich wo nieder und welches war ihr Ziel?
9 Wie hieß der erste amerikanische Filmstar und worin bestand ihre Anziehungskraft?
10 Nennen Sie den ersten Western der Filmgeschichte.
11 Warum gilt „Geburt einer Nation“ von Griffith als Filmklassiker?
12 Wer war Mack Sennett?
13 Welches war das in Italien wichtigste Filmgenre beim Vorkriegsfilm?
14 Nennen Sie wichtige Einflussfaktoren beim frühen italienischen Spielfilm.
15 Nennen Sie drei Titel der frühen italienischen Langfilme.
16 Wer war die erste italienische Filmdiva?
17 Wieviel Filme sind in Deutschland von den Anfängen bis 1914 schätzungsweise gelaufen?
18 Wem gehörte die erste Kinokette in Deutschland und wie hieß sie?
19 Nennen Sie das in Deutschland anfänglich dominante Genre und definieren sie es.
20 Was heißt „Monopolfilm“?
21 Welche zwei frühen Filmstars gab es im deutschen Kino?
22 Wieviel Filme wurden zwischen 1912 und 1914 allein von der Berliner Zensur geprüft?
23 Was hieß damals „Autorenfilm“? Nennen Sie das wichtigste Beispiel.
24 Warum war der „Stummfilm“ selten stumm?
25 Wie hieß der erste dänische Langfilm unter der Regie von August Blom?
26 Welches Genre steuerte Dänemark schon früh zur Filmgeschichte bei?
27 Welcher Akzent hat den russischen Film von Anfang an geprägt?

Weiterführende Arbeitsaufgaben

- Vergleichen Sie die Images von Mary Pickford, Asta Nielsen und Mack Sennett miteinander. Nutzen Sie dabei einschlägige Fachliteratur zum Phänomen Filmstar.
- Vergleichen Sie ein französisches und ein deutsches Melodram dieser Zeit miteinander im Hinblick auf Handlungsstrukturierung und Figurengestaltung.
- Vergleichen Sie die unterschiedlichen Konzepte von Nationalgeschichte, wie sie im amerikanischen Western und im italienischen Monumentalfilm wirksam geworden sind.
- Analysieren Sie einen Film wie „Die letzten Tage von Pompeji" im Hinblick auf die literarische Vorlage und im Vergleich mit einer Filmversion aus den 50er Jahren als Farb- und Tonfilm.
- Welche Ähnlichkeiten und welche Unterschiede lassen sich bei der französischen, der italienischen und der amerikanischen Komödie dieser Zeit feststellen?
- Recherchieren Sie die Entwicklungsgeschichte eines Filmstars wie Henny Porten.
- Informieren Sie sich ausführlicher über die frühe Diffamierung des Films in Deutschland als „Schmutz und Schund".
- Recherchieren Sie die Film- und Kinosituation von der Jahrhundertwende bis zum Beginn des 1. Weltkriegs in anderen Ländern wie z.B. England, Schweden, Polen oder Japan.

Zusammenfassung

Die Entwicklung des frühen Films nach der Jahrhundertwende verlief trotz zahlreicher nationaler Besonderheiten nach ähnlichen Kriterien. Meist begann der Boom im Distributionssektor, gefolgt von einer Intensivierung der Filmproduktion bis hin zur Industrialisierung und internationalen Vermarktung. Das Phänomen des Filmstars begegnet überall, aber unterschiedlich in den Images. Länderspezifisch war insbesondere auch die Herausbildung von dominanten Genres: in Frankreich die Komödie, in den USA der Western, in Italien der Monumentalfilm, in Deutschland das Melodram, in Dänemark das frivole Salonstück und in Russland der Polit- und Propagandafilm. Sie waren jedoch nicht exklusiv, sondern ganz im Gegenteil kündigte sich bereits die Tendenz zu nationalübergreifenden Formen filmästhetischer Gestaltung an (Einstellungsgröße, Montage etc.): eine Filmsprache oder Filmgrammatik.

Zusammenfassung

Annalistik wichtiger Filme

1903 „Der grosse Eisenbahnraub" (erster amerikanischer Western)
1908 „Max" (französische Komödienserie mit Max Linder)
1908 „Die Ermordung des Herzogs von Guise" (französischer Kunstfilm)
1909 „Abgründe" (erster Erfolg mit Filmstar Asta Nielsen)
1910 „Weiße Skalvinnen" (erotische Sensation aus Dänemark)
1911 „Die Verteidigung von Sewastopol" (russischer Politfilm)
1912 „Cohen zieht eine Schuld ein" (Slapstick mit Mack Sennett)
1913 „Die letzten Tage von Pompeji" (klassischer Monumentalfilm)
1913 „Der Student von Prag" (deutscher Autorenfilm) „Cabiria" (Höhepunkt des italienischen Stummfilms)
1914 „Tess aus dem Land der Stürme" (Filmstar Mary Pickford)
1914 „Der Mann aus Virginia" (Western nach Literaturvorlage)
1914 „Der Stolz der Firma" (Filmlustspiel mit Ernst Lubitsch)
1915 „Geburt einer Nation" (Epos von David W. Griffith)

Bis zum Beginn des 1. Weltkriegs war der Film als neues Medium zumindest in Europa und den USA etabliert. Die Blütezeit des Stummfilms lag jedoch erst im Anschluss daran zur Zeit der Weimarer Republik.

1914-1933
Vom Stummfilm zum Tonfilm

Phase III

Inhalt

Der 1. Weltkrieg als Zäsur

Der 1. Weltkrieg markiert in jeder Hinsicht eine einschneidende Zäsur in der Geschichte des Films. Die bis dahin international bedeutsamen Filmindustrien in Frankreich und Italien wurden zerschlagen und auch in Deutschland vollzog sich ein Niedergang. Überall ging die Produktion zurück, wurde der Handel aufgesplittet, griff die Politik dirigistisch in die Filmbranche ein, veränderte sich der Marktzugang. Lediglich die Vereinigten Staaten sind von den Kriegswirren weitgehend verschont geblieben und nutzten die Schwäche der ausländischen Konkurrenz. Deutschland wurde politisch zu einer Republik, Russland nach der Revolution zu einer Diktatur, die USA dominierten zum Kriegsende ökonomisch das frühere internationale Kräftegleichgewicht als selbstbewusste neue Weltmacht. Allenfalls in Russland und Deutschland wurden bei den Filmen neue nationale Akzente gesetzt: im ersten Fall aufgrund politisch-ideologischer Umstände, im zweiten Fall infolge einer enormen Inflation, die den deutschen Markt für die US-Studios zeitweise uninteressant machte und damit Raum für Eigenproduktionen schuf.

Das neue Filmgenre Kriegsfilm

Als unmittelbare Folge des Krieges entstand ein neues Filmgenre, der Kriegsfilm, der sich in unterschiedlicher Gestalt von Anfang

Abb 14

„Im Westen nichts Neues“

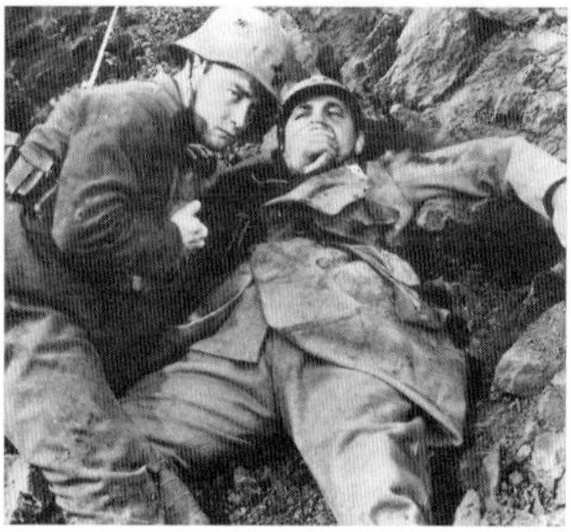

an international manifestierte. Kriegsfilme reichen vom deutschen Beispiel „Das ganze Deutschland soll es sein“ (1914) über das dänische „Pro Patria“ (1915), das englische „Die Schlacht an der Somme“ (1916) und das amerikanische „Intoleranz“ (1916) bis zum französischen „Ich klage an“ (1919) und meinen dann auch Antikriegsfilme wie „Im Westen nichts Neues“ (1930) – eine Kriegsfilm- und Antikriegsfilmwelle, die sich während und nach dem 2. Weltkrieg und auch nach Vietnam (vgl. Kap. 7.2) wiederholen sollte.

Musik zum Stummfilm

Während am Ende dieser Phase III, nach dem Aufkommen des Tonfilms, der Akzent stärker auf die Dialoge gelegt wurde, erreichten die „Stummfilme“ ihren ästhetischen Höhepunkt. Sie waren von einem besonderen Schauwert und wurden in der Regel von rezeptionssteuernder Live-Musik begleitet. Das heißt: Handlung und Setting standen im Vordergrund und wurden musikalisch unterstützt, während die Figuren eher typisiert blieben. Bei der Filmmusik zum Stummfilm unterscheidet man verschiedene Abschnitte: Nachdem in der Vor- und Frühgeschichte (Abschnitt I) die Filme in den Kinos als Teile von Shows von Variété-Orchestern und bis zum Beginn des 1. Weltkriegs (II) bevorzugt von Klavierspiel begleitet wurden – sofern Filmaufführungen wie beim Wanderkino nicht auf den Filmvorführer als Kommentator und bestenfalls einen Phonographen zurückgreifen mussten –, wurden mit der Zunahme von Langfilmen verstärkt Kammermusik-Ensembles eingesetzt (III) und in den 20er Jahren, speziell in den luxuriösen Kino-Palästen, spektakuläre Theater-Orgeln, die nicht nur die Filmvorführung handlungsbezogen begleiteten, sondern als eigenständiges Spektakel umrahmten (IV). Bereits für den Film „Geburt einer Nation“ (1915) war eine eigene Partitur geschrieben worden, und solche Kompositionen wurden zukünftig nicht nur für die Filme von Griffith selbstverständlich. Ansonsten gab es Listen musikalischer Themen („cue sheets“), mit Kompilationen und Neuarrangements klassischer Stücke, mit Leitmotiven und kompletten Neukompositionen, die bei der damaligen Filmvorführung verwendet wurden, heute aber nur noch annähernd reproduziert werden können.

– Kammermusik-Ensembles

– Theater-Orgeln

Die Einführung des Tons in Amerika, in Gestalt des Films „Der Jazzsänger" (1927) mit dem Varieté-Star Al Jolson – eigentlich ein Stummfilm mit vertonten Einschüben – bzw. des „ersten Sprechfilms", „Lichter von New York" (1928), brachte nicht nur den Musikfilm als ein neues supranationales Genre, speziell Musical, Musik-Revuen und Operetten, sondern bedeutete eine fundamentale Umwälzung des gesamten narrativen Films.

Merksatz

Wer heute einen Stummfilm ohne Live-Musikbegleitung sieht, muss auf eine wesentliche Dimension des damaligen Films verzichten.

Die fundamentale Bedeutung des Tonfilms

Verbunden damit waren zahlreiche Änderungen im Detail. Die Kinomusiker wurden entlassen. Der Verbund mit der Schallplattenbranche wurde zwingend. Ästhetisch wurde der Dialog wichtig und setzte zahllose Drehbuchautoren ins Brot. Das Filmkunstverständnis vieler Filmemacher und Theoretiker musste sich wandeln. Der Spielfilm als soziales, lokales Live-Erlebnis wurde endgültig in die Innerlichkeit des Subjekts verlagert. Das Lichtton-System von Western Electric setzte sich durch. Das neue grosse Studio RKO entstand. Viele Schauspieler und Stars verschwanden aus den Kinos, weil ihre Stimmen den Ansprüchen oder Erwartungen der Kinobesucher nicht mehr entsprachen. Die Kinos wurden technisch für Tonfilme umgerüstet. Die weltweite Vermarktung wurde durch die Notwendigkeit von Synchronisationen zunächst stark behindert und der internationale Filmmarkt zerfiel. Nach ihrer Blütezeit Mitte der 20er Jahre schien die Studio-Ära im Niedergang begriffen, zumal angesichts der weltweiten Weltwirtschaftskrise, bis dann 1932 das Verfahren der Nachsynchronisation anwendungsreif wurde. Spätestens 1933 war der Übergang vom Stummfilm zum Tonfilm in den USA, Deutschland, Dänemark und anderen Ländern – Frankreich und Italien folgten mit Verzögerung – vollzogen.

Merksatz

Der Film als Spiel mit Wirklichkeit, als Erlebnis wurde erst mit dem Ton zum vollgültigen (audiovisuellen) Medium.

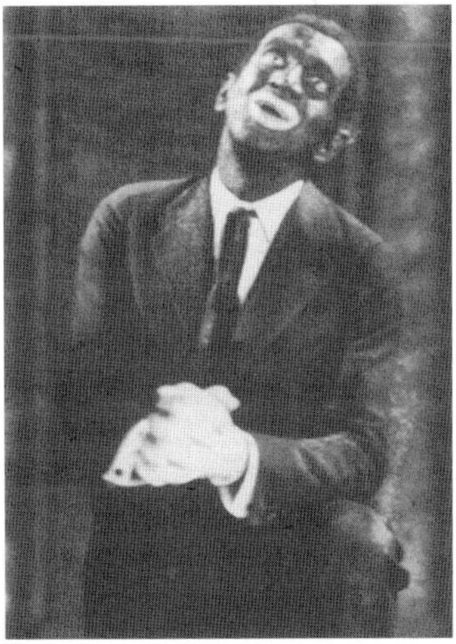

Abb 15

„Der Jazzsänger"

3.1 | USA: Hollywood

Es ist demnach korrekt, die Darstellung der dritten Phase der Filmgeschichte mit dem amerikanischen Film zu beginnen. Hollywood drückte in der Folge dem Medium insgesamt den unverhüllten Warencharakter auf, d.h. der Film als Kommunikationssystem wurde fast ausnahmslos nur noch vom Markt bestimmt. Dabei erwies sich der Verleih als sehr viel profitabler als die Produktion. Mit der steigenden Verbreitung der von den amerikanischen Studios hergestellten und vertriebenen Filme auch auf den französischen, italienischen, deutschen (und anderen nationalen) Märkten veränderte sich der populäre Geschmack der Massen in den europäischen Kulturen.

Das amerikanische Studiosystem

Definition

Das amerikanische Studiosystem der 20er Jahre war organisationstheoretisch gekennzeichnet vom Oligopol einiger weniger Produktionsgesellschaften, einer vertikalen Konzentration unter Einschluss des Verleihs und zunehmend grosser Kinoketten im intakten Inlandsmarkt, von großen Budgets, neuen Techniken und Produktionspraktiken, von teuren Stars und von einer aggressiven, weltweiten Expansionspolitik.

Die Zeitspanne zwischen den beiden Weltkriegen war insgesamt die Zeit des klassischen Hollywoodkinos mit einem „universal appeal", einer auf globale Verwertung zielenden Produktgestaltung. Nur deutlicher wurde diese totale Industrialisierung Ende der 20er Jahre, mit der Einführung des Tons, der totalen Abhängigkeit der großen Produktionsgesellschaften von den Banken und Konzernen und ihrer supramedialen Verflechtung mit dem Radio- und Tonträgermarkt. Bereits kurz nach Ende des Krieges gingen die Unternehmen an die Börse und wurden in allmählich zunehmendem Maße vom Großkapital kontrolliert: z.B. United Artists vom Chemiekonzern Dupont, Goldwyn Pictures Corp. durch Dupont und die Chase National Bank von Rockefeller, Metro-Goldwyn-Mayer durch General Motors und die Liberty National Bank. 1921 beliefen sich die Gesamtkosten aller Hollywood-Produktionen noch auf 77 Millionen Dollar, 1929 bereits auf 184 Millionen Dollar. Aufgrund der hohen Investitionen wurden die Filmproduktionen spätestens ab 1926 durch die

Ökonomische Zensur

Kapitalgeber gemäß vorgegebenen ästhetischen Standards verschärft überwacht. Damit waren die Regisseure mehr oder weniger entmachtet. Die neuen „großen Fünf" Anfang der 30er Jahre waren Paramount, MGM, Twentieth Century-Fox, Warner Bros. und RKO, ergänzt durch Universal, Columbia und United Artists, letztere gegründet 1919 von Chaplin, Douglas Fairbanks, Pickford und Griffith.

Merksatz

Neben dieser ökonomisch bedingten Zensur entwickelte sich, befördert durch europäische Konkurrenten und unabhängig von der seit jeher praktizierten Kontrolle und Zensur staatlicher Stellen, eine zunehmende moralische Zensur, die in Selbstzensur umschlug.

Politische Zensur

Moralische Zensur

Die moralische Zensur richtete sich gegen den „sündigen" amerikanischen Film und wurde von einflussreichen Verbänden der Baptisten und jüdischen Rabbis, diversen Frauenclubs, Verbraucherverbänden und der katholischen Kirche praktiziert. Bis 1921 sind in 37 amerikanischen Staaten Zensurgesetze beantragt und erlassen worden (Dieter Prokop). Gedroht wurde Hollywood mit Boykott und restriktiven Gesetzen. Darauf gründeten die ansonsten scharf miteinander konkurrierenden Großunternehmen 1922 einen Interessenverband (MPPDA), der nach ihrem Präsidenten Will H. Hays auch „Hays Office" genannt wurde. Zur Abwehr von kostenträchtigen Prozessen und Risiken wurden von hier aus in Politik und Öffentlichkeit, aber auch bei den beteiligten Produktionsfirmen Einschränkungen propagiert, die de facto auf eine gezielte Selbstzensur hinausliefen. Im Jahr 1927 wurden die entsprechenden Regeln schließlich auch formal beschlossen. Verboten wurden u.a. alle Romane und Theaterstücke „anrüchigen" Inhalts, die Darstellung von Nacktheit, Rauschgift, „Rassenschande" (geschlechtliche Beziehungen zwischen Schwarzen und Weißen) oder der Geschlechtsteile von Kindern, die Verunglimpfung von Geistlichen, die Beleidigung von Nationen und Glaubensrichtungen bis hin zu verbalen Ausdrücken wie „hell", „damn", „fuck" oder Blasphemien. Auch Sympathie mit Kriminellen, Mißhandlung von Tieren, Brautnachtszenen, Grausamkeiten jeglicher Art, Brandstiftung, Foltermethoden (und so weiter) mußten dem „guten" Geschmack der weißen amerikanischen Mittelschicht und ihrer Moral unterworfen werden.

Selbstzensur

„Double-Feature"

Dabei gab es nach dem Boom der amerikanischen Filmindustrie im Jahre 1930, im Gefolge der Depression, als neue Entwicklung das „Double-Feature", die Vorführung von zwei langen Spielfilmen pro Vorstellung, um mehr Besucher in die Kinos zu locken, und den „B-Film", schnell und billig hergestellte Genrefilme, mit denen man die

„B-Movie"

Produktionskapazitäten auslasten, neue Talente testen, neue Genres ausprobieren und Publikumsnachfragen effizient entsprechen konnte.

3.1.1 | Genrevielfalt

Vielleicht das Beeindruckendste am amerikanischen Spielfilm dieser Phase ist die Vielfalt der Filmkultur, die sich hier nur andeuten lässt. Neben den bereits erwähnten neuen Genres *Kriegsfilm* und *Antikriegsfilm* bereits während des 1. Weltkriegs sowie *Musikfilm* nach der Einführung des Tonfilms Ende der 20er Jahre sind das vor allem Western, Sandalenfilme, Abenteuerfilme, Komödien der unterschiedlichsten Art, Horrorfilme, Gangster- und Gefängnisfilme sowie die immer wieder gerne unterschlagenen pornografischen Filme – während etablierte Regisseure wie Griffith mit zahlreichen Produktionen, etwa „Gebrochene Blüten“ (1919), neue Genrevarianten erkundeten, hier das *Melodram*.

Western

Bei den *Western* immer wieder genannt wird Thomas Harper Ince mit seinen Filmen um den Cowboy-Helden William S. Hart. Von Bedeutung sind auch die frühen Beiträge von John Ford, insbesondere „Das eiserne Pferd“ (1924), sowie herausragende Stummfilm-Western wie „Der Planwagen“ (1923), „Der Virginier“ (1929), „Der große Treck“ (1930) und „Billy the Kid“ (1930). Die Blütezeit des Western sollte jedoch erst später kommen.

Sandalenfilm

Beim *Sandalenfilm*, nach den italienischen Vorbildern, gab vor allem Cecil B. DeMille mit „Die zehn Gebote“ (1923) und zahlreichen Nachziehern dieser Art den Ton an.

Abb 16 | *„Die zehn Gebote“*

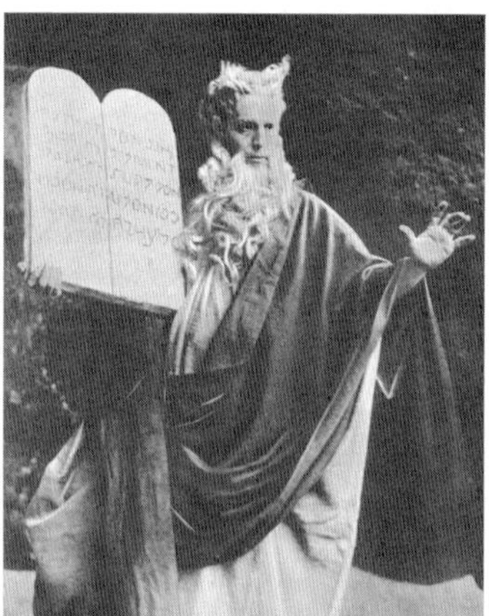

Abenteuerfilm

Der *Abenteuerfilm* wurde insbesondere in Gestalt des Schauspielers Douglas Fairbanks befördert – mit den Kostümfilmen „Das Zeichen des Zorro“ (1920) samt Musketier-Fortsetzungen, „Robin Hood“ (1922), „Der Dieb von Bagdad“ (1924) und „Der schwarze Pirat“ (1926).

Komödien

Historisch von Bedeutung war sodann Regisseur Erich von Stroheim mit seiner Trilogie zum Ehebruch („Blinde Ehemänner“, 1918; „Des Teufels Nachschlüssel“, 1920; „Närrische Frauen“, 1921). *Komödien* ganz anderer Art boten dagegen Buster Keaton mit abendfüllenden Filmen wie „Unsere Gastfreundschaft“ (1923), „Der General“ (1926) und „Dampfschiff“ (1928); Harald Lloyd mit „Sicherheit zuletzt“ (1923) und „Der Neuling“ (1925); Harry Langdon mit „Der starke Mann“ (1926) und „Lange Hosen“ (1927); oder Stan Laurel und Oliver Hardy mit Kurzfilmen wie „Entensuppe“ (1927) und „Zwei Matrosen“ (1928). Der bereits erwähnte Ernst Lubitsch wiederum drehte in dieser Zeit eine ganze Reihe weiterer „sophisticated comedies“, gekennzeichnet durch den jähen Umschlag von pathetischer Unversöhnlichkeit zu schmunzelndem Einverständnis: „Der Ehe-Kreis“ (1924), „Verbotenes Paradies“ (1925) bis zu „Der Studentenprinz“ (1927) und seinen Tonfilmen wie „Die Liebesparade“ (1932) oder „Ärger im Paradies“ (1932).

Horrorfilm

Zum Klassiker des Horrorfilms wurde „Frankenstein“ (1931) nach dem Schauerroman von Mary Shelley (1818), er gilt als Pionierwerk des phantastischen Genres, das mit zahlreichen weiteren Filmen ergänzt wurde: „Dracula“ (1931), „Dr. Jekyll und Mr. Hyde“ (1931), „Mord in der Rue Morgue“ (1931), „Freaks“ (1932), „Die Mumie“ (1932), „Das alte finstere Haus“ (1932) und „King Kong und die weiße Frau“ (1933).

Gangsterfilm

Beim ebenfalls neuen Genre des *Gangsterfilms* ragen Joseph von Sternberg mit „Unterwelt“ (1927), der Schauspieler Edward G. Robinson in „Der kleine Cäsar“ (1930) und Howard Hawks mit dem Klassiker „Scarface“ (1932) hervor. Die Blütezeit dieses Genres um 1930, im Zusammenhang mit der damaligen Prohibition zu sehen, hat auch zahlreiche *Gefängnisfilme* wie „Ich bin ein entflohener Kettensträfling“ (1932) hervorgebracht und kann als Vorbereitung der späteren „schwarzen Serie“ in den 40er Jahren verstanden werden.

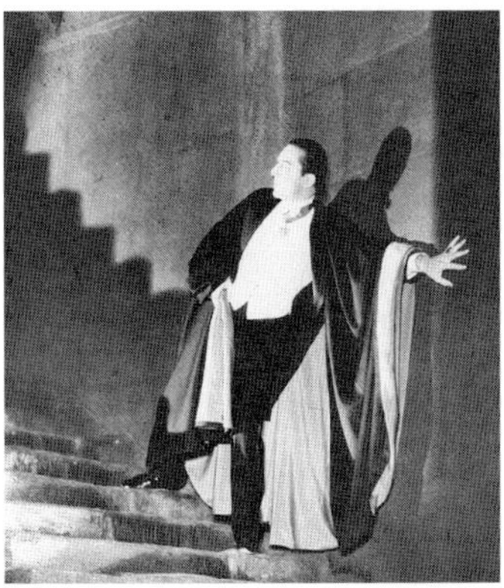

Abb 17

„Dracula“

Gefängnisfilm

Pornofilm

Von den damaligen Pornofilmen sind nur noch wenige erhalten; sie haben aber in den Herrenclubs und Hinterzimmern eine große Bedeutung gehabt, z.B. „A Free Ride“ (1915), „Hot Dog“ (1920/ 23), „The Casting Couch“ (1924), „Unsatisfied Wife“ (1925) bis hin zu „Good Mixers“ (1931/ 33).

Abb 18

„Frankenstein“

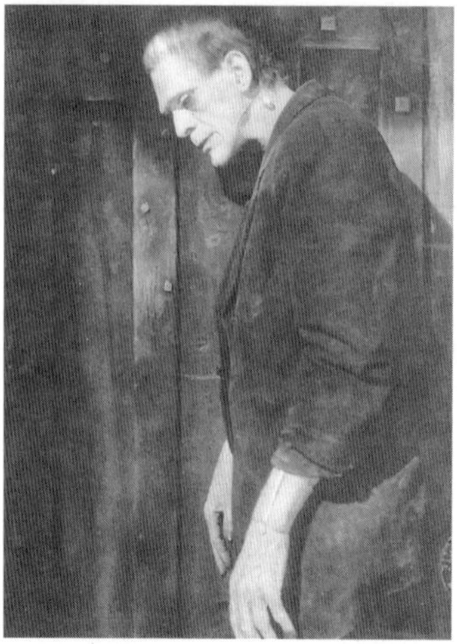

Abb 19

„King Kong“

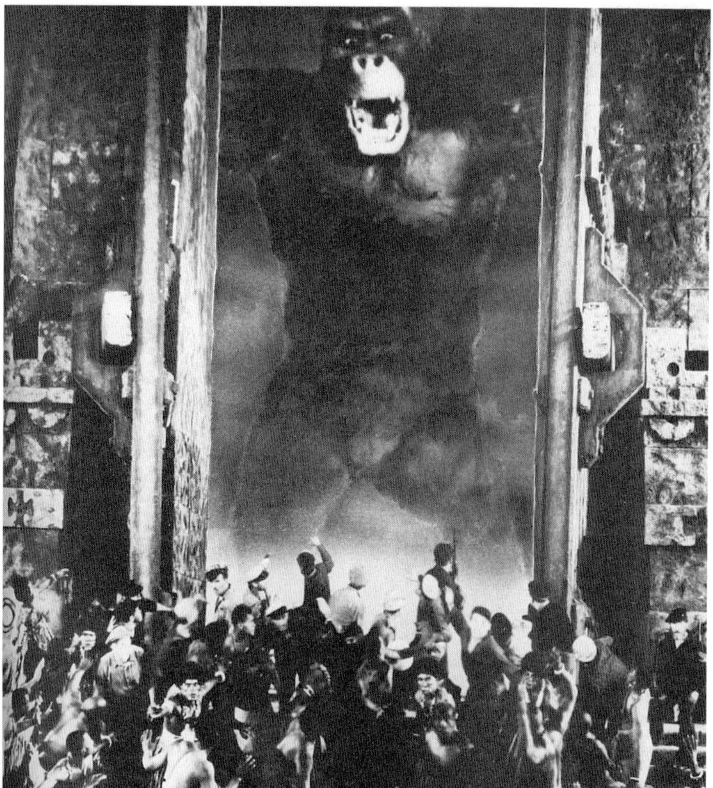

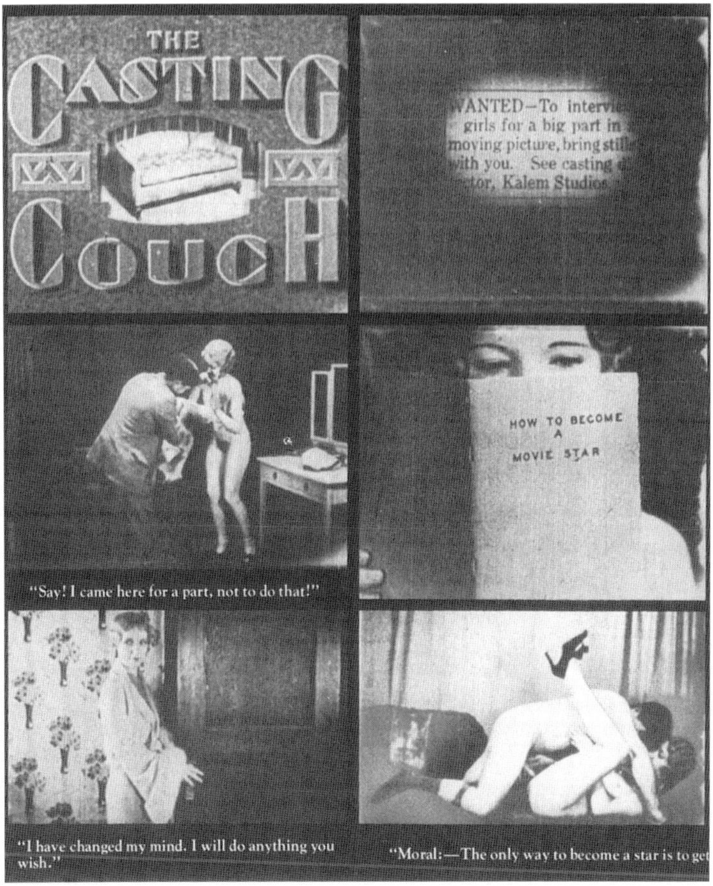

Abb 20

„The Casting Couch"

3.1.2 Von Rudolph Valentino bis Greta Garbo

Die 20er Jahre des amerikanischen Films wurden als die große Epoche der Filmstars bezeichnet, obwohl Stars in den folgenden Jahrzehnten (und bis heute) fast noch wichtiger waren. Das seinerzeit eingeführte Starprinzip war gleich in mehrfacher Hinsicht von besonderer Bedeutung. Erstens wurde damit ein großer Publikumsmagnet wirksam, der die Kalkulation der Investitionen erleichterte: Das Publikum neigte dazu, sich mit dem Filmstar als dem Protagonisten des Films mit einer ganz bestimmten, unwandelbar fest-

Das Starprinzip

– Publikumsmagnet

gelegten Aura zu identifizieren und dabei Privatleben und Filmrolle miteinander zu koppeln; der Wiedererkennungseffekt war ausschlaggebend. Zweitens wurde das Starprinzip im Vertrieb eingesetzt: Top-Filme mit Stars wurden gekoppelt mit weniger attraktiven Filmen, die der Besitzer des Filmtheaters nur im Block zusammen buchen konnte („Blockbuchen"). Damit wurde ein Teil des Produktionsrisikos auf die Kinobesitzer abgewälzt. Drittens trieben die steigenden Kosten für die unverzichtbar gewordenen Stars die Produktionskosten in gewaltige Höhen und erhöhten damit das Risiko. Entsprechend mussten Stars imagemäßig mit großem Aufwand aufgebaut, gestylt, beworben werden. Publicity, Klatsch und (häufig erfundene) Hintergrundstories, nicht zuletzt der gezielte Einsatz entsprechender Medien (z.B. Star-Ansichtskarte, Illustrierte und Star-Poster) wurden zu unverzichtbaren Bestandteilen industrieller Verwertung des inszenierten Spektakels. Die verschiedenen Publika insbesondere in den Städten, aus der unteren und der mittleren Mittelschicht, mochten auf die Personalisierung ihrer Wünsche und Sehnsüchte nicht mehr verzichten.

– Blockbuchen

– Inszenierung von Images

– Zeitgebundenheit der Idole

Merksatz

Stars werden erst durch Fans zu Stars gemacht. Beim Filmstar handelt es sich also um zeitgebundene „personae" oder Idole, die Einblicke erlauben in die epochenspezifische Sozialpsychologie der Menschen; sie bieten von daher Zugang zur Geschichtlichkeit generell von Gesellschaft.

Der Film als Medium des Darstellens und Erzählens ersetzte die anonyme Darstellerin durch die individuelle Schauspielerin, die als Star aber wiederum in einen Typus als generalisiertes Identifikationsobjekt verwandelt wurde. Nur die wichtigsten Stars und ihre Filme sowie Images aus dieser dritten Phase der amerikanischen Filmgeschichte sollen hier genannt werden. Neben Mary Pickford und männliche „picture personalities" wie Max, Mack Sennett, Buster Keaton und Laural&Hardy, die nicht eigentlich als Stars gelten können, traten in den 20er Jahren vor allem Rudolph Valentino, Theda Bara, Gloria Swanson und Greata Garbo hervor.

Rudolph Valentino

Rudolph Valentino gilt als der erste „schöne Mann" der Filmgeschichte. Zunächst als Tänzer und dann als Schauspieler verkörperte er in der Rolle des „latin lover" den Wunschtraum zahlloser Frauen: den romantischen Verführer, der für die Liebe leidet und sogar stirbt. Seine wichtigsten Filme waren „Die vier Reiter der Apokalypse" (1921), „Der Scheich" (1921) und „Der Adler" (1925). Amouröse Skandale in der Presse reichten bis zu seinem frühen Tod 1926, worauf es zu mehreren Selbstmorden von Fans kam. Sein Sex-Appeal war narzißtisch und lasziv – pomadisierte Haare, hautenge Kostüme, eine besondere Blickdramaturgie („der Blick des schönen Bösen"), starke Posen, ein athletischer Körper. Damals wurde bezeichnenderweise ein Kondom nach seinem gleichnamigen Film „The Sheik" genannt.

Theda Bara

Theda Bara dagegen stand für den domestizierten Vamp. In schwülstig-erotischen Historienfilmen verkörperte sie die Sexsirene und verlangte dafür die totale Unterwerfung des Mannes. Fünf Jahre arbeitete sie bei Fox und spielte dabei in über 40 Filmen zahlreiche Varianten ein und derselben „femme fatale". Ihre wichtigsten Filme waren „Carmen" (1915), „Romeo und Julia" (1916), „Camille" (1917) und „Salome" (1918). Sie wurde dem Publikum mystifizierend als Tochter eines Scheichs und einer Prinzessin verkauft, hatte angeblich eine Vorliebe für Astrologie und trat bevorzugt tragisch und furienhaft auf, manchmal mit nichts weiter angezogen als metallischen Kettchen über ihren Brüsten und Perlensträngen um ihre Hüften. Sie war das Gegenmodell zur gelockten Unschuld, ebenso exotisch, unbegreiflich und gefährlich wie verlockend, ein „Satansweib", das aber spätestens Mitte der 20er Jahre seine Attraktivität verloren hatte.

Gloria Swanson

Gloria Swanson spielte die Mondäne in einer Welt voll überquellendem Luxus. Wichtige Filme von ihr waren „Male and Female" (1919), „Why Change Your Wife?" (1920), „Manhandled" (1924) und „Madame Sans-Gene" (1925). Sie gilt als die Erfinderin der „Starallüren", war mit Perlen und Pelzen behängt, stets nach der neuesten und teuersten Mode gekleidet, sie war sechsmal verheiratet. Ihre Sinnlichkeit bestand in Überfluss und der Verschwendung von Geld.

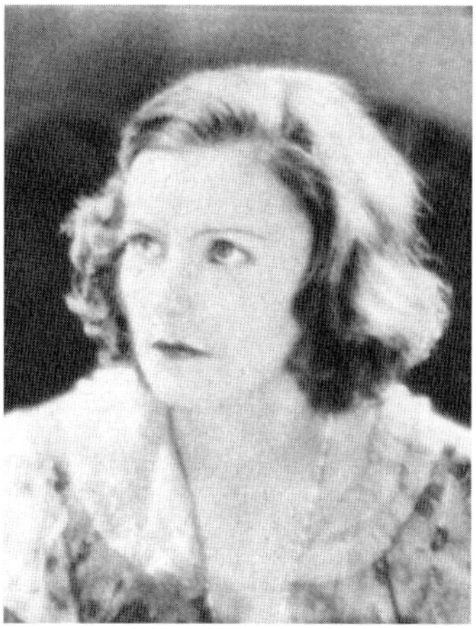

Abb 21

Greta Garbo

Greta Garbo war die Größte dieser Zeit. Auch sie spielte zunächst den Vamp, in Filmen wie „Fluten der Leidenschaft" (1926) und „Totentanz der Liebe" (1926), wechselte dann aber zu einem völlig neuen Image, das ihr den Beinamen „die Göttliche" einbrachte. Zentral gestaltete sie in Filmen wie „Der Kuss" (1929) und

„Grand Hotel" (1932), ihrem ersten erfolgreichen Tonfilm, die Überhöhung des Leidens im stoischen Ertragen des Schicksals, das Ausleben der eigenen verzweifelten Sehnsucht nach Glück und ihr letztliches Scheitern: das Thema der unerfüllten Liebe. Sie war von Schweden nach Amerika gekommen, eine einsame, scheue, verletzliche Frau, die Öffentlichkeit und Publicity mied, blieb ihr Leben lang unverheiratet und erhielt auch als Person jene geheimnisumwitterte Sphinx-Aura, die sie vor allem durch ihre Mimik und Gestik in ihren Filmrollen erworben hatte.

3.1.3 | Charles Chaplin

Am charakteristischsten für das amerikanische Kino in dieser Phase war jedoch Charles Chaplin – Schauspieler, Regisseur, Pantomime, Autor, Sozialkritiker, Psychologe, Filmstar in einem – mit der von ihm zur Perfektion gestalteten Stummfilmkomödie. In England in einer Familie von Music Hall-Artisten geboren, begann er 1913 ein Engagement in den USA bei Mack Sennett. In dieser Tradition der Burleske spielte er ab „Man schlägt sich durch" (1914) in über 30 Slapstick-Komöden, überwiegend Kurzfilme. Erstmals in „Kid Auto Races at Venice" (1914) trat er in der Rolle des Tramp auf. Hier wie auch später in Filmen wie „Charlie auf der Walz"/ „The Tramp" (1915) kämpfte er immer wieder den Kampf des „kleinen Mannes" entweder gegen die Tücke des Objekts oder gegen „die da oben". Dabei triumphierte er – mit Melone, Stöckchen, zerlumpten Klamotten und in viel zu großen Schuhen – beständig über die Großen, die Reichen, die Aufgetakelten und Mächtigen, ohne doch selbst davon zu profitieren. Er war und blieb ein rastloser Vagabund, der niemals zur Ruhe kam, auch nicht zu sich selbst, der aber zugleich auf seiner Würde bestand.

Der Tramp als Witzfigur

Abb22 |

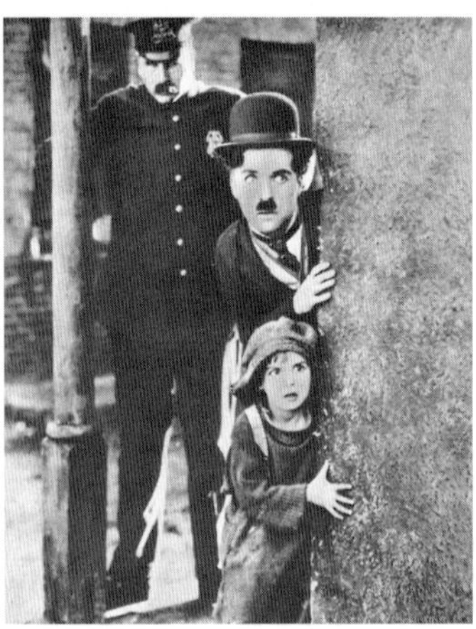

Charles Chaplin in „The Kid"

Später löste er sich von seinen volkstümlichen Wurzeln, von Max Linder und der Music Hall, und ersetzte den hektischen Klamauk zunehmend durch Pathos,

Ironie und Satire. Einen ersten Höhepunkt in dieser Hinsicht stellte „Der Vagabund und das Kind"/ „The Kid" (1921) dar, nach „Geburt einer Nation" angeblich der zweitgrößte Erfolg der Stummfilmzeit. Charakteristisch ist hier sein Engagement, seine Verantwortung für den Kleinen und seine hektische Flucht vor der feindlichen Umwelt (Polizist, Zimmerwirtin, Fürsorgeangestellte), die ihn doch immer wieder einholt und bedroht. Auf der einen Seite verkörpert er den Leidenden, auf der anderen den Narr oder Harlekin, womit er beiden Bedürfnissen seiner Fans gleichzeitig entspricht: Mitleid und Protest. Man konnte lachen und war gleichzeitig zu Tränen gerührt. Chaplin spielte den averbalen, unschuldigen und zugleich amoralischen Tramp, der sich wie ein Chamäleon anpasst und doch immer wieder seine eigene Haut retten muss: Letztlich ging es ums Überleben in einer von Anarchie und Chaos bestimmten Welt.

Der Tramp als komplexes Image

„Goldrausch" (1925) gilt als der bedeutendste Film Chaplins, weil hier die prägende tragikomische Weltperspektive nicht mehr den gesellschaftlichen Verhältnissen geschuldet ist, sondern als zutiefst menschliche Grundkategorie erscheint. Der Clown fungiert nicht mehr als Handlungsrolle, sondern als existentielle Befindlichkeit. „Lichter der Großstadt" (1931), „Moderne Zeiten" (1936) und die Hitler-Persiflage „Der große Diktator" (1940) waren seine bekanntesten Tonfilme. In späteren Filmen konnte er in Ästhetik und Erfolg nicht mehr daran anknüpfen.

Der Tramp als humane Grundkategorie

Merksatz

Charles Chaplin entwickelte den Tramp von einer burlesken Witzfigur zu einem komplexen Image bis hin zum Clown als existentieller Grundkategorie.

Chaplin behielt klug die kommerzielle Auswertung seiner Filme in eigenen Händen, entzog sich mit anderen Filmstars der Herrschaft der Studios, als er 1919 United Artists mit gründete, und wurde vielfacher Millionär. Seine Popularität war weltweit. Sein Leben als Person war geprägt von Liebschaften, Affären, Ehen, Skandalen, Prozessen, Scheidungen, Betrugsvorwürfen und Kommunistenverdacht. Das Image des Tramp widersprach deutlich der Person, der man äußerste Rücksichtslosigkeit und kommerzielle Gewinnsucht nachsagte.

Image versus Person

3.2 Der russische Revolutionsfilm und die Montage (Sergej M. Eisenstein)

Nach der Oktoberrevolution 1917 geriet die Filmproduktion in Russland unter politische Vorherrschaft. Der Film wurde gemäß den Vor-

Der Film als Agitation und Propaganda

gaben Lenins und der Politbürokratie zum Agitations- und Propagandamedium für die Beeinflussung der Massen funktionalisiert und, auch nachdem die meisten Regisseure und Schauspieler in den Westen emigriert waren, vom Staat zunehmend zentralistisch organisiert. Umgekehrt proportional zu Hollywood war denn auch die Bedeutung des russischen Revolutionsfilms für die Geschichte des Films als internationale Mediengeschichte. Das hatte mehrere Ursachen: die parteipolitische Ideologie sowjetischer Filmkultur, die im kapitalistischen Westen (abgesehen von einigen Kritikerintellektuellen) auf wenig Gegenliebe bei den Menschen stieß; sprachliche und kulturelle Barrieren, die sich bis in die Distribution fortsetzten und bewirkten, daß russische Filme hierzulande auch kaum bekannt waren und sind; vor allem aber ein Prinzip filmischer Narration, das weniger auf Einfühlung als vielmehr auf kognitive Rezeption ausgerichtet war – womit der Traumcharakter des Spielfilms immer wieder durchbrochen und letztlich zerstört wird.

Merksatz

Sergej M. Eisenstein, der jahrelang zunächst am Theater gearbeitet hatte, entwickelte 1923 das Konzept „Montage der Attraktionen". Die Einstellungen sollten so miteinander verbunden werden, daß sie miteinander kollidieren und damit die jeweilige „Idee" dem Zuschauer „schockartig" vermitteln.

Als gutes Beispiel für diese Kollisions- oder Oppositionsmontage dient eine Szene, in der Bilder von der Niedermetzelung von Arbeitern mit Bildern von der Abschlachtung eines Ochsen im Schlachthof miteinander verbunden werden. Weder sollte „psychologisiert" noch „individualisiert" werden, sondern den Zuschauern sollte die revolutionäre Message vom Klassenkampf explizit vermittelt, rational zugerichtet, als allgemeinverbindlich dargestellt werden. Deshalb wurde auf intellektuelle Distanz zum Leinwandgeschehen geachtet. Deshalb gab es keine kontinuierliche Spielhandlung, sondern eine Aneinanderreihung einzelner Szenen. Deshalb wurden nicht einzelne Menschen gezeigt, sondern Typen – im Film „Streik" (1924) agierten der Arbeiter, der Kapitalist, der Spitzel, der Meister usw. Es ging programmatisch um die Wiedererkennbarkeit abstrakter gesellschaftlicher Handlungsrollen und Verhältnisse, speziell um die positive Hervorhebung des Kollektivs.

Eisensteins „Montage der Attraktionen"

„Panzerkreuzer Potemkin"

Das wohl wichtigste und immer wieder fast ausschließlich genannte Werk ist Eisensteins „Panzerkreuzer Potemkin" (1925), in dem er sein Konzept durchgehend umsetzte. Der Film erzählt nach einem tatsächlichen Ereignis die Geschichte von einem Matrosenaufstand auf dem Admiralsschiff der Schwarzmeerflotte und seinen

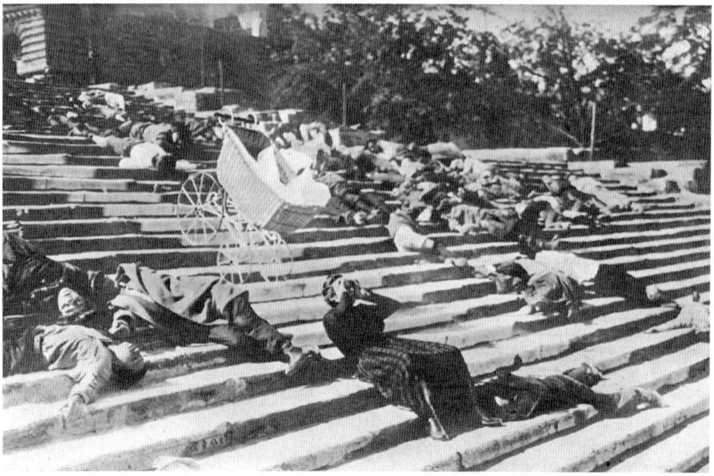

Abb 23

Der Kinderwagen auf der Hafentreppe

Auswirkungen bei der Bevölkerung der Hafenstadt Odessa. Dargestellt werden sollte die revolutionäre Verbrüderung von Unterdrückten und Ausgebeuteten – der Matrosen auf dem Schiff, die verdorbenes Fleisch essen sollen, mit den Bürgern aus der Stadt, die sich mit ihnen solidarisieren, auch gegen den brutalen Widerstand des zaristischen Militärs, und schließlich den Besatzungen der anderen Geschwaderschiffe („Brüder"), welche den Panzerkreuzer entfliehen lassen, statt auf ihn zu schießen. Der Film hat nicht umsonst die klassische 5-Akt-Struktur der griechischen Tragödie, die hier pathetisch zum Triumpf des Proletariats gewendet wird. Verschiedene Montagemethoden sollten das überzeugend gestalten: die „Kontrastmontage", bei der rhythmisch die Treppe hinabstampfende Soldatenbeine mit einer hinaufsteigenden Frauengestalt, ihr ermordetes Kind in den Armen, gegengeschnitten werden; die „rhythmische Montage", wenn die Massenflucht gemäß immer kürzeren Einstellungen immer chaotischer verläuft, bis der Kinderwagen unaufhaltsam die Treppe hinabrollt; die „tonale Montage", wenn Morgennebel aufsteigt und dieses lyrische Element das Pathos unterstreicht. Seine Filme nannte Eisenstein mit Recht „intellektuelle Filme".

Andere Revolutionsfilme

Andere Beispiele des russischen Revolutionsfilms sind „Nach dem Gesetz" (1926) von Lew Kuleschow; „Die Mutter" (1926), „Das Ende von St. Petersburg" (1927) und „Sturm über Asien" (1928) von Wsewolod Pudowkin; oder auch „Oktober/Zehn Tage, die die Welt erschütterten" (1928) und „Das Alte und das Neue/ Der Kampf um die

Erde" (1929) wieder von Eisenstein, der weitere Formen wie die „Assoziationsmontage" oder die „Obertonmontage" verwendete.

3.3 | Der deutsche expressionistische Film und die Ufa

Auch in Deutschland entstand ein großer Produktions-Verleih-Kino-Konzern: die bereits erwähnte Ufa, die sich zunächst im Zugriff der deutschen Bank befand, dann des Hugenberg-Konzerns und schließlich des NS-Propagandaministeriums. Nur wenige andere große deutsche Firmen wie Decla-Bioscop, Emelka, Phoebus und Terra, und auch nur für kurze Zeit, konnten sich daneben behaupten. Künstlerische ambitionierte Filme wurden bevorzugt bei kleinen Produktionsunternehmen wie Nero, Prometheus und Studio 29 hergestellt. Nach dem Boykott des Auslands gegenüber deutschen Filmen kontingentierte die Regierung die Einfuhr ausländischer Filme – es durften nicht mehr ausländische Filme importiert werden als heimische produziert wurden. Dieser Schutz des Binnenmarktes wurde jedoch rasch unterlaufen. Als die Ufa etwa 1925 in finanzielle Schwierigkeiten geriet, sprangen die amerikanischen Konzerne ein und erkauften sich damit den Zugang für ihre Produktionen zu den deutschen Kinoketten. Und es gab zahlreiche weitere solcher Kooperationen. So wurden auch zahlreiche „kosmopolitische" oder „europäische" Filme gedreht, bei denen Schauspieler, Regisseure und Drehorte ausgetauscht und vermischt wurden, etwa bei Zirkus- und Operettenfilmen. Mit Beginn des Tonfilms hatte die Ufa jedoch ihre alte Marktdominanz wiedererlangt. 1931 umfasste der Konzern 71 Tochtergesellschaften, darunter 6 Produktionsgesellschaften, 5 Verleih-Unternehmen, 115 Kinotheater und zahlreiche Auslandsgesellschaften. Längst wurden inzwischen Filme für den internationalen Markt gedreht, d.h. auch viele Produktionen gleich fremdsprachig. Allein der Export dieser Filme brachte 1931 über 30 Millionen Mark ein und deckte bis zu 40% der Herstellungskosten.

Marktdominanz der Ufa

Schemafilme als Serien

Als der Kaiser 1918 abdankte, waren die deutschen Kinos geprägt von deutschen Detektivserien um Sherlock Holmes, Stuart Webbs, Joe Jenkins und zahlreiche andere Helden, von den Abenteuerfilmen eines Harry Piel und von Melodramen um verfolgte Frauen. Neben dem Hauptfilm gab es die Wochenschau und den Kulturfilm zu sehen. Das Ende der Zensur zum Beginn der ersten Republik brachte kurzzeitig eine Flut von Aufklärungs- und Sittenfilmen, etwa mit der

Nackttänzerin Anita Berber oder mit Hans Albers im Harem, bis 1920 das neue Lichtspielgesetz und Oberzensor Ernst Seeger wieder neue Grenzen wiesen. (Über echte pornografische Filme dieser Zeit ist praktisch nichts bekannt.)

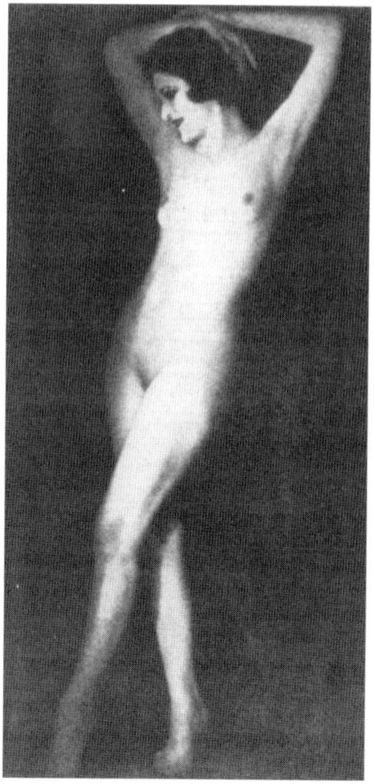

Abb 24

Anita Berber

„Großfilme"

Die Ufa konzentrierte sich auf „Großfilme", von denen meist noch Kopien erhalten sind. Dabei handelte es sich anfänglich um historische Ausstattungsfilme wie etwa von Ernst Lubitsch, der nach dem Vorbild des italienischen Monumentalfilms Filme wie „Madame Dubarry" (1919), „Anna Boleyn" (1921) und „Das Weib des Pharao" (1922) drehte. Publikumsfilme oder „Sensationsfilme" nach bekannten volkstümlichen Stoffen, Unterhaltungsromanen, Bestsellern mit populären männlichen Darstellern und weiblichen Serienheldinnen sollten kommerziellen Erfolg bringen. Wichtige Beispiele sind auch „Das indische Grabmal" (1920) und die Serie „Die Herrin der Welt" (1919) von Joe May. In der zweiten Hälfte der 20er Jahre dominierten Militärschwanks sowie Filme wie „Stürme der Leidenschaft" (1932) von Robert Siodmak – der dann nach Amerika emigrieren und dort zu einem namhaften Vertreter der Schwarzen Serie werden sollte – und Operetten wie „Liebeswalzer" (1930), „Die Drei von der Tankstelle" (1930), beide von Wilhelm Thiele, und „Der Kongress tanzt" (1931) von Eric Charell. Namhafte Drehbuchautoren, Regisseure und Kameramänner sowie Schauspieler-Stars verhalfen den Filmen zum Erfolg. „Der blaue Engel" (1930) von Josef von Sternberg beispielsweise basiert auf Heinrich Manns Roman „Profes-

Merksatz

Mehr als 90% dieser schnell und seriell hergestellten Genre- und Zerstreuungsfilme, die den deutschen Kinoalltag der Weimarer Republik dominierten, sind heute vernichtet und lassen sich nur über schriftliche Zeugnisse rekonstruieren. Der erhaltene Kanon darf also in keiner Weise als repräsentativ mißverstanden werden.

Abb 25

Hans Albers im Harem

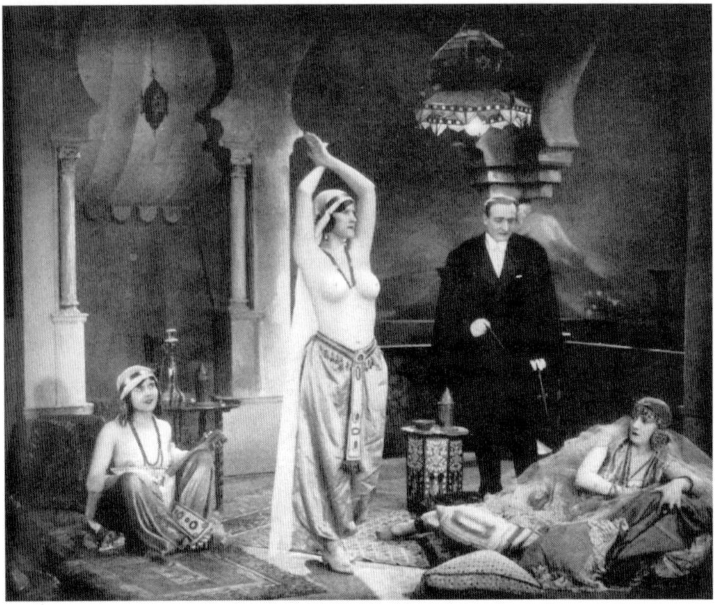

Abb 26

„Die Drei von der Tankstelle“

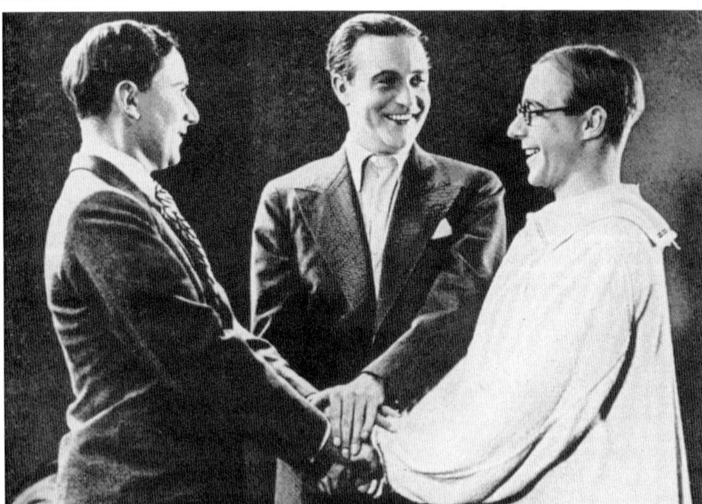

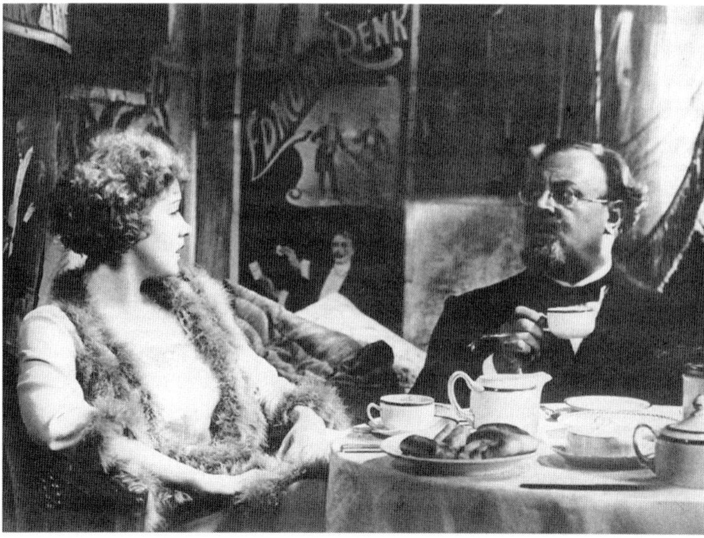

Abb 27

Lola und Professor Unrath

sor Unrath“ und einem Drehbuch u.a. von Carl Zuckmayer, die Hauptfigur Lola wurde vom Star Marlene Dietrich gespielt (die dann auch in Amerika Erfolge feierte), die Rolle des Professors von dem damals in Deutschland wohl beliebtesten Star Emil Jannings (der 1927 ebenfalls nach Hollywood ging und Karriere machte), die Musik stammte von dem berühmten Friedrich Hollaender usw. Ähnliches gilt auch für die historisch-nationalistischen Filme wie „Das Flötenkonzert von Sanssouci“ (1930) von Gustav Ucicky oder „Der Choral von Leuthen“ (1933) von Carl Fröhlich – während in den Provinzkinos zahllose Kasernenhofschwänke und Hochgebirgsfilme liefen.

Der expressionistische „Kunstfilm“

Als wichtigsten deutschen Beitrag zur internationalen Filmgeschichte aus Sicht intellektueller Filmkritiker wird der expressionistische Film genannt, mit dem der Film zum Medium der künstlerischen Avantgarde wurde. Eine Zeit lang galt der expressionistische „Kunstfilm“ mit seinen Tyrannen, Verrückten, Schlafwandlern in einer chaotischen, aus den Fugen geratenen Welt als sozialpsychologische Antizipation des Hitler-Faschismus (Siegfried Kracauer, Lotte H. Eisner).

Definition

Unter Expressionismus versteht man eine Stilrichtung, die in den ersten drei Jahrzehnten des 20. Jahrhunderts vor allem in Bildender Kunst, Architektur, Literatur und Musik verbreitet war. Man wandte sich gegen den vorgängigen Impressionismus und Naturalismus und propagierte als neues Lebensgefühl den Protest gegen Tradition und Autorität, die Zerstörung von Realität und vertrauten Proportionen, mit der Tendenz zu Ekstase und Mystik, Intensität des Gefühls und apokalyptischen Verzerrungen – das Schreckliche, Phantastische, Dämonisch-Böse rückte in den Mittelpunkt.

Schlüsselfilme des Expressionismus

Beim expressionistischen Film wurden die Störungen der menschlichen Seele quasi nach außen gekehrt und dem Zuschauer als Gestaltwerdung des eigenen Unbewussten wieder entgegengehalten: „gemalte Seelenlandschaften" (Helmut Korte). Schlüsselwerke sind hier „Das Cabinett des Dr. Caligari" (1919/20) von Robert Wiene, „Der Golem, wie er in die Welt kam" (1920) von Paul Wegener und „Das Wachsfigurenkabinett" (1923) von Paul Leni. Als die wichtigsten deutschen expressionistischen Filmemacher jedoch gelten Friedrich Wilhelm Murnau und Fritz Lang.

Kammerspielfilme

Die Abkehr davon leiteten die Kammerspielfilme ein: naturalistische Kleinbürger- und Dienstbotendramen, mit einem schmalen

Abb 28

„Das Cabinett des Dr. Caligari"

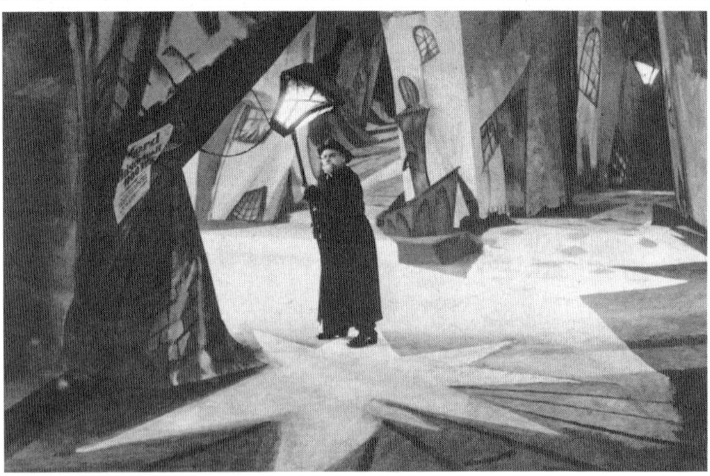

Personeninventar und der Bevorzugung von Halbnah- und Nah-Einstellungen. In „Hintertreppe" (1921) von Leopold Jessner begeht ein Dienstmädchen Selbstmord, nachdem ein eifersüchtiger Verehrer ihren Bräutigam getötet hat; in „Scherben" (1921) von Lupu Pick bringt ein Streckenwärter seinen Chef um, nachdem der seine Tochter verführt hat; in „Der letzte Mann" (1924) von Murnau wird ein Portier zum Toilettenwärter degradiert und zerbricht daran, usw.

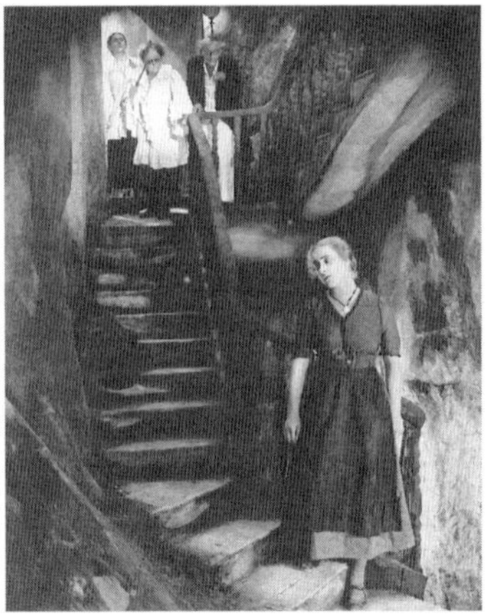

Abb 29

„Hintertreppe"

Vom Realismus...

Ebenfalls in Abwehr des Expressionismus und dem Realismus verpflichtet waren Filme wie „Die freudlose Gasse" (1925) von Georg Wilhelm Pabst und andere Straßenfilme. Hier wird am Beispiel der Inflationsjahre in Wien nach dem 1. Weltkrieg vehement protestiert gegen die Verarmung des Mittelstandes, gegen die Schmarotzer, die sich auf Kosten der Armen bereichern, und gegen die Zwänge, daß Hunger dazu zwingen kann, die bürgerlichen Normen zu verlassen und sich zu prostituieren. Pabst wandte sich später psychoanalytischen Filmen

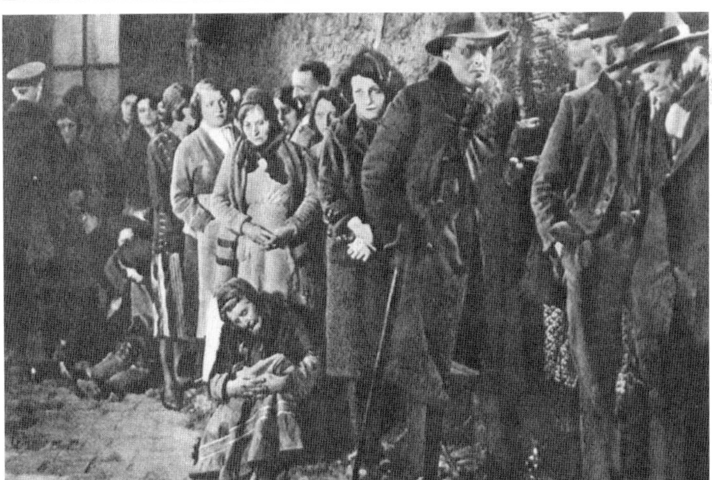

Abb 30

„Die freudlose Gasse"

zu wie „Geheimnisse einer Seele“ (1926) und „Abwege“/ „Crisis“/ „Begierde“ (1928), außerdem schuf er Kammerspielfilme wie „Man spielt nicht mit der Liebe“ (1929) und Melodramen wie „Tagebuch einer Verlorenen“ (1929), später auch zahlreiche Tonfilme wie den Antikriegsfilm „Westfront 1918“ (1930), „Die Dreigroschenoper“ (1931) und „Die Herrin von Atlantis“ (1932). Sozialistische Filme wie „Kuhle Wampe oder Wem gehört die Welt“ (1932) von Slatan Dudow, nach einem Drehbuch von Bertolt Brecht, hielten die kritische Tendenz am Rande der Mainstream-Filmkultur in Deutschland präsent.

...zum Sozialismus

3.3.1 Friedrich Wilhlem Murnau

Zauberer, Monster, Vampire, Verrückte und Geister bevölkern die gefährliche Welt des expressionistischen Films, der mit Visionen, Ängsten und Halluzinationen spielt und durch filmästhetische Verfremdungen das Grauen, das Unheimliche heraufbeschwört. Es sind die altbekannten Motive der phantastischen Schauerliteratur, die in der Tradition von Méliès vom Film aufgegriffen wurden. Als ästhetische Stilmittel dominieren neben den stark stilisierten, dämonisierten Figuren insbesondere künstliche Kulissen, verzerrende Bauten, effektvoller Einsatz von Schatten und Licht, theatralisch übersteigerte Gestik und Mimik, ungewöhnliche Perspektiven, special effects wie z.B. Zeitraffer und symbolträchtige Schnitte und Montagen. Murnaus wichtigstes Werk gibt dem Ausdruck. Schon in „Der Januskopf“ (1920), einer Variante des Dr. Jekyll&Mr. Hyde-Motivs, und dann mit „Nosferatu“ werden die Anleihen deutlich.

Abb 31

„Nosferatu“

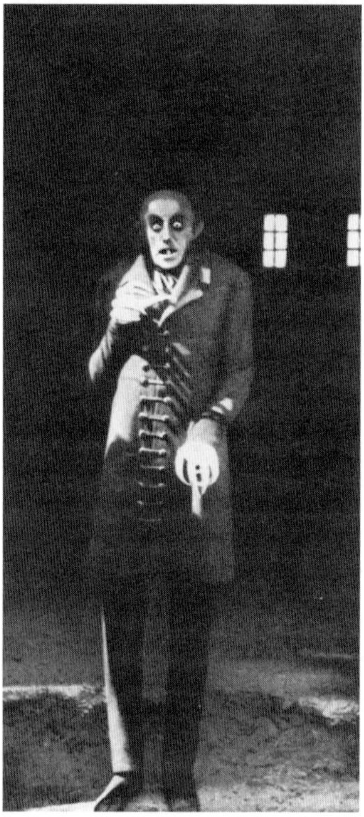

Frei nach dem Roman „Dracula“ von Bram Stoker weist Murnau der Figur Nosferatu die Funktion eines Feindbildes zu, dem sich Regierung, Wissenschaft und die Bürger der Stadt, Verkörperung des demokratischen Staates in der Weimarer Republik, nicht gewachsen zeigen. Dass hier am Schluss Trost in Form einer Erlösungsideologie angeboten wird – Ellen opfert sich in „reiner Liebe“ und vernichtet dadurch das Böse –, tut der impliziten Gesellschaftskritik keinen Abbruch: Gemäß „Nosferatu“ vermag nur individuelle Opferbereitschaft den gesellschaftlichen Zusammenhalt zu sichern (Margit Dorn).

Merksatz

„Nosferatu – Eine Symphonie des Grauens“ (1922) begründete den klassischen Vampirfilm, der inzwischen fast 400 internationale Folgewerke hervorgerufen hat.

Murnaus Film „Der letzte Mann“ (1924) erregte insbesondere durch die entfesselte Kamera grosses Aufsehen: Lang ließ seinen Kameramann Karl Freund die Kamera am Körper festschnallen und beispielsweise die Bewegungen eines Betrunkenen ausführen – was auch den Zuschauer taumeln lässt. Mit Jannings in der Hauptrolle drehte er anschließend mehrere Literaturverfilmungen wie „Tartüff“ und „Faust“ (beide 1926), bevor er nach Hollywood ging, dort aber an seine Erfolge nicht anknüpfen konnte.

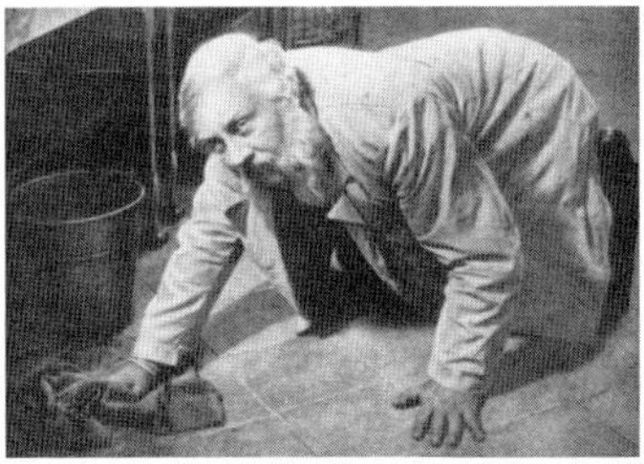

Abb 32

„Der letzte Mann“

Fritz Lang

3.3.2

Ähnlich wie Caligari, der Verrückte, der sich als Direktor der Irrenanstalt entpuppt, ist auch Dr. Mabuse ein genialer Verwandlungskünstler, ein Verbrecher, der die Stadt im Griff hat. Gestaltet wird er in Langs Filmen „Dr. Mabuse, der Spieler“ (1922) und „Das Testament des Dr. Mabuse“ (1932). Die Filme spekulieren auf paranoide Konspirationsphantasien, denn Mabuse scheint jene verborgene Macht zu verkörpern, die für die wirtschaftliche Korruption, den Niedergang und das Leiden der Deutschen verantwortlich gemacht werden konnte.

Nachfolgeprojekt war der ambitiöse zweiteilige Monumentalfilm „Nibelungen“: „Siegfried“ und „Kriemhildes Rache“ (1924), den Lang „Nibelungen“

Abb 33

Rudolf Klein-Rogge als Dr. Mabuse

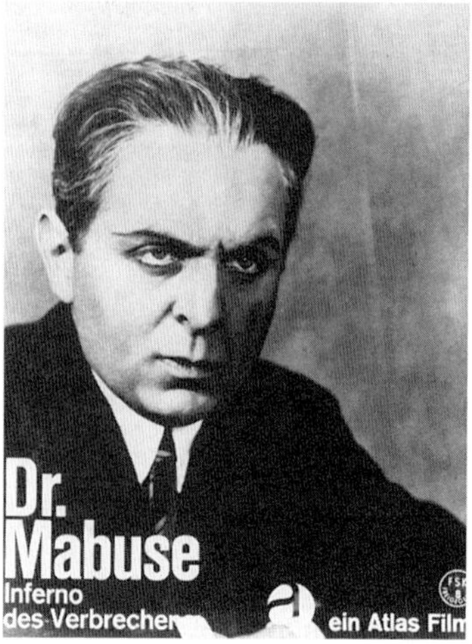

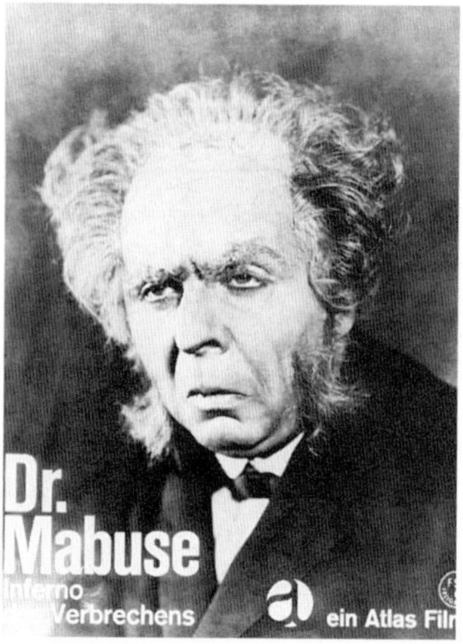

Abb 34

Siegfried

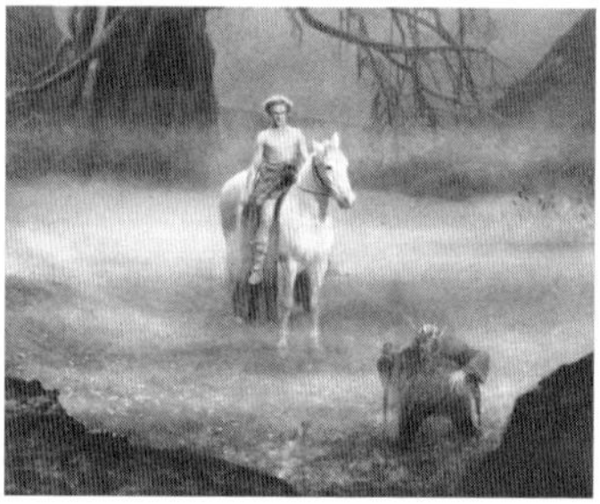

gemeinsam mit Thea von Harbou realisierte. Sein expliziter Nationalismus – der Film beginnt mit der Widmung „Dem deutschen Volke zugeeignet" und endet mit der Verherrlichung der Treue bis in den Tod als deutscher Tugend – verweist aus heutiger Sicht gradlinig auf die Rassenideologie des späteren NS-Regimes.

„Metropolis"

Langs wohl wichtigster Film ist „Metropolis" (1927), einer der teuersten Ufa-Filme der damaligen Zeit und Paradigma des modernen Science Fiction-Films. Hier wird die lichte Stadt der Herrenmenschen gegen die dumpfen Fabrikhallen der Arbeitermassen montiert. Der unmenschliche Rhythmus der Maschine bestimmt das Leben jedes einzelnen und fordert totale Unterwerfung unter die industrielle Fabrikarbeit. Ein weibliche Roboter in der Gestalt eines lasziven Vamp – böses alter ego der Lichtgestalt Maria – tanzt nackt vor einer Männergesellschaft, ohne dass die Tänzerin als Illusionsmaschine erkannt wird, und entfesselt eine Revolte, die in Selbstzerstörung und Maschinenstürmerei endet. Die Ambivalenz gegenüber der Technik – Helfer und Bedrohung zugleich – wird abschließend jedoch zugerichtet zu einer sozialistischen Ideologie, bei der sich

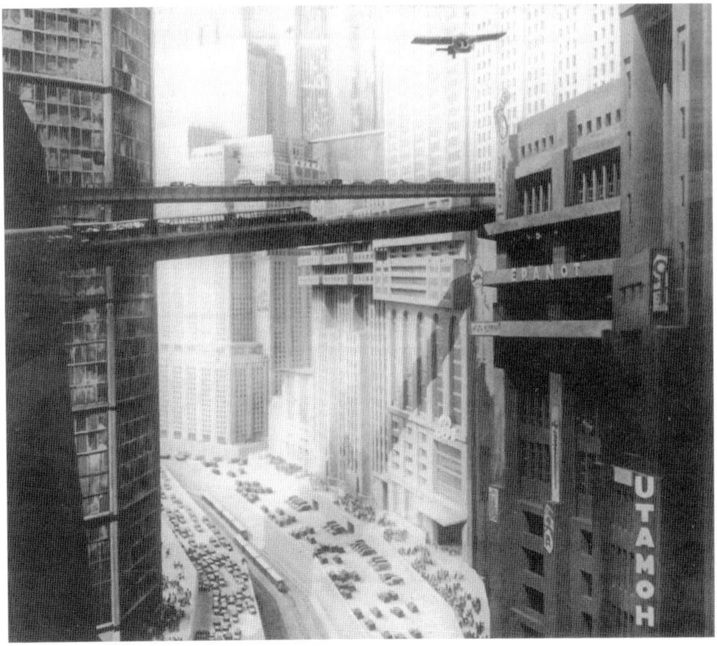

Abb 35

Die Stadt der Zukunft in „Metropolis“

nicht nur die Liebenden, sondern auch Kapital und Arbeit die Hände reichen und scheinbar den Klassenkampf beenden.

„M – Eine Stadt sucht einen Mörder“

Langs letzter Stummfilm war „Die Frau im Mond“ (1929), sein erster Tonfilm „M – Eine Stadt sucht einen Mörder“ (1931), ebenfalls ein Klassiker der Filmgeschichte. Hier verrät sich der sexuell abartige Kindermörder durch sein zwanghaftes Pfeifen, das bemerkenswerterweise von einem Blinden wiedererkannt wird. Gejagt wird er nicht nur von der Polizei, sondern auch von den Kriminellen der Stadt, die ihn tatsächlich vor Gericht stellen. Das Vertrauen in die Ordnungsmacht des Staates war in der Weimarer Republik erschüttert. An die Stelle des Dr. Mabuse, des monumentalen Machtmenschen, tritt hier der kranke, verängstigte Kleinbürger. Diese Entfremdung von den klassischen sozialen Werten, die-

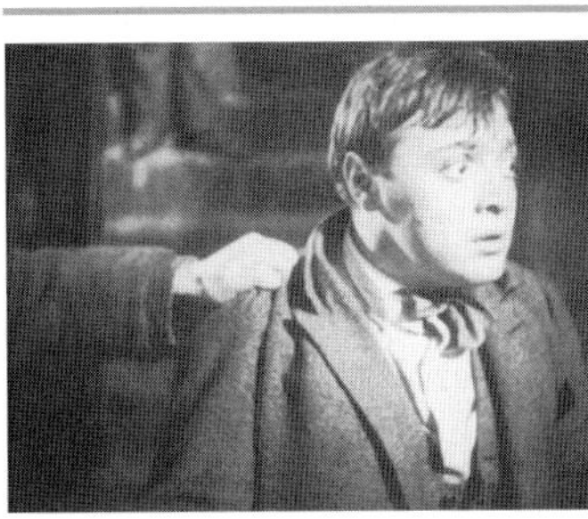

Abb 36

Der gejagte Mörder

se Heimatlosigkeit und Wurzellosigkeit des einzelnen wird später im amerikanischen Film noir wieder aufgegriffen werden.

Lang emigrierte, nachdem die Nationalsozialisten seinen Film „Das Testament des Dr. Mabuse“ verboten hatten, 1933 nach Hollywood und führte dort erfolgreich seine Arbeit fort. 1960 drehte er „Die 1000 Augen des Dr. Mabuse“.

3.4 | Der poetische Realismus in Frankreich

Ähnlich wie in Deutschland litt auch die französische Filmproduktion stark unter dem 1. Weltkrieg und amerikanische Filme überfluteten den Markt. 1919 liefen dort über 800 amerikanische sowie über 100 dänische und nur 200 französische Filme. Charles Pathé verkaufte sein Imperium in Einzelteilen und zerschlug damit die bis dahin starke französische Filmindustrie. Die Produktion sank stark ab. Auch hier kam es zu einer Oligopolstruktur. Dominant wurden die Firmen Pathé Natan (Nachfolgerin der früheren Pathé Cinéma, vor 1918 Pathé Frères), Paramount und Gaumont-Franco-Film-Aubert (GFFA) mit den größten Lichtspielhäusern in Paris. Gemeinsam mit dem angeschlossenen Studio Osso Films gaben sie stilistisch den

Mainstream-Filme

Ton an, dem die meisten unabhängigen Produzenten folgten: anfänglich Serien wie „Die Vampire“ (1915-16) und „Der Graf von Monte Christo“ (1917-18), dann Melodramen, amüsante und sensationelle Boulevardkomödien, Historienfilme, Abenteuerserien in der Mantel und Degen-Tradition der Musketiere, Literaturverfilmungen, Sensations- und Unterhaltungsfilme, Ausstattungs- und Kostümfilme, Synchronfassungen amerikanischer Filme für den Massenmarkt, Anfang der 30er Jahre auch verstärkt Musikfilme. Immerhin gab es in Frankreich um 1920 bereits wieder rund 2400 Kinos, 1929 gar 4200.

„Napoleon“

Filmästhetisch ragten zunächst zwei Werke heraus: Das Monumentalepos „Napoleon“ (1927/28), in mehreren Teilen, von Abel Gance war eine Apologie des Militarismus und der nationalistischen Heldenstilisierung in einer Gesamtlänge von acht Stunden Vorführzeit. Zahlreiche spezielle Stilmittel wurden hier innovativ eingesetzt, insbesondere die Handkamera. Weil für die Vorführung ein Triptychonsystem von drei Leinwänden, auf denen parallel zueinander drei verschiedene Perspektiven oder Handlungsstränge gezeigt wurden, notwendig war, kam der Film in den USA aber gar nicht erst zur Aufführung. „Die Passion der Jungfrau von Orléans" (1928) des Dänen Carl Theodor Dreyer thematisierte demgegenüber weniger eine Figur der nationalen Geschichte als vielmehr ein „inneres Drama der menschlichen Seelen"; entsprechend waren hier die Großaufnahmen wichtigstes Gestaltungsprinzip.

„Die Passion der Jungfrau von Orléans"

Andere hatten die Tradition des verfilmten Theaters schon früher abgelehnt und sich um die speziellen Möglichkeiten einer „Filmsprache" bemüht. „Eldorado" (1922) von Marcel L´Herbier ist geprägt von Unschärfe, Doppelbelichtung, Verzerrung und besonderer Montage. „Treues Herz" (1923) und „Der Untergang des Hauses Usher" (1928) von Jean Epstein nutzen ähnliche und weitere Formen wie etwa die Zeitlupe. Deutlich zeigen sich hier bei der Gestaltung von Milieu- und Landschaftsschilderungen als Spiegel der Seelenzustände der Heldinnen und Helden impressionistische Einflüsse.

Filmimpressionismus

Cinéma pur

Merksatz

Insbesondere der französische Avantgardefilm der Zeit, der „Kunstfilm", ist unter der Chiffre „Cinéma pur" in die internationale Filmgeschichte eingegangen. Verbunden wird er vor allem mit zwei Namen: René Clair und Jean Renoir.

Einen Sonderfall stellt ergänzend noch Luis Bunuel dar, der in Kooperation mit dem Maler Salvadore Dali den surrealistischen Film „Ein andalusischer Hund" (1928) drehte – eine auch ästhetisch provokative Komposition von schockierenden Szenen (die Klinge eines Rasiermessers zerschneidet das Auge eines Mädchens, aus einer Hand kriechen Ameisen, Schulbücher verwandeln sich in Pistolen, an Stricken baumeln Kürbisse und Studenten usw.). Mit den zahlreichen Sexualanspielungen lässt sich der Film psychoanalytisch, aber auch als Ausdruck der sozialen und kulturellen Zerrüttung der damaligen Zeit deuten.

René Clair – Journalist, Schauspieler und Regisseur – drehte seinen ersten Film für die Außenseiterfirma Tobis. In seiner Stummfilmzeit ragten „Das Gespenst von Moulin Rouge" (1925) und „Die eingebildete Reise" (1925) hervor, aber sein wichtigster Stummfilm war die burleske Farce „Ein Florentinerhut"/ „Ein italienischer Strohhut" (1927). In Slapstickmanier wird hier die Geschichte eines Singspiels über eine Hochzeit mit zahlreichen Hindernissen, Verfolgungsjagden und komischen Verwicklungen in Bilder übertragen.

– René Clair

Später folgten als Tonfilme unter anderem „Unter den Dächern von Paris" (1930), „Die Million" (1931) und „Es lebe die Freiheit" (1931), bevor Clair nach England und dann in die USA ging, um nach dem Krieg wieder nach Frankreich zurückzukehren und dort wei-

Abb 37

„Unter den Dächern von Paris“

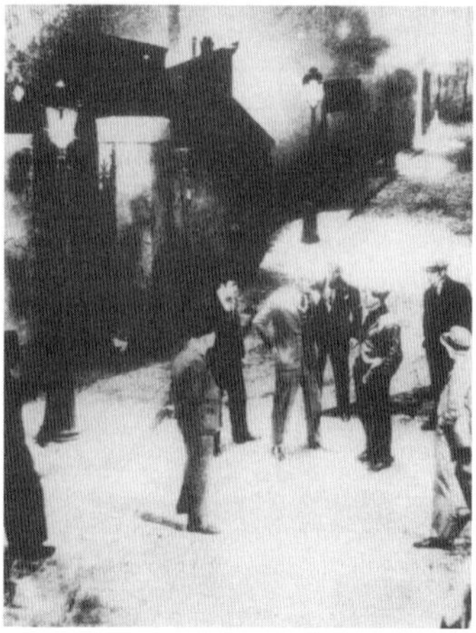

terzuarbeiten. Für die Jahre 1930 bis 1934 gilt Clair als der mit Abstand wichtigste französische Filmregisseur:

- An die Stelle des narrativen Kontinuums trat bei Clair die Komposition visueller Bilder nach einem abstrakten Prinzip. „Unter den Dächern von Paris“ etwa reduziert den Dialog und stellt Bild und Ton in kontrapunktische Beziehung: Wenn das Bild sich verdunkelt, hört man den Dialog, der sich ansonsten stumm hinter einer Glasscheibe abspielt.

„Die Million“

- Sein Inszenierungsstil in „Die Million“, den Ton, die Stille und die Musik in mathematisch komponiertem Rhythmus einzusetzen, den Dialog stark zurückzunehmen, stattdessen auf die Bilder zu setzen und selbst natürliche Geräusche musikalisch zu gestalten, ließ die Welt irreal erscheinen und fand in Frankreich viele Nachahmer.

„Es lebe die Freiheit“

- Sein „philosophischer Film“ „Es lebe die Freiheit“ gestaltet mit der Symbiose von Fabrik und Gefängnis eine anarchistische Atmosphäre, dessen scharfe Sozialkritik am Schluss in einer harmonischen Verschmelzung von Individuum und Natur als Ideal aufgelöst wird – jeder kann tanzen und singen und Wein trinken. Allerdings erschien dem allgemeinen Publikum nach der Weltwirtschaftskrise ein Arbeitsplatz in der Fabrik längst wieder attraktiver als anarchische Konsumträume.

– Jean Renoir

Während man Clair einen Stilisten nannte, bezeichnete man Jean Renoir als Realisten. Erste Stummfilme von ihm waren u.a. „Das Mädchen mit den Schwefelhölzern“ (1928) und die Emile Zola-Verfilmung „Nana“ (1926). Seine charakteristischen Merkmale sollten sich jedoch erst später entfalten: sozialkritisches Engagement, Analyse gesellschaftlicher Zusammenhänge, exakte Milieuschilderungen. Renoir drehte seine wichtigsten Tonfilme in den 30er Jahren, zunächst in Frankreich – insbesondere „Toni“ (1935), „Die große Illusion“ (1937) und „Die Spielregel“ (1939) –, dann in Hollywood, Italien, Indien und ab Mitte der 50er Jahre wieder in Frankreich.

Andere Beiträge (Schweden, England, Japan) | 3.5

Um anzudeuten, daß die Geschichte des Films auch zahlreiche andere Länder in Europa und außerhalb umfasst, sei exemplarisch auf einige wichtige Beispiele und Tendenzen im Übergang vom Stummfilm zum Tonfilm in den Ländern Schweden, England und Japan eingegangen. Sie und andere werden später auch auf den internationalen Filmmärkten als Einflussfaktoren auftauchen.

Schweden

– Maurice Stiller

Während der dänische Einfluss mit Namen wie Nordisk, Asta Nielsen und August Blom bereits angedeutet wurde (Kap. 2.5), zu ergänzen durch Carl Theodor Dreyer und andere (Kap. 3.4), begann die erste Blütezeit des Films in Schweden erst während des 1. Weltkriegs, in dem Schweden bekanntlich neutral blieb. Herausragend waren hier insbesondere Mauritz Stiller und Victor Sjöström. Stiller widmete sich in „Der beste Film von Thomas Graal"/ „Verlobungsschmerzen" (1917), „Das beste Kind von Thomas Graal"/ „Ehefreuden" (1918) und „Erotikon" (1920) der problematischen Beziehung zwischen den Geschlechtern. Es folgten Verfilmungen von Romanen Selma Lagerlöfs, speziell „Herrn Arnes Schatz" (1919), mit einer jungen Schauspielerin, mit der gemeinsam er dann nach Hollwood zog, wo sie zum überragenden Star wurde: Greta Garbo (Kap. 3.1.2).

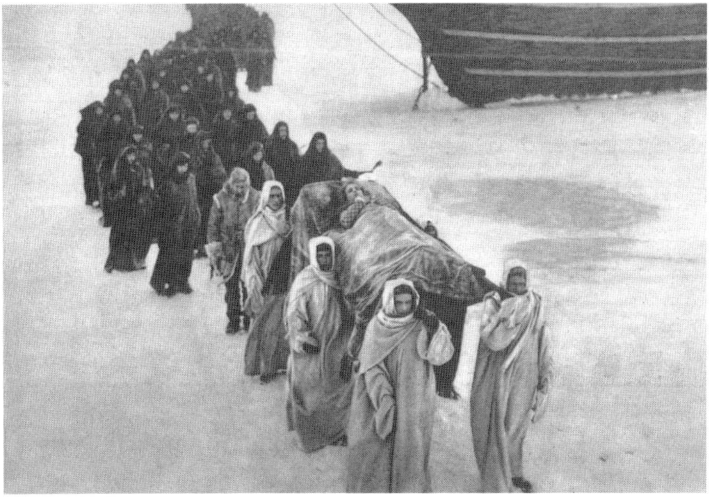

Abb 38

Stimmungsgemälde in „Herrn Arnes Schatz"

– Victor Sjöström

Auch Sjöström war zunächst Schauspieler in Stillers Filmen, bevor er als Regisseur mit eigenen Filmen hervortrat, speziell „Berg-Ejvind und sein Weib“ (1918), dessen Thema – die tragisch endende Flucht der Liebenden vor einer ungerechten, repressiven Gesellschaft – er mit „Stürme“/ „Der Wind“ (1928) wieder aufnahm, nachdem er ebenfalls in die USA gegangen war. „Der Fuhrmann des Todes“ (1921), gleichfalls nach Lagerlöf, brachte ihm ebenfalls Anerkennung und Erfolg. In den 20er Jahren wurde der schwedische Film künstlerisch zunehmend unbedeutend. Erst mit Gustav Molander und seinen Filmen „Eine Nacht“ (1931) und „Ein stiller Flirt“ (1933) kamen wieder neue Impulse auf.

– Gustav Molander

England

Auch in England beherrschten die amerikanischen Filme den heimischen Markt zu über 90%, bis die Regierung 1927 den Kinos eine Quote von mindestens 7,5% heimischen Produktionen auferlegte („Quota Act“). Entsprechend stieg die jährliche Produktion englischer Filme von 26 (1926) auf 128 (1929) und sogar 190 (1934), allerdings mit nur wenigen künstlerisch anspruchsvollen Resultaten. Maßgeblich war hier neben Alexander Korda vor allem Alfred Hitchcock. Korda, der bereits in Ungarn, Deutschland, den USA und Frankreich gearbeitet hatte, präsentierte in England „Das Privatleben Heinrichs VIII.“ (1933) und wurde damit zum Begründer des britischen historischen Ausstattungsfilms. Die zahlreichen Nachzieher hießen u.a. „Das private Leben des Don Juan“ (1934), „Katharina die Große“ (1934) oder „Königin Viktoria“ (1937). Hitchcock drehte nach zahlreichen Stummfilmen eine Vielzahl von Tonfilmen, bevor er 1939 nach Hollywood ging. Unter seinen Kriminalfilmen ragten vor allem „Der Untermieter“ (1926), „Erpressung“ (1929), „Number 7“ (1932), „Der Mann, der zuviel wußte“ (1934) und „39 Stufen“ (1935) hervor. Jeweils stand die Identitätsproblematik im Zentrum, meist angesichts der Konfrontation des männlichen Helden mit dem weiblichen Geschlecht. Dramaturgisch verwendete er von Anfang an das erzählerische „Suspense“, bei dem der Zuschauer mehr weiß als die handelnden Figuren.

– Alexander Korda

– Alfred Hitchcock

Abb 39

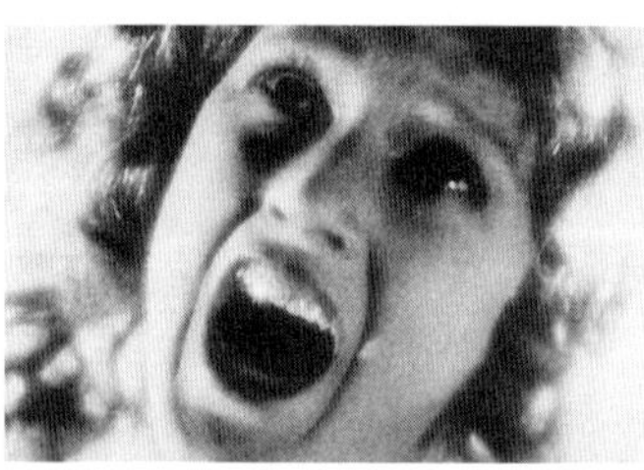

Entsetzen in „Der Untermieter“

Japan

In Japan schließlich hatte die westliche Filmkultur vor dem 1. Weltkrieg nur sehr wenig Einfluss. Vielmehr gab es hier das traditionelle historische Drama, mit Schwertkämpfen, historischen Kostümen, stereotypen Handlungsstrukturen und populären japanischen Stars („Jidai-Geki"). Bis 1920 verstärkten sich jedoch westliche Themen und Formen, weibliche Rollen wurden allmählich von Frauen statt von Männern gespielt und die Alte Schule wurde durch den Gegenwartsfilm („Gendai-Geki") zurückgedrängt. Wichtigste Instanz bei der Filmproduktion war nun nicht mehr der Schauspieler-Star, sondern der Regisseur. Einer der letzten Filme, in denen noch „Oyama" (männliche Darsteller in weiblichen Rollen) eingesetzt wurden, war „Der Kragenladen Kyoya" (1922) von Eizo Tanaka, der mit Filmen wie „Bevor die Morgensonne scheint" und „Frau im Strom" (beide 1921) gleichwohl versuchte, Innovationen im Sinne einer neuen japanischen Ästhetik auszutesten. Daneben gab es aber auch Filme wie „The Amateur Club" (1920) von Kisaburo Kurihara, die explizit amerikanische Szenen verwendeten wie badende Schönheiten, Verfolgungsszenen und Slapstick. Nach der Zerstörung Tokyos einschließlich aller Filmateliers und Kinos durch ein Erdbeben 1923 gab es neue Ansätze im japanischen Kino:

– Eizo Tanaka

- Im Stummfilm entstanden Filme wie „Hexentanz" (1922) von Yoshinobu Ikeda, die vom deutschen Expressionismus beeinflusst waren; „Die Frau, deren Fuß meinen berührte" (1926) von Yutaka Abe, ein Film, der erotische Elemente der Lubitsch-Komödien einbrachte; oder „Die Schwertkunst der geflickten Regenschirme" (1929), der sich an das proletarische Kino mit sozialistischer Perspektive anlehnte. Die historischen Filme, die ein Revival erlebten, wurden realistischer und pessimistischer.
- Im frühen Tonfilm, neben dem der Stummfilm noch lange weiterlebte, kamen andere Konzepte zum Tragen. So thematisierte Yasujiro Ozu, der als einer der herausragenden japanischen Regisseure galt, in seinem ersten Tonfilm „Der einzige Sohn" (1936) eine düstere soziale Stimmung um eine Frau vom Land, die ihren Sohn in Tokyo besucht und feststellt, daß er keine Karriere macht – dies jedoch nicht als Resultat sozialer Strukturen darstellt, sondern als Ausdruck der Einsamkeit der menschlichen Existenz. Auch neue Techniken westlicher Avantgardefilme wurden verstärkt genutzt.

– Yasujiro Ozu

Literatur

Enno Patalas: Sozialgeschichte der Stars. Hamburg 1963.

Älteres Standardwerk mit immer noch relevanten Darstellungen von Filmstars wie z.B. William S. Hart, Douglas Fairbanks, Theda Bara, Charles Chaplin, Gloria Swanson, Rudolph Valentino, Greata Garbo und Marlene Dietrich.

William K. Everson: American Silent Film. New York 1978, 1998.

Eines von mehreren Standardwerken aus amerikanischer Sicht, mit einer knappen annalistischen Chronologie.

Thomas Brandlmeier: Filmkomiker. Die Errettung des Grotesken. Frankfurt/Main 1983.

Guter knapper Überblick über die Geschichte der Filmkomik von Sennett und Linder über Laurel and Hardy bis zu den Marx Brothers und Jerry Lewis.

Franz-Josef Albersmeier: Die Herausforderung des Films an die französische Literatur. Band I: Die Epoche des Stummfilms (1895-1930). Heidelberg 1985.

Standardwerk zum Zusammenhang von Literatur (Poesie, Theater, Prosa) und Film.

Elfriede Ledig (Hrsg.): Der Stummfilm. Konstruktion und Rekonstruktion (diskurs film 2) München 1988.

Sammelband mit Filmanalysen zu einzelnen Filmen, u.a. „Die freudlose Gasse" und „Der Student von Prag".

Klaus Kreimeier: Die Ufa-Story. Geschichte eines Filmkonzerns. München, Wien 1992.

Kritische Standarddarstellung von den Anfängen bis zum Untergang .

Hans-Michael Bock und Michael Töteberg (Hrsg.): Das Ufa-Buch. Kunst und Krisen, Stars und Reigsseure, Wirtschaft und Politik. Frankfurt/Main 1992.

Breit gefächerter Sammelband mit 109 Einzelbeiträgen zu fast allen relevanten Themen und Aspekten.

Karl Heinz Dettke: Kinoorgeln und Kinomusik in Deutschland. Stuttgart, Weimar 1995.

Umfangreiches, detailliertes Standardwerk zur Musik im Stummfilm in Deutschland.

Helmut Korte: Der Spielfilm und das Ende der Weimarer Republik. Göttingen 1998.

Versuch einer Filminterpretation anhand der Rekonstruktion der Rezeptionsdokumente, mit dem Schwerpunkt auf der Zeit von 1930 bis 1933.

Christine Engel (Hrsg.): Geschichte des sowjetischen und russischen Films. Stuttgart, Weimar 1999.

Erste monographische Gesamtdarstellung in deutscher Sprache, von den Anfängen bis in die 90er Jahre.

Thomas Elsaesser: Das Weimarer Kino – aufgeklärt und doppelbödig. Berlin 1999.

Ausgehend von Kracauer ein Versuch der Kanonisierung einiger Filme mit Schwerpunkten auf Lang, Murnau, Lubitsch und Pabst.

Rolf Aurich, Wolfgang Jacobsen und Cornelius Schnauber (Hrsg.): Fritz Lang. Leben und Werk. Bilder und Dokumente. Berlin 2001.

Dreisprachiges Standardwerk zu Lang, reichhaltig bebildert. Die Filme werden in biographischer Chronologie behandelt.

Hans Helmut Prinzler (Hrsg.): Friedrich Wilhelm Murnau. Ein Melancholiker des Films. Berlin 2003.

Einzeldarstellungen seiner Filme unter besonderer Berücksichtigung zeitgenössischer Filmkritiken.

Thomas Koebner (Hrsg.): Diesseits der „Dämonischen Leinwand". Neue Perspektiven auf das späte Weimarer Kino. Berlin 2003.

Sammelband mit 22 Beiträgen zu einschlägigen Themen, u.a. zu „Der letzte Mann" und „Kuhle Wampe" und zu Genres wie Straßenfilm, Militärschwank, Monumentalfilm, Kriegsfilm und frühe Tonfilm-Operette .

Wolfgang Mühl-Benninghaus: Vom Augusterlebnis zur Ufa-Gründung. Der deutsche Film im 1. Weltkrieg. Berlin 2004.

Jüngste Darstellung der deutschen Filmgeschichte von 1914 bis zum Ende des 1. Weltkriegs.

Übungs- und Wiederholungsfragen

1 Welche zwei neuen Filmgenres kamen am Anfang und am Ende dieser III. Phase der Filmgeschichte auf?
2 Welche vier Abschnitte unterscheidet man bei der Filmmusik zum Stummfilm?
3 Mit welchen zwei Filmen begann das Zeitalter des Tonfilms?
4 Nennen Sie einige Auswirkungen der Einführung des Tonfilms für die Filmbranche.
5 Definieren Sie das amerikanische Studiosystem.
6 Welche Arten der Zensur lassen sich beim amerikanischen Film der 20er Jahre beobachten?
7 Mit welchen zwei Neuerungen kämpfte die amerikanische Kinoindustrie gegen die Auswirkungen der Depression?
8 Beschreiben Sie die Genrevielfalt der amerikanischen Filmkultur in den 20ern mit je einem Beispielfilm.
9 Inwiefern war das eingeführte Starsystem von Bedeutung?
10 Definieren Sie „Filmstar".
11 Welches waren die wichtigsten amerikanischen Filmstars dieser Zeit?
12 Wie entwickelte Charles Chaplin die Figur des Tramp?
13 Was heißt „Montage der Attraktionen"?
14 Wie heißt der wichtigste Film Eisensteins?
15 Wie äußerte sich im Jahr 1931 die Marktdominanz der Ufa?
16 Was prägte den Kinoalltag der Weimarer Republik?
17 Was verhalf den „Großfilmen" damals zum Erfolg?
18 Definieren Sie den expressionistischen „Kunstfilm".
19 Nennen Sie Schlüsselfilme und die beiden wichtigsten Regisseure des expressionistischen Films.
20 Mit welchen Stilrichtungen wandte man sich vom Expressionismus wieder ab?
21 Mit welchem Film begründete Murnau den klassischen Vampirfilm?
22 Was machte Murnaus Film „Der letzte Mann" ästhetisch bedeutsam?
23 Wie heißt der wohl wichtigste Film von Fritz Lang, Paradigma des modernen Science Fiction-Films?
24 Mit welchen Namen wird das Cinéma pur in Frankreich verbunden?

Übungs- und Wiederholungsfragen

25 Nennen Sie drei wichtige Tonfilme von René Clair aus den frühen 30er Jahren.

26 Welche drei Regisseure waren für die damalige Filmkultur in Schweden wichtig?

27 Nennen Sie zwei wichtige Genres des englischen Films und ihre bedeutendsten Vertreter.

28 Nennen Sie mindestens einen herausragenden Regisseur des japanischen Kinos in dieser Phase.

Weiterführende Arbeitsaufgaben

- Vergleichen Sie je einen deutschen, dänischen, englischen, amerikanischen und französischen Kriegsfilm miteinander und suchen Sie die Unterschiede.
- Bemühen Sie sich um den Besuch einer Stummfilmaufführung, bei der auch Begleitmusik gespielt wird.
- Problematisieren Sie die Vor- und Nachteile der Filmzensur am amerikanischen Beispiel der 20er Jahre.
- Vergleichen Sie einen frühen amerikanischen Pornofilm mit einer heutigen Produktion. Gibt es Unterschiede, und gegebenenfalls welche?
- Vergleichen Sie zwei verschiedene männliche oder weibliche Filmstars Ihrer Wahl miteinander und spezifizieren Sie Ähnlichkeiten und Unterschiede der Images.
- Vergleichen Sie Komödien von Keaton, Laurel & Hardy und Chaplin hinsichtlich ihrer Gestaltung des jeweils Komischen.
- Diskutieren Sie positive und negative Bewertungen des russischen Revolutionsfilms mit Blick auf ihre impliziten filmästhetischen Annahmen.
- Analysieren und interpretieren Sie „Die Mutter" von Pudowkin.
- Rekonstruieren Sie ausführlicher die Geschichte der Ufa in den 20er Jahren.
- Lesen Sie „Von Caligari bis Hitler" von Siegfried Kracauer und „Dämonische Leinwand" von Lotte H. Eisner und setzen Sie sich mit deren Interpretation des expressionistischen Films auseinander.
- Vergleichen Sie den Surrealismus in Bunuels „Ein andalusischer Hund" und in Bildern von Salvadore Dali mit Blick auf Ähnlichkeiten und Unterschiede.
- Machen Sie sich kundig in der Geschichte des polnischen Films.

Zusammenfassung

Der dritte Entwicklungsabschnitt des internationalen Films ist geprägt von kriegsbedingten Rückschlägen und neuen Anfängen in den meisten europäischen Ländern, während der amerikanische Film den Weltmarkt eroberte. Insbesondere in den USA bildeten sich zahlreiche neue Genres aus und eine Vielzahl von Genreklassikern entstand. Ökonomische Ansätze wie Studiosystem und Starprinzip bewährten und verbreiteten sich, aber nationale Besonderheiten gingen dabei nicht verloren: die Komödie in den vielfältigsten Formen in den USA, der Polit- und Propaganda- oder Revolutionsfilm in der Sowjetunion, der expressionistische Film in Deutschland, der poetische Realismus in Frankreich, der frühe Thriller in England usw. Dabei muss in Erinnerung bleiben, dass das Mainstreamkino fast überall von Serien, simplen Melodramen, Schemafilmen, einfachstem Slapstick, Musikfilmen und Unterhaltungsprodukten eingängiger Machart geprägt war.

Annalistik wichtiger Filme

1914 „Das ganze Deutschland soll es sein“ (deutscher Kriegsfilm)
1919 „Gebrochene Blüten“ (Melodram von Griffith)
1919/20 „Das Cabinett des Dr. Caligari“ (Schlüsselfilm des deutschen Expressionismus)
1921 „Närrische Frauen“ (Lubitsch-Komödie)
1921 „Hintertreppe“ (deutscher Kammerspielfilm)
1922 „Nosferatu“ (erster Vampirfilm von Murnau)
1923 „Die zehn Gebote“ (amerikanischer Monumentalfilm)
1924 „The Casting Couch“ (amerikanischer Pornofilm)
1925 „Die freudlose Gasse“ (deutscher Realismus)
1925 „Goldrausch“ (Charles Chaplin)
1925 „Panzerkreuzer Potemkin“ (russischer Revolutionsfilm)
1927 „Metropolis“ (Klassiker von Fritz Lang)
1927 „Der Jazzsänger“ (erster Stummfilm mit Toneinlagen)
1928 „Lichter von New York“ (erster Sprechfilm)
1930 „Die Drei von der Tankstelle“ (typischer deutscher Musikfilm)
1930 „Im Westen nichts Neues“ (deutscher Antikriegsfilm)
1930 „Der blaue Engel“ (deutscher Klassiker mit Marlene Dietrich)
1931 „Die Million“ (Klassiker des poetischen Realismus in Frankreich)

Zusammenfassung

1931 „Frankenstein" (klassischer amerikanischer Horrorfilm)
1932 „Scarface" (klassischer amerikanischer Gangsterfilm)
1932 „Kuhle Wampe" (deutscher sozialistischer Film)
1933 „Das Privatleben Heinrichs VIII." (britischer historischer Ausstattungsfilm)

Die Blütezeit des Stummfilms lag international in diesem Entwicklungsabschnitt, während sich der Tonfilm, ab 1927/28 von Amerika aus, in den meisten Ländern schnell, in manchen (speziell Japan) aber auch deutlich verzögert durchsetzte. Während aus deutscher Sicht das Jahr 1933 einen erneuten markanten Einschnitt in die Entwicklung der Filmkultur darstellt, verliefen die Wandlungsprozesse in den USA, aber auch in England, Frankreich und anderen europäischen Ländern kontinuierlicher; hier sollte sich erst der jeweilige Kriegseintritt als Zäsur auswirken.

Mit der Tondimension erreichte der Film als audiovisuelles Medium eine wichtige Verbesserung. Der Schritt vom Schwarzweiß- zum Farbfilm (1935) sollte diese Annäherung an die Wirklichkeit dann zum Abschluss bringen – damit waren die Voraussetzungen gegeben, die dem Spielfilm als Spiel mit Realität die Möglichkeit seiner Perfektion eröffneten. Der Spielfilm wurde erwachsen.

1933-1945
Filmkultur unterm Hakenkreuz

Phase IV

Inhalt

Der Beginn des Dritten Reichs am 30. Januar 1933, als Hitler die Macht in Deutschland übernahm, war eine ebenso einschneidende Zäsur in der Geschichte des Films in Deutschland wie der Beginn des 1. Weltkriegs. Konkrete Maßnahmen zur politischen Kontrolle und der Verstaatlichung der deutschen Filmindustrie durch das NS-Regime wurden bereits in diesem Jahr eingeleitet – unbeschadet des Tatbestandes, dass wichtige Tendenzen schon in der ausgehenden Weimarer Republik eingesetzt hatten.

In anderen europäischen Ländern und vollends in den USA begann die neue Phase der Filmgeschichte sehr viel verzögerter und der Übergang vollzog sich auch nur allmählich. Speziell die Vereinigten Staaten konzentrierten sich zunächst auf ihre eigene gesellschaftliche Wirklichkeit, von der ökonomischen Monopolisierung im perfektionierten Studiosystem bis zu ästhetischen Höhepunkten bestimmter Genres und den Erfolgen ihrer Regisseure und Stars, bevor sie, spätestens zum Kriegseintritt, ihrerseits auf Krieg und Faschismus auch filmisch reagierten.

Andere Länder wie Frankreich und England waren direkter betroffen und sollen gesondert vorgestellt werden. Nur hingewiesen werden kann hier darauf, dass in Staaten wie der Sowjetunion unter Stalin in dieser Phase ganz eigene Entwicklungen vonstatten gingen, während etwa in Indien, Australien und Lateinamerika die Filmkultur überhaupt erst ganz neu im Entstehen war.

Der Abschluss dieser vierten Phase mit dem Ende des Krieges erklärt sich ebenfalls primär aus deutscher Sicht. Entwicklungslinien in anderen europäischen Länderen und insbesondere wieder in den USA leiten eher bruchlos über in jenen Abschnitt der internationalen Filmkultur, der im Folgenden als „Weltfilm" der Nachkriegszeit gelten soll und der als ästhetische Hochzeit der Filmgeschichte zu gewichten ist.

4.1 | NS-Filmpolitik und die Usurpation der deutschen Filmproduktion

Einflüsse vor 1933

Bereits vor 1933 hatten die Nationalsozialisten in vielfacher Hinsicht Einfluss zu nehmen versucht auf die Filmkultur in Deutschland – vielleicht am spektakulärsten, als sie derart massiv die Aufführung des Antikriegsfilms „Im Westen nichts Neues" in deutschen Kinos behinderten, dass der Film von den Bürgern tatsächlich zunehmend gemieden wurde. Es gab zudem eine ganze Reihe von Filmen, in denen selbstherrliche Machthaber, die sich über die Gesetze hinwegsetzten, um angeblich dem Volke zu dienen, glorifiziert wurden: z.B. „Flötenkonzert von Sanssouci" (1930) von Gustav Ucicky oder „Der Choral von Leuthen" (1933) von Friedrich Zelnik. Oder Kriegsfilme wie „Die letzte Kompagnie" (1930) von Kurt Bernhardt oder Ucickys „Morgenrot" (1933), in denen der Krieg als „Stahlbad" Verherrlichung fand. Der politische Umschwung war hier durchaus in mancherlei Hinsicht parteipolitisch ebenso wie sozialpsychologisch vorhersehbar.

Merksatz

Man kann sicherlich sagen, daß in Deutschland ab 1933 der Versuch gemacht wurde, das amerikanische Studiosystem mit seinem Starprinzip zu imitieren, allerdings weniger unter ökonomischen als vielmehr politischen Maßregeln.

Strategien:

Insgesamt dominierten dabei in der Zeit von 1933 bis 1945 drei Strategien: Berufsverbote und Zensur gegenüber den Filmschaffenden, Verstaatlichung der kompletten Filmindustrie sowie ideologische Gleichschaltung der Produktion unter der Prämisse scheinbar unpolitischer Unterhaltung mit Stars der leichten Muse. Auch die explizite nationalsozialistische Filmpropaganda muß erwähnt werden, hatte aber in der realen Filmkultur damals wohl nicht den Stellenwert, den die Kritik ihr aus heutiger Sicht mitunter zuzubilligen geneigt ist. Zwar kann der Film insgesamt, neben dem Radio und der Presse, als eines der wichtigsten Propagandamedien des Dritten Reichs gelten. Das bezieht sich übrigens auch auf die dokumentarischen Propagandafilme einer Leni Riefenstahl, etwa „Triumph des Willens“ (1935) oder „Olympia-Film“ (1938), sowie auf die Wochenschau und die NS-Dokumentarfilme, die ab 1939 ergänzend in den deutschen Kinos liefen. Es wäre jedoch falsch, daraus zu schließen, der deutsche Film hätte den Nationalsozialismus samt Judenvernichtung und Weltkrieg etwa vorbereitet oder gar erst ermöglicht.

Als Joseph Goebbels, seit langem Reichspropagandaleiter der NSDAP, 1933 an die Spitze des neugegründeten Reichsministeriums für Volksaufklärung und Propaganda gelangte, wurde die Filmkammer ins Leben gerufen – eine Organisation, die alle filmbezogenen Berufe bündelte und bei der eine zwangsweise Mitgliedschaft bestand, wollte man nicht arbeitslos werden. Daraufhin begann der Exodus vieler „nichtarischer“ Filmschaffender, Regisseure, Schauspieler, Produzenten, Kameramänner, Theaterleute, Musiker, Techniker, Komponisten und künstlerischer Mitarbeiter, allen voran Fritz Lang, den man vergebens zu halten versuchte. Die Jagd auf Juden, Kommunisten, Künstler und Intellektuelle, die sich nicht instrumentalisieren ließen, wurde eröffnet. Rund 1.500 Menschen aus Film und Theater (manche sprechen von 3.000) flüchteten ins Ausland. Bereits 1934 wurde ein neues Filmgesetz erlassen, mit einer verschärften repressiven Filmzensur, die in weiteren Gesetzen auch die Präventivzensur einschloss. Nicht nur Drehbücher, die Filmproduktion selbst und die fertigen Filme wurden sorgfältig kontrolliert, sondern 1936 wurde auch die Filmkritik abgeschafft. Nur wenige Filmschaffende und Kritiker konnten sich dieser vertikalen Staatslenkung der Medien entziehen. Alle wichtigen Positionen im Ministerium und seinen Organisationen wurden mit bewährten Parteimitgliedern besetzt. Jeder deutsche Film sollte in den Dienst des „Volkes“, des „Führers“, des NS-Regimes gestellt werden.

– Berufsverbote

– Politische Zensur

Neben die politische trat verstärkt die ökonomische Kontrolle. Die Exporte der deutschen Filmindustrie waren um 1933 auf ein Minimum gesunken und die gesamte Branche befand sich kurz vor dem wirtschaftlichen Bankrott. Bereits 1933 wurde deshalb die Filmkreditbank gegründet, die bis 1937 bis zu 50% der Spielfilmproduktion vorfinanzierte (Wolfgang Becker). Bis 1937 konnte die staatliche Cautio-Treuhandgesellschaft die Aktienmehrheit der privaten Filmproduktionsfirmen, speziell Terra und Tobis, erwerben,

– Ökonomische Kontrolle

Merksatz

Man muss insgesamt zwei Gruppen von Filmen der NS-Zeit unterscheiden: erstens Unterhaltungs- und Operettenfilme, die künstlerisch eher wertlos waren, aber die Norm darstellten, und zweitens antisemitische und Propagandafilme, grell konturiert, numerisch aber stark eingegrenzt und in den sozialpolitischen Auswirkungen meist überschätzt.

1938 die Bavaria Film AG übernehmen und dann auch vom Verlagskonzern August Scherl (Alfred Hugenberg) die Ufa, die ab 1942 als zentrale Holding für das gesamte Filmwesen fungierte. Finanziert wurden nur noch Filme, die der nationalsozialistischen Ideologie adäquat waren, und zwar bis in die letzten Wochen vor Kriegsende. Ab 1937 war die deutsche Filmproduktion geprägt von Nationalisierung und Monopolisierung. Sie wurde jeweils erweitert um die annektierten Ost- und Westgebiete.

4.1.1 | Unterhaltungs- und Operettenfilme

Der allergrößte Teil der Filme während der NS-Zeit waren sogenannte „unpolitische" Spielfilme: Melodramen, Kriminalgeschichten, biographische Filme, Komödien, Revue- und Musikfilme – mit den entsprechenden Stars: Hans Albers, Marika Rökk, Zarah Leander, Heinz Rühmann, Theo Lingen, Grete Weiser oder Hans Moser. Hier versuchte man häufig, amerikanischen Vorbildern nachzueifern und eine vergleichbare Traumfabrik zu etablieren. Das läßt sich bis zu einzelnen Filmen nachweisen: Der Abenteuer- und Katastrophenfilm „Stadt Anatol" (1936) von Viktor Tourjansky orientierte sich an „San Francisco" (1936) von W.S. van Dyke; die Komödie „Glückskinder" (1936) von Paul Martin an „Es geschah in einer Nacht" (1934) von Frank Capra, usw. Allerdings waren vor 1939 auch noch zahlreiche amerikanische Unterhaltungsfilme auf dem deutschen Kinomarkt. Alle diese Filme versprachen Trost, Rekreation, Entrückung, Kompensation, Illusion, Traumerfüllung. Und das Kino boomte: Die Zahl der Lichtspieltheater nahm zu und auch die Zahl der Besucher stieg kontinuierlich an, von 245 Millionen (1933) auf 624 Millionen (1939) zum Kriegsbeginn.

Eskapismus

Merksatz

Die Filmkultur zwischen 1933 und 1945 war in Deutschland primär dem Eskapismus unterworfen.

„Allotria"

Größter Beliebtheit erfreute sich beispielsweise „Allotria" (1936), ein Operettenfilm von Willi Forst, den er fortsetzte mit Produktionen wie „Operette" (1940) und „Wiener Blut" (1942). Andere erfolgreiche Unterhaltungsfilme waren „Das indische Grabmal" (1937) von Richard Eichberg, „Der Mustergatte“ (1937) von Wolfgang Liebeneiner, mit Heinz Rühmann in der Hauptrolle, „Es war eine rauschende Ballnacht“ (1939) oder „Frauen sind doch bessere Diplomaten“ (1942) von Georg Jacoby, der erste deutsche abendfüllende Spielfilm in Farbe. Auch „Wunschkonzert“ (1940) von Eduard von Borsody und „Die große Liebe“ (1942) von Rolf Hansen mit Zarah Leander wurden von Millionen von Kinobesuchern mit Begeisterung gesehen. „Die große Liebe“ gilt vielfach als der größte Filmerfolg in Deutschland während der Nazizeit.

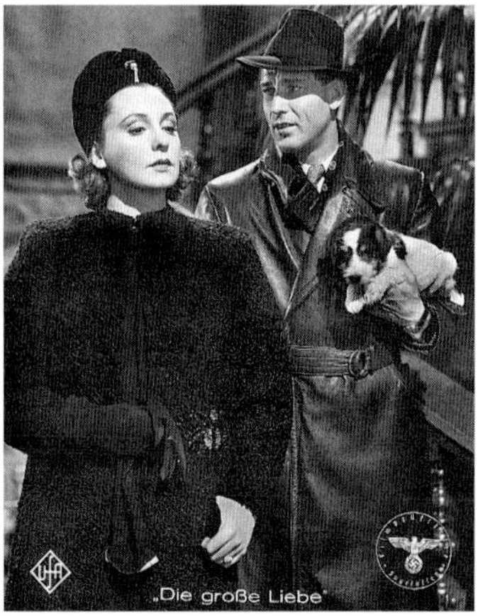

Abb 40

„Die große Liebe“

Solche Filme wurden gezielt von den Nazis produziert, sozusagen als „Spiele“ oder Ablenkung für die breiten Massen, und insofern entbehren sie nicht einer gewissen politischen Dimension; es gibt keinen unpolitschen Unterhaltungsfilm. Andererseits betrifft das weniger die Filme selbst als vielmehr ihren zeitspezifischen Verwertungszusammenhang, hier ihre Funktion in einem totalitären Gesellschaftssystem.

Politischer Film und Filmideologie

Definition

Politische Filme transportieren explizit eine politische Message und zielen mit ihrer konkreten Propagandafunktion auf Überwältigung. Scheinbar „unpolitische“ Unterhaltungsfilme haben zwar stets eine politische Dimension, die sich über ihre Ideologie im zeitgeschichtlichen Kontext erschließt, zielen aber eher auf eine allgemeine Zerstreuungsfunktion.

Wenn also in Filmen wie „Wunschkonzert“ und „Die große Liebe“ eine bestimmte, systemstabilisierende Ideologie diagnostiziert werden kann – hier die Gestaltung von Brücken zwischen Heimat und Front unterm Signum der vereinigten Volksgemeinschaft als Schicksalsgemeinschaft –, so wird damit lediglich ihre damalige Herrschaftskonformität bestätigt. Ganz offensichtlich haben sich die In-

Abb 41

„Münchhausen"

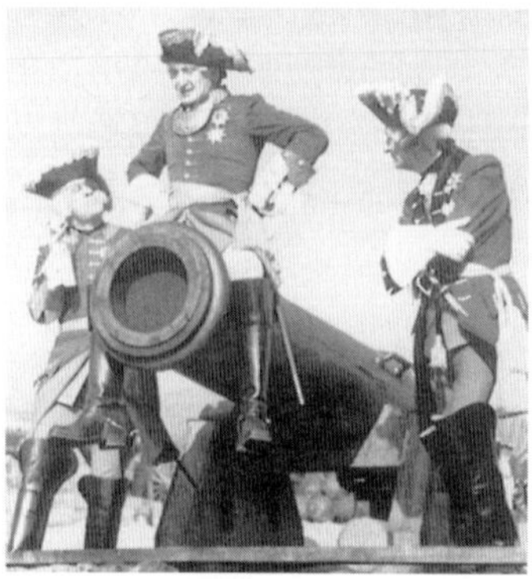

teressen des NS-Unterdrückungsapparats, die Produkte der instrumentalisierten Filmindustrie und die Eskapismusbedürfnisse der deutschen Bevölkerung seinerzeit zu weiten Teilen gedeckt.

In einer Zwischenphase von 1938 bis 1942 wurden verstärkt auch explizit propagandistische Filme hergestellt, aber mit dem Ausrufen des „totalen Kriegs" 1943 kehrte man zum Prinzip reiner Unterhaltungs-, Entspannungs-, Ablenkungsfilme zurück. Sie wurden nun freilich kombiniert mit parteilich verzerrenden Wochenschauen über den „heldenhaften Kampf an der Front" und dem einen oder anderen NS-Dokumentarfilm. Typisch dafür waren etwa ein blank unterhaltsamer Märchenfilm wie „Die Abenteuer des Barons Münchhausen" (1943) mit dem allseits beliebten Star Hans Albert in der Titelrolle, eine Komödie wie „Der Gasmann" (1941) von Carl Froelich mit Heinz Rühmann, ein Revuefilm wie „Der weiße Traum" (1943) von Géza von Cziffra und die zahlreichen Kostümfilme, die tief in die historische Vergangenheit entführten. Die damals erfolgreichsten Regisseure von Unterhaltungsfilmen waren Arthur Maria Rabenalt, Geza von Bolvary, Hubert Marischka und Carl Boese, die von 1940 bis 1945 zusammen nicht weniger als 44 Filme gedreht haben. Beim Gesamtangebot von 1.094 Spielfilmen im Dritten Reich dominierten Komödien (48%) mit großem Abstand vor Melodramen (27%) und anderen Genres. Der Kinobesuch nahm in den Kriegsjahren übrigens noch weiter zu von 624 Millionen (1939) bis auf 1117 Millionen verkauften Karten (1943).

Regisseure von Unterhaltungsfilmen

„Neutrale" Regisseure

Nur wenige „neutrale", eher unpolitische Regisseure waren damals erfolgreich, verließen aber bald das Land in Richtung Hollywood – zum Beispiel Reinhold Schünzel, der 1933 die Operette „Viktor und Viktoria" verfilmt hatte, oder Detlef Sierck, der für die Ufa u.a. „Zu neuen Ufern" (1937) mit Zarah Leander gedreht hatte und der sich in den USA dann in Douglas Sirk verwandelte. Auch andere Melodramen waren hierzulande erfolgreich, während Sachlichkeit und Realismus verboten wurden: beispielsweise „Altes Herz geht auf Reisen" (1936) von Carl Junghans, weil der Film das Elend des Landlebens zeigte; „Das Leben kann so schön sein“ (1938) von Rolf Hansen, weil hier die Wohnungsnot dargestellt wurde; „Titanic“ (1943), weil der Regisseur wegen Wehrkraftzersetzung vor dem Kriegsgericht stand; oder „Der verzauberte Tag“ (19444) von Peter Pewas, weil hier das deutsche Beamtentum bloßgestellt wurde.

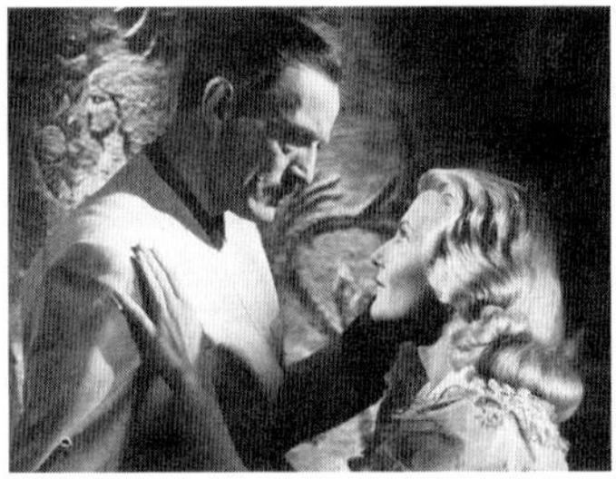

Abb 42

„Der verzauberte Tag“

Helmut Käutner als Ausnahme

Eine Ausnahme stellt auch Helmut Käutner dar, der sich weder anpasste noch emigrierte. Nach seinem eher lyrischen Film „Romanze in Moll“(1943) drehte er noch „Die Große Freiheit Nr. 7“ (1944) und „Unter den Brücken“ (1944), die beide aber im Dritten Reich nicht mehr freigegeben wurden. Sie gelten als „Übergangsfilme“, denen man auch heute noch künstlerische Bedeutung zuspricht. Seine meisten Filme drehte Käutner erst nach dem Krieg, speziell in den 50er Jahren, bis zu „Feuerzangenbowle“ (1970), einem Remake des berühmten Originals von Helmut Weiß (1944) mit Heinz Rühmann in der Hauptrolle.

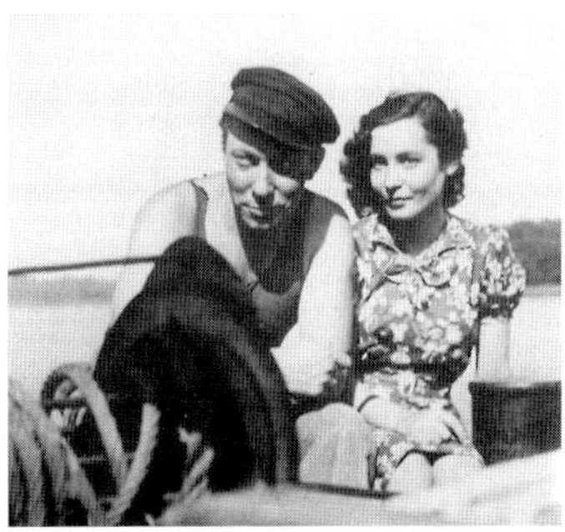

Abb 43

„Unter den Brücken“

Antisemitische und Propagandafilme | 4.1.2

Führerprinzip, Rassismus, Blut-und-Boden-Ideologie

In den erwähnten kalkulierten Propagandafilmen – insgesamt etwa hundert – wurden verschiedene Aspekte der nationalsozialischen Weltsicht gestaltet. Maßgeblich waren das Führerprinzip und die Ideologie einer arischen Rasse, bei der das deutsche Volk als Blut-und-Boden-Gemeinschaft mit dem Anrecht auf neuen Lebensraum beschworen wurde. Daneben gab es auch zahlreiche Kriegsfilme der Ufa, denen zumindest indirekt propagandistische Bedeutung zugesprochen werden muss, z.B. „Stukas“ (1941) von Karl Ritter oder „Kampfgeschwader Lützow“ (1941) von Hans Bertram.

Abb 44

„Hitlerjunge Quex“

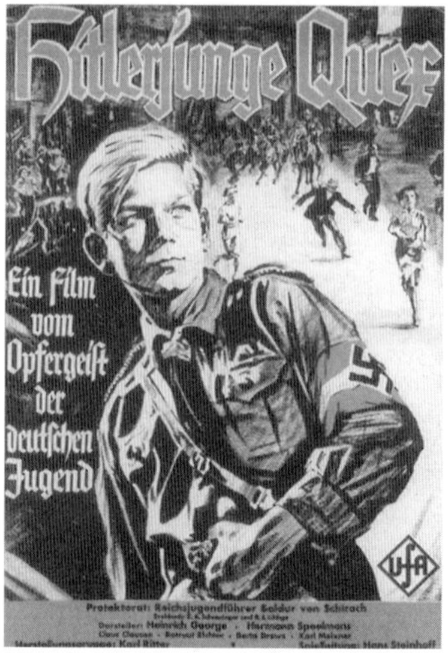

Einer der ersten expliziten Propagandafilme des Regimes war ein tendenziöser Heldenabenteuerfilm in Schwarz-Weiß-Manier: „Hitlerjunge Quex“ (1933) von Hans Steinhoff, produziert von Karl Ritter. Er beschreibt den Wandel des Druckerlehrlings Heini Völker zum überzeugten Hitlerjungen, bis dieser von einem kommunistischen Rollkommando ermordet wird. Hergestellt wurde der Film von der Ufa, die sich damit schon früh der nationalsozialistischen Ideologie öffnete. Ritter selbst drehte einige Jahre später seinen ersten nationalsozialistischen Film unter dem Titel „Verräter“ (1936). Hier wird militärische Spionage als Bedrohung des deutschen Volkes gebrandmarkt.

Veit Harlan

Vielleicht die wichtigste Einzelfigur des nationalsozialistischen Propagandaspielfilms war aber, neben Hans Steinhoff und Karl Ritter, der Regisseur Veit Harlan, der mit Emil Jannings zusammenge-

Abb 45

„Die angebliche Maske des Juden“

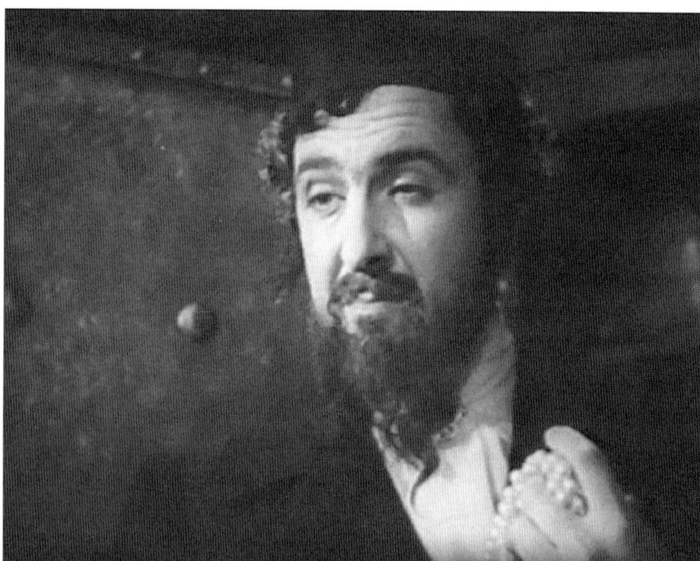

arbeitet hat, dem damals ebenfalls sehr erfolgreichen Schauspieler. Zusammen schufen sie u.a. den Film „Der Herrscher" (1936), auf der Grundlage des Dramas „Vor Sonnenuntergang" von Gerhart Hauptmann. Verherrlicht wurde hier der Dienst am Volk zu Ehren des Führers – ein subtiler Propagandafilm, der ganz ohne Hakenkreuze, Hitlerbilder und SA-Uniformen auskam. Neben zahlreichen weiteren Filmen Harlans hat vor allem der antisemitische Film „Jud Süß" (1940) traurige Berühmtheit erlangt. Und noch in den letzten Kriegsmonaten verbreitete er programmatisch Durchhalteparolen mit seinem Film „Kolberg" (1945).

Merksatz

Der Film „Jud Süß", den über 20 Millionen Zuschauer gesehen haben, diffamiert auf derart subtile Weise, im historisierenden Gewand einer Handlung aus dem 18. Jahrhundert und mit filmästhetisch ausgefeilten Strategien, pauschal alle Juden und ruft zur Massenvernichtung auf, dass der Film bis heute nur unter ganz besonderen Auflagen öffentlich gezeigt werden darf.

„Jud Süß"

Ein anderer antisemitischer Progromfilm war „Die Rothschilds" (1940). Vergleichbar dazu sind antipolnische Filme, etwa „Heimkehr" (1941) von Gustav Ucicky, in dem deutsche Kinder, Frauen und Greise von der polnischen und jüdischen Bevölkerung verfolgt und gepeinigt und mit dem Tode bedroht werden, oder auch antienglische Filme wie „Ohm Krüger", wo gezeigt wird, wie in englischen Konzentrationslagern deutsche Frauen und Kinder hungern. Aber auch Filme wie „Ich klage an" (1941) von Wolfgang Liebeneiner propagierten das nationalsozialistische Welt- und Menschenbild – hier als Apologie der Euthanasie, d.h. der Tötung von unheilbar Kranken, Geisteskranken, kurz: die Vernichtung „unwerten Lebens".

„Ich klage an"

Mit dem Ende des 2. Weltkriegs und dem Sturz des Nazi-Regimes gab es im „besiegten" bzw. „befreiten" Deutschland gesamtkulturell und auch filmhistorisch kurzfristig zunächst eine große Leere. Nur einige wenige Nachkriegsfilme versuchten eine kritische Aufarbeitung der NS- und Kriegserfahrungen, z.B. „Die Mörder sind unter uns" (1946) von Wolfgang Staudte und „In jenen Tagen" (1947) von Helmut Käutner. Aber „Trümmerfilme" wurden nicht zuletzt vom deutschen Kinopublikum abgelehnt; sie lenkten weder von der tristen Wirklichkeit des Nachkriegsdeutschland ab noch konnten sie als wirkliche Verarbeitung der unmittelbaren Vergangenheit, an der ohnehin kaum jemand interessiert war, gelten. Stattdessen gab es nach 1945 einen Neubeginn des deutschen Films, der nichts anderes darstellte als den fast nahtlosen Übergang der Filmschaffenden aus der NS-Zeit zur neuen Bundesrepublik Deutschland.

Nachkriegsfilme

4.2 | Hollywood und die gesellschaftliche Wirklichkeit

Die Auswirkungen der Großen Depression auf die amerikanische Filmindustrie waren enorm; insbesondere Paramount, FOX und RKO mussten große Verluste hinnehmen. Sie stellten deshalb – während MGM sowie Columbia, Universal und United Artists weiterhin auf große Spitzenfilme setzten, freilich in eingeschränkter Zahl – ihre Filmproduktion auf die bereits erwähnten B-Pictures um. Damit konnten nicht nur die Produktionsanlagen besser ausgelastet werden, sondern so wurde strukturell auch wieder der Marktzugang geöffnet für neue Independents, die verschiedene Nischen bedienten. Das größte Filmepos der 30er Jahre war ohne Zweifel „Vom Winde verweht“ (1939) von Victor Fleming, bei MGM realisiert, nach dem gleichnamigen Bestseller von Margaret Mitchell. Hier wird, im Gewand des historischen Spektakels, bezeichnenderweise die schicksalshafte Versagung des individuellen Glücks zum bürgerlichen Lebenskonzept zugerichtet.

Abb 46

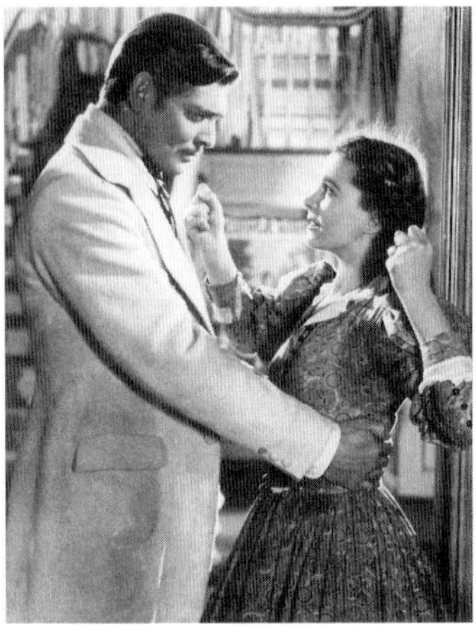

Rhett und Scarlett in ihrer Abhängigkeitsbeziehung

Pornografischer Film

Konträr entgegensetzt war der pornografische Film in den Bordellen, mit dem zumindest die körperliche Erfüllung, wenigstens für ein ausnahmslos männliches Publikum, versprochen wurde. Er verbreitete sich in zunehmendem Umfang und wandelte sich dabei von der früheren Dominanz des eher rohen Komisch-Karikaturhaften in der Handlung zum subtileren Vergnügen an sexuellen Details, der Bevorzugung der Nah- und Großaufnahme und phantasievolleren Stories. Der „Roosevelt-Porno“ (Georg Seeßlen) war u.a. geprägt von der Figur des Handelsvertreters oder Handwerkers, der die einsamlüsterne Hausfrau tröstet (z.B. „The Plumber Does a Little Plumber“), vom Urinieren (z.B. „Pee for Two“, beide Mitte der 30er Jahre) und von lesbischen Aktivitäten (z.B. „A Lesbian Paradise“, oder „Man Shortage“, beide 1939/41)

Monopolisierung der Hollywood-Filmstudios

Ansonsten wurde die Organisation und Regulierung der amerikanischen Mainstream-Filmindustrie unter Präsident Franklin D.

Roosevelt weiter vorangetrieben: Die Einflüsse der Banken und Konzerne verstärkten sich. Die Monopolsituation der großen Studios wurde zunächst toleriert. Geschäftspraktiken wie das Blockbuchen (vgl. Kap. 2.1.3) wurden juristisch festgeschrieben.

Definition

Blockbuchen bedeutet, daß Kinobesitzer Topfilme nur im Gesamtpaket mit einer Vielzahl von B-Pictures buchen konnten, die (in der Regel mit Verlusten) auch gezeigt werden mussten. Damit wurde das Produktionsrisiko auf die Kinos verlagert

Das Studio-Management wurde optimiert, um die Produktion besser zu standardisieren. Man setzte immer stärker auf die Verlässlichkeit eingeführter Genres und Stars, insbesondere Western und Musical. Zu den klassischen Western der Zeit gehörten Filme wie „Union Pacific"/ „Die Frau gehört mir" (1939) von Cecil B. DeMille, „Geächtet" (1940) von Howard Hughes und „Der Ritt zum Ox Bow" (1942) von William A. Wellman. Zu den Musicals u.a. „Die 42. Straße" (1933) von Lloyd Bacon, „Marine gegen Liebeskummer" (1936) von Mark Sandrich und „Ein Fräulein in Nöten" (1937) von George Stevens. Auch der moralische Production Code wurde weiter verschärft. Nicht zuletzt wurden Verleihbezirke eingeteilt, die eine gewinnträchtige Auswertung der Filme sicherten. Damit konnte eine überwältigende Machtposition Hollywoods über den nationalen Filmmarkt etabliert werden: Die acht Top-Firmen waren Ende der 30er Jahre für rund 75% aller US-Spielfilme verantwortlich, erhielten rund 90% aller nationalen Kasseneinnahmen, besaßen 80% aller amerikanischen Erstaufführungstheater, und ihr Filmangebot machte schätzungsweise 65% der Filme aus, die weltweit vertrieben wurden.

Klassische Western

Klassische Musicals

Nach der Entscheidung des Obersten Gerichtshofs gegen die Roosevelt-Doktrin zugunsten der Monopolisierung leitete das Justizministerium gegen die Großen der Branche ein Anti-Trust-Verfahren ein. Das konnte jedoch bis zum Beginn des 2. Weltkriegs hinausgezögert und dann dadurch gemäßigt werden, daß die Regierung von Hollywood ein verstärktes propagandistisches Engagement forderte – insbesondere in Gestalt von Kriegsfilmen und Heimat-Front-Melodramen. Zu den wichtigsten Kriegsfilmen der Zeit gehören „Der Große Diktator" (1940) von und mit Charles Chaplin,

Anti-Trust-Verfahren

Kriegsfilme

Abb 47

„Sergeant York“

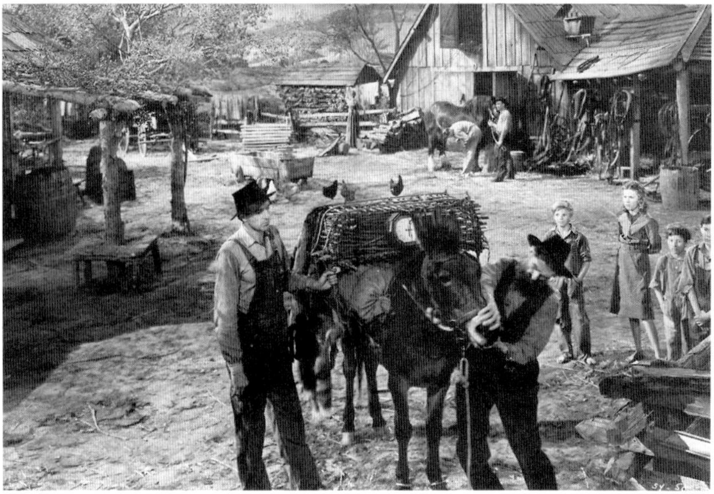

„Sergeant York“ (1941) von Howard Hawks, in gewissem Sinn auch „Hier ist John Doe“ (1941) von Frank Capra, der sich mit der klassischen, oskarüberschütteten Märchen-Komödie „Es geschah in einer Nacht“ (1934) einen Namen gemacht hatte, „Hitlers Kinder“ (1943) von Edward Dmytryk und in jedem Fall das dokumentaristische

Abb 48

Rick zu Ilsa: „Here´s looking at you, kid.“

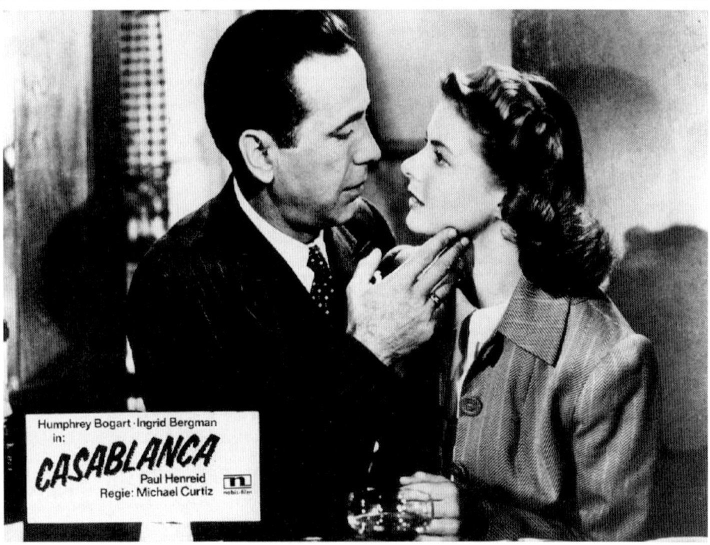

„Schlachtgewitter am Monte Cassino“ (1945) von William A. Wellman.

Melodramen

Zu den Melodramen im Dienst antinationalsozialistischer Propaganda gehörten etwa „Menschenjagd“ (1941) und „Henker sterben auch“ (1942) von Fritz Lang, aber natürlich auch „Casablanca“ (1942) von Michael Curtiz oder „Als du Abschied nahmst“ (1945) von John Cromwell.

In dieser Zeitspanne lag – abgesehen von Preston Sturges und seinen hintergründigen Komödien, etwa „Sullivan´s Reisen“ (1941) – das Hauptwerk insbesondere von drei Regisseuren, die in der amerikanischen und der internationalen Filmkultur bis heute ihren Platz erhalten haben: John Ford, Orson Welles und William Wyler. Die weltweite Verbreitung des Genre-Kinos und seiner spezifischen Stars war zu dieser Zeit bereits absehbar, setzte jedoch in vollem Umfang erst nach Kriegsende ein und sollte die nächste Phase der internationalen Filmgeschichte bis 1960 maßgeblich prägen.

John Ford | 4.2.1

John Ford, der seit 1917 bis Anfang der 70er Jahre über hundert Filme schuf, steht vor allem für den amerikanischen Heimatfilm, den Western. Als seine wichtigsten Werke gelten neben „Der Verräter“ (1935) und „Die Früchte des Zorns“ (1940) vor allem „Ringo“/ „Höllenfahrt nach Santa Fé“ (1939), „Trommeln am Mohawk“ (1939), „Faustrecht der Prärie“ (1946), „Der Teufelshauptmann“ (1949) und „Der schwarze Falke“ (1956).

„Der Verräter“

„Der Verräter“ ist kein Western, sondern inszeniert eine Geschichte im Dublin des Jahres 1922 wie in einem Kammerspiel. Gypo Nolan verrät seinen Freund Frankie für zwanzig Pfund an die Engländer. Als Folge kommt Frankie um. Gypo beschuldigt vor dem Gericht der irischen Rebellen einen anderen, verrät sich dann aber und flieht. Schließlich wird auch er verraten und von den Rebellen getötet. Der Film erregte Aufsehen durch seinen stilistischen Rigorismus, nach dem die Welt als geschlossener Raum erscheint, mit einem Protagonisten

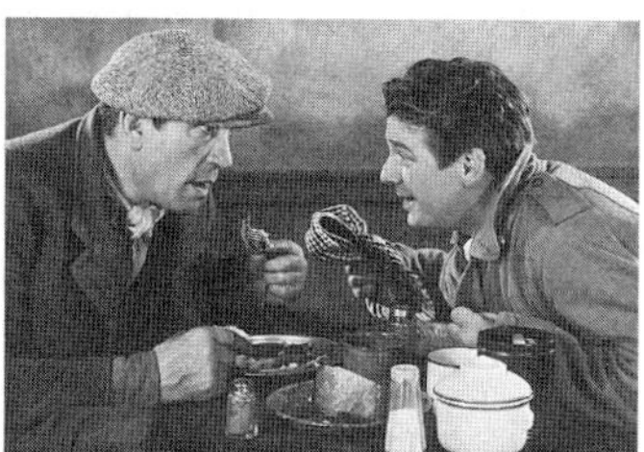

Abb 49

Nolan und Frankie

ohne Ausweg und konfrontiert mit Tatsachen und der Notwendigkeit einer Entscheidung. „Die Früchte des Zorns", die Verfilmung des gleichnamigen Romans von John Steinbeck, beschreibt die Suche der amerikanischen Farmerfamilie Joad, die in den dreißiger Jahren durch Dürre und Sandstürme in Oklahoma ihre Existenzgrundlage verloren hat, nach Gerechtigkeit und einer neuen Heimat in Kalifornien. Der Film zeigte, nach dem Abklingen der Depression, erstmals überzeugend die provokative Härte kapitalistischer Ausbeutung im Zusammenhang mit der Landreform.

„Die Früchte des Zorns"

Merksatz

In beiden Filmen dominiert ein dramaturgisches Grundprinzip, das auch viele Ford-Western bestimmt: eine Gruppe in einem abgeschlossenen Raum. War es im ersten Fall eine Stadt und im zweiten ein alter Lastwagen, ist es bei seinem berühmtesten Film „Ringo"/ „Höllenfahrt nach Santa Fé" die Postkutsche.

„Ringo"

Im Zentrum von „Ringo" stehen die Figuren, ihre Beziehungen zueinander während der Fahrt und ihr Verhalten während des Indianerangriffs: ein Arzt als notorischer Trinker, der trotzdem seinen Mann steht; eine Frau von zweifelhaftem Ruf, geächtet, zynisch und zugleich mütterlich; ein aufrechter Sheriff; ein komisch-freundlicher Alkoholhändler; ferner der junge Westerner Ringo (gespielt von John Wayne), der den Tod seines Vaters und seines Bruders rächen will; ein

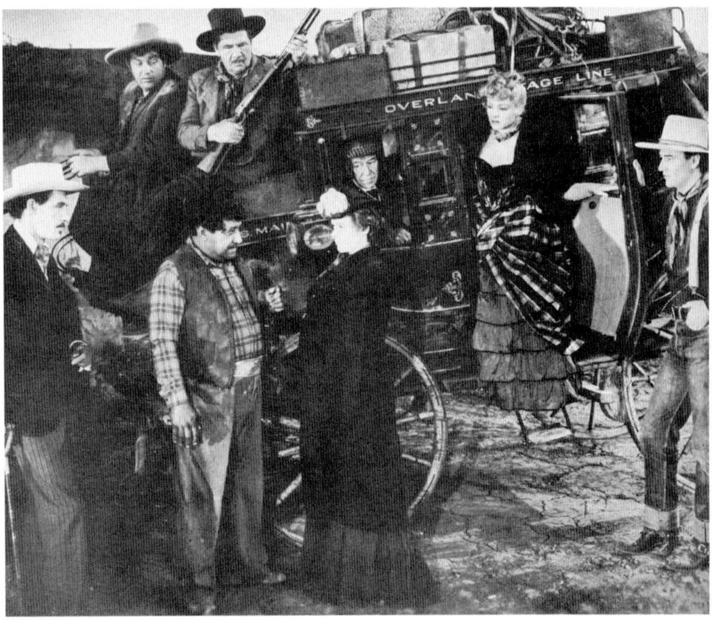

Abb 50

„Ringo"/ „Höllenfahrt nach Santa Fé"

Spieler, ein Bankier und Lucy, die ein Kind zur Welt bringt. Die Menschen charakterisieren sich bei Ford stets durch ihr Handeln, nicht durch innerpsychische Motive. Entsprechend bleibt die Kamera stets außen, starre Aufnahmen in Nah und Halbnah dominieren, kontrastiert lediglich durch eine „entfesselte Kamera" beim Angriff der Indianer. Im Moment der Bedrohung von außen müssen die so ungleichen und zerstrittenen Menschen plötzlich miteinander auskommen, sie sind existentiell aufeinander angewiesen. Das Monument Valley als Kulisse zeichnet dabei einen symbolträchtigen Raum für diese mythologische Skizze von der Entstehung der amerikanischen Gesellschaft. Der Dekadenz der Städte, der Depression und Korruption des Ostens wurde hier ein alternatives Wertesystem entgegengesetzt.

1939 – das Jahr des Western

1939 gilt übrigens als „das große Jahr des Western", denn neben „Ringo"/ „Höllenfahrt nach Santa Fé" erschienen zahlreiche weitere Klassiker des „wiedergeborenen" Genres mit neuen Facetten wie dem Eisenbahnmythos, dem Wandel der Pioniere von einer individuellen Moral zum neuen Gesetz der Gemeinschaft oder auch der romantischen Figur des Outlaw: „Union Pacific"/ „Die Frau gehört mir" von Cecil B. DeMille, „The Oklahoma Kid" von Lloyd Bacon, „Der Herr des Wilden Westens" von Michael Curtiz, „Jesse James – Mann ohne Gesetz" von Henry King und ein zweiter Ford-Western „Trommeln am Mohawk". Ein Boom an Westernproduktionen folgte bis zum Ende des 2. Weltkriegs und darüber hinaus.

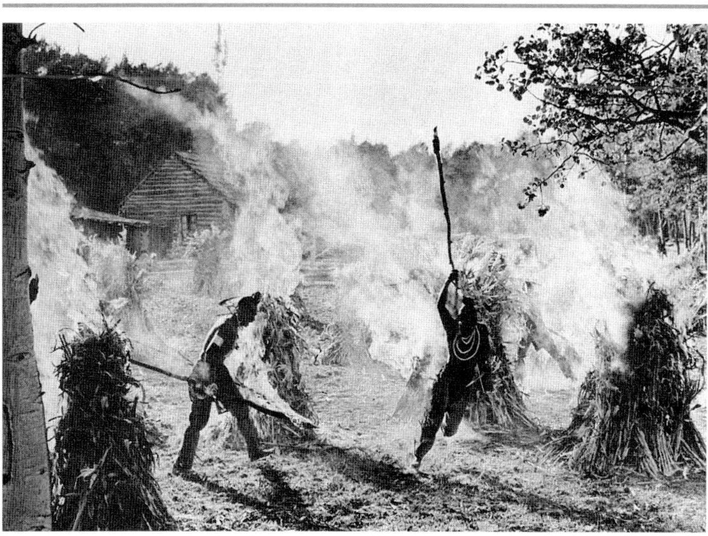

Abb 51

„Trommeln am Mohawk"

Ford selbst beteiligte sich an der Entwicklung von neuen Westernmotiven. In seinem ersten farbigen Western „Trommeln am Mohawk" wird der Mythos vom einfachen Farmer (gespielt von Henry Fonda) beschworen, der mit seiner jungen Frau eine Familie gründet und nur sein Land bebauen will. Die Indianer dagegen verkörpern die Bedrohung von außen, die mit Gewalt und Feuer die Idylle zerstören wollen. Der Film ist „eine Hymne auf den Pioniergeist, den militärischen Mut und die Frömmigkeit der ersten Amerikaner" (Joe Hembus). Die heile Welt hier ist die Familie, ihrerseits eingebettet in den Schoß der kleinstädtischen Gemeinschaft, in der alle ihren Platz einnehmen.

„Faustrecht der Prärie"

„Faustrecht der Prärie", ebenfalls mit Henry Fonda in der Hauptrolle, entwickelt den Mythos von Wyatt Earp und seinen drei Brüdern in Tombstone, mit Doc Holliday und „My Darling Clementine" (so der Originaltitel). Auch hier eine geschlossene Welt im Monument Valley, aus der das Böse – die kriminelle Clanton-Familie – ausgemerzt werden muss. Die strukturelle Bipolarität betrifft nicht nur die beiden Familien Earp und Clanton, sondern auch die Frauengestalten (die blonde jungfräuliche Lehrerin Clementine aus dem Osten und die dunkelhaarige ungebildete Saloon-Mexikanerin Chihuahua) bis hin zu Doc Holliday (einerseits der gute Arzt, andererseits der versoffene Spieler). Die hier gestaltete Legende lautet: Die Zivilisation siegt gegen die Barberei.

Abb 52

Der Marshall und sein Darling

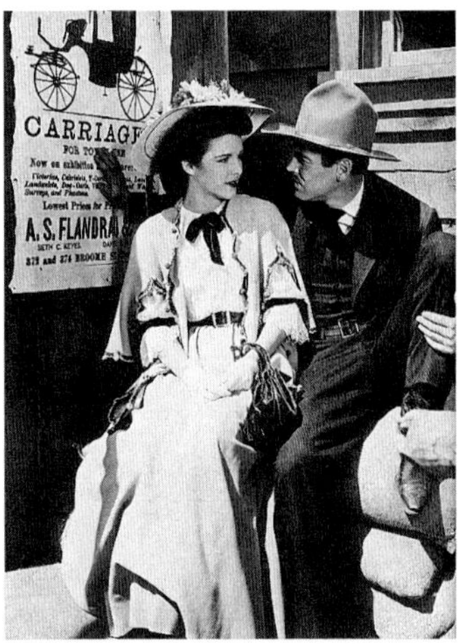

„Der Teufelshauptmann"

In „Der Teufelshauptmann" wird der Protagonist Nathan Brittles wieder von John Wayne gespielt, diesmal in der Rolle eines Kavallerie-Captains kurz vor seiner Pensionierung. Der gesamte Film fungiert als ein Rückblick auf eine irreal anmutende Vergangenheit, die gleichwohl als die bessere beschworen wird. Brittles hat Frau und Tochter verloren und auch die Kavallerie kann ihm keine Gemeinschaft mehr sein. Geblieben sind Zeremonien und Rituale ohne besonderen Wertcharakter. Der amerikanische Traum wird hier erstmals in der Vergangenheit angesiedelt – es geht um Abschied und Einsamkeit.

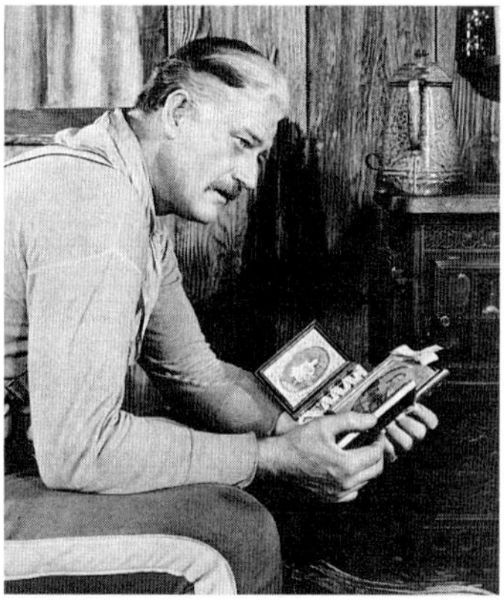

Abb 53

Der einsame Westernheld

„Der schwarze Falke"

Noch düsterer, skeptisch, fast resignativ zeigt „Der schwarze Falke" den Wilden Westen. Ethan Edwards (wieder John Wayne), ein Indianerhasser, macht sich mit Freunden auf, um das von den Comanchen entführte Mädchen Debbie zu suchen. Als er seine Nichte nach fünf Jahren endlich findet, ist sie bereits eine Indianerin geworden und die Frau des Häuptlings. Er will sie erschießen, wird aber von seinen Begleitern daran gehindert. Bei der folgenden Strafexpedition der Weißen werden der Häuptling und wahllos Männer, Frauen und Kinder seines Stammes getötet und Debbie am Schluss von Ethan wieder „nach Hause" gebracht. Der Film zeigt den scheiternden Helden, geprägt von Hass gegen die Indianer, Hass gegen das Land, das einem nicht gehört, Hass gegen sich selbst: ein Außenseiter (Georg Seeßlen). „Der schwarze Falke" thematisiert Rassismus, nicht nur allgemein zwischen Weißen und Indianern, sondern auch konkret in der Figur der Debbie, die zu einer Indianerin geworden ist und bei ihrem Volk und Mann bleiben will, aus Sicht Ethans aber ihre rassische „Reinheit" verloren hat und deshalb getötet werden muss. Wenn Ethan am Schluss in wilder Wut den Häuptling Scar skalpiert, wird die sinnlose Gewalt des Westernhelden und damit der tragische Grundzug des Films deutlich. Für den Helden ist nach seiner trostlosen Odyssee im zivilisierten Zuhause der anderen kein Platz mehr, deshalb ist es nur konsequent, dass er am Schluss in die Einöde zurück-

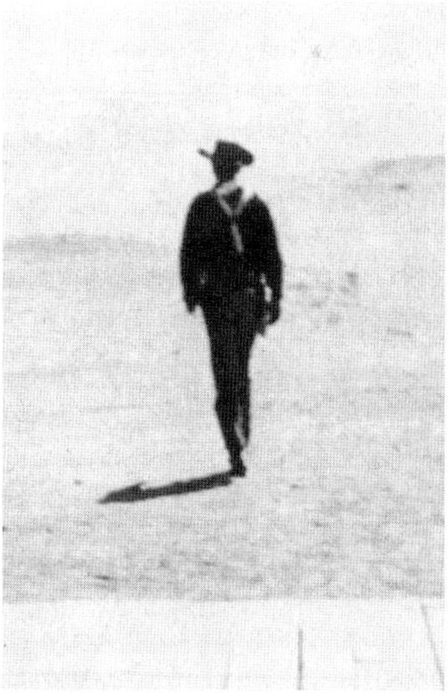

Abb 54

Der scheiternde Held beim Rückzug in die Wildnis

kehrt. Als „Suchender" („The Searchers" heißt der Originaltitel) scheitert er, obwohl er findet.

Merksatz

Im Großen und Ganzen spiegeln die Western von John Ford die Geschichte des Genres über rund vierzig Jahre hinweg und zeigen damit einen Wandel der amerikanischen Kultur gegenüber ihren Traditionen und Mythen, gegenüber ihrer Geschichte.

4.2.2 | Orson Welles

Orson Welles ist vor allem mit dem Film „Citizen Kane" (1941) als genialer Regisseur in die Geschichte eingegangen. Allerdings muss seine Bedeutung als Person weiter gezogen werden. 1936 inszenierte er eine Theaterfassung von „Macbeth" aufsehenerregend nur mit Farbigen. Mit dem enormen Erfolg der Romanadaption „Krieg der Welten" von Herbert G. Welles als Hörspiel (1938) begann seine Karriere als selbsternanntes „Wunderkind" – ein „Panikhörspiel", das am Vorabend des 2. Weltkriegs in Teilen der amerikanischen Ostküste den Eindruck einer Invasion erweckte. Und als Schauspieler wurde er weltberühmt in dem Film „Der dritte Mann" (1949) von Carol Reed, einer Graham Greene-Verfilmung, in der Rolle des verbrecherischen Harry Lime (einem von über 60 Filmen). Abgesehen von anderen Arbeiten für das Theater und das Radio werden im Medium Film, neben mehreren Shakespeare-Verfilmungen, auch immer wieder seine Filme „Die wundervollen Ambersons" (1942), „Der Fremde" (1946) und „Die Lady von Shanghai" (1947) genannt.

Merksatz

Ebenso wie Welles beim Hörspiel allgemeine hörfunkspezifische Bauformen verwendet hatte, setzte er auch beim Spielfilm „Citizen Kane" Darstellungsformen ein, die vor allem beim Dokumentar- und Nachrichtenfilm üblich waren.

Ästhetische Neuerungen in „Citizen Kane":

– Recherchestruktur

In „Citizen Kane" durchbrach er die konventionelle lineare Chronologie fiktionalen Erzählens und wählte als Filmstruktur das sprunghafte, lückenhafte, multiperspektivische Kontinuum einer Recherche mit Rückblenden: Ein Reporter geht der Frage nach, was für ein Mensch der verstorbene Charles Foster Kane, ein ebenso reicher wie einflussreicher Pressemagnat, gewesen war – wie ein Puzzlespiel. Befragt werden fünf verschiedene Personen, die sich an die Vergangenheit erinnern und dabei, ergänzt durch Material aus den

Wochenschauen, ganz unterschiedliche Facetten des Protagonisten sichtbar werden lassen. Dadurch wird ein spezieller Erzählrhythmus geschaffen, gewissermaßen eine Abfolge einzelner „Brennpunkte“ seines Lebens. Dramaturgisch wichtig ist nicht zuletzt die Frage, welche Bedeutung das letzte Wort des Sterbenden gehabt haben könnte: „Rosebud“. Für den Reporter bleibt das verborgen, der Zuschauer jedoch erfährt am Schluss des Films, dass das der Name des Schlittens war, den Kane als kleiner Junge besessen hatte: Symbol für die Geborgenheit des Zuhause, vor der traumatischen Trennung von seinen Eltern aufgrund einer großen Erbschaft der Mutter.

Neben dieser speziellen Recherchestruktur waren neben speziellen Überblendungen, rasanten Kamerafahrten, einem besonderen Einsatz des Lichts und verzerrten Perspektiven vor allem noch zwei weitere filmästhetische Gestaltungsmittel von „Citizen Kane“ einflussreich: die Tiefenschärfe und die Weitwinkelaufnahme. Erstere findet sich bereits bei Jean Renoir sowie John Ford und meint die Unterscheidung von Hintergrund, Mittelgrund und Vordergrund, die jedoch alle gleichermaßen scharf zu sehen sind. Ihre Funktion ist die „innere Montage“, d.h. eine szenische Gestaltung, die ohne Schnitte zwischen verschiedenen Einstellungen auskommt. Letzteres erlaubt es, Figuren, speziell Kane, so mit der Kamera aufzunehmen, daß nicht nur Fußboden und Wände, sonderen zugleich auch noch die Decke zu sehen ist. Damit erscheinen die Menschen und

– Tiefenschärfe

– Weitwinkelaufnahme

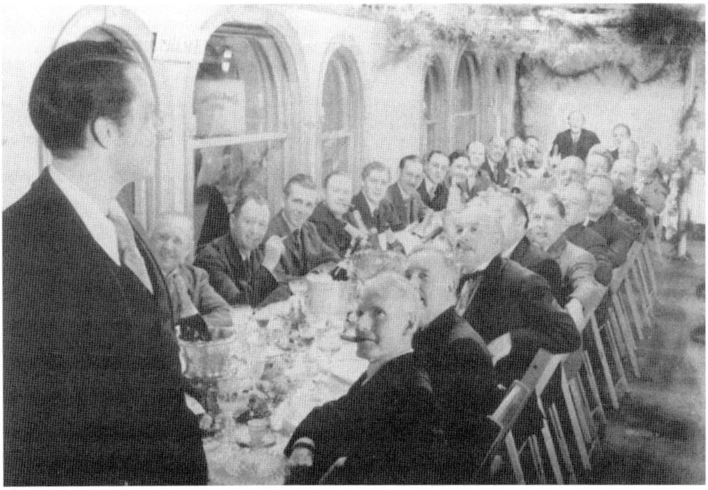

Abb 55

Citizen Kane

ihre Beziehungen zueinander seltsam verzerrt und isoliert in den riesigen Räumen des sagenhaften Xanadu – Symbol u.a. für die Beziehungs- und Liebesunfähigkeit des Helden. Die filmhistorische Bedeutung von „Citizen Kane" liegt demnach in der gleichzeitigen Neugestaltung von Zeit (des Erzählens) und Raum (des Erzählten).

4.2.4 | William Wyler

Merksatz

William Wyler schließlich ging als der „Handwerker" des amerikanischen Films in die Geschichte ein; er war weder auf ein Genre noch einen Stil noch eine Thematik oder einen bestimmten Schauspieler/Star festgelegt, sondern konnte Geschichten jeder Art packend erzählen.

Beispiele von Wyler wären neben zahlreichen anderen Serienwestern der Stummfilm „Galgenvögel" (1929), dann Melodramen und Komödien, oft nach Bühnenstücken als Vorlage, dann der Gangsterfilm „Sackgasse" (1937) sowie „Stürmische Höhen" (1939), eine Verfilmung des gleichnamigen Romans von Emily Bronte mit Laurence Olivier als Heathcliff und Merle Oberon als Cathy in den Hauptrollen. Der Film gilt als Klassiker, der fast alle späteren Adaptionen des Romans – sei es als Theaterstück, Hörspiel, Kinofilm, Fernsehfilm oder als Popmusikoper – in dem Sinne beeinflusst hat, dass die Liebe als Abhängigkeitsbeziehung, als Schicksalstragödie und Rachegeschichte jeweils ins Zentrum gerückt wurde. Später folgten weitere Western wie „In die Falle gelockt" (1940) mit Gary Cooper sowie der Kriegsfilm „Mrs. Miniver" (1942). Sein wichtigster Film der 40er Jahre war „Die besten Jahre unseres Lebens" (1946) über die Heimkehr dreier Soldaten aus dem Krieg. Diese bitterböse und zugleich auch sentimentale Darstellung der amerikanischen Nachkriegsgesellschaft mit epischen Qualitäten erhielt nicht weniger als sieben Oscars der amerikanischen Filmindustrie, u.a. für den besten Film des Jahres, die beste Regie und das beste Drehbuch. Auch bei den Kritikern und beim Publikum fand der Film großen Anklang.

Abb 56 | *„Stürmische Höhen"*

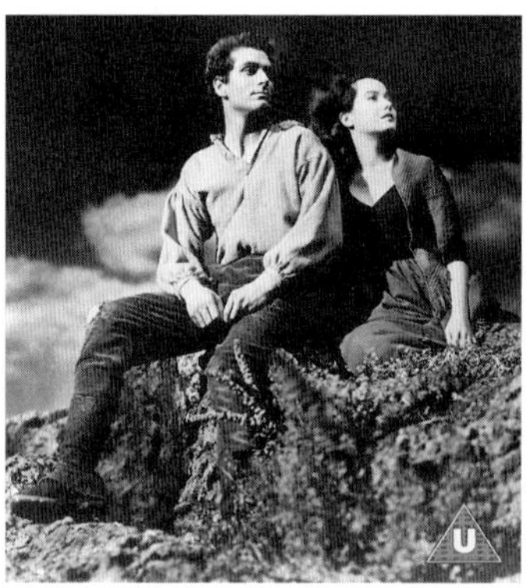

„Die besten Jahre unseres Lebens"

Seine Höhepunkte hatte Wyler, häufig als Regisseur und Produzent zugleich, dann in den 50er Jahren, mit Filmen wie dem Melodram „Carrie“ (1950/52) nach einem Roman von Theodore Dreiser, dem Detektivfilm „Polizeirevier 21“ (1951) nach einem Bühnenstück von Sidney Kingsley, der Romanze „Ein Herz und eine Krone“ (1953) mit Audrey Hepburn und Gregory Peck, dem Gangsterfilm „An einem Tag wie jeder andere“ (19554/55), einem Remake von „Ben Hur“ (1959) mit Charlton Heston in der Hauptrolle, dem Western „Weites Land“ (1958) bis hin zum Thriller „Der Fänger“ (1965) nach dem gleichnamigen Roman von John Fowles.

Stars der 30er und 40er Jahre | 4.2.4

Die genannten Filmbeispiele haben vielfach bereits deutlich werden lassen, dass das Starprinzip in der amerikanischen Filmkultur stärker durchgesetzt war als zuvor. Die vielleicht wichtigsten Stars des amerikanischen Kinos in dieser Phase waren zunächst, wie bereits erwähnt, Charles Chaplin (Kap. 3.1.3), John Wayne, Henry Fonda, Orson Welles und Gary Cooper. Hinzu kamen noch u.a. Clark Gable, Katharine Hepburn, Bette Davis und James Stewart. Auf Stars wie Humphrey Bogart wird in der folgenden Phase näher einzugehen sein.

John Wayne

John Wayne verkörpert den klassischen Westerner; er wurde erst nach 63 Filmen mit „Ringo“/ „Höllenfahrt nach Santa Fé“ zum Star: ein Archetyp des guten Amerikaners, der für Freiheit, Gerechtigkeit und Individualismus stand und rauhbeinig für Gesetz und Ordnung sorgte. In seiner Welt ging es stets um Taten, nicht um Worte oder Gefühle. Er verkörperte den Mythos des Eroberers und sah aus, wie damals eben ein Held auszusehen hatte: verschlossen, hart, etwas schwerfällig, leicht grinsend, in „linkischer Grazie“ (Enno Patalas), den Stetson auf dem Kopf, ein Schweißtuch um den Hals, Lederweste, Colts. Er spielte auch andere Rollen: Reporter, Diplomaten, Soldaten, Säufer oder Abenteurer, aber seine Heimat war eigentlich der wilde Westen. Man hat ihn als personifiziertes Über-Ich bezeichnet, ebenso reaktionär wie patriotisch. In seinem Niedergang deutet sich schon früh der gesellschaftliche Wertewandel der Nachkriegsära an. Auch Henry Fonda, Gary Cooper und James Stewart sind vor allem dem amerikanischen Heimatfilm zuzurechnen. Allerdings verdankt sich ihr Star-Status hier auch

Hauptrollen in ganz anderen Genres: Henry Fonda z.B. in dem Gesellschaftsdrama „Jezebel – Die boshafte Lady“ (1938) von Wyler und in Fords „Die Früchte des Zorns“ (1940), Gary Cooper u.a. in dem romantischen Kriegsabenteuer „Wem die Stunde schlägt“ (1942) nach dem gleichnamigen Roman von Ernest Hemingway und James Stewart etwa in der Capra-Gesellschaftssatire „Mr. Smith geht nach Washington“ (1940) und dem Hitchcock-Thriller „Das Fenster zum Hof“ (1954).

Orson Welles

Orson Welles dagegen fungierte meistens als bösartig: Verkörperung infantiler Machtgelüste, Ausdrucksform von Trieb und Leidenschaft, eine Gestalt abgrundtiefer Verworfenheit. Welles war fast stets Täter, nicht Opfer. Das reicht von seinen Shakespeare-Verfilmungen bis zu späteren Werken wie „Der Fremde“ (1946), „Im Zeichen des Bösen“ (1958) und „Der Prozess“ (1962) nach Franz Kafka. Es gab kaum einen anderen Schauspieler, der kontinuierlich in den unterschiedlichsten Rollen so überzeugend die Faszination des Monströsen darzustellen vermochte.

Clark Gable

Ganz anders dagegen *Clark Gable*, der zwar in den 30er Jahren in zahlreichen Gangsterfilmen zunächst den Negativhelden gespielt hatte, aber schon in Capras Screwball-Komödie „Es geschah in einer Nacht“ (1934) und vollends in „Vom Winde verweht“ (1939) die Rolle des ebenso anrüchig-aufregenden wie unwiderstehlichen Liebhabers übernahm.

Katharine Hepburn

Bei den weiblichen Stars dieser Zeit wäre *Katharine Hepburn* zu erwähnen: harmlos nymphenhaft, mädchenhaft niedlich, graziös und anmutig – der Typus der Kameradin. Sie spielte in zahlreichen Komödien wie z.B. „Die Nacht vor der Hochzeit“ (1940) von George Cukor und „Die Frau, von der man spricht“ (1942) von George Stevens meist die Kindfrau oder die funkensprühende, gleichwohl kultivierte Dame. Daneben gab es noch ganz andere Frauentypen: Joan Crawford mit dem Image der Egoistisch-Ehrgeizigen, Jean Harlow in der Rolle des Busenstars und Gangsterflittchens, Mae West mit ihrem Sex-Appeal und vor allem *Bette Davis*: unweiblich und destruktiv, kaltschnäuzig und triebhaft, willensstark und beängstigend dominant. Man charakterisierte sie als „good-bad-girl“ – womit damals wohl gemeint war, dass eine emanzipierte Frau auch einige gute Seiten aufweisen kann. Wichtige Filme von ihr waren „Stadt an der Grenze“ (1935), „Jezebel – Die boshafte Lady“(1938), „Der Brief“ (1940) und „Die kleinen Füchse“ (1941); sie hatte aber noch weitere Erfolge von „Alles über Eva“ (1950) bis hin zum Klas-

Bette Davis

siker „Was geschah wirklich mit Baby Jane?“ (1961), mit dem sie eine zweite Karriere begann.

Die Filmkultur in anderen Ländern

4.3

Aufmerksamkeit muss neben den deutschen und den amerikanischen Filmen der Zeit auch die Filmkultur in anderen Ländern finden. So begann noch während des Krieges neben der „Schwarzen Serie“ in den USA (vgl. Kap. 5.1) der italienische Neorealismus (vgl. Kap. 5.2). Aber auch in Frankreich und England entstanden, trotz des Übergewichts amerikanischer Produktionen, wichtige Filme. Das soll hier exemplarisch verdeutlicht werden.

Frankreich

In Frankreich gab es neben den zwei Großen (Gaumont, Pathé Natan) zahlreiche kleine Filmproduktionsfirmen; 1936 etwa stellten 85 kleine Firmen über hundert Filme her (im Jahresdurchschnitt immerhin 130). Die französische Kinobranche begann aufzublühen und boomte besonders während des Krieges, weil hier ausländische, speziell amerikanische Importe stark zurückgefahren wurden. Neben erfolgreichen Genres wie dem Musikfilm und der Militärklamotte wurde auch der bereits erwähnte poetische Realismus fortgeführt (Kap. 3.4) – nicht nur mit Werken von Jean Renoir wie „Toni“ (1935), „Die große Illusion“ (1936), „Bestie Mensch“ (1938), „Hafen im Nebel“ (1938) und „Die Spielregel“ (1939), sondern auch mit weiteren Produktionen wie z.B. „Straße ohne Namen“ (1933) von Pierre Chenal, „Im Dunkel von Algier“ (1936) von Julien Duvivier, „Der Liebesmund“ (1937) von Jean Grémillon, „Die Animierdame“ (1938) von Albert Valentin oder „Der Tag bricht an“ (1939) von Marcel Carné. Als klassischer Star dieser Richtung gilt vor allem Jean Gabin. Die Filme zeigten eine düstere Welt, waren geprägt von Pessimismus und Verdammtheit, sie hatten Vorläuferfunktion für die Schwarze Serie in den USA.

Im besetzten Frankreich dominierten dann unter der doppelten Zensur der Deutschen und des Vichy-Regime „eskapistische“ oder „wirklichkeitsferne“ Filme, meist nach literarischen Vorlagen. So wurden etwa neun Kriminalromane von Georges Simenon, mit dem berühmten Kommissar Maigret, verfilmt. Beliebt war insbesondere auch das „gefilmte Theater“, d.h. konventionelle Adaptionen von Theaterstücken. Als der künstlerisch vielleicht wichtigste Film dieser Tradition gilt „Die Kinder des Olymp“ (1945) von Marcel Carné, nach einem Drehbuch von Jacques Prévert.

Zahlreiche weitere Regisseure und Ansätze neuer französischer Filmkultur, etwa die Neuanfänge des phantastischen Films mit einem ersten Höhepunkt „Es war einmal"/„Die Schöne und das Biest" (1946) von Jean Cocteau, blieben für Deutschland damals ohne große Bedeutung.

England

Auch in England, das traditionsgemäß besondere Stärken eher im Dokumentarfilm aufwies und erst verspätet eine angemessene Zahl an Kinos entstehen sah, dominierte der amerikanische Film, vor allem in der Arbeiterklasse. Besonderes beliebt waren Abenteuer- und Musikfilme. Nach einem großen Boom Mitte der 30er Jahre folgten jedoch „magere Jahre", nachdem die amerikanischen Gewinne abgeschöpft und nicht auf der Insel reinvestiert wurden und andere Finanzierungsmöglichkeiten wie Kredite der Banken verschlossen wurden. Genuin englische Beiträge kamen wie erwähnt (Kap. 3.5) insbesondere mit dem Thriller und dem historischen Film: von Alfred Hitchcock u.a. mit „Der Mann, der zuviel wußte" (1934), „39 Stufen" (1935), „Sabotage" (1936) und „Eine Dame verschwindet" (1938); beim historischen Film, der die glorreiche Vergangenheit des Empire oder die gegenwärtige Kolonialzeit verherrlichte, ragten vor allem „Das Privatleben Heinrichs VIII." (1933) von Alexander Korda, „Das dunkelrote Siegel" (1934) von Harold Young, „Rembrandt" (1937) wieder von Korda und „Königin Victoria" (1938) von Herbert Wilcox hervor. Zu Kriegszeiten gab es nur noch wenige Filmproduktionsfirmen und die Rate der Filmproduktion fiel bis auf 60 Filme pro Jahr (einschließlich Dokumentarfilmen). Stagnation war angesagt. Arthur Rank wurde Monopolist der Branche und konzentrierte sich auf Literaturverfilmungen, etwa „Heinrich V." (1945) und „Hamlet" (1948) von Laurence Olivier oder „Geheimnisvolle Erbschaft" (1946) und „Oliver Twist" (1947) von David Lean. Gleichwohl wurden zu dieser Zeit in England mehr Filme gesehen als jemals zuvor – in Kantinen, Filmclubs, Fabrikhallen, mobilen Kinos, und auch während Luftalarm und Evakuierung. Propagandafilme hatten hier eher wieder dokumentarischen Charakter. Als künstlerisch erfolgreich werden ansonsten noch Shaws „Pygmalion" (1938) von Anthony Asquith und Leslie Howard, mit Howard als neuem Star, sowie die Komödie „Französisch ohne Tränen" (1939) ebenfalls von Asquith eingeschätzt.

Literatur

Gerd Albrecht: Nationalsozialistische Filmpolitik. Eine soziologische Untersuchung über die Spielfilme des Dritten Reiches. Stuttgart 1969.

Älteres, immer noch anregendes Standardwerk mit einem guten Überblick.

George Carpozi: John Wayne. Seine Filme – sein Leben. München 1972.

Älteres Standardwerk als Beispiel für die starzentrierte Darstellung eines Genres, mit ausführlicher Filmografie .

Wolfgang Becker: Film und Herrschaft. Organisationsprinzipien und Organisationsstrukturen der nationalsozialistischen Filmpropaganda. Berlin 1973.

Frühe Darstellung der Herrschaftsstabilisierung der Nationalsozialisten über die deutsche Filmwirtschaft in zwei Phasen aus marxistischer Sicht.

Helga Belach (Hrsg.): Wir tanzen um die Welt. Deutsche Revuefilme 1933-1945. München, Wien 1979.

Sammelband mit zahlreichen wichtigen Beiträgen und dem Versuch von Karsten Witte, Revue als montierte Handlung zu beschreiben.

Friedrich Knilli, Thomas Maurer, Thomas Radevagen, Siegfried Zielinski: „Jud Süß“. Filmprotokoll, Programmheft und Einzelanalysen. Berlin 1983.

Analytische, interpretatorische und deskriptive Beiträge zu diesem Schlüsselfilm.

Ricarda Strobel: Propagandafilm und Melodrama. Untersuchungen zu Alfred Hitchcocks „Lifeboat“ und Orson Welles´ „The Stranger“. Rottenburg-Oberndorf 1984.

Paradigmatische Einzelanalysen, bei denen der funktionale Zusammenhang von propagandistischer Ideologie und melodramatischer Grundstruktur sichtbar wird.

J.A. Place: Die Western von John Ford. München 1984.

Darstellung aller Ford-Western mit kritisch-analytischen Beiträgen, Interpretationen und zahlreichen Bildern.

Boguslaw Drewniak: Der deutsche Film 1938-1945. Ein Gesamtüberblick. Düsseldorf 1987.

Detailreiches älteres Standardwerk, das auf rund 1000 Seiten eher deskriptiv alle Aspekte der NS-Filmgeschichte darstellt.

Hans-Michael Bock und Michael Töteberg (Hrsg.): Das Ufa-Buch. Kunst und Krisen, Stars und Regisseure, Wirtschaft und Politik. Frankfurt/Main 1992.

Breit gefächerter Sammelband mit 109 Einzelbeiträgen zu fast allen relevanten Themen und Aspekten.

Wolf Donner: Propaganda und Film im „Dritten Reich“. Berlin 1995.

Knappe, pointierte Darstellung mit ausführlichen Kritiken von Schlüsselfilmen wie „Hitlerjunge Quex“, „Jud Süß“, „Stukas“, „Die große Liebe“ und „Kolberg“.

Wolfgang Jacobsen, Helga Belach und Norbert Grob (Hrsg.): William Wyler. Berlin 1996.

Guter Überblick über das Gesamtwerk Wylers in Einzeldarstellungen mit einer ausführlichen Filmografie.

William Darby: John Ford´s Westerns. A Thematic Analysis, with a Filmography. Jefferson, North Carolina 1996.

Interessante themenspezifische Analyse und Interpretation übergreifend zu allen Ford-Western.

Colin Crisp: The Classic French Cinema, 1930-1960. Bloomington, Indiana 1997.

Übergreifende französische Filmgeschichte mit besonderem Akzent auf den politischen und wirtschaftlichen Kontexten aus amerikanischer Sicht.

Frank Noack: Veit Harlan. „Des Teufels Regisseur“. München 2000.

Versuch einer gesamthaften Auseinandersetzung mit Harlan aus biographischer Sicht, mit partieller Bezugnahme auf seine Filme.

Stephen Lowry und Helmut Korte: Der Filmstar. Stuttgart, Weimar 2000.

Neuester Überblick zum Stand der Erforschung des Starphänomens sowie Fallstudien u.a. zu Brigitte Bardot, James Dean und Heinz Rühmann.

Gaylin Studlar, Matthew Bernstein (Hrsg.): John Ford Made Westerns. Filming the Legend in the Sound Era. Bloomington, Indianapolis 2001.

Sammelband mit zahlreichen guten Einzelbeiträgen zu den Filmen und zur Person John Ford.
Scott Simmon: The Invention of the Western Film. A Cultural History of the Genre´s First Half-Century. Cambridge 2003.
Geschichte des Western aus kulturhistorischer Sicht in drei Teilen: Stummfilm-Western, John Wayne-Western und Ford-Western mit dem „Tod des klassischen Western".

Übungs- und Wiederholungsfragen

1 Welches System wurde in der deutschen Filmbranche ab 1933 kopiert?
2 Welche drei Strategien kennzeichnen die Nutzung des Mediums Film durch die Nationalsozialisten?
3 Welche zwei Gruppen von Filmen der NS-Zeit muss man unterscheiden?
4 Nennen Sie einige deutsche Stars der Unterhaltungs- und Operettenfilme der 30er und 40er Jahre.
5 Welche dominante Tendenz charakterisierte die Filmkultur zwischen 1933 und 1945?
6 Welcher Film gilt vielfach als der größte Filmerfolg während der Nazizeit?
7 Definieren Sie Propagandafilm im Unterschied zur politischen Dimension von Unterhaltungsfilmen.
8 Welcher „neutrale" Regisseur des Melodramas verließ Deutschland und ging nach Hollywood?
9 Wieviel NS-Propagandafilme gab es und welche drei Aspekte waren dabei maßgeblich?
10 Welches war der erfolgreichste und zugleich schlimmste antisemitische Film?
11 Was propagiert der Propagandafilm „Ich klage an"?
12 Nennen Sie das größte Filmepos Hollywoods in den 30er Jahren.
13 Wovon war der „Roosevelt-Porno" geprägt?
14 Definieren Sie Blockbuchen.
15 Welche drei Regisseure prägten die amerikanische und internationale Filmkultur Mitte der 30er bis Mitte der 40er Jahre?
16 Welches dramaturgische Grundprinzip prägt viele Ford-Western?
17 Wie wird das Jahr 1939 in der amerikanischen Filmgeschichte genannt?
18 Welche Rolle hat der Westernheld in „Der schwarze Falke" von John Ford?
19 Mit welchem Film wurde Orson Welles berühmt?

Fragen

20 Nennen Sie die drei ästhetischen Neuerungen von „Citizen Kane".

21 Mit welcher Charakterisierung ging William Wyler in die Filmgeschichte ein und welches war sein erfolgreichster Film?

22 Nennen sie einige Filmstars des amerikanischen Kinos in den 30er und 40er Jahren.

23 Wer war der klasssische Star des französischen Kinos ab Mitte der 30er Jahre?

24 Wie heißt der künstlerisch wichtigste Film in der Tradition des „gefilmten Theaters" in Frankreich bis 1945?

Weiterführende Arbeitsaufgaben

- Vergleichen Sie einen nationalsozialistischen Propagandafilm mit einem amerikanischen Propagandafilm im Hinblick auf die formalen und die inhaltlich-ideologischen Aspekte. Wo liegen Ähnlichkeiten und Unterschiede?
- Recherchieren Sie die Anfänge der Filmkultur in Indien.
- Welche wichtigen deutschen Schauspieler und Regisseure sind ins amerikanische Exil gegangen und wie hat sich der sogenannte „Exilfilm" ausgenommen?
- Vergleichen Sie einen Revue-, einen Abenteuerfilm, eine Komödie und ein Melodrama der NS-Unterhaltungsfilme miteinander im Hinblick auf ihre „politische" Funktion. Versuchen Sie eine Ideologiekritik im zeitgenössischen Kontext.
- Erarbeiten Sie das Image eines der großen Unterhaltungsstars der damaligen Zeit, z.B. von Heinz Rühmann oder Zarah Leander, unter Berücksichtigung der Sekundärliteratur und der Presseausschnitte zu den jeweiligen Filmen und Personen.
- Warum wurde Käutners „Unter den Brücken" im Dritten Reich nicht freigegeben?
- Setzen Sie sich mit dem antisemitischen Film „Jud Süß" kritisch auseinander: Rezipieren Sie den Film unter Zuhilfenahme der kritischen Sekundärliteratur und analysieren Sie seine Propagandafunktionen.
- Warum genau sind Nachkriegsfilme wie „In jenen Tagen" in Deutschland gescheitert?

Weiterführende Arbeitsaufgaben

- Vergleichen Sie den „Roosevelt-Porno" mit den vorangegangenen Traditionen dieses Genres.
- Recherchieren Sie die Umstände der Monopolisierung Hollywoods und des Antitrust-Verfahrens des amerikanischen Justizministeriums.
- Vergleichen Sie den Ford-Klassiker „Ringo"/ „Höllenfahrt nach Santa Fé" (1939) mit einem Western der 20er und der späten 50er Jahre.
- Untersuchen Sie die Graham Greene-Filme von Orson Welles auf Ähnlichkeiten und Unterschiede.
- Vergleichen Sie Wylers „Stürmische Höhen" mit der gleichnamigen Romanvorlage von Emily Bronte.
- Welche anderen Stars als die genannten amerikanischen, deutschen, englischen und französischen bestimmten die damalige Phase der Filmgeschichte?
- Vergleichen Sie einen Film des französischen poetischen Realismus mit einem späteren Film der amerikanischen Schwarzen Serie.

Zusammenfassung

Aus deutscher Sicht gibt es eine relativ gut abgegrenzte Phase der Filmkultur unterm Hakenkreuz (1933-1945), auch wenn bereits Vorläufertendenzen bestanden und der Übergang zum deutschen Nachkriegsfilm verblüffend reibungslos vonstatten ging. Das nationalsozialistische Regime hat das Medium gezielt in seine Dienste gestellt und damit die Filmkultur der Zeit substantiell geprägt, d.h. beschädigt bzw. verhindert. Die deutschen Filme lassen sich hier in eine begrenzte Zahl expliziter Propagandafilme und eine Fülle politisch funktionalisierter Unterhaltungsfilme einteilen. An die Stelle eines ästhetischen Kanons können deshalb für diese Phase nur exemplarische Filmbeispiele der Propaganda- und Eskapismusfunktion rücken.

Ein Kanon kulturell bedeutsamer Filme wurde jedoch insbesondere im amerikanischen Kino der damaligen Zeit ausgebildet, das zugleich auch den europäischen Markt flächendeckend bestimmte. Es charakterisiert die US-Filmproduktion ebenso wie die Filmkultur in Ländern wie Frankreich und England, dass sie von den deutsch-

Zusammenfassung

spezifischen Zäsuren nur wenig oder gar nicht beeinflusst waren und vielmehr ein relatives Kontinuum darstellten von den frühen 30er Jahren bis zum Ende der 50er Jahre (ausgenommen natürlich die expliziten Kriegs- und Propagandafilme der Alliierten). Hollywood beschäftigte sich vor allem mit der profitablen Konsolidierung als zunehmend kapitalinstensive Industrie, die insbesondere die serielle Produktion von Genrefilmen total dem Kommerz unterordnete. Allerdings sorgten Regisseure wie John Ford, Orson Welles und William Wyler auch für künstlerisch herausragende Filme, die insbesondere im Genre des Western als dem amerikanischen Heimatfilm, aber auch in anderen Genres angesiedelt waren. Auch hier dominierte das Starprinzip.

Annalistik wichtiger Filme

1933	„Morgenrot" (deutscher Kriegsfilm)
1933	„Hitlerjunge Quex" (erster deutscher Propagandafilm)
1935	„39 Stufen" (Thriller von Alfred Hitchcock)
1936	„Allotria" (typischer deutscher Operettenfilm, von Willi Forst)
1936	„Marine gegen Liebeskummer" (typischer US-Musikfilm der Zeit)
1937	„Der Mustergatte" (typischer deutscher Unterhaltungsfilm, mit Heinz Rühmann)
1939	„Die Spielregel" (Filmkunst von Jean Renoir)
1939	„Vom Winde verweht" (klassisches US-Epos)
1939	„Ringo"/ „Höllenfahrt nach Santa Fé" (klassischer Western von John Ford)
1940	„Jud Süß" (berüchtigter antisemitischer Propagandafilm)
1940	„Der große Diktator" (US-Propagandafilm von und mit Charles Chaplin)
1941	„Sergeant York" (US-Kriegsfilm von Howard Hawks)
1941	„Citizen Kane" (ästhetisch innovativer Filmklassiker von Orson Welles)
1941	„Ich klage an" (Propagandafilm für Euthanasie)
1942	„Casablanca" (Melodram von Michael Curtiz)
1942	„Die große Liebe" (größter Filmerfolg der NS-Zeit, mit Zarah Leander)
1943	„Die Abenteuer des Barons Münchhausen" (typischer deutscher Unterhaltungsfilm)

Zusammenfassung

1944 „Der verzauberte Tag“ (verbotener deutscher Film)
1945 „Kolberg“ (NS-Durchhaltefilm von Veit Harlan)
1945 „Die Kinder des Olymp“ (Filmästhetik von Marcel Carné)
1946 „Die besten Jahre unseres Lebens“ (oscarüberschütteter Erfolgsfilm von William Wyler)
1946 „Die Mörder sind unter uns“ (Versuch kritischer Aufarbeitung im „Trümmerfilm“)

Auch in anderen Ländern gab es wesentliche filmkulturelle Beiträge, allerdings infolge der Kriegssituation nur in beschränktem Umfang. Jeweils wurden dabei frühere Ansätze fortgeführt – in Frankreich insbesondere der poetische Realismus, in England der Thriller und klassische Literaturverfilmungen. Zugleich konnten neue stilistische Tendenzen begonnen werden, insbesondere der „Neorealismus“ in Italien und die „Schwarze Serie“ in den USA, die aber erst nach dem Krieg zur vollen Blüte gelangten.

1945-1960 Der „Weltfilm“ der Nachkriegszeit

Phase V

Inhalt

In der Nachkriegszeit erreichte die Entwicklung der internationalen Filmkultur einen Höhepunkt; das soll mit der Chiffre „Weltfilm“ umschrieben werden.

Definition

„Weltfilm“ meint die prinzipielle Überwindung der ausschließlich oder primär national geprägten Filmkulturen, nicht gemäß einer globalen Filmvermarktung, sondern nach Maßgabe ästhetischer Standards. Damit soll im Besonderen zum Ausdruck gebracht werden, daß die Ästhetik des Films in der Zeit von 1945 bis 1960 supranational von zwei Merkmalen geprägt war: erstens von einer beeindruckend großen Bandbreite an Themen, Handlungsmotiven, Formen und Messages in einer differenzierten Skala vom Serien- und Schemafilm bis zum hochkomplexen, anspruchsvollen Kunstwerk, zweitens von einer enormen Vielzahl an Meisterwerken, die nationalspezifisch entstanden und international Verbreitung und Akzeptanz fanden. „Weltfilm“ meint die Etablierung einer weltweiten Filmkultur mit Klassikern wie z.B. „12 Uhr mittags“ (1952) von Fred Zinnemann.

Diese Blütezeit des narrativen Spielfilms war in dieser Breite und Geschlossenheit zunächst einmalig – aus ganz unterschiedlichen Gründen: Vorher wurde sie verhindert durch den 2. Weltkrieg, womit die künstlerische Entfaltung des Ton- und dann des Farbfilms zunächst einmal blockiert worden war. Unterbrochen wurde sie dann durch die Konkurrenz mit dem neuen Medium Fernsehen, das – nationalspezifisch zeitversetzt – immer stärker Kapital auf sich zog und filmkünstlerische Produktivität behinderte, verlagerte und auch zersetzte, bevor nach 1975 wieder ein neuer Boom einsetzte. An ausgewählten stilistischen Schwerpunkten soll die erste Blütezeit der Filmkultur in der Nachkriegszeit aus deutscher Sicht vorgestellt werden.

5.1 | Der Film noir und Humphrey Bogart

Vorläufer

Erster Schwerpunkt ist der Film noir mit Humphrey Bogart als seinem wichtigsten Star. Vorbereitet wurde der „Film noir“ oder die „Schwarze Serie“ in den USA vom amerikanischen Gangsterfilm in den frühen (Kap. 3.1.1) und Werken des französischen poetischen Realismus in den späten 30er Jahren (Kap. 4.3). Aber auch die deutsche Filmtradition, insbesondere der expressionistische Stummfilm der 20er Jahre, hat sich hier über die in Hollywood arbeitenden deutschen Exilanten stilprägend ausgewirkt (Kap. 3.3). Beispiele bei den Regisseuren wären Robert Siodmak, Otto Preminger und Fritz Lang, bei den Kameramännern Franz Planer, bei den Komponisten Hans J. Salters, Franz Wachsmann und Friedrich Hollaender, bei den Ausstattern Hans Dreier, bei den Schauspielern Peter Lorre.

Definition

Der Film noir umfasst eine Gruppe von rund 300 amerikanischen Kriminalfilmen zwischen 1940 und 1960 in Schwarz-Weiß, mit einem Produktionshöhepunkt um 1950, die gleichbleibend geprägt sind von einem sozialkritisch-desillusionierenden Wertesystem und einer spezifischen, gegen die damaligen Konventionen Hollywoods gerichteten Ästhetik. Sie lässt sich an den Helden, den Erzählstrukturen und dem visuellen Stil festmachen.

Literaturvorlagen

Die wichtigsten Werke des Film noir basieren auf zeitgenössischen Kriminalgeschichten, den sogenannten „hardboiled detective novels", von Autoren wie Dashiell Hammett, Raymond Chandler, James M. Cain und Cornell Woolrich. Hier wurden Verbrechen, Gewalt und Perversität unverblümt geschildert. Hier ging es primär nicht mehr um die Aufdeckung eines Verbrechens und die Jagd nach dem Täter, sondern um den Helden und seine Psychologie in einer bedrohlichen, korrupten, undurchschaubar gewordenen Großstadtwelt. Die Erzählungen und Romane um „hartgesottene" Detektive waren deutlich sozial- und gesellschaftskritisch. Offen wurden die Defizite des American way of life angeprangert. Auf dem Hintergrund des japanischen Überfalls auf Pearl Harbour, Amerikas Eintritt in den 2. Weltkrieg und seiner Auswirkungen, der Ängste vor einer neuen wirtschaftlichen Depression Ende der 40er Jahre und der Paranoia des kalten Krieges in den 50er Jahren dominierte ein Klima der Ernüchterung und Unsicherheit, das sich in der fiktionalen Darstellung der Wirklichkeit widerspiegelte.

Filmkanon

Auswahlfilmografie von Beispielen des Film noir über die gesamte Periode:

Jahr	Titel	Regisseur
1941	„Die Spur des Falken"/ „Der Malteser Falke"	John Huston
1944	„Frau ohne Gewissen"	Billy Wilder
1946	„Mord, meine Süße"	Edward Dmytryk
1946	„Laura"	Otto Preminger
1946	„Tote schlafen fest"	Howard Hawks
1946	„Rächer der Unterwelt"/ „Die Killer"	Robert Siodmak
1950	„Gefährliche Leidenschaft"	Joseph H. Lewis
1953	„Heißes Eisen"	Fritz Lang
1956	„Die Rechnung ging nicht auf"/„Killing"	Stanley Kubrick

Huston war auch mit „Hafen des Lasters"/ „Gangster in Key Largo" (1948) und „Asphalt-Dschungel" (1950) vertreten, Siodmak mit „Die Wendeltreppe" (1946) und „Schrei der Großstadt" (1946), Lang mit „Gefährliche Begegnung"/ „Die Frau im Fenster" (1945).

3 Phasen

Paul Werner hat dem Film noir drei Entwicklungsphasen zugesprochen, die sich zum Beispiel an der Rolle der Frau erkennen lassen:

- von 1940 bis 1945 die *Romantik*: die Frau als heroisches, selbstbewußtes, selbständiges „bad good girl", dessen Emanzipation freilich an Grenzen stößt;
- von 1945-1949 die *Entfremdung*: die berufstätige, schöne, auch sexuell selbständiger gewordene Frau als Quelle von Irritation, Frustration und Leid, als Schuldige und konsequenterweise als Opfer;
- schließlich von 1949 bis 1953 die *Obsession*: die Frau als neurotische Verführerin und Verbrecherin, sofern sie nicht wieder an ihre traditionelle Hausfrauenrolle angepaßt ist.

Im Zentrum des Film noir, der ausnahmslos in Schwarz-Weiß gedreht ist, steht jedoch in jedem Fall der männliche Protagonist – ein Negativheld im „Asphaltdschungel", der sich entsprechend wandelt: Anfangs ist er noch integer und aufrichtig, aber mit Idealen und seelisch durchaus verletzlich, wenn er aus einer neutralen Position, in Distanz den Auftrag als Privatdetektiv übernimmt. Dann zeigt er sich zunehmend als entfremdet, verdächtigt, verfolgt, verhaftet und selbst involviert in die Verbrechen. Und in der dritten Phase taucht er in die Paranoia des Killers ein, wird zu einem besessenen Gangster, einem neurotischen Kriminellen, auch wenn er vorher Cop war.

Der Held

Im Grunde rekurrieren diese drei Varianten auf ein und dieselbe Grundkonstellation: Ein Mann muss sich behaupten in einem bedrohlich gefährlichen, undurchsichtigen Chaos, in dem die Trennungslinie von Gut und Böse verschwommen ist, in dem die Geschlechterbeziehung zutiefst gestört ist und in dem es keine Moral mehr gibt. Alle Figuren – Verbrecher, Detektive, Polizisten, Männer, Frauen, Arme, Reiche – sind durchgängig widersprüchlich und müssen jeweils als diejenigen genommen werden, als die sie sich erweisen. Spiegel, Masken und Doppelgängermotiv zeigen immer wieder die gebrochene Identität.

Merksatz

Der Held – Sam Spade oder Philip Marlowe – ist eine Kunstfigur: ein Einzelgänger, isoliert und einsam, der sich stoisch oder zynisch zu behaupten sucht – ein Loser. Er ist ein Antiheld.

Mühsam kämpft er sich durch die tristen Milieus, befragt Verdächtige, verfolgt Verbrecher und Mörder. Stets wird er betrogen –

durch die eigenen Ambitionen, durch das Schicksal, den Freund oder die begehrte Frau. Am Schluß ist er noch depremierter, noch orientierungsloser.

Humphrey Bogart

Klassischer Darsteller des Helden im Film noir war Humphrey Bogart, „Der Verlorene“ (Enno Patalas). Seine Verkörperung des Philip Marlowe in „Die Spur des Falken“/ „Der Malteser Falken“ begründete seinen Starruhm und wurde rasch zum Kult. Aber natürlich gab es noch eine Vielzahl weiterer Schauspieler wie z.B. Dick Powell, Edward G. Robinson, James Cagney, Richard Widmark, Burt Lancaster, Kirk Douglas, Robert Mitchum in der Rolle des Privatdetektivs und Cops. Bei den Frauen wirkten neben Lauren Bacall vor allem Barbary Stanwyck, Joan Crawford und Rita Hayworth. Aber nur Bogart wurde mit den Filmen der Schwarzen Serie zum archetypischen Leitbild des desillusionierten Einzelgängers, der um die Korruptheit dieser Welt weiß, sie aber nicht verändern kann und sich doch immer wieder darin behaupten muß – ein moderner Sysiphus, die Gestaltung des unabwendbaren Scheiterns als existentieller Grundkategorie und damit eine neue Identifikations- und Heilsfigur. Illusionslos bewegt sich Marlowe alias Bogart „durch einen Mikrokosmos voller Korruption und dunkler Machenschaften“, in dem sich das Verbrechen bezahlt macht (Peter Körte). Wichtige Schritte bei der Ausbildung dieses Mythos waren nach dem „Malteser Falken“ die Filmklassiker „Casablanca“ (1942) und „Tote schlafen fest“ (1946).

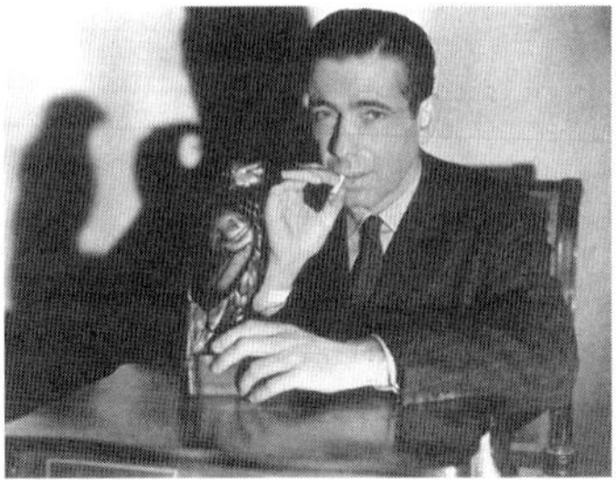

Abb 57

Der Privatdetektiv in „Die Spur des Falken“

Handlung und Setting

Die Handlung im Film noir kreist stets um einen Kriminalfall, ausnahmslos verbunden mit Mord, spielt in Los Angeles, San Francisco, New York, Chicago – amerikanischen Großstädten, genauer: in trostlosen Hinterhöfen, Hafenkais, Docks, miesen Büros, drittklassigen Hotels, verkommenen Bars, Drugstores. Das Setting ist bestimmt von naßglänzendem Asphalt, Nebel oder strömendem Regen, vom Schein der Neonreklame an der Wand, von heruntergelassenen Jalousien, von schattenbedrohten Treppen. Fast immer ist es dunkel im Film noir. Seine Menschen sind geprägt von Gier und Hass, von Betrug und Täuschung, von Ehrgeiz und Neurosen.

Die Erzählstrukturen

Die Geschichten, die erzählt werden, sind weniger realistisch als vielmehr pessimistisch. Liebesbeziehungen scheitern, Verbrechen gelingen, in Dreiecksgeschichten wird beides miteinander verbunden – „ein großer Mülleimer menschlicher Beziehungen“ (Paul Werner). Nur ausnahmsweise gibt es ein Happy end, zudem gebrochen; meist dominieren am Ende Bitterkeit, Verzweiflung – Leichen. Der Plot, d.h. die kausale Verknüpfung von Handlungsteilen, ist relativ unwichtig gegenüber dem scheiternden Helden. Charakteristisch sind verworrene Fragmente, im Zuge der Nachforschungen zeitlich ohne ersichtliche Chronologie aneinandergefügt, wie in einem Labyrinth, von Rückblenden durchsetzt, manchmal mit einem Erzähler im Off. Der Zuschauer wird nicht nur über den Helden moralisch, wertemäßig, sondern auch von den Erzählformen her, handlungsmäßig desorientiert. Rahmenhandlungen, eingebaute Traumsequenzen und Visionen verrätseln um ein Weiteres.

Der visuelle Stil

Die Filmmusik trägt erheblich zur Spannungserzeugung des Film noir bei. Aber wichtiger ist der visuelle Stil, geprägt von ungewöhnlichen Kameraperspektiven, einem abrupten Wechsel von Totalen und Großaufnahmen, Weitwinkelaufnahmen und der Verwendung von Tiefenschärfe (gemäß dem Einfluss von „Citizen Kane“). Zentral als Merkmal des expressiven Erzählstils im Film noir ist die dramatisierende Nutzung von Licht und Schatten („low key style“), welche die Atmosphäre prägt .

Definition

Low key ist ein Beleuchtungsstil, bei dem das Führungslicht schwach gehalten ist und die Füll-Lichter, etwa von der Seite oder von unten, dominant werden: Damit werden die Personen und Schauplätze ungleichmäßig erleuchtet und bleiben teilweise im kompletten Dunkeln.

So werden Teile der Gesichter „hart“ hervorgehoben oder verschwinden in der Nacht, werden bedrohliche Schatten an der Wand sichtbar. Einzelne Lichtquellen wie etwa eine flackernde Neonröhre kämpfen einen hoffnungslosen Kampf gegen das alles überdeckende Schwarz der Dunkelheit. Mit Licht und Schatten werden nicht nur Räume charakterisiert, sondern auch die Figuren, die dadurch verdinglicht erscheinen. Der visuelle Stil wird so zur Metapher – der Schatten steht sowohl für Schutz als auch für Bedrohung, das Licht fungiert als Gefahrenquelle oder umgekehrt als Zugang zu den Tatsachen.

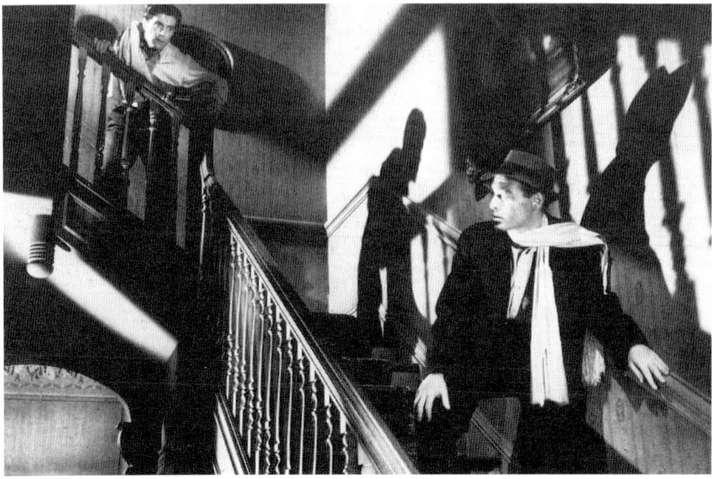

Abb 58

Die Treppe in „Stranger on the third floor“ (1940)

Literatur

Hans-Werner Ludwig: Filmtranskript von Howard Hawks: „Tote schlafen fest“/ „The Big Sleep“. Tübingen 1981.

Eines der seltenen Shooting Transcripts oder Einstellungsprotokolle eines Film noir, das eine exakte Analyse erlaubt.

Paul Werner: Film noir. Die Schattenspiele der „schwarzen Serie“. Frankfurt/Main 1985.

Deutsches Standardwerk als Taschenbuch mit einer ausführlichen Filmografie.

Adolf Heinzlmeier, Jürgen Menningen, Berndt Schulz: Kino der Nacht. Hollywoods Schwarze Serie. Hamburg 1985.

Bildband für Fans.

Georg Seeßlen: Thriller. Kino der Angst. Marburg 1995.

Überzeugende Einordnung des Film noir in die Geschichte des Thrillers als Genre bis in die 90er Jahre.

Barbara Steinbauer-Grötsch: Die lange Nacht der Schatten. Film noir und Filmexil. Berlin 1997.

Wichtiger Überblicksbeitrag mit besonderer Berücksichtigung der ästhetischen Traditionen des deutschen Kinos.

Jeffrey Meyers: Bogart. Ein Leben in Hollywood. Berlin 1998.

Eine der typischen biographisch orientierten, auf Heldenverehrung angelegten Beiträge, wie sie für alle großen Regisseure, speziell für Humphrey Bogart, vielfach vorgelegt wurden.

Andrew Dickos: Street With No Name. A History of the Classic American Film Noir. Lexington, Kentucky 2002.

Neuere Gesamtdarstellung aus amerikanischer Sicht und unter besonderer Berücksichtigung von Einzelthemen wie Privatdetektiv, Gewalt, Sexualität, Frauen, Rezeptionsgeschichte.

Burkhard Röwekamp: Vom „film noir“ zur „méthode noire“. Die Evolution filmischer Schwarzmalerei. Marburg 2003..

Versuch einer Neudefinition des Film noir als historisch übergreifende Kategorie einer allgemeinen Filmästhetik.

Übungs- und Wiederholungsfragen

1 Nennen Sie Vorläufer des Film noir.
2 Wie heißen die literarischen Vorlagen des Film noir und welches waren seine wichtigsten Autoren?
3 Definieren Sie den Film noir.
4 Nennen Sie einige Beispielfilme des Film noir.
5 Beschreiben Sie Humphrey Bogart in seiner Rolle als Star des Film noir.
6 Wodurch charakterisiert sich der Film noir zentral in seinem visuellen Stil?

Weiterführende Arbeitsaufgaben

- Analysieren Sie den Film „Tote schlafen fest“ anhand des vorliegenden Filmprotokolls im Hinblick auf seine Handlungsstruktur, seine Figurengestaltung im Dialog und seine filmästhetischen Merkmale.
- Vergleichen Sie die Rolle Bogarts als Held in „Casablanca“ und in „Mach's noch mal, Sam“ mit Woody Allen.
- Analysieren Sie die Rolle der Frau in Beispielfilmen des Film noir gemäß den verschiedenen Phasen.
- Vergleichen sie an ausgewählten Filmbeispielen die visuelle Ästhetik des Film noir und des deutschen Expressionismus der 20er Jahre.
- Erarbeiten Sie die Rezeption des Film noir im Nachkriegsdeutschland anhand von Rezensionen und Interpretationen.

5.2 | Der italienische Neorealismus

Auch der italienische Neorealismus als ein zweiter Schwerpunkt des „Weltfilms“ setzte bereits vor Abschluss des Krieges in Phase IV ein und reichte zum Teil bis über 1960 hinaus. Seine wichtigsten Vertreter waren – mit unterschiedlichen Akzenten – Roberto Rossellini, Vittorio de Sica und Luchino Visconti.

Das Umfeld des italienischen Neorealismus wurde gebildet von schwülstigen Historienfilmen, flachen Unterhaltungskomödien, Literaturverfilmungen, Melodramen und faschistischen Propagandafilmen des Mussolini-Regimes. Der Neorealismus (oder auch Neoverismus) bezog hier programmatisch Gegenposition, wobei mehr oder weniger stark ein dokumentaristischer Zug hervortrat.

Definition

Die Bezeichnung „italienischer Neorealismus" beschreibt eine Gruppe von Filmen von den 40er bis in die 60er Jahre, die die konkrete, alltägliche Wirklichkeit darstellen und der italienischen Gesellschaft kritisch einen Spiegel ihrer sozialen Verfassung vorhalten wollten. Diese ideologische bzw. moralische Parteilichkeit äußerte sich auch in speziellen filmästhetischen Strategien.

Visconti: „Von Liebe besessen"

Visconti legte nicht zufällig seinem Film „Von Liebe besessen"/ „Ossessione" (1942) den Kriminalroman „Die Rechnung ohne den Wirt"/ „The Postman Always Rings Twice" des Amerikaners James M. Cain zugrunde, dessen Werke bereits dem amerikanischen Film noir als Vorlage dienten. Visconti zeichnet hier ein Panorama des italienischen Provinzlebens und verankert seine Figuren tief in ihrem sozialen Milieu. Der Film wurde von der faschistischen Zensur verboten und kam viele Jahre lang nur verstümmelt zur Aufführung.

Am Ende des Jahrzehnts sollte Guiseppe de Santis ein ähnliches Sujet gestalten: „Bitterer Reis" (1949) beschreibt eine Liebesgeschichte mit sozialkritischem Hintergrund, in der ebenfalls erotische und kriminalistische Momente zusammengebracht werden.

Rossellini: „Rom, offene Stadt"

Auch Rossellini zielte auf ungeschminkte Erfassung der Wirklichkeit, wie sie in der antifaschistischen Widerstandsbewegung ausgebildet worden war und in der unmittelbaren Nachkriegszeit zur filmgestaltenden Kraft wurde. In „Rom, offene Stadt" (1945) werden der kommunistische Widerstandskämpfer Manfredi, der katholische Priester Don Pietro und Pina, die Verlobte eines Freundes von Manfredi, quasi nebenbei von den Deutschen getötet. Mehrere Liebesgeschichten, eine besondere Bedeutung der Kinder und gezielte Leerstellen in der Sukzession der Handlung prägen den Film, dem man einen christlichen Humanismus zugesprochen hat. Es ist vor allem die lapidare Erzählweise eines scheinbar zufälligen Nebeneinanders scheinbar unbedeutender Einzelfälle, die gleichwohl den „subjektiven" Fall stets in eine „objektive" Umgebung hineinstellt, welche das Geschehen insgesamt als Tragödie erkennen läßt.

Abb 59

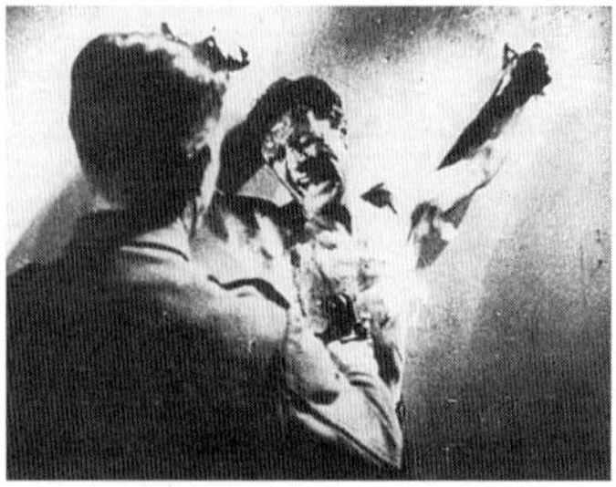

Manfredi wird von den Nazis gefoltert

Ähnlich die Darstellung der Ereignisse in „Paisà“ (1946), in dem der alliierte Vormarsch in Italien in sechs Einzelteile fragmentiert wird, die erst der Zuschauer in seinem Kopf in einen chronologischen Zusammenhang bringen muss. Der Episodencharakter bringt quasi authentisch Wahnsinn und Grausamkeit des „normal-banalen“ Krieges zum Ausdruck. Hier wurde bei den Dreharbeiten viel improvisiert und die Darsteller waren mit einer Ausnahme Laien.

Rossellini setzte freilich weitere Schwerpunkte von den 50er bis zu den 70er Jahren, die von Peter Brunette, nach den „kriegsbezogenen Filmen“, charakterisiert wurden als die „Ingrid Bergman-Ära“ (1949-1955), die „kommerzielle Periode“ (1958-1962) und das „Projekt Historienfilm“ (1964-1977).

Auch Vittorio de Sica widmete sich der Nachkriegszeit in Italien, bezog sich dabei allerdings stärker auf Situationen und individuelle Einzelpersonen. Charakteristisch für seine Arbeit ist die enge Kooperation mit dem Drehbuchautor Cesare Zavattini, so dass manche Filmhistoriker bei den entsprechenden Filmen beide Personen zusammen als die künstlerisch hauptverantwortlichen „Macher“ nennen. Als Meisterwerk des italienischen Neorealismus schlechthin wird oft de Sicas „Fahrraddiebe“ (1948) angeführt. Erzählt wird hier die Geschichte des arbeitslosen Ricci, der eine Anstellung als Plakatkleber erhält, dazu aber sein eigenes Fahrrad benutzen muss. Als es ihm gestohlen wird, macht er sich mit seinem Sohn und Freunden auf die Suche, findet schließlich auch den Dieb, kann den Diebstahl aber nicht beweisen und gerät seinerseits in Gefahr, insbesondere nach dem mißglückten Diebstahl eines fremden Fahrrads. Ricci verschwindet schließlich mit seinem Sohn in der Menge, die Geschichte wird nicht aufgelöst. Man hat darin die Parabel vom Einzelnen gesehen, der sich in Einsamkeit befindet, auch im Verhältnis zu seinen

de Sica: „Fahrraddiebe“

Abb 60

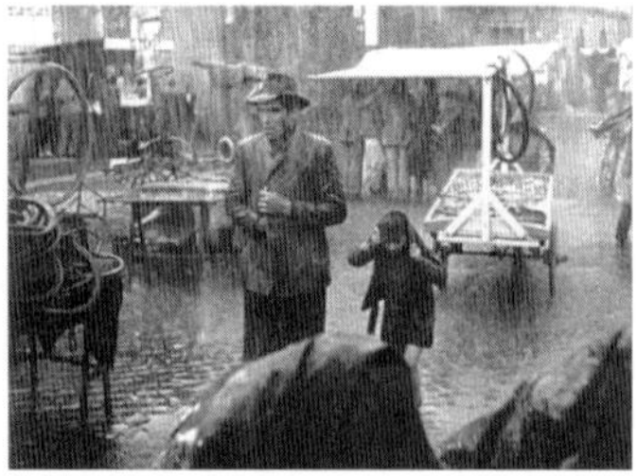

Der Plakatankleber mit seinem Sohn auf der Suche

Freunden und seinem Sohn, und von der Gesellschaft verstoßen wird, sobald er gesetzte Bedingungen in einer undurchschaubar erscheinenden Welt nicht mehr erfüllt. Eine ähnliche Grundaussage formuliert der Film „Umberto D." (1952), der vom Kampf eines alten Mannes gegen Not und Einsamkeit erzählt. Auch hier dominieren jeweils Laiendarsteller und das Bemühen um eine dokumentaristische Wirklichkeitsdarstellung.

Visconti: „Die Erde bebt"

Visconti, damals Mitglied der Kommunistischen Partei, brachte in „Die Erde bebt" (1948), auf der Basis einer Romanvorlage von Giovanni Varga, ein hoffnungsvolles Element in die dokumentaristische Präsentation der gesellschaftlichen Tristesse ein: Fischer in Sizilien werden von Großhändlern erbarmungslos ausgebeutet und sind zu einem ärmlichen und zukunftslosen Leben gezwungen. Der Held Ntoni revoltiert und macht sich selbständig. Als ein Sturm sein Boot zerstört, muss er sich den Ausbeutern zwar wieder unterwerfen, aber im Film wird deutlich, daß ein entsprechendes Handeln der Fischer im Kollektiv die Notlage beenden könnte – die menschliche Existenz erscheint nicht als fremdbestimmtes Schicksal, sondern steht auch in der Verantwortung der Betroffenen selbst. Die Handlung aus dem Roman des 19. Jahrhunderts wird in die aktuelle Gegenwart verlegt. Die Rollen werden gespielt von den Fischern des sizilianischen Dorfes Acitrezza, allesamt Laien, die zudem auch noch sizilianisch statt italienisch gesprochen haben. In späteren Filmen wie „Der Leopard" (1963) oder „Tod in Venedig" (1971) blieb Visconti diesem Prinzip äußerster Detailtreue und Authentizität zumindest im Setting treu.

Filmkanon

Auswahlfilmografie von Beispielen des italienischen Neorealismus über die gesamte Periode:

Jahr	Titel	Regisseur
1942	„Von Liebe besessen"	Luchino Visconti
1945	„Rom, offene Stadt"	Roberto Rossellini
1946	„Paisà"	Roberto Rossellini
1948	„Fahrraddiebe"	Vittorio de Sica
1948	„Die Erde bebt"	Luchino Visconti
1949	„Bitterer Reis"	Giuseppe de Santis
1952	„Umberto D."	Vittorio de Sica
1954	„La Strada – Das Lied der Straße"	Federico Fellini
1960	„Die mit der Liebe spielen"	Michelangelo Antonioni
1962	„Mamma Roma"	Pier Paolo Pasolini

Die enormen Auswirkungen des italienischen Neorealismus in der Geschichte des Weltfilms lassen sich hier nur andeuten. Herauszuheben wären dabei vor allem drei Filme:

Federico Fellini

- „La Strada – Das Lied der Straße" (1954) von Federico Fellini, mit Anthony Quinn und Guiletta Masina in den Hauptrollen, folgt zwar der Ästhetik, Fragmente suggestiv aneinander zu reihen statt linear eine Geschichte zu erzählen, markiert aber ideologisch einen gezielten Bruch mit dem Neorealismus, weil hier die Bedeutung menschlicher Beziehungen über die der gesellschaftlichen Verhältnisse gestellt wird.

Michaelangelo Antonioni

- „Die mit der Liebe spielen" (1960) von Michelangelo Antonioni verzichtet ebenfalls auf eine fortlaufende Handlung und setzt an deren Stelle eine allmähliche Enthüllung des gehoben bürgerlichen Helden Sandro und seines Charakters.

Pier Paolo Pasolini

- „Mamma Roma" (1962) von Pier Paolo Pasolini schließlich beschreibt sozialkritisch anklagend den vergeblichen Versuch einer Prostituierten, ein bürgerliches Leben aufzubauen und ihrem Sohn ihre Vergangenheit zu verheimlichen, überhöht das Drama jedoch durch eine elaborierte Einbindung christlicher Symbole.

Merksatz

Die Filme des italienischen Neorealismus haben die internationale Filmgeschichte ästhetisch und ideologisch gravierend beeinflusst.

Alle drei Regisseure sollten erst später ihre wichtigsten Filme vorlegen: Fellini etwa mit „Das süße Leben" (1959), „8 1/2" (1962), „Fellini Satyricon" (1969) und „Fellini´s Schiff der Träume" (1983); Antonioni etwa mit „Blow Up" (1966) und „Zabriskie Point" (1969); und Pasolini (vgl. Kap. 6.4.1) etwa mit „Teorema oder Die Geometrie der Liebe" (1968), „Das Decamerone" (1971) und „Die 120 Tage von Sodom" (1975).

Literatur

Helmuth Pelzer: Vittorio des Sica. (Ost-) Berlin 1964.

Kleine parteiliche Einführung mit vielen Bildern.

Luchino Visconti. Reihe Film 4. 4., ergänzte Aufl. München 1985.

Guter Überblick über die „Linien des Realismus im italienischen Nachkriegsfilm" mit einer kommentierten Filmografie.

Roberto Rossellini. Reihe Film 36. München 1987.

Materialreicher Sammelband mit Interviews und einer ausführlichen, kommentierten Filmografie.

Peter Brunette: Roberto Rossellini. New York, Oxford 1987.

Gute Gesamtdarstellung, die auf einzelne Filme

eingeht und zugleich historiographisch Gruppen bildet.

Michael Töteberg: Fellini. Reinbek 1989.

Erste kleine Einführung in die Bedeutung Fellinis, mit Selbstzeugnissen, Bildern, einer Filmografie und einem weiterführenden Verzeichnis der umfangreichen Fachliteratur.

Piere Sorlin: Italian National Cinema 1896-1996. London, New York 1996.

Platzierung des Neorealismus als Entwicklungsphase im Gesamtüberblick über die Geschichte des italienischen Films.

Übungs- und Wiederholungsfragen

7 Nennen Sie die wichtigsten Vertreter des italienischen Neorealismus.

8 Definieren Sie den italienischen Neorealismus.

9 Welcher Film gilt als Meisterwerk des Neorealismus?

10 Worin besteht das hoffnungsvolle Element in Viscontis „Die Erde bebt“?

11 Nennen Sie einige wichtige Filme des italienischen Neorealismus zwischen 1942 und 1952.

12 In welchem Film von Fellini, von Antonioni und von Pasolini finden sich Auswirkungen des Neorealismus?

13 Nennen Sie mindestens je eines der späteren Hauptwerke von Fellini, Antonio und Pasolini.

Weiterführende Arbeitsaufgaben

- Vergleichen Sie Viscontis „Von Liebe besessen“ (1942) und de Santis „Bitterer Reis“ (1949) im Hinblick auf die erotischen und die kriminalistischen Momente.
- Inwiefern kann man bei Rossellini von einer „Ingrid-Bergman-Ära“ sprechen?
- Analysieren Sie de Sicas „Fahrraddiebe“ nach den eingesetzten bildästhetischen und narrativen Strategien.
- Worin unterscheiden sich „Rom, offene Stadt“ und „Mamma Roma“?
- Erarbeiten Sie die politischen und wirtschaftlichen Hintergründe der Sozialgeschichte Italiens in der Nachkriegszeit bis 1960.

5.3 | Der amerikanische Science Fiction-Film

Es gab in den USA und nachfolgend in Europa in den 50er Jahren einen generellen Science Fiction-Boom, der auch andere Medien wie Pulp Magazines, Radiohörspiele und Taschenbücher umfasste. Er läßt sich durch spezifische Merkmale charakterisieren, die ihn deutlich unterscheiden einesteils von früheren phantastischen Filmen wie „Die Reise zum Mond“ (1902) von Meliès (Kap. 1.2), Vampirfilmen wie „Nosferatu“ (1922) von Murnau (Kap. 3.3.1), Science Fiction-Filmen wie „Metropolis“ (1927) von Lang (Kap. 3.3.2) oder dem Genre des Horrorfilms seit „Frankenstein“ (1931) von James Whale (Kap. 3.1.1), andernteils von einem neuen Boom in den 60er Jahren mit Genre-Klassikern wie „Die Zeitmaschine“ (1960) von George Pal, „Dr. Seltsam oder Wie ich lernte, die Bombe zu lieben“ (1964) von Stanley Kubrick, „Fahrenheit 451“ (1966) von François Truffaut, „Barbarella“ (1968) von Roger Vadim, „Planet der Affen“ (1968) von Franklin J. Schaffner und schließlich „2001: Odyssey im Weltraum“ (1968), wieder von Kubrick.

Zwischen Vorläufern seit den Anfängen...

...und Klassikern der 60er Jahre

Merksatz

Der amerikanische Science Fiction-Film der 50er Jahre, fast ausnahmslos von kleinen Studios produziert, hatte spezifische Merkmale und wurde durch drei Faktoren maßgeblich beeinflusst: erstens durch den kalten Krieg zwischen den Supermächten, zweitens durch die neuen technologischen und biologischen Erfindungen der Nachkriegszeit, drittens durch einen strukturellen Wandel des Kinopublikums.

Der Korea-Krieg sowie der Einfluß des kalten Krieges zwischen den großen Blöcken USA und Sowjetunion samt seinen Auswirkungen prägten mindestens die ersten zwei Drittel der 50er Jahre die amerikanische Öffentlichkeit, bis die Sowjets auch noch ihren ersten Sputnik erfolgreich ins Weltall schossen (1957). Die Hysterie reicht von zahlreichen UFO-Sichtungen bis zu den McCarthy-Hetzjagden. Befürchtet wurden sowjetische Geheimwaffen und die kommunistische Unterwanderung Amerikas. Typische Reaktionen zeigen sich schon in dem Film „Endstation Mond“ (1950) von Irving Pichel, in dem die militärische Notwendigkeit des Mondflugs hervorgehoben wird, um gegenüber den Sowjets bestehen zu können. Im Zentrum aber stehen die zahlreichen Filme, die eine Invasion explizit thematisieren: In „Das Ding aus einer anderen Welt“ ist es ein außerirdischer Flugkörper, der in der Antarktis landet und nicht nur amerikanische Forscher, sondern generell alle Menschen bedroht. In „Invasion vom Mars“ kommen die Invasoren vom Planeten Mars. Oder es sind fliegende Untertassen ganz allgemein aus dem Weltraum, die angreifen. Eine Varian-

Drei Einflussfaktoren:

– der kalte Krieg

te bieten Filme wie „Das Ungeheuer ist unter uns" oder „Die Dämonischen", wo sich die „body snatchers" der Körper der Menschen bedienen, um sie ihrer Emotionen bzw. Seelen zu berauben und dann generalstabsmäßig eine eigene Herrschaft auf der Erde zu etablieren. Lediglich der Film „Der Tag, an dem die Erde stillstand" (1951) von Robert Wide offeriert die Variante, daß die Besucher aus dem All kein Unheil bringen, sondern Frieden und die Aufforderung zur Selbsterkenntnis.

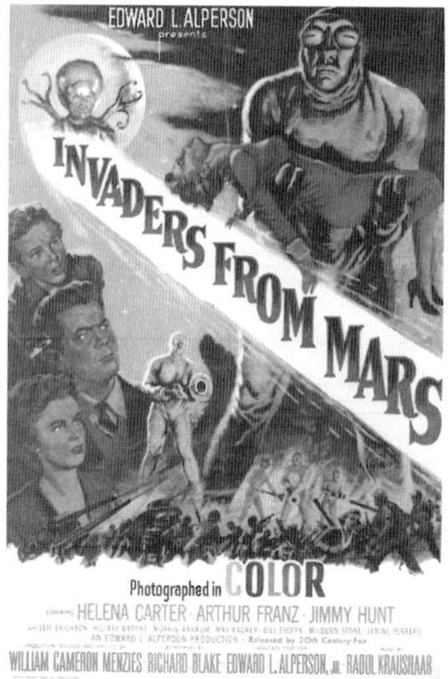

Abb 61

Original-Filmposter von „Invasion vom Mars"

Auch wissenschaftliche Erfindungen haben die damaligen Ängste geschürt, allen voran die Atombombe mit den verheerenden Wirkungen der Radioaktivität. Sie wurde damals in den Wüstengebieten Nevadas immer weiter getestet. Die Stories entsprechender Filme reichen vom Saurier in der Antarktis, der durch Atombombenversuche aus dem ewigen Eis aufgetaut wird, wie in „Panik in New York" (1953) von Eugene Lourie, über „Der Schrecken vom Amazonas" (1954) und „Tarantula" (1955), wo Tiere durch die Verseuchung von Gewässern zu gigantischen Monstern mutiert sind und die Menschen angreifen, bis zur „Fliege", wo wissenschaftliche Experimente fatale Folgen haben, als die Köpfe von Mensch und Insekt beim Transport versehentlich vertauscht werden. Es ist kein Zufall, dass ab 1954 mit „Godzilla" von Inoshiro Honda auch in Japan ähnliche Ängste zum Ausdruck kamen.

– Entwicklungen der Forschung

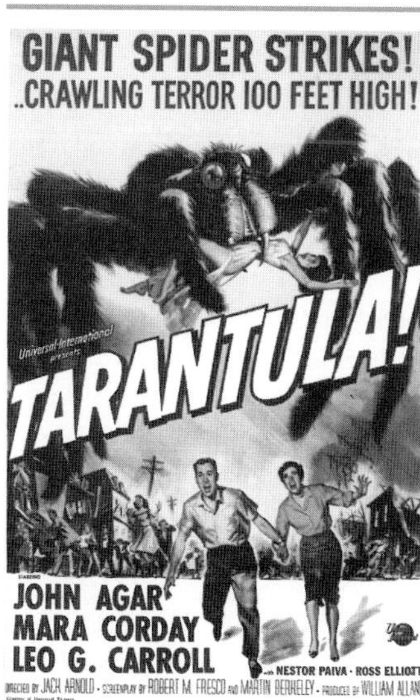

Abb 62

Original-Filmposter von „Tarantula"

Später wurden dann auch beide Motive miteinander verknüpft wie in „Blob – Schrecken ohne Namen“ (1958), wo eine gallertartige Massen in einem Kometen auf die Erde kommt und alle Menschen, mit denen sie in Berührung kommt, monsterartig verschlingt.

– Publikumswandel

Dritter Einflussfaktor ist der strukturelle Wandel des Publikums, der in den 50er Jahren in den USA mit der zunehmenden Verbreitung des neuen Mediums Fernsehen einsetzte und ein entsprechendes Filmangebot erzeugte, das sich auch in deutschen Kinos mit steigendem Erfolg verbreitete. Erwachsene blieben in immer größerer Zahl zu Hause vor dem Bildschirm, während Jugendliche den Kinobesuch als neue Freizeitaktivität kultivierten. Damals schossen die Autokinos wie Pilze aus dem Boden. Die SF-Filme der 50er Jahre weisen in den allermeisten Fällen eine zusätzliche Bedeutungsschicht auf, bei der die Bedrohung nicht mehr von außen kommt, von feindlichen Invasoren oder mutierten Monstern, sondern gewissermaßen aus dem eigenen Unterbewußten: dem unterdrückten Es. Die jeweils in die Action-Handlung verwobenen Liebesgeschichten erhalten damit eine besondere, latente Bedeutung. Da entpuppt sich beispielsweise „Das Ding aus einer anderen Welt“, das nicht zufällig phallische Assoziationen weckt und Babymonster erzeugt, die aussehen wie gefüllte Hodensäcke, als das entscheidende Motiv, die sexuellen Beziehungen zwischen Hendry und Nikki so weit voranzutreiben, dass man vom Heiraten spricht. Oder da werden verbotene sexuelle Begierden gestaltet wie in „Alarm im Weltall“ (orig. „Forbidden Planet“), wo der Wissenschaftler Dr. Morbius auf dem vierten Planeten der Sonne Altair seine eigene Tochter Altaira, hübsch und geschlechtsreif, begehrt und eine monströse Gestaltwerdung seiner verbotenen Wünsche, seiner Eifersucht jeden anderen Mann gräßlich ermordet, der sich dem Mädchen nähert: Inzest. Und auch noch „Die unglaubliche Geschichte des Mr. C.“ (1957) von Jack Arnold, in der der impotente Held Scott winzig klein schrumpft und zum Gespött der Umwelt von seiner Frau in einem Puppenhaus gehalten wird, weist diese latente sexuelle Bedeutungsebene auf. – Letztlich zeigt sich in diesem Einflussfaktor bereits der beginnende Niedergang des Kinofilms, wie er die folgende Phase VI prägen sollte.

Auswahlfilmografie von amerikanischen Science Fiction-Filmen der 50er Jahre:

Filmkanon

Jahr	Titel	Regisseur
1951	„Das Ding aus einer anderen Welt“	Christian Nyby/ Howard Hawks
1952	„Der jüngste Tag“	Rudolph Mate
1952	„Invasion gegen USA“	Alfred E. Green
1953	„Invasion vom Mars“	William C. Menzies
1953	„Gefahr aus dem Weltall“	Jack Arnold
1953	„Kampf der Welten“	Byron Haskin
1954	„Der Schrecken vom Amazonas“	Jack Arnold
1955	„Tarantula“	Jack Arnold
1956	„Fliegende Untertassen greifen an“	Fred F. Sears
1956	„Die Dämonischen“	Don Siegel
1956	„Alarm im Weltall“	Fred McLeod Wilcox

Haskin: „Kampf der Welten“

Nimmt man den Film „Kampf der Welten“ als Beispiel, so kann man in der manifesten SF-Geschichte beides nachweisen: eine öffentlich-politische und eine subjektiv-private Ebene.

- Da landet ein scheinbarer Meteor in Kalifornien, aus dem sich ein Monster erhebt und erbarmungslos die Einheimischen, die es willkommen heißen wollen, zerstrahlt. Auch der Pfarrer wird vernichtet, der ihnen friedfertig gegenüber tritt. Und letztlich helfen auch nicht Armee, Kanonen, Panzer, Flugzeuge und schließlich die Atombombe. Erst ein „Wunder“ bringt die Rettung: Irdische Bakterien vernichten die Invasoren – das Normale, das Alltägliche, das Natürliche. Dahinter verbirgt sich der Appell, der kommunistischen Invasoren durch Rückbesinnung auf die eigenen Traditionen und politischen Werte Herr zu werden.
- Und da lernen sich auch der Wissenschaftler Forester und die kecke Sylvia kennen und kommen sich immer näher. Dabei werden in überdeutlicher Symbolik Kastrationsängste, Masturbationswünsche, Entjungferungsphantasien und pubertätsspezifische Rituale ausgebreitet, bis die bedrohliche Sexualität entschärft und domestiziert wird.

Merksatz

Der amerikanische SF-Film der 50er Jahre bediente Invasionsängste, Mutationsängste, Selbstvernichtungsängste, generell Endzeitängste, nicht zuletzt auch sexuelle Ängste der Jugendlichen als einer neuer Zielgruppe des Kinos.

Am Schluss ist der Junge zum Mann, das Mädchen zur Frau geworden, und der Pfarrer steht bereits zwischen beiden vor der Kirche.

Die zentralen Motive des amerikanischen SF-Films der 50er Jahre wurden erst in den Apokalypsen und Katastrophenfilmen der 70er Jahre wieder aufgegriffen und zeitspezifisch umgedeutet.

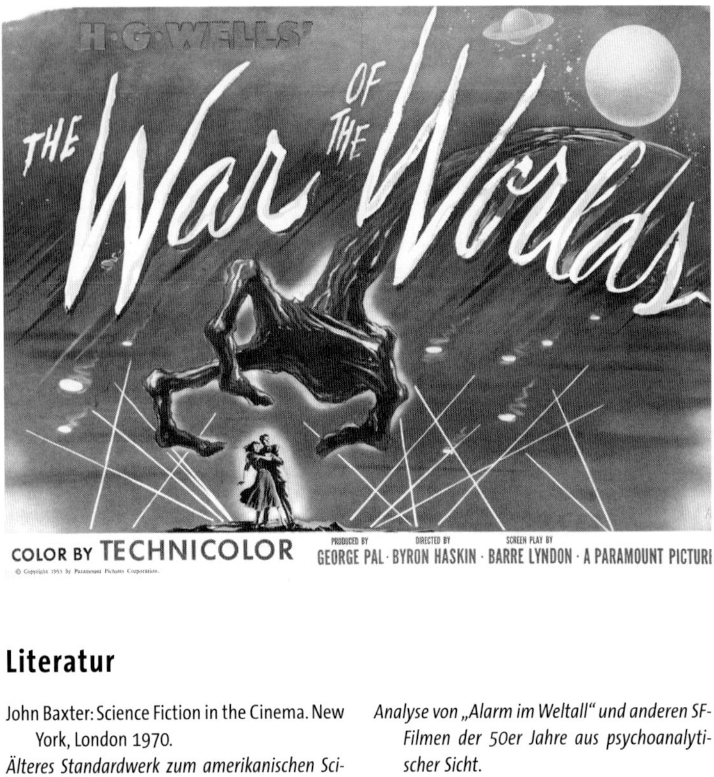

Abb 63

Original-Filmposter von „Kampf der Welten"

Literatur

John Baxter: Science Fiction in the Cinema. New York, London 1970.

Älteres Standardwerk zum amerikanischen Science Fiction-Film, speziell der 50er Jahre.

Mark Rose (Hrsg.): Science Fiction. A Collection of Critical Essays. Englewood Cliffs, N.J. 1976.

Sammelband mit zahlreichen guten Beiträgen, insbesondere dem berühmten Aufsatz von Susan Sontag: „The Imagination of Disaster" (1961) über den amerikanischen SF-Film der 50er Jahre.

Margaret Tarrat: Monsters from the Id. An examination of the science fiction film in two parts. In: films and filming, vol. 17, no. 3 (Dec. 1970), S. 38-42, und vol. 17, no. 4 (Jan. 1971), S. 40-42.

Analyse von „Alarm im Weltall" und anderen SF-Filmen der 50er Jahre aus psychoanalytischer Sicht.

Werner Faulstich: Filmästhetik. Untersuchungen zum Science Fiction-Film „Kampf der Welten" (1953/54) von Byron Haskin. Tübingen 1982.

Exemplarische Analyse eines SF-Films der 50er Jahre unter Rekurs auf allgemeine Aspekte der Ästhetik des narrativen Spielfilms.

Rolf Giesen: Lexikon des phantastischen Films, 2 Bde. Frankfurt/Main u.a. 1984.

Hervorragendes, reichhaltiges Lexikon mit weit über 100 Stichwörtern zu wichtigen Regisseuren, Filmen, Schauspielern und Momenten der SF-Filmproduktion.

Übungs- und Wiederholungsfragen

14 Positionieren Sie den Science Fiction-Film der 50er Jahre in der Geschichte des SF-Films gemäß drei Einflussfaktoren.

15 Nennen Sie je ein Filmbeispiel für die drei thematischen Schwerpunkte.

16 Welche zwei latenten Ebenen kann man bei der Story des SF-Films „Kampf der Welten" nachweisen?

17 Welche Ängste werden im amerikanischen SF-Film der 50er Jahre vorrangig bedient?

Weiterführende Arbeitsaufgaben

- Vergleichen Sie einen Tiermutationsfilm der 50er Jahre (z.B. „Tarantula") mit einem Tierkatastrophenfilm der 70er Jahre (z.B. „Der weiße Hai").
- Welche ganz andere latente Bedeutung ordnete John Carpenter dem „Ding aus einer anderen Welt" in seinem Remake des Jahres 1982 zu?
- Erarbeiten Sie eine Darstellung des Gesamtwerks von Jack Arnold.
- Recherchieren Sie die Ufo-Phobien in der amerikanischen Öffentlichkeit der 50er Jahre anhand von Zeitungsauschnitten und der Berichterstattung in der amerikanischen Sensationspresse.

Die bundesdeutschen Heimat-, Schlager- und Kriegsfilme | 5.4

Die deutschen Filme der Nachkriegszeit bieten ein heterogenes Bild. Neben den oben schon erwähnten wenigen Filmen vor allem von Wolfgang Staudte und Helmut Käutner, die sich um eine selbstkritische Aufarbeitung der deutschen Kriegsschuld bemühten, gab es vor allem drei dominante Gruppen: erstens Heimatfilme, zweitens Musik- und Schlagerfilme und drittens Kriegs- und Antikriegsfilme. Andere Genres wie der *Problem- und Gegenwartsfilm* (z.B. „Die Sünderin" 1950 oder „Die Halbstarken" 1956), der *Arztfilm* (von „Nachtwache" 1949 über „Sauerbruch" 1954 bis zu „Arzt aus Leidenschaft" 1959 mit Klausjürgen Wussow in der Hauptrolle), der *Historienfilm* (z.B. „Sissi" 1955 und ihre zwei Fortsetzungen 1956 und 1957 mit

Genreüberblick

Abb 64

„Sissi"

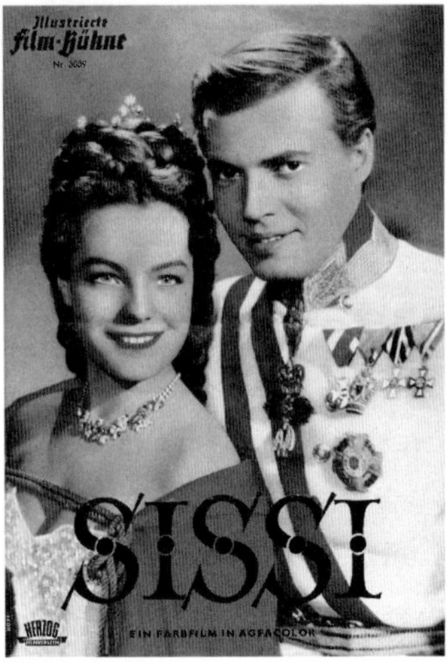

Romy Schneider), das *Lustspiel* (z.B. „Ich denke oft an Piroschka" 1955 oder „Das Wirtshaus im Spessart" 1957, beide mit Liselotte Pulver), die *Literaturverfilmung* (z.B. „Der Hauptmann von Köpenick" 1956 und „Die Buddenbrooks" 1959) oder der *Kriminalfilm* (z.B. „Es geschah am hellichten Tag", „Das Mädchen Rosemarie", beide 1958, oder „Am Tag als der Regen kam" 1959) können hier nur erwähnt werden.

Allgemeine Filmsituation

Die allgemeine Situation der Filmkultur in der Bundesrepublik der 50er Jahre war geprägt von Neuanfang und zugleich Kontinuität. In der Filmproduktion beispielsweise wurden die Tendenzen zur Dezentralisierung und die Auflösung der Ufa seitens der Alliierten konterkariert durch eine erneute Verflechtung von Produktion, Verleih und Kinos in Form gegenseitiger Beteiligungen zahlreicher neu gegründeter privater Gesellschaften. Viele Regisseure, Schauspieler und Schauspielerinnen sowie technisches Personal der NS-Zeit setzten ihre Arbeit nach einer kurzen Pause einfach fort. Eine Vielzahl von Kleinfirmen produzierte jährlich 30-40 Filme von eher geringer Komplexität; Merkmale waren Standardisierung, Schemacharakter, Serialisierung. Insgesamt wurden in den 50er Jahren rund 1000 deutsche Filme produziert. Eine Freiwillige Selbstkontrolle (FSK) übernahm, zusammen mit der Filmbewertungsstelle und der Filmförderung, die zensurähnliche politisch-moralische Kontrolle und Lenkung. Die Anzahl der Kinos stieg von 3962 (1950) auf 6950 (1960). Die Zuschauernachfrage erlebte einen Boom von 487 Millionen (1950) über 817 Millionen (1956) wieder zurück auf 605 Millionen (1960).

Drei dominante Genres:

Ein Blick auf die drei dominanten Genres der Zeit macht den gemeinsamen Nenner des bundesdeutschen Films sichtbar.

– Kriegs- und Antikriegsfilme

Die *Kriegs- und Antikriegsfilme* der 50er Jahre wurden durch amerikanische Produktionen wie „Rommel der Wüstenfuchs" (1951) von Henry Hathaway stimuliert. Darin wird das deutsche Militär rehabilitiert, wird auch der deutsche Soldat zum positiven Helden gemacht und an die Stelle der Verdrängung die positive Identifikation und Akzeptanz gesetzt. Zahlreiche weitere Rommel-Filme und andere deutsche Kriegsfilme folgten, von 1945 bis 1960 nicht weniger als 275 (insgesamt wurden allein von 1953 bis 1958 600 Kriegs- und Militärfilme gezählt). Der damals sehr erfolgreiche Film „08/15“ (1954) von Paul May beispielsweise, nach dem gleichnamigen Bestsellerroman von Hans Hellmut Kirst, mit zwei Fortsetzungen, war ein Loblied auf den guten Kameraden im Krieg, ähnlich beschönigend wie „Canaris“ (1954) von Alfed Weidenmann, in dem Hitlers Amiral als positive Figur dargestellt wird. Damals ging es um den Natobeitritt der Bundesrepublik, um die deutsche Wiederbewaffung, um das Ziel des „Bürgers in Uniform“, generell um einen Boom an Kriegsromanen, der das Thema in der Öffentlichkeit hielt. Hier wie auch in anderen Filmen erscheint der Krieg entweder als Abenteuer, als Bewährungschance, als Schicksalsschlag oder auch als etwas Böses, von dem sich die guten Soldaten abheben können – Rechtfertigung des einzelnen und damit implizit Absage an die Verantwortung fürs Ganze. Das gilt selbstredend für Unterhaltungsfilme wie „Der Arzt von Stalingrad“ (1958) nach einem Illustriertenroman von Heinz G. Konsalik, aber auch selbst noch für einen Film wie „Die Brücke“ (1959) von Bernhard Wicki, dessen kritische Grundtendenz nicht bezweifelt werden kann.

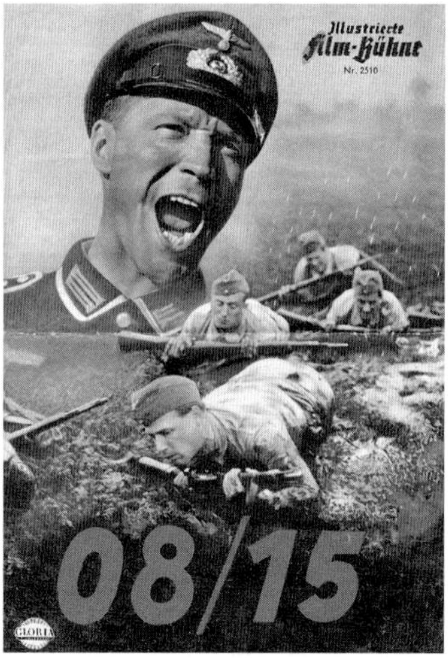

Abb 65

„08/15“

– Musik und Schlagerfilme

Die *Musik- und Schlagerfilme* der Zeit wurden getragen von Stars wie Caterina Valente, Heidi Brühl, Cornelia Froboess, Peter Kraus, Vico Torriani, Freddy Quinn und vor allem Peter Alexander. Klassisches Beispiel für die vielen Alexander-Filme ist etwa „Liebe, Tanz und 1000 Schlager“ (1955) von Paul Martin, in dem einem deutschen Schlagerstar (Alexander) eine italienische Nachwuchssängerin (Valente) als „Wunderkind“ angepriesen wird. Nach dem beruflichen Tournee-Erfolg finden sich die beiden auch privat und werden ein Paar. Hier wie bei den meisten anderen Filmen dient

Abb 66

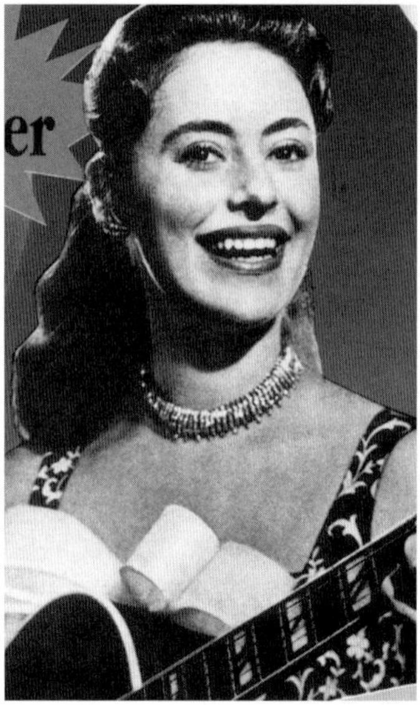

„Liebe, Tanz und 1000 Schlager"

ein wenig konturierter Handlungszusammenhang nur als Rahmen für die Gesangsauftritte der Stars. Auch „Peter schießt den Vogel ab" (1959) von Geza von Cziffra verbindet Gesang mit Liebesglück und noch einer Prise Klamauk, wenn sich der Hotelportier als argentinischer Millionär verkleidet. Ähnlich seicht funktioniert auch ein Teenager-Film wie „Wenn die Conny mit dem Peter" (1958) von Fritz Umgelter, in dem Peter Kraus und Cornelia Froboess in einem Landschulheim sängerisch und tanzend agieren, sich ineinander verlieben und den Lehrkörper angeblich für Rockrhythmen begeistern – die biedere Antwort der deutschen Filmindustrie auf die neue amerikanische Jugendkultur und die Provokationen des Rock´n´Roll. Vico Torriani trat in Filmen auf mit vielsagenden Titeln wie „Gitarren der Liebe" (1954) und „Träume von der Südsee" (1957), Freddy Quinn u.a. in „Freddy unter fremden Sternen" oder „Freddy, die Gitarre und das Meer" (beide 1959). Auch zahlreiche andere Stars und Sternchen wurden singend in Szene gesetzt – Zarah Leander in „Gabriela" (1950) von Geza von Cziffra, Walter Giller in „Schlagerparade" (1953) von Erik Ode, Willy Fritsch in „Wenn der weiße Flieder wieder blüht" (1953) von Hans Deppe, Hans Albers in „Auf der Reeperbahn nachts um halb eins" (1954) von Wolfgang Liebeneiner, Lilli Palmer in „Eine Frau, die weiß, was sie will" (1957) von Arthur Maria Rabenalt bis hin zu den Wiener Sängerknaben in „Wenn die Glocken hell erklingen" (1959) von Eduard von Borsody. Der Musik- und Schlagerfilm als Genre lebte – im Unterschied zum Kriegsfilm und zum Heimatfilm der Epoche – auch noch in den 60er Jahren bruchlos weiter.

Filmkanon

Auswahlfilmografie von bundesdeutschen Heimat-, Schlager- und Kriegsfilmen der 50er Jahre:

Jahr	Titel	Regisseur
1949	„Die Sünderin“	Willi Forst
1950	„Schwarzwaldmädel“	Hans Deppe
1951	„Rommel der Wüstenfuchs“	Henry Hathaway
1951	„Grün ist die Heide“	Hans Deppe
1954	„08/15“	Paul May
1954	„Der Förster vom Silberwald“	Alfons Stummer
1955	„Sissi“	Ernst Marischka
1955	„Liebe, Tanz und 1000 Schlager“	Paul Martin
1956	„Das Schweigen im Walde“	Helmut Weiß
1957	„Das Wirtshaus im Spessart“	Kurt Hoffmann
1957	„Die Fischerin vom Bodensee“	Harald Reinl
1958	„Wenn die Conny mit dem Peter“	Fritz Umgelter
1959	„Die Brücke“	Bernhard Wicki
1959	„Die Buddenbrooks“	Alfred Weidenmann
1959	„Freddy, die Gitarre und das Meer“	Wolfgang Schleif

– Heimatfilme

Der Erfolg des deutschen *Heimatfilms* als dem wichtigsten deutschen Genre der 50er Jahre begann mit dem ersten deutschen Nachkriegsfarbfilm „Schwarzwaldmädel“ (1950) von Hans Deppe, nach Motiven der gleichnamigen Operette von August Neidhart und Léon Jessel (1917). Das Traumpaaar wurde hier gestellt von Sonja Ziemann und Rudolf Prack. Fast 300 Heimatfilme sollten folgen, darunter „Grün ist die Heide“ (1951) ebenfalls von Hans Deppe, „Wenn die Abendglocken läuten“ (1951) von Alfred

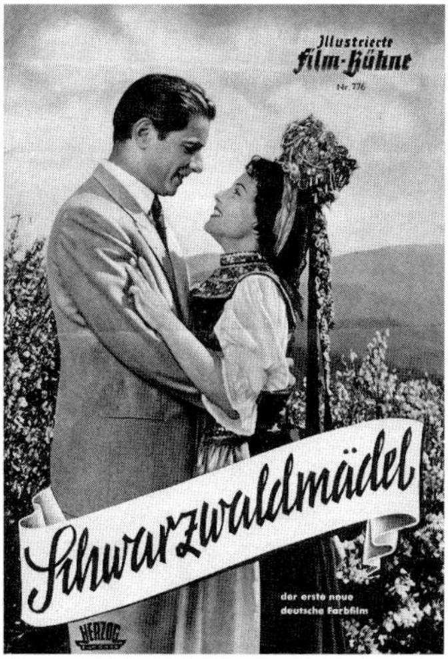

Abb 67

„Schwarzwaldmädel“

Braun, „Am Brunnen vor dem Tore“ (1952) von Hans Wolff, „Der Förster vom Silberwald“ (1954) von Alfons Stummer, „Das Schweigen im Walde“ (1956) von Helmut Weiß, „Die Fischerin vom Bodensee“ (1957) von Harald Reinl und „Das Mädchen vom Moorhof“ (1958) von Gustav Ucicky.

Charakteristisch für dieses Genre ist zunächst einmal ein melodramatischer Handlungsaufbau, verwoben mit einer Liebesgeschichte. Wichtig dabei ist die komische oder tragische Verwechslung, mit der die Handlung vorangetrieben wird und Scheinkonflikte entstehen. Bei den Figuren gibt es eigentlich keine wirklich Bösen, wohl aber falsche Ansprüche und Mißverständnisse, hierarchische Probleme oder Dreiecksbeziehungen mit Rivalitätskonflikten.

Merksatz

Konstituierend für den deutschen Heimatfilm der 50er Jahre ist das lokale Setting: Schwarzwald, Lüneburger Heide, Alpen usw. dienen als Chiffre für „Natur“ oder „Heimat“ als dem Ursprünglichen, dem Echten und werden in Gegensatz zur „Stadt“ gestellt als dem Ort des Verdorbenen, des Falschen, der Technik: Tradition gegen Fortschritt.

Ideologiekritik

Der Heimatfilm der 50er Jahre gestaltet insofern die Opposition von Identität und Entfremdung – kulturhistorisch plausibel angesichts von Millionen von Flüchtlingen und Heimatvertriebenen (ca. 20%). Seine Lösungen sind jedoch ideologisch konservativ und borniert in der exklusiven Ausrichtung auf Harmonie und heile Welt (Ricarda Strobel): Paare finden sich am Schluss stets nur innerhalb derselben sozialen Schranken (jung findet zu jung, Leute vom Land bleiben unter ihresgleichen usw.), wahre Liebe ist nur in der Ehe möglich und zielt letztlich auf Familie als Schlüsselwert. Die Frau gilt nur als aufopfernde Hausfrau und Mutter. Obrigkeiten dürfen nicht in Frage gestellt werden. Tatsächliche Probleme wie etwa Vater-Sohn-Konflikte, neue Formen des Zusammenlebens, Beziehungsprobleme, die Stadt-Land-Gegensätze oder die Ablösung vom Elternhaus werden damit zugekleistert und geleugnet .

Funktion

Die Utopie einer territorial konkreten und zugleich doch idealtypischen Heimat wie in diesen Filmen hatte, nach dem Verlust der Nation als Heimat der Deutschen, für viele Trost- und Geborgenheitsfunktion, weil es die Abgrenzung vom Fremden erlaubte, die Überschaubarkeit der vertrauten Umwelt garantierte und jene Wirklichkeitsteile ausblendete, die sich durch Komplexität, Unwirtlichkeit und Problemlastigkeit auszeichneten. Insofern war Heimat hier „ein Begriff zwischen rückwärtsgewandter Melancholie, zukunftsorientiertem Wunschdenken und letztendlich unerreichbarem Sehnsuchtsideal“ (Jürgen Trimborn).

Merksatz

Generell lässt sich die deutsche Filmkultur der Nachkriegszeit vereinfachend auf einen Nenner bringen: Fortsetzung der evasiven Unterhaltungsfilme, Flucht in illusionäre Wirklichkeitsidyllen, kleinbürgerlicher Rekurs auf geschlechtsspezifische Rollenbilder und traditionelle Welterklärungsmodelle.

Deutlich geworden ist damit, dass der deutsche Nachkriegsfilm als solcher selbstverständlich nicht zum Weltfilm zu rechnen ist. Gleichwohl kommt ihm insofern Bedeutung zu, als in der Zeit von 1945 bis 1960 in der Bundesrepublik erstmals nach der Nazizeit der Markt geöffnet wurde auch für qualitativ anspruchsvolle Filme aus dem Ausland. Es gilt zu berücksichtigen, dass der deutsche Filmmarkt in enormem Umfang insbesondere auch von amerikanischen Produktionen beschickt wurde. Insgesamt überstieg die Zahl der ausländischen Filme die der deutschen Filmproduktion pro Jahr um das drei- bis vierfache. Der bundesdeutsche Film der 50er Jahre war dabei die Folie, gleichsam die Leerstelle, die auf (fehlende) Filmkunst verwies bzw. ausländische Filmkunst propagierte.

Bilanz zum deutschen Nachkriegsfilm

Literatur

Willi Höfig: Der deutsche Heimatfilm 1947-1960. Stuttgart 1973.

Älteres Standardwerk mit einem Schwerpunkt auf der inhaltsanalytischen Erfassung aller Heimatfilme, besonders ergiebig bei Kategorien wie Lebenskreis, Milieu, Personen, Wertsystem.

Wolfgang Kaschuba (Hrsg.): Der deutsche Heimatfilm. Bildwelten und Weltbilder. Bilder, Texte, Analysen zu 70 Jahren deutscher Filmgeschichte. Tübingen 1989 (Tübinger Vereinigung für Volkskunde e.V.).

Sammelband mit zahlreichen guten Beiträgen von Studierenden, die eine Einordnung des Heimatfilms der 50er Jahre in Vorläufer und Nachfolger erlaubt.

Claudius Seidl: Der deutsche Film der fünfziger Jahre. München 1987.

Umfangreicher additiver Überblick über verschiedene Rubriken des deutschen Films in diesem Jahrzehnt, aber ohne analytische Ansprüche.

Manfred Hobsch: Liebe, Tanz und 1000 Schlagerfilme. Ein illustriertes Lexikon mit allen Kinohits des deutschen Schlagerfilms von 1930 bis heute. Berlin 1998.

Knapper Gesamtüberblick mit umfangreicher Filmografie und Teilstudien, unterschieden nach den Rubriken Geschichte, Stars, Filme.

Jürgen Trimborn: Der deutsche Heimatfilm der fünfziger Jahre. Motive, Symbole und Handlungsmuster. Köln 1998.

Versuch einer Neubewertung des deutschen Heimatfilms an ausgewählten 10 Filmbeispielen unter besonderer Berücksichtigung der gesellschaftlichen Funktionen.

Übungs- und Wiederholungsfragen

18 Charakterisieren Sie knapp die allgemeine Filmsituation in der Bundesrepublik der 50er Jahre.
19 Nennen Sie je ein Filmbeispiel für die drei dominanten deutschen Genres.
20 Wie erscheint „Krieg“ in deutschen Kriegsfilmen?
21 Worin unterscheiden sich historiografisch die Musik- und Schlagerfilme im Vergleich mit den Kriegs- und den Heimatfilmen?
22 Was ist konstituierend für den deutschen Heimatfilm der 50er Jahre?
23 Auf welchen allgemeinen Nenner lässt sich die deutsche Filmkultur der Nachkriegszeit bringen?

Weiterführende Arbeitsaufgaben

- Analysieren und interpretieren Sie einen bundesdeutschen Kriegsfilm der 50er Jahre Ihrer Wahl mit besonderem Blick auf die propagierten manifesten und latenten Normen und Werte. Was genau unterscheidet einen Kriegsfilm von einem Antikriegsfilm?
- Erarbeiten Sie ausführlich die politischen und wirtschaftlichen Veränderungen der internationalen Filmbranche in den 50er Jahren.
- Vergleichen Sie Produktion, Distribution und Rezeption von Filmen in der BRD und der DDR.
- Erstellen Sie eine Liste der männlichen und weiblichen Stars in den beiden Genres Musik-/Schlagerfilm und Heimatfilm der 50er Jahre.
- Vergleichen Sie einen Heimatfilm aus der NS-Zeit, aus den 50er Jahren und aus den 80er Jahren im Hinblick auf den ideologischen Stellenwert von „Heimat“ und ihre Funktion in unterschiedlichen gesellschaftlichen Kontexten.

5.5 | Der amerikanische Thriller und Alfred Hitchcock

Der Thriller als Genre

Während der traditionelle Horrorfilm das Grauen im Monster visualisiert, ruft es der Thriller im Zuschauer selbst hervor. Unser Alltägliches, Normales, Vertrautes wird plötzlich doppelbödig und bedrohlich und evoziert eine Spannung im Kopf, vor der wir nicht davonlaufen können. Das neue Genre Thriller spielt auf ganz bestimmte Weise mit unseren Ängsten, mit der Unbestimmbarkeit der eintretenden Ereignisse und mit deren lustorientierter Erwünschtheit. Es nötigt uns emotional stärker als andere Filmgenres zur Identifizierung mit dem Bösen und damit zur Selbsterfahrung und stellt mit dieser Wirkungsorientiertheit in der Geschichte des narrativen Spielfilms einen ästhetischen Fortschritt dar gegenüber früheren, eher „einfachen" Spannungsformen wie in den französischen Stummfilmserien um Superverbrecher (z.B. „Fantomas" 1913, vgl. Kap. 2.1) oder in den deutschen Kriminalfilmen (z.B. um „Dr. Mabuse" 1922, vgl. Kap. 3.3.2). Beim amerikanischen Thriller gelten vor allem die Schlüsselfilme des Film noir als Vorformen. Inzwischen rechnet man auch Filme wie „Fahrstuhl zum Schafott" (1957) von Louis Malle, „Im Zeichen des Bösen" (1958) von Orson Welles, „Schießen Sie auf den Pianisten" (1960) und andere Filme der Nouvelle vague zum Thriller, und diese Begriffsausweitung reicht bis zu den amerikanischen Filmen der 90er Jahre und ihren Serienkillern wie z.B. in „Das Schweigen der Lämmer" (1991) oder „Copykill" (1995).

Der amerikanische Thriller

Merksatz

Beim Thriller im engeren Sinn handelt es sich um jenes Genre, das erst mit den psychologischen Filmen Alfred Hitchcocks, speziell seinen Agententhrillern, ausgebildet wurde (vgl. Kap. 3.5) und in den 50er und frühen 60er Jahren seinen ersten Höhepunkt erfuhr. Der Thriller definiert sich durch seine spezielle Wirkmächtigkeit beim Zuschauer.

Mitrecht also kommt Hitchcock das Verdienst zu, mit seinen Filmen einen wesentlichen Beitrag zur internationalen Filmgeschichte geleistet zu haben. Nach frühen Werken wie „Die 39 Stufen" (Kap. 4.3) oder „Verdacht" (1941) folgten in den 50er Jahren Erfolgsfilme wie „Bei Anruf Mord" (1954), „Das Fenster zum Hof" (1954), „Vertigo – Aus dem Reich der Toten" (1958), „Der unsichtbare Dritte" (1959) und insbesondere „Psycho" (1960), der in vielfacher Hinsicht als ein Höhepunkt des amerikanischen Thrillers angesehen werden kann. Meisterwerke wie „Die Vögel" (1963), „Marnie" (1964) und „Frenzy" (1972) sollten noch folgen.

Hitchcocks Thriller

An drei Hitchock-Beispielen seien die Eigenarten des amerikanischen Thrillers in Phase V der Filmgeschichte verdeutlicht: „Das Fenster zum Hof" mit James Stewart in der Hauptrolle stellt einen Voyeur in den Mittelpunkt, vergleichbar dem Kinozuschauer selbst. Der Held, von Beruf Sensationsfotograf, ist mit einem Gipsbein zur Immobilität verdammt und muss sich darauf beschränken, den Hinterhof eines großen Wohnkomplexes als Bühne des Welttheaters zu

– „Das Fenster zum Hof"

betrachten. Wir werden in die Schlüssellochperspektive versetzt, zum Sehen verdammt. Hinter den vielen Fenstern, Vorhängen und Jalousien spielen sich viele kleine Geschichten ab – eine Tänzerin, von Männern verfolgt; ein unverheirateter Musiker, der sich betrinkt; ein kinderloses Ehepaar mit seinem Hündchen; eine ältere Frau mit der romantischen Neigung zu jungen Liebhabern usw., schließlich auch ein Mann, dessen Frau auf einmal verschwunden ist: Mord? Der Thriller kombiniert damit ganz unterschiedliche Genres: Melodram, Komödie, Märchen, Farce, Detektivfilm.

Die Kamera selbst wird zum Erzähler und emotionalisiert das Alltägliche, Triviale. Dabei verweist das Gesehene immer stärker zurück auf den Sehenden, insbesondere auf die Beziehung zwischen Jeffries zu seiner Freundin Lisa, die nichts lieber möchte als von ihm geheiratet zu werden; die Intimität des Gesehenen entlarvt die Intimität des Spanners. Das Bemühen um die Aufdeckung eines vermuteten Verbrechens „kippt" um in die Abwehr von Sex per Flucht in die Impotenz. Und der Mörder Thorwald bedroht auf einmal den Spanner Jeffries – und damit den Zuschauer – höchst persönlich. In dem Verdacht, dass Thorwald seine Frau beseitigt hat, spiegelt sich

Abb 68

Der Fotograf mit seiner Verlobten

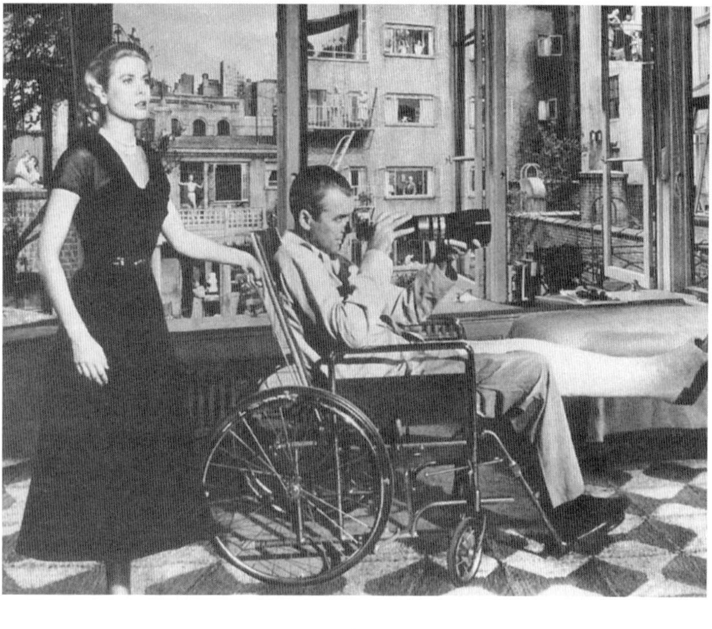

also die Sehnsucht Jeffries´, sich von Lisa zu befreien. Der Film thematisiert letztlich, hinter dem vordergründigen Voyeurismus-Motiv, die Ambiguität von Bindungen zwischen Mann und Frau in einer geschlossenen, gefängnisgleichen Welt.

– „Vertigo – Aus dem Reich der Toten"

„Vertigo – Aus dem Reich der Toten" zeigt bereits einen deutlicher psychisch beschädigten Helden: Der Kriminalbeamte Scottie wurde pensioniert, weil er an Höhenangst leidet (Fachbegriff: Vertigo oder Akrophobie). Bei einem kleinen privaten Beschattungsauf-

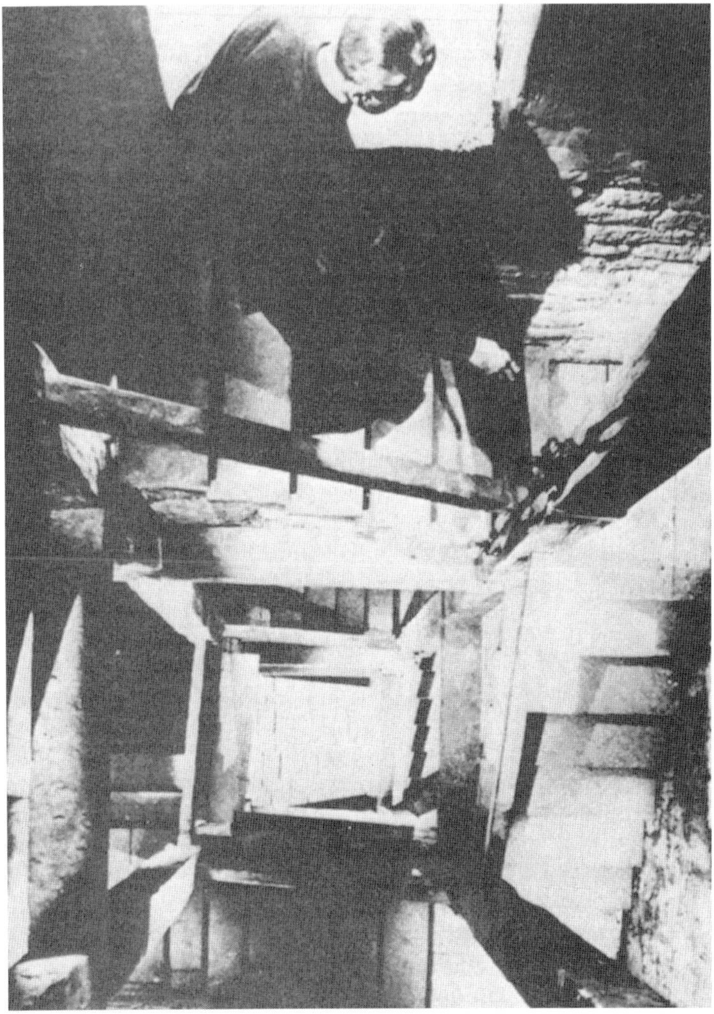

Abb 69

Der neurotische Held auf der Treppe im Turm

trag verhindert seine Neurose, dass er die Selbsttötung von Madelaine, der blonden Frau eines Freundes, in die er sich mittlerweile unrettbar verliebt hatte, verhindert; sie stürzt sich vom Turm, auf den er ihr nicht hatte folgen können, in die Tiefe. Später begegnet er zufällig der rothaarigen Verkäuferin Judy, die Madelaine verblüffend ähnlich sieht und die er bei jedem Treffen immer mehr in Madelaine zu verwandeln trachtet – mit ihrer Frisur, ihrer Kleidung, ihrem Schmuck. Schließlich findet er heraus, dass Judy in Wahrheit Madelaine ist bzw. gespielt hat (Kim Novak in einer Doppelrolle). Mit ihrer angeblichen Selbsttötung sollte kaschiert werden, dass der Freund seine wirkliche Frau selbst umgebracht hatte. Scottie war in dem raffinierten Komplott zum ahnungslosen Zeugen funktionalisiert worden. Als Scottie Judy alias Madelaine diesmal über eine Wendeltreppe auf den besagten Turm folgen kann, um die Ereignisse zu rekonstruieren, und ihr seine Liebe gesteht (die sie erwidert), stürzt sie versehentlich ab.

Der in „Vertigo“ gestaltete Bedeutungskomplex umfasst die Identitätsproblematik und das Doppelgängermotiv, Tod und Wiederauferstehung, Wirklichkeit und Traum und Schwindel, das Leben als Jagd und rastloses Wandern. Wieder werden mehrere Geschichten gleichzeitig erzählt: von Schuld und Versagen, von Krankheit und Verbrechen, von Liebe und Besessenheit, von Erotik und Liebe zum Bild einer Person, also von Fetischismus. Mithilfe filmästhetischer Mittel zieht der Film den Zuschauer in seinen Bann und aktiviert dessen Sehnsüchte und Ängste. So werden etwa die Schwindelgefühle des Helden im Treppenhaus des Turms erzähltechnisch, durch die Kombination von Zoom und gegenläufiger Kamerafahrt, so gestaltet, dass auch dem Zuschauer schwindelig wird. So wird die Identität der beiden Frauenfiguren leitmotivisch durch die suggestive Musik Bernhard Herrmanns zusammengeführt. So signalisieren Hell-Dunkel-Kontraste und eine elaborierte Farbsymbolik die Gegenläufigkeit von Wahrheit und Schein. Der ganze Film arbeitet dramaturgisch-strukturell mit schwindelerregenden Kreisbewegungen, wobei insbesondere die subjektive Kamera und eine spezielle Schnittfrequenz den Zuschauer desorientieren, so dass er den Boden der vertrauten Realität verliert und wieder auf sich selbst zurückgeworfen wird (Helmut Korte). „Vertigo“ gestaltet im Kern die Unerfüllbarkeit von Liebe als romantischer Illusion und zwingt den Zuschauer, dem die Identität von Madelaine und Judy bereits lange vor Scottie bekannt gemacht wird, diese Einsicht selbst zu generieren: seine eigene „Höhenangst" so zu überwinden, wie das Scottie am Ende des Films gelingt.

Auswahlbibliographie zum Hitchcock-Thriller

Filmkanon

Jahr	Titel	Regisseur
1941	„Verdacht"	Alfred Hitchcock
1954	„Bei Anruf Mord"	Alfred Hitchcock
1958	„Vertigo – Aus dem Reich der Toten"	Alfred Hitchock
1960	„Psycho"	Alfred Hitchcock
1963	„Die Vögel"	Alfred Hitchcock

– „Psycho"

„Psycho" schließlich stellt den ganz und gar kranken, schizophrenen Norman Bates in den Mittelpunkt (gespielt von Anthony Perkins). Zuvor aber wird der Zuschauer wieder verwirrt und auf falsche Fährten gelockt – von einer Sekretärin, die Geld stiehlt und flieht; von der Ermordung Marions in einem Motel scheinbar durch die Mutter des Besitzers; von der Tötung eines Privatdetektivs auf der Suche nach dem Geld und der Diebin. Wir werden genötigt, uns mit dem Mädchen zu identifizieren. Wichtig dabei wird die legendär gewordene Szene, in der Marion in der Dusche ermordet wird. Hitchcock kommt hier ohne visualisierte Nacktheit aus, ohne viel Blut, Schreie und sonstige Sensationszutaten des Horrorfilms, entfaltet aber gleichwohl tiefes Entsetzen im Zuschauer – und nicht nur durch Aussparungen und Detailaufnahmen (Messer, Duschvorhang, Abfluss). In dieser Szene wird vielmehr das Gefühl der Sicherheit unserer Heldin, ausgedrückt durch die äußerste Verwundbarkeit eines nackten Menschen in der Dusche, brutal zerstört durch eine im Kontext des Handlungskontinuums ebenso unerwartete wie absolut funktionslose, sinnlose und unverständliche Tat (Robin Wood). Damit wird eine Verlagerung unserer Identifikation von Marion hin zum sympathischen, netten, scheuen Norman bewirkt, als dessen Statthalter wir ja schon längst durch das Loch in der Wand die nackte Frau voyeurhaft beobachtet haben.

Erst danach zeigt sich, dass es tatsächlich gar nicht um einen alltäglichen Kriminalfall geht, der nur eine falsche Fährte legen soll, sondern um die Identitätsproblematik, wie sie vor allem in den vielen Spiegelmotiven verdeutlicht wird: um die gespaltene

Abb 70

Standfoto: Bates vor seinem düsteren Haus

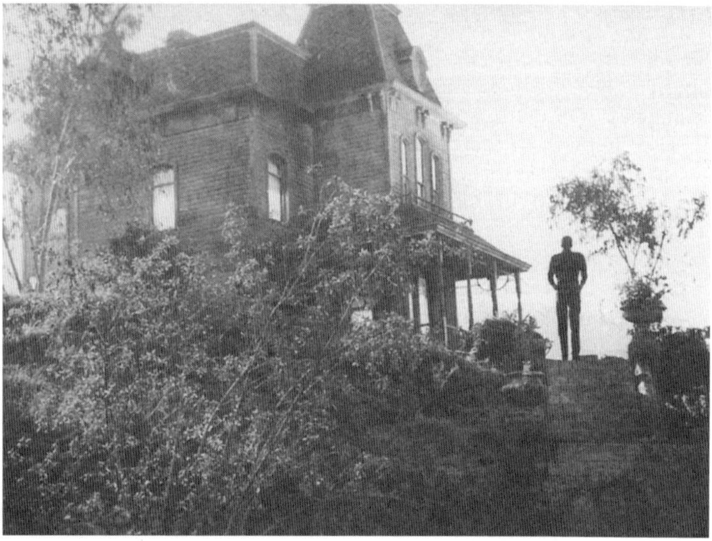

Persönlichkeit anhand der Mutter-Sohn-Beziehung, deren Kritik generell auf den Puritanismus in der amerikanischen Mittelklasse-Kultur verweist. Indem Hitchcock dem Zuschauer diese Gespaltenheit visuell immer wieder aufzwingt, nötigt er ihn zur Identifikation und Teilhabe am grausigen Geschehen. Die Träume vom Reichtum, vom paradiesischen Neuanfang der Liebenden, von sexuellen Interessen und Reinlichkeitsbedürfnissen, von der Fürsorge der Mutter für ihren Sohn erscheinen sympathisch und decken sich mit unseren eigenen Träumen. Erst danach erweisen sie sich als Alpträume. Die ausgestopfte Mutter im Keller, mit ihren toten Augen, wird so quasi zur Leiche in unserem eigenen Keller. Das Schicksal Normans, dessen Bewußtsein am Schluss von der „bösen Mutter“ aus dem Reich der Toten komplett übernommen wird, sein Wahnsinn, bedroht uns selbst. Das war übrigens so massenwirksam, dass von „Psycho“ später noch triviale Fortsetzungen gedreht wurden: „Psycho II“ (1982) und „Psycho III“ (1983), beide wieder mit Perkins, und neueren Beispielen.

Literatur

Georg Seeßlen: Thriller. Kino der Angst. Marburg 1995.

Kenntnisreicher Überblick über das gesamte Genre von den Anfängen bis Mitte der 90er Jahre, unter Einbeziehung auch deutscher, englischer und französischer Filmbeispiele.

Peter Vorderer, Hans J. Wulff, Mike Friedrichsen (Hrsg.): Suspense. Conceptualizations, Theoretical Analyses, and Empirical Explorations. Mahwah, New Jersey 1996.

Sammelband mit 16 theoretischen und empirischen Beiträgen zum Problem von Spannung als werkästhetisch-narratives und zugleich psychologisches Moment.

Martin Rubin: Thrillers. Cambridge 1999.

Hauptsächlich eine Geschichte des Thrillers, speziell des amerikanischen, in drei Phasen: ein formierender Abschnitt bis zu den frühen 30ern, die klassische Periode bis zu Hitchcock und die moderne Periode von der französischen Nouvelle vague bis zum Ende des 20. Jahrhunderts.

Lars-Olav Beier und Georg Seeßlen (Hrsg.): Alfred Hitchcock. Berlin 1999.

Sehr guter Sammelband mit vielen Essays und einer mit reichhaltigem Bildmaterial versehenen Filmografie.

Donald Spoto: Alfred Hitchcock und seine Filme. München 1999 (orig. 1976).

Klassisches Standardwerk des bekannten Hitchcock-Biographen für ein breiteres Publikum, erweitert und überarbeitet zum hundertsten Geburtstag Hitchcocks.

Robin Wood: Hitchcock´s Films Revisited. Rev. ed. New York 2002.

Verbindet neue Analysen klassischer Hitchcock-Filme wie „Vertigo“, „Psycho“ und „Die Vögel“ mit Teilstudien zu weiterführenden, übergreifenden Bezügen wie die Bedeutung des Hitchcock-Stars Ingrid Bergman, die Frauen bei Hitchcock oder die Bedeutung der Psychologie in seinen Filmen.

Übungs- und Wiederholungsfragen

24 Charakterisieren Sie den Thriller als Genre.
25 Was waren die amerikanischen Vorläufer des Thrillers?
26 Nennen Sie mindestens drei wichtige Hitchcock-Thriller aus den 50er und 60er Jahren..
27 Worum geht es beim Film „Fenster zum Hof“ vordergründig und worum im Kern?
28 Beschreiben Sie Inhalte und Formmerkmale von „Vertigo“.
29 Welches ist das latente Thema von „Psycho“?

Weiterführende Arbeitsaufgaben

- Analysieren und interpretieren Sie einen einen frühen Agententhriller von Hitchcock und vergleichen Sie ihn mit einem seiner späteren Psychothriller.
- Untersuchen Sie die Rolle der Frauen in Hitchcocks Filmen, speziell die Rolle der Mutter.
- Vergleichen Sie einen Hitchcock-Thriller mit einem Thriller etwa aus den 90er Jahren. Welches genau sind die latent angesproche-

Weiterführende Arbeitsaufgaben

nen Ängste und Sehnsüchte, welche filmästhetischen Merkmale lassen sich beobachten und inwiefern nimmt die jeweilige Message zeitgenössische Motive auf?
- Informieren Sie sich über die biographische Methode der Filmanalyse und erarbeiten Sie ein Konzept anhand verschiedener Biographien Hitchcocks.

5.6 | Die Nouvelle vague in Frankreich

Die künstlerische Tabula rasa beim deutschen Nachkriegsfilm eröffnete den Blick der bundesdeutschen Filmkultur auf Klassiker der ausländischen Filmkunst – aus den USA (Film noir, SF-Film, Thriller) und Italien (Neorealismus), aber zeitversetzt auch aus anderen Ländern wie Frankreich, Schweden und Japan. In Frankreich entstand die „Nouvelle vage“ – mit diesem Begriff bezeichneten Journalisten eine Gruppe von Filmen bestimmter Regisseure zwischen 1958 und 1961, die internationales Aufsehen erregten. Ausschlaggebend war hier die Kritik von Filmkritikern der französischen Zeitschrift „Cahiers du Cinéma“ an der kommerziellen Erstarrung des zudem in eine ökonomische Krise schliddernden französischen Films, der sie in einer bewundernswerten Umsetzung von Theorie in Praxis – nach Vorbildern wie Alfred Hitchcock – eigene, „persönliche“ Filme entgegenstellen wollten. Exemplarisch für den ästhetischen Wandel steht Louis Malle, der mit „Fahrstuhl zum Schafott“ (1957) noch ganz in der Tradition des klassischen Kriminalfilms stand, in „Zazie“ (1960) aber bereits die konventionellen Erzählformen – entsprechend vergleichbaren Ansätzen in der Literatur („Nouveau roman“) – durch ganz neue kinematographische Verfremdungstechniken ersetzt hatte.

Louis Malle

Definition

Die Nouvelle vague in Frankreich meint eine Gruppe von Autorenfilmern, die mit einem persönlichen, einem subjektiven Stil neue Akzente in der Filmkunst setzen wollten – in Analogie des Filmregisseurs zum Romanautor. Dabei handelte es sich vor allem um Claude Chabrol, François Truffaut, Alain Resnais und Jean-Luc Godard.

Eric Rohmer

Auch Eric Rohmer mit seinem ersten Spielfilm „Das Zeichen des Löwen" (1960) – einer Studie über den Absturz eines Violinisten zum Clochard und die trostlose Atmosphäre des verödeten Paris im Sommer zur Urlaubszeit – ließe sich hier noch einbeziehen. Fast alle Regisseure begannen damit längere Karrieren, die ihnen Weltruhm einbrachten, freilich nicht auf der Basis eines gleichbleibenden Konzepts.

Merksatz

Es gab bei der Nouvelle vague kein ausgefeiltes ästhetisches Erneuerungsprogramm, sondern neben dem Streben nach einem „persönlichen" Stil allenfalls die Neigung zur mobilen Handkamera, zum (kostengünstigen) Drehen auf Straßen und an Originalschauplätzen, d.h. zum Dokumentarähnlichen, zum Zitieren von verehrten filmischen Vorbildern und zum formalen Experiment.

Claude Chabrol

– „Schrei, wenn du kannst"

Claude Chabrols erster erfolgreicher Spielfilm nach „Die Enttäuschten" (1958) – eine mileugetreue Darstellung des Verfalls eines abgelegenen Dorfes in Frankreich – war „Schrei, wenn du kannst" (1959). Der Film beschreibt sozialkritisch eine Studentenclique in Paris, die geprägt ist von scheinbarer Lässigkeit, von Langeweile, Lebensüberdruss und Gewalt. In seinem Nachfolgewerk „Die Unbefriedigten" (1960) analysiert er in einer handlungsarmen Darstellung ebenso präzise und detailgenau die psychisch desolate Verfassung junger Pariser Verkäuferinnen, geprägt wieder von Langeweile und Hoffnungslosigkeit im Streben nach Glück. Die meisten Filme Chabrols erschienen jedoch erst in den 60er und frühen 70er Jahren (vgl. Kap. 6.3.2).

François Truffaut

Milieuorientiert, dokumentaristisch und geprägt vom liebevoll-kritischen Blick auf soziale Außenseiter waren auch die Filme von *François Truffaut,* der seine Regiearbeit mit „Sie küssten und sie schlugen ihn" (1959) begann. Der Film beschreibt unspektakulär die Erlebnisse des jungen Antoine, der Schwierigkeiten in der Schule hat, dann seine Mutter bei einem Seitensprung ertappt, von seinen Eltern in ein Erziehungsheim gesteckt wird, aus dem er schließlich ans Meer flieht. In einzelnen Szenen werden hier schlaglichtartig düstere Milieus, Träume, Anklagen und utopische Visionen aneinandergefügt und zu einem ebenso komplexen wie glaubwürdigen, authentisch wirkenden Kindheitsbild verdichtet. Institutionen wie Familie, Schule, Polizei, Besserungsanstalt und insbesondere das Kino, aber auch die Stadt Paris als Setting erhalten dabei aus der Sicht Antoines übergreifende Bedeutung (Joachim Paech). Später setzte übrigens Truffaut mit einer ähnlichen Ästhetik die Biographie seines Helden fort, mit dem ebenfalls älter werdenden Hauptdarsteller Jean-Pierre Léaud (z.B. „Antoine und Colette" 1961/62). Zugleich ent-

Abb 71

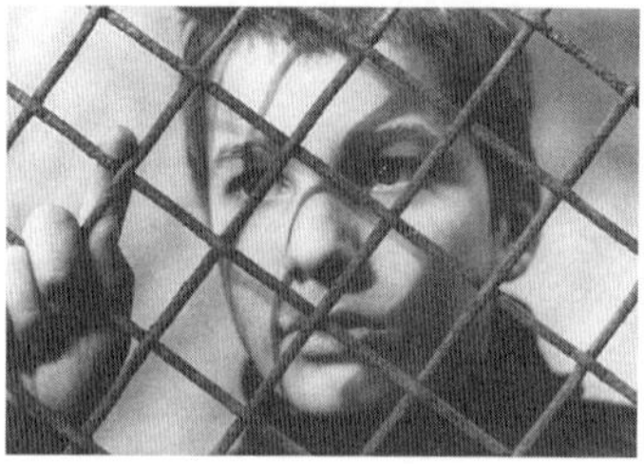

Antoine in „Sie küßten und sie schlugen ihn"

– „Schießen Sie auf den Pianisten"

wickelte er seine Milieustudien weiter, insbesondere mit dem Film „Schießen Sie auf den Pianisten" (1960), in dem – in Anlehnung an Renoir und Hitchcock – die Pariser Halbwelt mit einer Kriminalgeschichte und schwarzem Humor verknüpft werden, und mit dem Film „Jules und Jim" (1961), der die Liebe der beiden jungen Männer zum selben Mädchen Catérine ausleuchtet.

Alain Resnais

Alain Resnais, der vom Kurzfilm her kam, erregte mit seinem Spielfilm „Hiroshima, mon amour" (1959), nach einem Text von Marguerite Duras, bei den Filmfestspielen in Cannes großes Aufsehen. Beschrieben wird die kurze Liebe einer Französin und eines Japaners in Hiroshima, wobei die beiden Hauptmotive, die Liebe und der Atomtod, Gegenwart und Vergangenheit, miteinander verwoben werden. Maßgeblich ist dabei das Prinzip der Wiederholung, sowohl bei Dialogteilen als auch bei Bildern. Strukturell folgt der Film den fünf Sätzen eines musikalischen Rondo und versucht dabei auf vielfältige Weise, Symbolträchtiges über manierierte Erzählformen zu transportieren. Bezogen auf die Liebesthematik weist übrigens „Stunden voller Zärtlichkeit" (1960) von Peter Brook durchaus Ähnlichkeiten auf, wohl weil hier mit dem Roman „Moderato Cantabile" ebenfalls eine Vorlage von Marguerite Duras herangezogen wurde. Resnais´ Film „Letztes Jahr in Marienbad" (1961), nach einem Drehbuch des französischen Romanautors Alain Robbe-Grillet, trieb den Formalismus noch sehr viel weiter. Zwei Menschen begegnen sich in einem barockähnlichen Palast mit ausgedehnten Parkanlagen, aber der Zuschauer wird beim Dechiffrieren der zahllosen symbolträchtigen Verweise, Anspielungen, Szenenbruchstücke, Verschachtelungen von Gegenwart und Vergangenheit auf sich selbst verwiesen. Ähnlich wie die hypnoseähnlichen Erinnerungen der beiden Protagonisten sind die Bilder, Tonmontagen, steten Wiederholungen, Kontraste, Doppelungen, Assoziationen und

– „Hiroshima, mon amour"

Abb 72

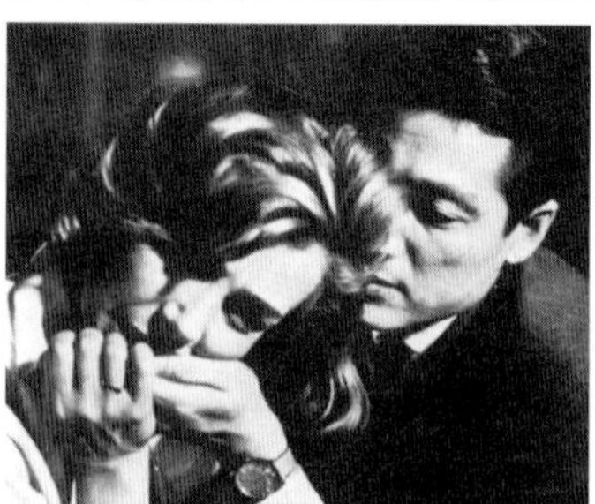

Die kurze Begegnung zwischen der Französin und dem Japaner in Hiroshima

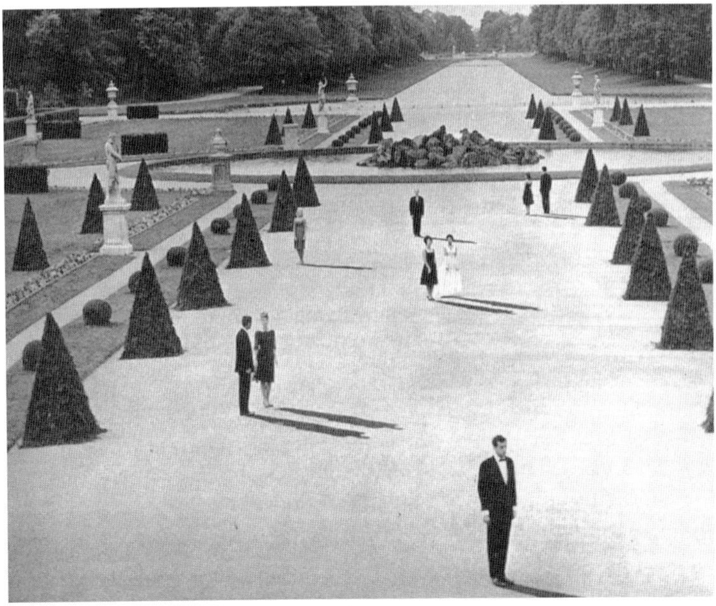

Abb 73

Der gekünstelte Formalismus in „Letztes Jahr in Marienbad“

die Schauplätze wie ein Labyrinth angelegt, aus dem es kein Entkommen gibt: ein Spiel mit Spielen, das man als „narzisstische Regression“ interpretieren kann, aber auch als „l'art pour l'art“. Es werden verschiedene Spiele gespielt, Kartenspiele, aber auch Beziehungsspiele, mit denen wiederum der Film „spielt“. Dabei gibt es keinen erkennbaren Handlungsverlauf mehr, kein Kontinuum im Diskurs, keine individualisierende Charakterisierung, keine Auflösung der verrätselnden Erzählformen, letztlich auch keine erkennbare Messsage – keinen Sinn.

Auswahlfilmografie zur französischen Nouvelle vague:

Jahr	Titel	Regisseur
1959	„Schrei, wenn du kannst“	Claude Chabrol
1959	„Sie küssten und sie schlugen ihn“	François Truffaut
1959	„Hiroshima, mon amour“	Alain Resnais
1960	„Außer Atem“	Jean-Luc Godard
1960	„Schießen Sie auf den Pianisten“	François Truffaut
1961	„Letztes Jahr in Marienbad“	Alain Resnais

Jean-Luc Godard – „Außer Atem"

Jean-Luc Godard schließlich wurde mit seinem ersten Film „Außer Atem" (1960) bekannt. Der Film erzählt die Geschichte eines Ganoven, der von seiner Geliebten an die Polizei verraten wird. Sein zweites Werk, „Der kleine Soldat" (1960), ist ebenfalls ein Gangsterfilm, allerdings mit deutlicher politischem Hintergrund (weswegen der Film in Frankreich wegen des Algerienkrieges verboten wurde). Der dritte Film, „Eine Frau ist eine Frau" (1961), zeigt im Rekurs auf das Musical und die Hollywoodkomödien der 30er Jahre eine Striptease-Tänzerin, die vergeblich von ihrem Liebhaber ein Kind möchte und sich deshalb an einen gemeinsamen Freund wendet. Godards Protagonisten sind allesamt Ganoven, Gangster, Fremde, Prostituierte, politische Extremisten – eben Außenseiter, Randgruppenvertreter. Im Zuge seiner weiteren Filme in den 60er Jahren ließ Godard immer stärker seine marxistisch-leninistische Weltanschauung wirksam werden und machte explizit politische Filme. Formal widersetzte sich Godard allem konventionellen Erzählen bis hin zur Verletzung üblicher Regeln etwa im Handlungskontinuum bzw. in der Schnitttechnik, so dass sich die Rezeption polarisierte in totale Ablehnung einerseits und unbedingte Fan-Verehrung einer kleinen Avantgarde-Gruppe andererseits. Exemplarisch: Auch noch einer seiner bekanntesten Filme wie „Week-End" (1967), der den Wochenendausflug eines Ehepaars in einem Auto beschreibt, ist von diesen zwei Merkmalen geprägt: ideologisch eine Abrechnung mit der kapitalistischen Massenkultur und bürgerlichen Wohlstandsgesellschaft, formal geprägt von einer dauernd sich bewegenden Kamera, einer eigenwilligen Beleuchtung, der Zerstörung des zeitlichen Kontinuums der Bilder sowie extrem langen Großaufnahmen und Totalen.

Literatur

Thomas Gagalick: Kontinuität und Diskontinuität im Film. Die frühen Filme Jean Luc Godards. Münster 1988.

Älterer Versuch, anhand von Filmprotokollen formale Merkmale der Godard´schen Filmästhetik und ihre Bedeutung herauszuarbeiten.

Alain Resnais. Reihe Film 38. München 1990.

Materialreicher Sammelband mit einer guten kommentierten Filmografie von Peter W. Jansen.

Volker Roloff und Scarlett Winter (Hrsg.): Godard intermedial. Tübingen 1997.

Sammelband mit 14 Einzelbeiträgen, die teils übergreifend, teils anhand einzelner Filme vertiefende Einblicke in Godards Ästhetik eröffnen.

Diana Homes, Robert Ingram: Francois Truffaut. Manchester 1998.

Neuere Einführung in das Gesamtwerk des Regisseurs, mit filmanalytischen Ansätzen.

Richard Neupert: A History of the French New Wave Cinema. Madison, Wisconsin 2002

Weiterführende Einzelstudien u.a. zu Malle, Chabrol, Truffaut und Godard.

Übungs- und Wiederholungsfragen

30 Nennen Sie die vier wichtigsten Vertreter der französischen Nouvelle vague?
31 Wie läßt sich die Nouvelle vague definieren.
32 Was charakterisiert ästhetisch den Film „Letztes Jahr in Marienbad"?
33 Wie unterscheidet sich Godard, vor allem im Fortgang seiner Karriere, von anderen Filmemachern der Nouvelle vague?

Weiterführende Arbeitsaufgaben

- Analysieren und interpretieren Sie eine repräsentative Auswahl von Filmkritiken aus der „Cahiers du Cinéma" in der zweiten Hälfte der 50er Jahre.
- Erarbeiten Sie ausführlich die politischen und wirtschaftlichen Veränderungen der französischen Filmbranche in den 50er Jahren.
- Vergleichen Sie das Konzept des „Nouvelle roman" in der französischen Literatur der Zeit mit der „Nouvelle vague" im Film.
- Untersuchen Sie die vier Fortsetzungsfilme zu „Sie küssten und sie schlugen ihn" mit Blick auf die biographische Entwicklung des Protagonisten.
- Vergleichen Sie die Konzepte von Liebe in „Hiroshima, mon amour" und in „Stunden voller Zärtlichkeit".

Andere Beiträge (Ingmar Bergman, Konrad Wolf, Douglas Sirk, Akira Kurosawa) | 5.7

Im Verlauf der 50er Jahre wurden erstmals von einer größeren Öffentlichkeit, auch wenn oft nur punktuell, ästhetisch anspruchsvolle Filmwerke ganz anderer kultureller Provenienz international zur Kenntnis genommen und als Bestandteile des „Weltfilms" begriffen. Das soll hier exemplarisch an einigen wichtigen Regisseuren und ausgewählten Filmbeispielen verdeutlicht werden. Damit wurden in der Geschichte des Spielfilms zugleich ganz verschiedene Subgenres ausgebildet bzw. eingebracht: der schwedische „Problemfilm" von Ingmar Bergman, der antifaschistische Politfilm von Konrad

Wolf (Deutsche Demokratische Republik), das amerikanische Melodram des bereits erwähnten Douglas Sirk (Kap. 4.1.1) als Hauptstrang des traditionellen Frauenfilms oder der japanische Samuraifilm von Akira Kurosawa. Diese kulturelle Ausweitung reichte bis weit in die 60er Jahre hinein, vor allem in denjenigen Ländern, in denen das Fernsehen seine Macht erst allmählich entfaltete. Um diesen zäsurübergreifenden Trend nicht abzuschneiden, werden im Folgenden auch die klassischen Filme dieser Regisseure nach 1960 einbezogen.

Ingmar Bergman

In der Geschichte des schwedischen Films (vgl. auch Kap. 3.5) hatten die 50er Jahre und insbesondere Ingmar Bergman eine besondere internationale Ausstrahlung. Bergman, der vom Theater her kam, inszenierte 1945 seinen ersten Film und hatte mit „Durst" (1949) seinen ersten Erfolg auch in Deutschland (1953). Berühmt wurde er dann mit Filmen wie „Einen Sommer lang" (1950), „Sehnsucht der Frauen" (1952), „Abend der Gaukler" (1953) und vor allem „Das siebente Siegel" (1956) und „Wilde Erdbeeren" (1957). Spätere Meisterwerke wie „Das Schweigen" (1963), „Persona" (1965), „Szenen einer Ehe" (1972), „Herbstsonate" (1978) oder „Fanny und Alexander" (1981/82) befestigten seine herausragende filmhistorische Bedeutung.

Merksatz

In Deutschland fungierten die klassischen Kinofilme von Ingmar Bergman, mit ihren Fragen nach der menschlichen Existenz und ihrer Sinn- und Gottsuche, als „Problemfilme". Heute kann man sie präziser eher als Beziehungsfilme charakterisieren, in denen die Möglichkeiten und Grenzen von Kommunikation und Selbsterkenntnis ausgeleuchtet werden.

– „Das siebente Siegel"

„Das siebente Siegel" (in Deutschland 1962 erschienen) ist eine Allegorie auf den Verlust von Sinn und metaphysischem Halt in der modernen Nachkriegszeit. Das Geschehen ist ins ausgehende Mittelalter verlegt: Ein Ritter (gespielt von Max von Sydow) kehrt mit seinem Knappen von einem Kreuzzug heim in seine nordische Heimat, die von der Pest heimgesucht wurde. Er begegnet Wanderschauspielern, wird Zeuge einer Hexenverbrennung, trifft einen Zug von Flagellanten, sieht leidende Bauern und spielt in dieser Welt am Abgrund Schach mit dem personifizierten Tod, um das Leben der neuen „heiligen Familie", des Gauklers Jof, seiner Frau Mia und ihres Sohnes, um den Preis des eigenen Lebens zu retten. Bergman bedient sich hier stilistisch der Traditionen des mittelalterlichen Mysterienspiels im Rekurs auf die Offenbarung, in dem davon die Rede ist, dass eine kurze Zeit verbleibt, wenn das Lamm das siebente Siegel öffnet (Off 8,1). Der Film wurde 1957 in Cannes ausgezeichnet.

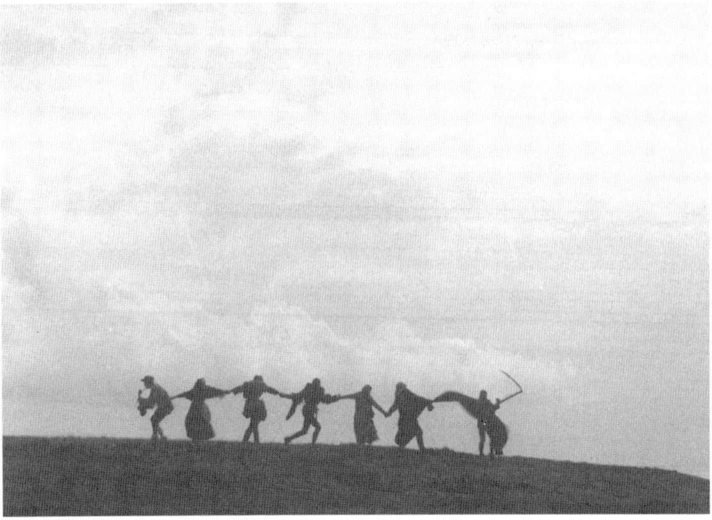

Abb 74

Der mittelalterliche Totentanz in „Das siebente Siegel“

– „Wilde Erdbeeren“

„Wilde Erdbeeren“ (in Deutschland 1961 in den Kinos) thematisiert Einsamkeit und Lieblosigkeit am Beispiel des alten Professors Isak Borg (gespielt von dem früheren Stummfilmregisseur Victor Sjöström, vgl. Kap. 3.5), der anlässlich einer akademischen Ehrung über sich selbst Gericht hält. Wirklichkeit und Traum, Gegenwart und Vergangenheit, Träume und Visionen werden hier miteinander verzahnt und es wird kritisch über ein Leben und seine verpassten Chancen Bilanz gezogen. Angedeutet wird dabei die Möglichkeit, die Bitterkeit, den Schmerz, das Versagen zu überwinden in einer Art Versöhnung, die aber von müder Resignation nur schwer zu unterscheiden ist. Die Suche nach Gott wird hier jedenfalls in eine Suche nach Selbsterkenntnis umgewandelt, die durchaus von Erfolg gekrönt sein kann. Dieser Film erhielt 1958 Preise auf den Festivals in Venedig und Berlin und fand weltweite Aufmerksamkeit.

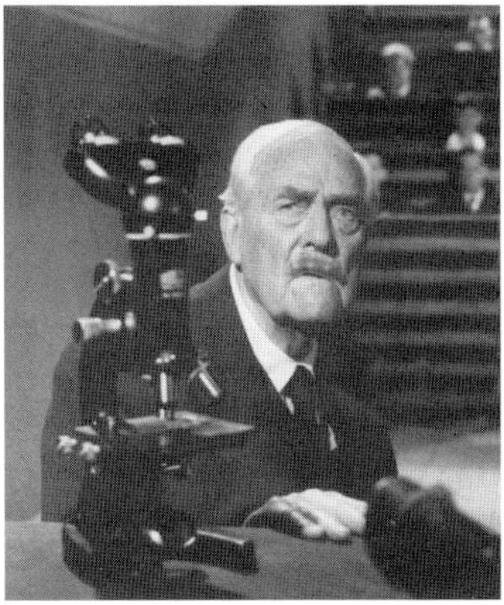

Abb 75

Professor Isak Borg

Sehr viel weniger Wirkung nach draußen hatten die Filme von Konrad Wolf, aus der totali-

Konrad Wolf

tären Deutschen Demokratischen Republik heraus. Wolf drehte nach dem Exil in der Sowjetunion 1955 seinen ersten eigenen Spielfilm, den musikalischen Kinderfilm „Einmal ist keinmal". Wichtiger waren seine Filme „Sterne" (1959) und dann „Der geteilte Himmel" (1964), nach einem Roman von Christa Wolf. Letzterer wurde wegen der Thematisierung der deutsch-deutschen Teilung und aufgrund seiner ungewöhnlichen assoziativen Erzählweise – Wolf versucht hier eine Art inneren Monolog in Form einer Montage von fragmentierten Erinnerungsbildern und zersplitterten Handlungssegmenten aus der Perspektive seiner Hauptfigur Rita – auch in anderen sozialistischen Ländern bekannt.

Abb 76

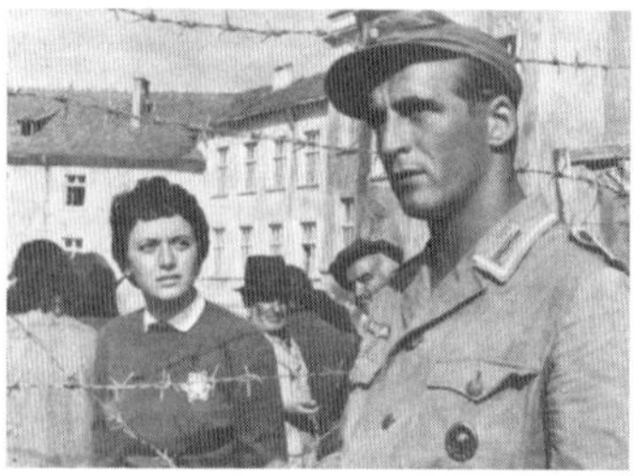

Walter und Ruth, durch Stacheldraht getrennt

– „Sterne"

„Sterne" setzt sich konsequent mit dem Hitlerfaschismus auseinander. Nüchtern wird erzählt, wie der deutsche Unteroffizier Walter in einem bulgarischen Dorf der jüdischen Zwangsarbeiterin Ruth auf ihrem Weg nach Auschwitz begegnet. Er verliebt sich in sie, erkennt seine Mitschuld am Schicksal der Juden, doch sein Versuch, das Mädchen zu retten, kommt zu spät. Private Anständigkeit scheitert an allgemeiner Unmenschlichkeit. Immerhin wendet sich am Schluss, der in der bundesrepublikanischen Fassung abgeschnitten wurde, die unpolitische Naivität des Helden zum gesellschaftspolitisch verantwortlichen Handeln – Walter unterstützt den Widerstand. Der Film mit seiner explizit politischen Message wurde 1959 auf den Filmfestspielen in Cannes ausgezeichnet. Wolf setzte sich auch in späteren Filmen noch dezidiert mit deutscher Geschichte und nationaler Identiät auseinander.

Das Melodrama, das als Filmgenre bereits mehrfach erwähnt wurde – etwa im deutschen Stummfilm (Kap. 1.4), bei Griffith (Kap. 3.1.1) und im Kontext von Stars wie Greta Garbo (Kap. 3.1.2) –, hat durch Douglas Sirk im Hollywood der 50er Jahre eine charakteristische Ausprägung als Familienmelodram erhalten.

Douglas Sirk

Douglas Sirk hat in Hollywood eine ganze Serie von Melodramen gedreht, u.a. „Hat jemand meine Braut gesehn?" (1951), „Eine abenteuerliche Frau" (1953), „All meine Sehnsucht" (1953), „Es gibt immer ein Morgen" (1955), „Duell in den Wolken" (1957) und „Solange es Menschen gibt" (1958), doch am bekanntesten und paradigmatisch für seine Genreausgestaltung ist „In den Wind geschrieben" (1956). Der Film greift Momente der früheren Erfolgsfilme „Vom Winde verweht" (1939) und „Giganten" (1955) mit einer ähnlichen Figurenkonstellation auf: Ein reiches Geschwisterpaar (Kyle und Marylee) wächst mutterlos, zusammen mit einem jungen Mann auf (Mitch), den der Vater (Hadley), ein Ölmilliardär, als Wunschbild für einen Sohn und als Schwiegersohn vor Augen hat. In diese Welt dringt eine junge Frau ein (Lucy), die den Bruder heiratet. Marylee (gespielt von Dorthy Malone) begehrt Mitch (gespielt von Rock Hudson), der diese Zuneigung aber nicht erwiedert, sondern seinerseits Lucy liebt. Die Tragödie ist damit vorprogrammiert, auch weil Kyle (gespielt von Robert Stack) Alkoholiker ist und Marylee Nymphomanin. Vergeblich sucht Kyle die Anerkennung des Vaters, der an einem Herzanfall stirbt, und versinkt in Versagens- und Schuldgefühlen. Seine Frau Lucy (gespielt von Lauren Bacall) hat eine Fehlgeburt, nachdem Kyle glaubte, das Kind sei gar nicht von ihm, sondern von Mitch. Kyle kommt eher versehentlich ebenfalls ums Leben. Nur Marylee überwindet am Schluss des Films Eifersucht und Rachegefühle und verzichtet auf Mitch, und das heißt im melodramatischen Kontext: Sie wird erwachsen. Und Mitch und Lucy können sich ihrer Liebe widmen.

Merksatz

Gefühle, Sentimentalität, Liebe, Eifersucht, Herz und Schmerz und das Schicksal der Frau werden beim amerikanischen Melodrama der 50er Jahre im Rahmen der bürgerlichen Kleinfamilie als sexuelle Unterdrückung und Frustration entfaltet. Die weibliche Heldin, die im Zentrum steht, leidet an der Herrschaft des überdominanten Vaters im Rahmen einer begrenzten Figurenkonstellation – es geht um die emotionale und moralische Identität der Frau, um ihr Erwachsenwerden, um ihren Ausbruch aus der hierarchischen, autoritären Ordnung, der oft mit einem „Verzicht" bezahlt werden muss.

– „In den Wind geschrieben"

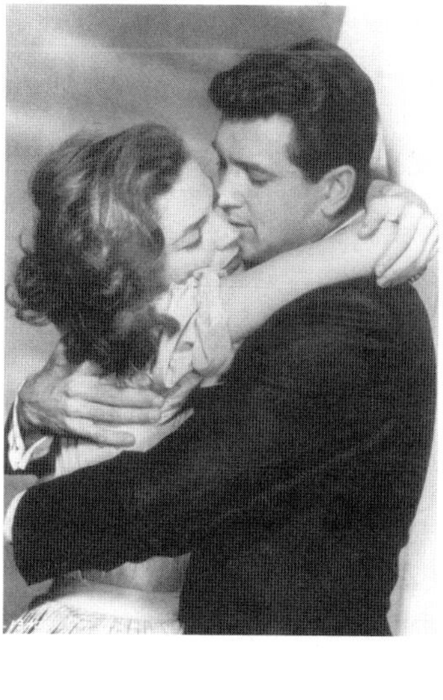

Abb 77

Nach Marylees Reifung finden sich Mitch und Lucy im Happy end

In Handlung und Figurenkonstellation wird der Kolportagecharakter dieses Films, der in luxuriösem Ambiente spielt, besonders deutlich. Dass sich Sirk zugleich auch einer klassisch symbolträchtigen Farbdramaturgie bedient (Rot für Liebe, Schwarz für Böse, Gelb für Gefühlsausbrüche, Weiß für Unschuld, Grün für Frühling und Fruchtbarkeit, Braun für Erdgebundenheit), markiert um ein Weiteres das künstlerische Niveau: ein klassischer „Weepy“ im Verbund mit einem Vater-Sohn-Konflikt. Wegen kaum verdeckter sexueller Anspielungen galt der Film nach Maßgabe der 50er Jahre übrigens als „gewagt“.

Auswahlfilmografie von weiteren klassischen Beispielen des Weltfilms der Nachkriegszeit unterschiedlicher kultureller Provenienz:

Jahr	Titel	Regisseur
1951	„Rashomon“	Akira Kurosawa
1954	„Die sieben Samurai“	Akira Kurosawa
1956	„Das siebente Siegel“	Ingmar Bergman
1956	„In den Wind geschrieben“	Douglas Sirk
1957	„Wilde Erdbeeren“	Ingmar Bergman
1959	„Sterne“	Konrad Wolf
1960	„Die glorreichen Sieben“	John Sturges
1963	„Das Schweigen“	Ingmar Bergman
1964	„Der geteilte Himmel“	Konrad Wolf

Akira Kurosawa

Der japanische Regisseur Akira Kurosawa wurde in Deutschland vor allem nach dem Erfolg seines Films „Rashomon“ (1951) bei den Filmfestspielen in Venedig bekannt. Das Werk basiert auf zwei Kurzgeschichten von Ryonosuke Akutagawa. Kurosawa trat aber auch mit anderen Literaturverfilmungen hervor, etwa „Der Idiot“ (1951) nach Dostojewsky oder „Das Schloss in Spinnwebwald“ (1957) nach Shakespeares „Macbeth“. Spätere Meisterwerke waren „Kagemusha – Der Schatten des Kriegers“ (1980) und „Ran“ (1985), nach Shakespeares „King Lear“. Charakteristisch für Kurosawa ist die enge Zusammenarbeit mit dem Schauspieler Toshiro Mifune, der in fast allen Filmen eine Rolle übernommen hat.

Bei einer breiteren Öffentlichkeit wurde insbesondere der Film „Die sieben Samurai“ (1954) erfolgreich. Erzählt wird hier die Geschichte um ein Dorf, das regelmäßig von Banditen geplündert wird. Die Bau-

Merksatz

Es gibt zwei Schlüsselmotive dieses Films: erstens die Etablierung von bestimmten Werten wie Mitgefühl, Selbstlosigkeit, Mut, Besonnenheit. Die Samurai solidarisieren sich allmählich mit den unterdrückten Bauern. Es geht um Reis als Lebensgrundlage, es geht um das blanke Überleben. Zweitens wird zugleich der zunehmende Statusverlust der Samurai sichtbar: die bittere historische Einsicht, dass sich die Ideale der Samurai als einer ehemals wichtigen Militärkaste der feudalen japanischen Gesellschaft inzwischen überholt haben.

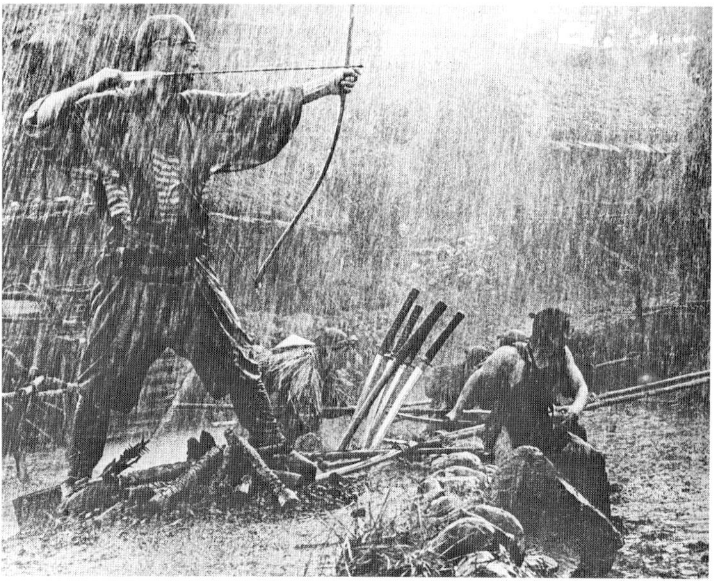

Abb 78

Der Kampf der Samurai mit Schwertern und Pfeil und Bogen gegen die Gewehre der Banditen

– „Die sieben Samurai"

ern heuern nach und nach sieben arbeitslose Samurai an, die sie verteidigen sollen. Gemeinsam kämpfen sie erfolgreich gegen die Eindringlinge, bezahlen dabei freilich einen hohen Blutzoll.

Weil die Samurai aber nicht als das traditionelle Klischee dargestellt werden, sondern durchaus individualisiert, mischt der Film Abenteuer- und Actionmomente, ist teils Komödie, teils aber auch Tragodie. Und weil auch die Bauern als durchaus gemein, verlogen, hinterhältig und brutal entlarvt werden, also die Aura der unschuldigen Opfer verlieren, entgeht die Message der naiven Ideologisierung. Die Unterschiedlichkeit von Banditen, Samurai und Bauern wird damit teilweise aufgehoben.

Die filmästhetisch wichtigsten Merkmale sind eine ständig veränderte Kamera, schnelle Schnitte, eine spezielle Montagetechnik mit der Konzentration auf signifikanten Szenen, eine symbolisierende Verdichtung, die sich einer simplen Interpretation entzieht. Die japanischen Schwertkampfszenen hatten Vorbildcharakter für spätere japanische Actionfilme für den westlichen Massenmarkt. Erstmals in den amerikanischen Kulturraum übertragen wurde die Story aber von John Sturges: „Die glorreichen Sieben" (1960); auch dieser Film entwickelte sich zum Klassiker.

Literatur

Film in der DDR. Reihe Film 13. München 1977.
Guter Sammelband mit fundierten Einzelstudien, u.a. zu Konrad Wolf, und reichhaltigem Datenmaterial zu den 30 wichtigsten Regisseuren der DDR und ihren Filmen.

Keiko Yamane: Das japanische Kino. München, Luzern 1985.
Knappe Gesamtdarstellung des japanischen Kinos von den Anfängen bis in die 80er Jahre, ergänzt durch kurze Beiträge zu den wichtigsten Regisseuren und Einzelfilmen.

Eckhard Weise: Ingmar Bergman. Reinbek 1987.
Kurzer anregender Überblick über Bergmans Leben und Schaffen mit Selbstzeugnissen und Bildokumenten.

Elisabeth Läufer: Skeptiker des Lichts. Douglas Sirk und seine Filme. Frankfurt/Main 1987.
Überblick über das Gesamtwerk Sirks einschließlich seiner Zeit bei der Ufa, in Hollywood und anschließend wieder in Europa, mit ausführlicher Filmografie.

Gösta Werner: Die Geschichte des schwedischen Films. Frankfurt/Main 1988.
Gute knappe Gesamtdarstellung von den Anfängen, mit Beiträgen speziell über die 50er Jahre und Ingmar Bergman, bis in die 80er Jahre.

Akira Kurosawa. Reihe Film 41. München 1988.
Eine detaillierte Gesamtfilmografie von Karsten Visarius mit zahlreichen Quellennachweisen und kenntnisreichen Interpretationen.

Peter Cowie: Ingmar Bergman. A Critical Biography. New York 1992.
Gesamtdarstellung aus biographischer Sicht, bei der die 50er Jahre als „golden years“ erscheinen und auch Bergmans spätere Hinwendung zum Fernsehen einbezogen wird.

Thomas Heimann: DEFA, Künstler und SED-Kulturpolitik. Zum Verhältnis von Kulturpolitik und Filmproduktion in der SBZ/DDR 1945 bis 1959. Beiträge zur Film- und Fernsehwissenschaft. Berlin 1993.
Differenzierte Darstellung der komplexen Zusammenhänge von Filmproduktion und der Kulturpolitik der SED.

Christian Cargnelli und Michael Palm (Hrsg.): Und immer wieder geht die Sonne auf. Texte zum Melodramatischen im Film. Wien 1994.
Sammelband mit vielen guten Beiträgen zum filmischen Melodram allgemein, u.a. auch zu Sirk.

Barbara Klinger: Melodrama and Meaning. History, Culture, and the Films of Douglas Sirk. Bloomington, Indianapolis 1994.
Analysen von „Written on the Wind“ und anderen Aspekten des Sirk-Melodrams.

Dorothea Becker: Zwischen Ideologie und Autonomie. Die DDR-Forschung über die deutsche Filmgeschichte. Münster 1999.
Interessante, metahistorische Problematisierung des Zusammenhangs von Ideologie und Filmgeschichtsschreibung am Beispiel der DDR-Filmhistoriografie, zu der drei Phasen unterschieden werden.

Übungs- und Wiederholungsfragen

34 Nennen Sie mindestens drei Filme von Ingmar Bergman.

35 Welcher Traditionen bedient sich Bergman in „Das siebente Siegel“?

36 Worin unterscheidet sich „Wilde Erdbeeren“ von „Das siebente Siegel“ in seiner ideologischen Aussage?

37 Welches Thema hat Konrad Wolfs „Sterne“?

38 Definieren Sie das amerikanische Melodrama der 50er Jahre nach Sirk.

Übungs- und Wiederholungsfragen

39 Wie heißt der bekannteste Film Kurosaways der 50er Jahre?
40 Welche zwei Schlüsselmotive prägen den Film „Die sieben Samurai"?

Weiterführende Arbeitsaufgaben

- Rekonstruieren Sie die Rezeption von Bergmans „Das Schweigen" in der Presse der Bundesrepublik Deutschland und vergleichen Sie kritisch verschiedene Interpretationen des Films.
- Welche anderen Regisseure und Filme gab es neben Konrad Wolf in der DDR der 50er Jahre?
- Vergleichen Sie ein Sirk-Melodrama der 50er Jahre mit einem früheren und einem späteren Beispielfilm aus der Geschichte dieses Genres, wo liegen Ähnlichkeiten, wo Unterschiede?
- Platzieren Sie Kurosawa in den Kontext der japanischen Filmkultur der 50er Jahre.
- Vergleichen Sie kritisch „Die glorreichen Sieben" von Surges mit seinem Vorbild „Die sieben Samurai" von Kurosawa. Worin bestehen die wichtigsten Unterschiede in Filmästhetik und der Message?

Brigitte Bardot und Marilyn Monroe: die „Sexbomben" | 5.8

Nach der frühen Einführung des Starsystems (Kap. 1.2), den Stars der 20er (Kap. 3.1.2) und der 30er und 40er Jahre (Kap. 4.2.4) etablierten sich viele Stars auf nationaler Ebene, beispielsweise die erwähnten Schauspieler und Schauspielerinnen, Sänger und Sängerinnen sowie Liebespaare im bundesdeutschen Heimat- und Schlagerfilm (Kap. 5.4). Manche erreichten aber auch Weltgeltung.

Merksatz

Stars prägten die gesamte Filmgeschichte, aber die Zeit des Weltfilms der Nachkriegszeit war zugleich die Hochzeit des Filmstars als kultureller Ikone.

In diesem Sinne erwähnt wurden bereits Humphrey Bogart als moderner Sysiphus, Romy Schneider in der Rolle der Kaiserin Sissi, Jean-Pierre Léaud als Antoine oder Toshiro Mifune als klassischer Samurai. Man hat die Fülle der Stars bereits typisiert (Enno Patalas), etwa in die Gruppe der „Guten Kameradinnen" (z.B. Katharine Hepburn, Doris Day, Ingrid Bergman) oder die Gruppe der „Rebellen ohne Sache" (z.B. James Dean, Marlon Brando, Anthony Perkins). Hier hervorzuheben sind spezifisch für die 50er Jahre die „Busenstars" oder „Sexbomben", die in den 40er Jahren schon als „Pin-up-girls" Verbreitung gefunden hatten. Neben Schauspielerinnen wie Rita Hayworth, Jane Russel, Anita Ekberg, Jane Mansfield, Gina Lolobrigida oder Sophia Loren waren das vor allem Brigitte Bardot und Marilyn Monroe.

Brigitte Bardot

Brigitte Bardot – auch einfach nur BB genannt – war ein französischer Exportschlager und gilt als die Nymphe unter den Sexgöttinnen. Als Kindfrau, deren erotische Faszination insbesondere durch ihren Schmollmund und ihre Löwenmähne zum Ausdruck kam, schuf sie sich die Aura des Dunkel-Geheimnisvollen. Sie verknüpfte Aggressivität und Verletzlichkeit mit dem Körper einer durchtrainierten Tänzerin und forderte mit kalkulierter Nacktheit nichts weniger als sexuelle Selbstbestimmung – ein für die verklemmten 50er Jahre ebenso bedrohliches wie attraktives Phänomen. Zu ihren Filmen gehören „Gier nach Liebe" (1955), „Das Gänseblümchen wird entblättert" (1956), „Die Braut war viel zu schön" (1956), „In ihren Augen ist immer Nacht" (1957) und „Ein Weib wie der Satan" (1958).

Abb 79

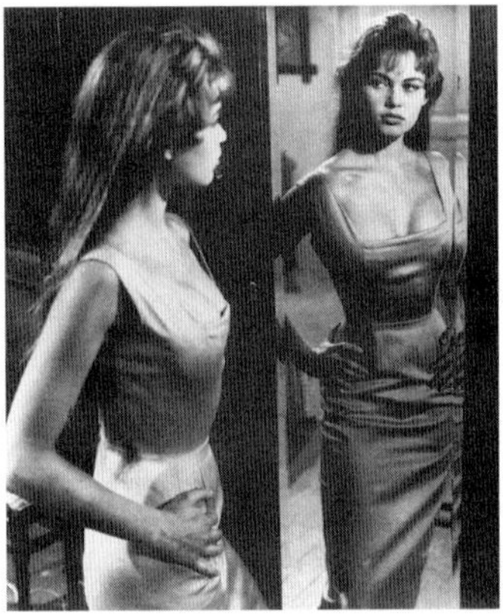

BB als Chouchou in „Die Braut war viel zu schön" (1956)

– „Und immer lockt das Weib"

Entscheidend für die Ausbildung des Mythos war freilich der Film „Und immer lockt das Weib" (1956) von Roger Vadim, der zu Skandalen führte und zugleich zum internationalen Erfolg wurde. Hier repräsentierte sie in einer dramatischen Geschichte um Liebe, Leidenschaft und Eifersucht vor allem eines: Amoralität mit dem Anspruch von Natürlichkeit. Am deutlichsten kommt das in der sinnlichen Mambo-Tanzszene am Ende des Films zum Ausdruck, die dem Zuschauer die Position des Voyeurs zuweist. Die Kamera fährt ihren zuckenden Körper langsam ab, zeigt unter dem bis oben aufgeknöpften Rock ihre langen Beine und ihren schwarzen Slip. Die Szene verbindet Narzißmus, Schamlosigkeit, Spontaneität und Exhibitionismus zu einer neuen Frauenrolle.

Merksatz

Im Kern besteht BBs Image in der Kombination solcher widersprüchlichen Elemente: einerseits autonome Weiblichkeit, andererseits Spielball ihrer Instinkte; einerseits körperbewußte Selbstinszenierung, andererseits Objekt des Begehrens (Stephen Lowry/Helmut Korte). Indem sie Filmrollen und privates Leben eng miteinander verknüpfte, wurde Brigitte Bardot vom Filmstar zur kulturellen Ikone.

Ganz anders erscheint dagegen *Marilyn Monroe*. Zu ihren wichtigen Filmen gehören „Niagara" (1953), „Blondinen bevorzugt" (1953), „Wie angelt man sich einen Millionär?" (1953), „Fluß ohne Wiederkehr" (1954), „Bus Stop" (1956) und „Manche mögen´s heiß" (1959). Auch Monroe wurde zur kulturellen Ikone, durch ihre Beziehungen mit berühmten Männern (z.B. Joe DiMaggio, Norman Mailer, John F. Kennedy) ebenso wie durch ihre Gestaltung durch berühmte Künstler (z.B. Salvador Dali, Claes Oldenburg, Andy Warhol). Zunächst Pin-up-girl und behindert durch eine trostlose Kindheit, gelang es ihr bis zum Tod jedoch nicht, das Image der „doofen Blondine", ihr mangelndes Selbstvertrauen und ihre Neurosen zu überwinden. Dass sie früh und unter nie ganz geklärten Umständen starb, trug zu dem tragikumwobenen Mythos MM bei.

Marilyn Monroe

Der wohl wichtigste Film für sie war wohl „Das verflixte siebte Jahr" (1955) von Billy Wilder, mit der berühmten Szene, in der ihr Kleid über einem U-Bahnschacht hochgeweht wird. Es handelt sich hier um eine Sexkomödie nach einem erfolgreichen Bühnenstück von George Axelrod. Der Strohwitwer Tom trifft während des Urlaubs seiner Frau, mit der er seit sieben Jahren verheiratet ist, auf ein hübsches junges Mädchen, das im oberen Stockwerk des Hauses wohnt, und ist diversen Versuchungen und sexuellen Phantasien ausgesetzt. So stellt er sich vor, er würde sie verführen oder seine Frau würde ihn wegen seines Seitensprungs umbringen. Was ursprünglich als bissige Persiflage auf den amerikanischen Ehemann gedacht war, verschob sich durch Monroes selbstironische Darstellung des naiven Dummchens aber zu einer durchaus hintersinnigen

– „Das verflixte siebte Jahr"

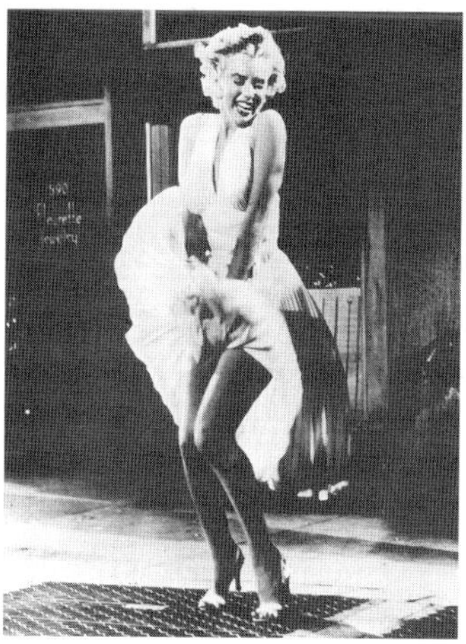

Abb 80

MM in einer Szene in „Das verflixte siebte Jahr"

Merksatz

Generell ausschlaggebend für das Image von MM war das Gegen- und Miteinander von Unschuld und Sexappeal, von kleinem Mädchen und sinnlicher Reife, von infantiler Naivität (piepsige Stimme) und sexuell provokativer Körperlichkeit.

Thematisierung von Sexualität. Monroe verkörpert hier nicht ohne Distanz die klassische Kindfrau, allerdings erweitert durch das Mitleid mit den bedürftigen Männern, die ihren erotischen Zwängen und Obsessionen ausgeliefert sind und dabei ihre Identität verlieren (Georg Seeßlen).

Gegenüber Brigitte Bardot als dem Sexstar des europäischen Films verkörperte Marilyn Monroe als Sexgöttin Hollywoods freilich eher eine domestizierte Weiblichkeit, d.h. blieb Objekt des männlichen Begehrens. Vielleicht deshalb hat ihr Ruhm im Unterschied zu dem von BB bis heute überdauert.

Auswahlfilmografie zu Brigitte Bardot und Marilyn Monroe:

Jahr	Titel	Regisseur
1954	„Fluß ohne Wiederkehr“	Otto Preminger
1955	„Das verflixte siebte Jahr“	Billy Wilder
1956	„Und immer lockt das Weib“	Roger Vadim
1958	„Ein Weib wie der Satan“	Julien Duvivier

Literatur

Adolf Heinzlmeier, Berndt Schulz, Karsten Witte: Die Unsterblichen des Kinos. Glanz und Mythos der Stars der 40er und 50er Jahre. Frankfurt/Main 1980.

Knappe Charakterisierung von 24 männlichen und weiblichen Stars der Zeit, u.a. von Brigitte Bardot und Marilyn Monroe.

Michael Conway und Mark Ricci: Marily Monroe und ihre Filme. München 1980, 1984.

Bildband mit Kurzdarstellungen zu allen Monroe-Filmen.

Bernard D´Eckardt: Brigitte Bardot. Ihre Filme – ihr Leben. München 1982.

Ausführliche Darstellung im biographischen Kontext, mit vielen guten Anregungen, Bildern und einer ausführlichen Filmografie.

Stephen Lowry und Helmut Korte: Der Filmstar. Stuttgart, Weimar 2000.

Neuester Überblick zum Stand der Erforschung des Filmstars, mit einer Fallstudie u.a. zu Brigitte Bardot.

Übungs- und Wiederholungsfragen

41 Wie werden die wichtigsten weiblichen Filmstars der 50er Jahre charakterisiert?

42 Nennen Sie mindestens fünf Filmstars der 50er Jahre.

43 Nennen Sie einige Filme mit Brigitte Bardot.

Übungs- und Wiederholungsfragen

44 Worin besteht im Kern das Image von Brigitte Bardot?
45 Nennen Sie einige Filme mit Marilyn Monroe.
46 Womit wird der Erfolgsmythos von Marilyn Monroe erklärt?

Weiterführende Arbeitsaufgaben

- Vergleichen sie Filme mit verschiedenen Startypen miteinander und versuchen Sie eine Positionierung in der Sozialpsychologie der 50er Jahre.
- Worin unterscheidet sich die Rolle von Brigitte Bardot in „Und immer lockt das Weib“ (1956) und „Viva Maria“ (1965)?
- Untersuchen Sie im Rückgriff auf Pressestimmen genauer, welche Bedeutung das „Privatleben“ der Monroe für ihren Starruhm in Amerika hatte.

Zusammenfassung

In der Nachkriegszeit bis 1960 und darüber hinaus wurde mit dem Weltfilm die zuvor primär nationalspezifisch geprägten Filmkulturen überwunden: In großer Bandbreite und in enormer Vielzahl kamen neue Filme auf die Märkte, mit neuen international verbreiteten Subgenres und Regisseuren. Aus den 40er Jahren entwickelten sich vor allem der amerikanische Film noir und der italienische Neorealismus. In den 50er Jahren verbreiteten sich außerdem amerikanische Science fiction-Filme, bundesdeutsche Kriegs- und Heimatfilme, neue künstlerische Ansätze aus Frankreich sowie der amerikanische Psychothriller. In vielen Ländern, insbesondere in der Bundesrepublik Deutschland, war die innere Bezugnahme der meisten Filme auf den 2. Weltkrieg und seine Folgen unmittelbar abzulesen. Der Film fungierte hier ganz deutlich als Kompensations- und Verarbeitungsmechanismus, als Reaktion auf traumatische Erfahrungen und zerstörte Weltbilder und Wertmaßstäbe. Die zeitversetzte Einführung des Fernsehens in den verschiedenen Ländern läßt die Zäsur zur nächsten Phase, wie sie in der Bundesrepublik ausgeprägt war, insgesamt eher uneinheitlich erscheinen.

Mit dem Boom an neuen Filmen verknüpft waren jeweils spezifische Regisseure, die vielfach Weltruhm erlangten – etwa John Huston und Robert Siodmak (Film noir), Vittorio de Sicca und Roberto

Zusammenfassung

Rosselini (Neorealismus), Jack Arnold (SF-Film), zumindest auch im deutschsprachigen Ausland Hans Deppe und Alfred Weidenmann (Heimat-, Schlagerfilm), François Truffaut und Alain Resnais (Nouvelle vague) oder Alfred Hitchcock (Thriller). Das gilt auch für weitere Spitzen- und Erfolgsregisseure wie Ingmar Bergman aus Schweden, Konrad Wolf aus der Deutschen Demokratischen Republik, Douglas Sirk aus den USA und Akira Kurosawa aus Japan. Der Reigen der Subgenres wurde damit erweitert: Problemfilme, Politfilme, Familienmelodramen und Samuraifilme. Die Tendenz zu primär ökonomisch orientierten, standardisierten Serien sollte dann in der folgenden sechsten Phase als einer von zwei wichtigen Faktoren die Entwicklung des narrativen Films von 1960 bis 1975 charakterisieren.

Der Weltfilm war zugleich die Hochzeit des Filmstars als kultureller Ikone. Das gilt für europäische ebenso wie für amerikanische Stars. Insbesondere die „Busenstars" oder „Sexbomben" hatten Konjunktur und prägten die internationale Filmkultur einer verklemmten westlichen Nachkriegsgesellschaft – Vorläufer der Emanzipation und sexuellen Befreiung in den 60er Jahren. Künstlerische Gegenbewegungen zu den Kommerzserien – im Kontext eines globalen gesellschaftlichen Wertewandels – markieren den zweiten Faktor, der die Filmgeschichte in dieser Phase spezifizierte.

1960-1975 Konkurrenz zum Fernsehen

Phase VI

Inhalt

2 Einflussfaktoren

– Konkurrenz zum Fernsehen

Ab den frühen 60er Jahren gab es zwei dominante Einflussfaktoren in der Geschichte des Films: erstens der internationale Aufstieg des Mediums Fernsehen als Konkurrenz zum Kinofilm. Rapide schwindende Zuschauerzahlen und zusammenbrechende Märkte waren die Folge. Das westdeutsche Kino beispielsweise verlor bis zu 75% seines Publikums ans Fernsehen, die Zahl der Kinobesuche sank von jährlich 800 Millionen auf 180 Millionen. Verbunden damit waren neue Produktstrategien wie CinemaScope, gegen den kleinen Bildschirm; die Verlagerung der Studioproduktionen vom Kinofilm auf Fernsehfilm und Fernsehserie mit den entsprechenden ästhetischen Auswirkungen; der Niedergang einzelner Kinofilmgenres (z.B. des Melodrams), die nun besser vom Fernsehen bedient wurden; oder in Europa nationale Quoten gegen die amerikanische Dominanz und in der Folge die Zunahme von Co-Produktionen, um diese Quoten zu unterlaufen. Später sollte das Fernsehen als Distributionskanal für ältere und klassische Kinofilme den kommerziellen Niedergang des Films noch verschärfen. Erst Mitte der 70er Jahre wurde die Konkurrenzsituation abgeschwächt, in der Bundesrepublik etwa durch das Film/Fernseh-Abkommen, mit dem Fernsehindustrie und Staat die nationale Filmproduktion verstärkt unterstützten.

– Wertewandel

Zweiter Einflussfaktor war der Wertewandel in den westlichen Kulturen, der Umschwung von den Pflicht- und Akzeptanzwerten

(Sauberkeit, Fleiß, Ordnung, Leistung, Gehorsam, Enthaltsamkeit usw.) zu den Werten von Freiheit und Selbstentfaltung (Emanzipation, Gleichheit, Genuss, Spontaneität, Kreativität usw.). Er provozierte auch eine vielfältige Erneuerung des narrativen Spielfilms, der sich nicht zuletzt in der zunehmenden Bedeutung alternativer Filmemacher äußerte, die explizit gegen das eingefahrene Mainstreamkino antraten und sich gegenüber den Fernsehzuschauern neue Zielgruppen suchten. Verknüpft damit war eine generelle Liberalisierung von Zensurpraktiken, so dass verstärkt auch Sexualität und Gewalt thematisiert werden konnten – exemplarisch etwa in „Bonnie und Clyde" (1967) von Arthur Penn. Der gesellschaftliche Wandel der 60er Jahre, der sich auch in anderen kulturellen Sektoren wie insbesondere der Rock- und Popmusik, der Fotografie, der Literatur, der Werbung oder auch in Architektur und Design äußerte, bewirkte eine enorme Themen- und Formenbereicherung des narrativen Spielfilms und eröffnete ihm damit neue Chancen in der Medienkonkurrenz. Was im Fernsehen noch lange nicht erlaubt sein sollte, wurde im Kino zunehmend möglich.

6.1 | Vom Serienfilm über das Oberhausener Manifest zum jungen deutschen Film

Vergleichbar dem deutschen Heimatfilm der 50er Jahre (Kap. 5.4) oder, noch früher, den amerikanischen Western- oder den französischen Komödienserien gab es in den 60er Jahren eine Vielzahl verschiedener Serienfilme im deutschen Kino. Dabei handelte es sich insbesondere um die Edgar Wallace-Verfilmungen (sowie analog die Jerry Cotton-Filme mit George Nader in der Hauptrolle), die Karl

Definition

Serienfilm meint eine Abfolge einer größeren Zahl in sich abgeschlossener Einzelfilme im Kino, die nach Handlungsstruktur, Sujet, Figureninventar oder Message direkt vergleichbar sind und nachweisbar einem bestimmten Schema folgen, dessen Formelcharakter definiert werden kann. Die Übergänge einerseits zum Fortsetzungsfilm und andererseits zum Subgenre sind fließend. Der Serienfilm gemäß dem Baukastenprinzip gehorcht primär ökonomischen Prinzipien.

May-Adaptionen, die Sexualaufklärungsfilme, die Sex-Report-Filme und natürlich die auch international erfolgreichen James Bond-Filme (vgl. Kap. 6.4). Sie stellen den Hintergrund, vor dem die Entstehung des jungen deutschen Films gesehen werden muss.

Edgar Wallace-Verfilmungen

Der erste Film nach einem der Romane von *Edgar Wallace* war „Der Frosch mit der Maske" (1959) von Harald Reinl. Damit wurde eine der erstaunlichsten Erfolgsserien der deutschen Filmindustrie begründet, die auch später, bei wiederholten Ausstrahlungen im Fernsehen, immer wieder hohe Einschaltquoten erzielten. Reinl selbst führte Regie in weiteren Wallace-Filmen wie „Die Bande des Schreckens" (1960), „Der Fälscher von London" (1961), „Zimmer 13" (1963) und „Der unheimliche Mönch" (1965). Es war aber Alfred Vohrer, der noch vor Reinl und einigen anderen zum klassischen Wallace-Regisseur avancierte – mit Filmen wie „Die toten Augen von London" (1961), „Das Gasthaus an der Themse" (1962), „Die Tür mit den sieben Schlössern" (1962), „Der Zinker" (1963), „Der Hexer" (1964), „Die blaue Hand" (1967), „Der Mönch mit der Peitsche" (1967) und anderen. Nicht zuletzt durch bestimmte Schauspielerinnen und Schauspieler wurde die Serie von über 30 Filmen geprägt: die verführerische Karin Dor, der zwielichtige Klaus Kinski, brave Kommissare wie Heinz Drache und Joachim Fuchsberger, der komische Eddi Arent, Siegfried Schürenberg als Sir John, die stets undurchsichtige Elisabeth Flickenschildt und viele weitere, darunter so bekannte Namen wie Klausjürgen Wussow, Gert Fröbe, Karin Baal, Siegfried Lowitz, Agnes Windeck, Uschi Glas, Hansjörg Felmy und Horst Tappert .

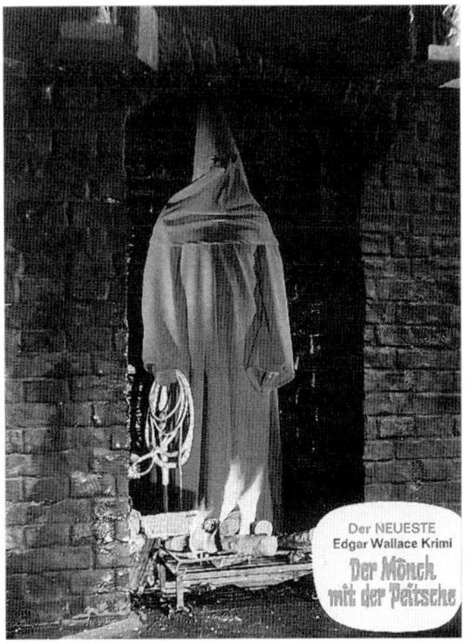

Abb 81

„Der Mönche mit der Peitsche"

Zur Edgar Wallace-Formel

Warum ist es „unmöglich, von Edgar Wallace nicht gefesselt zu sein"? Der Werbeslogan verweist auf ein Rezept, das man genießen kann, weil es nicht wirklich bedroht: Der Handlungsverlauf der biedermeierlichen Detektivgeschichten ist linear und überschaubar, der Zuschauer weiß meist mehr als die Figuren. Gut-Böse-Gegensätze dominieren in großer Einfachheit. Das Figureninventar ist sche-

Merksatz

Die Edgar Wallace-Filme der 60er Jahre suggerieren ein Weltbild kindlicher Einfachheit: Verbrecher werden gefasst, Liebende finden zueinander und alle Probleme sind am Schluss gelöst. Der wohlige Schauder beim Zuschauen beruht auf der augenzwinkernden Akzeptanz der psychischen Beschränktheit des damaligen Kinopublikums, dessen Bedürfnisse nach Ordnung und Halt in reflexiver Komik befriedigt wurden.

matisch und statisch – Gute sind gut, Böse böse, Verrückte verrückt. Das lokale Setting ist wohlig-grausig: Nebelschwaden, Käuzchenrufe, alt-ehrwürdige englische Schlösser und Herrenhäuser, geheime Gänge, Verliese, verborgene Treppen zum dunkel schwappenden Wasser der Themse, Masken, Schlangen, Falltüren, Leichen, und immer wieder eine nette Liebesgeschichte, die alles durchrankt. Mit Humor und Komik wird hier eine Mischung aus Verbrechen und Liebe beschworen, deren Harmlosigkeit auf eine kindlich-naive Weltsicht verweist. Sie rekurrierte nicht nur auf Jugendliche als das neue Kinopublikum, sondern ebenso auf jene geschädigten Erwachsenen, die vom Krieg um ihre Kindheit gebracht worden waren und entsprechenden Nachholbedarf hatten.

Karl May-Adaptionen

Ein ebenso deutschtypisches Phänomen waren die *Karl May*-Adaptionen des Berliner Produzenten Horst Wendlandt, mit seinen wichtigsten Stars Lex Barker und Pierre Brice. Bereits „Der Schatz im Silbersee" (1962), nicht zufällig ebenfalls von Harald Reinl, war ein enormer Kassenerfolg. Reinl setzte seine Arbeit fort mit Filmen wie „Winnetou I" (1963), „Winnetou II" (1964), „Winnetou III" (1965) bis zu „Winnetou und Old Shatterhand im Tal der Toten" (1968). Auch andere, bereits erwähnte Regisseure fanden hier eine breites Aktionsfeld. So drehte Alfred Vohrer „Unter Geiern" (1964), „Old Surehand" (1965) und „Winnetou und sein Freund Old Firehand" (1966) oder Robert Siodmak „Der Schut" (1964), „Die Pyramide des Sonnengottes" (1965) und „Der Schatz der Azteken" (1965). Ergänzt wurde die Serie u.a. mit „Durchs wilde Kurdistan" (1965) und „Im Reich des Silbernen Löwen" (1965), beide von Franz J. Gottlieb.

Sexualaufklärungsfilme

Das Serienprinzip dominierte nicht nur Detektivfilm und „Eurowestern" oder Abenteuerfilm, sondern auch *Sexualität* als neue Thematik. Dazu gehören Erfolgsfilme wie „Helga – Vom Werden des menschlichen Lebens" (1967) von Erich F. Bender, mit Beteiligung des Bundesgesundheitsministeriums produziert, mit seinen diversen Nachziehern, ferner Filme wie „Die vollkommene Ehe" (1968), nach den Büchern des Frauenarztes Theodor H. van de Velde, „Die Technik der körperlichen Liebe" (1968) oder „Kamasutra – Vollendung der Liebe" (1969), und natürlich auch die Sexualaufklärungsfilme nach Oswalt Kolle, die es auf acht Teile brachten, von „Das Wunder der Liebe" (1967), von dem gerade erwähnten Franz J. Gottlieb, über „Deine Frau – das unbekannte Wesen" (1968) von Alexis Neve bis zu „Liebe als Gesellschaftsspiel" (1972) von Werner M. Lenz.

Diese sich teils dokumentarisch gebenden Filme, die durch zahlreiche ähnliche Beiträge aus Schweden, Dänemark, USA ergänzt wurden, fanden ab 1970 eine wichtige Ergänzung durch die extrem erfolgreiche *Report-Serie*, die sich im Grunde am erfolgreichen Kinsey-Report orientierte. Es begann mit „Schulmädchen-Report" (1970) von Ernst Hofbauer, der szenischen Fiktionalisierung einer Münchener sexualwissenschaftlichen Studie zum Sexualverhalten von Schülerinnen. Dieser deutsche Erfolgsfilm des Jahres 1970 fand bis in die 80er Jahre mehr als zehn Nachfolger. Dabei werden Busfahrer, Lehrer, Pfarrer, Untermieter oder Geschwister verführt, es geht um Vergewaltigung, Aktfotografie, Kuppelei, Bordell, Exhibitionismus, Prostitution usw. Die Filme sind allesamt nach dem Nummerprinzip aufgebaut: Anschaulich inszenierte Sexszenen mit Schülerinnen werden regelmäßig unterbrochen von dümmlichen, besserwisserischen oder anklagenden, manchmal auch sympathisierenden Stimmen von Ärzten, Lehrern oder Eltern. Legitimatorisch wird dabei immer wieder Authentizität vorgespielt. Mehr als zwanzig weitere Reportfilme folgten, u.a. „Hausfrauen-Report" (1971ff.), „Jungfrauen-Report" (1971), „Krankenschwestern-Report" (1972), „Frühreifen-Report" (1973) oder „Teenager-Report" (1973).

Sex-Report-Filme

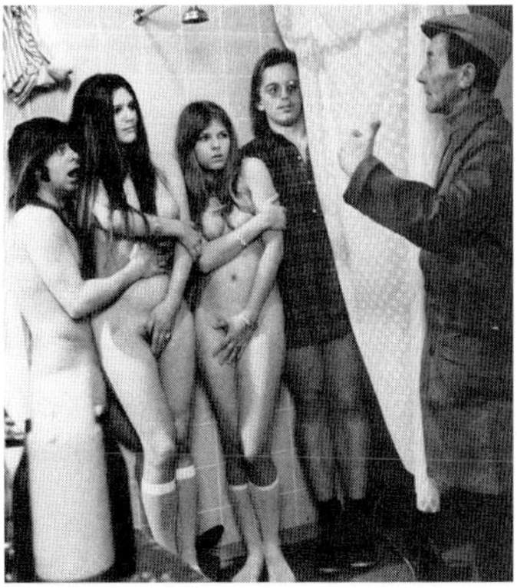

Abb 82

Schulmädchen-Report 5. Teil (1973)

Parallel dazu gab es eine enorme Fülle auch an ausländischen *Erotikfilmen* auf dem deutschen Markt, etwa die Russ Meyer-Filme von „Lorna – Zuviel für einen Mann" (1964) bis zu „Supervixens Eruption" (1975), „Fritz the Cat" (1971) von Ralph Bakshi und „Deep Throat" (1972) von Gerard Damiano, alle aus den USA, „Der Nachtportier" (1973) von Liliana Cavani aus Italien, „La Bête" (1975) von Walerina Borowczyk aus Frankreich oder „Die Geschichte der O" (1975) von Just Jackin ebenfalls aus Frankreich.

Erotische Filme aus dem Ausland

Von deutschen Sexklamotten...

Von hier aus war es nur noch ein kleiner Schritt zu denjenigen Filmen, die damals als deutsche *Sexfilme* Verbreitung fanden, in denen aber klamottenhaft der Vollzug meist verhindert oder gestört wird und Sex blank als Ware erscheint – z.B. „Grimms Märchen von den lüsternen Pärchen" (1969) von Rolf Thiele, „Graf Porno bläst zum Zapfenstreich" (1970) von Alois Brummer oder „Unterm Dirndl wird gejodelt" (1974) ebenfalls von Alois Brummer. Mitte der 70er Jahre haben solche Serien ein abruptes Ende gefunden und wurden durch die „Emanuelle"-Filme weitgehend ersetzt, beginnend mit „Emanuela" (1973), „Emanuelle – Im Teufelskreis der Leidenschaft" (1973) und „Emanuela – Garten der Liebe" (1975).

...zu französischen Softsex-Filmen

Merksatz

Im Mainstream-Kino führte im Zuge der Liberalisierung der Zensur von Mitte der 60er bis zur Mitte der 70er Jahre eine gerade Linie von den Sexualaufklärungsfilmen zu Erotik- und expliziten Sexfilmen, die in der Folge eine prinzipielle Akzeptanz auch richtiger Pornos mit sich bringen würde. Damit verknüpft war eine Ausdifferenzierung der Abspielstätten, die zunehmend auch Underground- und Alternativkinos, Altstadtpornokinos, Bahnhofskinos und Sexshops einschlossen.

Der Zusammenbruch des Kinomarktes in der Konkurrenz mit dem Fernsehen beförderte den bundesdeutschen Serienfilm: standardisiert, kommerzialisiert, provinziell und ohne politischen oder ästhetischen Anspruch. Vor dieser Folie und ermutigt durch Vorläuferbewegungen wie die Nouvelle vague in Frankreich wurde auf den Oberhausener Kurzfilmtagen 1962 von 26 jungen deutschen Filmemachern, Kameraleuten und Produzenten dem alten populären Genrekino eine Absage erteilt und im „Oberhausener Manifest" ein neuer Anfang propagiert; mit dem „Jungen Deutschen Film", verstanden als Autorenkino, sollten neue ästhetische Standards gesetzt und an die Traditionen des anspruchsvollen deutschen Films angeknüpft werden. Angemahnt wurden, zumindest teilweise erfolgreich, die Filmförderung durch den Staat und die Unterstützung der deutschen Kino- und Filmkultur durch die Öffentlichkeit. 1965 wurde das Kuratorium Junger Deutscher Film gegründet, 1967 das Erste Filmförderungsgesetz verabschiedet. Später sprach man deshalb vom „Gremienkino". Wichtige Themen waren deutsche Lebensformen im Kapitalismus, die Ausländerproblematik und die verdrängte jüngste Nazivergangenheit, aber es gab auch zahlreiche Literaturverfilmungen, um die hohen Ansprüche des neuen „Kunstkinos" und seiner gesellschaftsbezogenen Kritik zu unterstreichen.

Das Oberhausener Manifest

Wichtige Filme aus dieser Aufbruchstimmung heraus waren beispielsweise:

Filme und Regisseure des Neuen deutschen Films

- „Es" (1966) von Ulrich Schamoni über die Problematik der Abtreibung im Kontrast zu beruflicher Selbstverwirklichung;
- „Der junge Törless" (1966) von Volker Schlöndorff, eine Verfilmung des Romans von Robert Musil;
- „Abschied von gestern" (1966) von Alexander Kluge, eine kritische bis deprimierende Positionsbestimmung der jungen Bundesrepublik aus den Augen der Protagonistin Anita Grün – der Film wurde mit Preisen überschüttet;
- „Tätowierung" (1967) von Johannes Schaaf über die Jugendproblematik;
- „Zur Sache Schätzchen" (1968) von May Spils, eine unterhaltsame Komödie über die lockere Weltsicht und schnoddrige Sprache Schwabinger Jugendlicher;
- „Jagdszenen aus Niederbayern" (1969) von Peter Fleischmann, eine demaskierende Analyse einer von Engstirnigkeit, Hass und Ängsten beherrschten Landbevölkerung, nach einem Theaterstück von Martin Sperr;
- „Die Angst des Tormanns beim Elfmeter" (1972) von Wim Wenders, nach der gleichnamigen literarischen Vorlage von Peter Handke, mit dem Wenders befreundet war;
- „Aguirre, der Zorn Gottes" (1972) von Werner Herzog, die Darstellung einer wahnwitzigen Suche nach dem sagenhaften El Dorado der Inkas im 16. Jahrhundert in den peruanischen Anden, mit Klaus Kinski in der Hauptrolle;
- und „Die verlorene Ehre der Katharina Blum" (1975) von Volker Schlöndorff und Margarethe von Trotta, nach einer Erzählung von Heinrich Böll.

Regisseure wie Schlöndorff, Kluge, Wenders und Herzog drehten auch im Fortgang der 70er Jahre noch zahlreiche Filme, die künstlerisch oft hoch eingeschätzt wurden, freilich in vielen Fällen an den Bedürfnissen und Wünschen der Masse der deutschen Kinobesucher vorbeigingen. Eine der wichtigsten Ausnahmen war Schlöndorffs „Die Blechtrommel" (1979) nach dem Roman von Günter Grass; der Film erhielt neben anderen Preisen auch den amerikanischen Oscar für den besten ausländischen Film (vgl. Kap. 7.6).

Rainer Werner Fassbinder

Besondere Bedeutung kommt in dieser Phase vor allem *Rainer Werner Fassbinder* zu. Er war vom Theater geprägt („action-theater",

„antitheater"), für das er schon früh eigene Stücke verfasste und dem er bis 1976 verbunden blieb. Aus der Fülle seiner Filme – viele nach dem Vorbild der Melodramen von Douglas Sirk, viele mit Hanna Schygulla in der Hauptrolle – seien hier nur drei wichtige herausgehoben: „Händler der vier Jahreszeiten" (1971, gleichzeitig in Kino und Fernsehen), „Angst essen Seele auf" (1974) und „Die Ehe der Maria Braun" (1978). Nebenbei schrieb er mehrere Hörspiele und arbeitete auch als Drehbuchschreiber und Schauspieler. Seine fünfteilige Familienserie fürs Fernsehen „Acht Stunden sind kein Tag" (1972-73) erreichte hohe Einschaltquoten. Der supramedial ausgerichtete Fassbinder hat – wie man sehen kann – die Konkurrenz zum Fernsehen auf seine kreative Weise ausgehebelt und produktiv genutzt.

Vorweg waren Werke entstanden wie der Gangsterfilm „Liebe ist kälter als der Tod" (1969), das Kleinbürgerdrama „Warum läuft Herr R. Amok?" (1970), der Randgruppenfilm „Warnung vor einer heiligen Nutte" (1971) und der frauenkritische Film „Die bitteren Tränen der Petra von Kant" (1972). Später legte der meist wie besessen arbeitende Filmemacher weitere Erfolgsfilme vor: u.a. „Lili Marleen" (1980), „Lola" (1981) und „Die Sehnsucht der Veronic Voss" (1982) sowie die Fernsehserie „Berlin Alexanderplatz" (1979-80) nach Alfred Döblins gleichnamigem Roman in 14 Folgen.

Zentrales Thema Fassbinders waren die Unterdrückungs- und Gewaltverhältnisse in Liebesbeziehungen, wobei aber auch die Unterdrücker als Opfer erscheinen. Seine Protagonisten sind heimatlos und scheitern im Rahmen der sie einengenden gesellschaftlichen Verhältnisse, die so sind, wie sie sind, bei der Verwirklichung ihrer persönlichen Utopien. Deshalb konnten viele von Fassbinders Filmen auch als Beiträge zu einer bundesrepublikanischen Geschichtsschreibung verstanden werden.

– „Händler der vier Jahreszeiten"

„Händler der vier Jahreszeiten" ist ein Parabelfilm. Er zeigt den Niedergang von Hans Epp: von seiner Mutter verachtet, aus dem Polizeidienst entlassen, weil er sich von einer Prostituierten verführen ließ, als Obsthändler von der geliebten Frau abgelehnt, von der Frau, die er dann heiratet, nicht geliebt, von ihr betrogen und in eine Falle gelockt, bis er sich vor ihren Augen in seiner Stammkneipe zu Tode säuft. Die Familientragödie, angesiedelt in der Adenauer-Ära, zeigt nicht nur den Protagonisten mit Verständnis und Mitgefühl, sondern auch die anderen Figuren wie die Mutter und die Ehefrau, hinter deren Härte und Ablehnung Verletzlichkeit, Hilflosigkeit und eigene unerfüllte Sehnsüchte stehen. In dieser Tragikomödie beklagen sich die

Menschen nicht über das anonyme Schicksal, sondern ziehen sich in ihre selbstgezimmerte Welt zurück, aus der sie nicht mehr herausfinden. Hans befindet sich in einem Teufelskreis, den sein spezielles Streben nach Glück erst entworfen hat (Thomas Elsaesser).

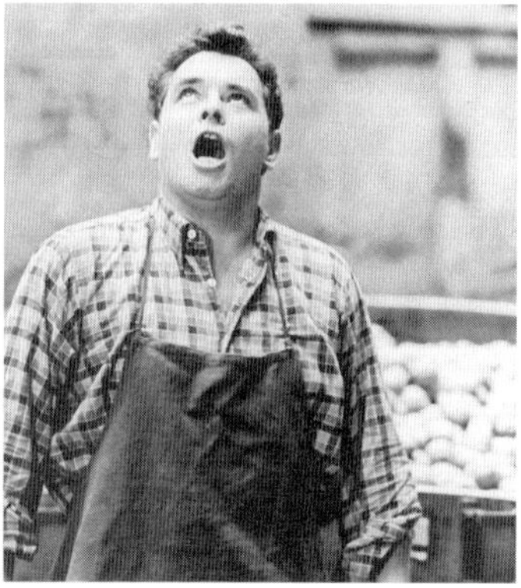

Abb 83

Hans beim Anpreisen seiner Waren

Der Film wurde von vielen als bester deutscher Film seit Kriegsende empfunden und erhielt zahlreiche Preise.

– „Angst essen Seele auf"

„Angst essen Seele auf" erzählt eine sehr ungewöhnliche Liebesgeschichte zwischen einer 60jährigen verwitweten deutschen Putzfrau (Emmi) und einem mindestens zwanzig Jahre jüngeren Marokkaner (Ali), einem einsamen Gastarbeiter in einer feindlichen Umgebung. Die Heirat der beiden stößt anfänglich auf Unverständis und Ablehnung der drei verheirateten Kinder Emmis, die sich ihrer Mutter schämen, aber auch der Nachbarn, der Arbeitskolleginnen und generell ihrer Umwelt. Als die Ablehnung sich dann, freilich allein aus geschäftlichem Kalkül, in Freundlichkeit verwandelt, werden die inneren Probleme des ungleichen Paars sichtbar. Ali fühlt sich als Ausländer zunehmend vorgeführt, flieht aus der Ehe und bricht am Schluss mit einem Magengeschwür zusammen.

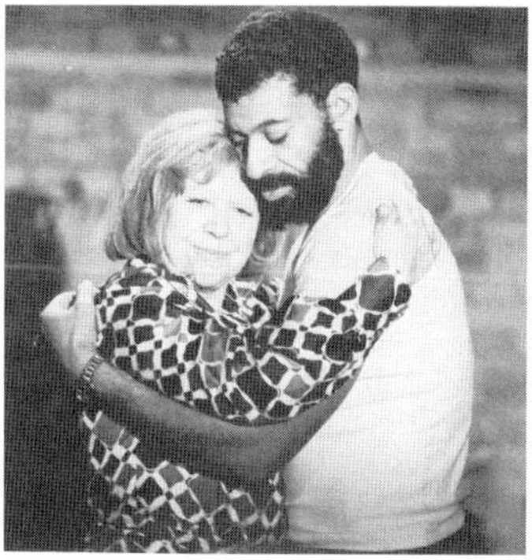

Abb 84

Das ungleiche Paar hält sich glücklich in den Armen

Bitter-ironisch, aber ohne Sentimentalität und Zynismus werden hier die Mechanismen sozialer Unterdrückung ausgeleuchtet: als Druck von außen, der das Ehepaar zunächst zusammenschweißt und dann, unter ganz neuen Umständen, auseinandertreibt. Auch für diesen Film gab es zahlreiche Preise.

– „Die Ehe der Maria Braun"

„Die Ehe der Maria Braun" war ein kommerzieller Welterfolg. Fassbinder ging hier ein Stück weiter zurück in der bundesdeutschen Geschichte und konzentriert sich auf die unmittelbare Nachkriegszeit. Täglich wartet Maria auf die Rückkehr ihres Mannes Her-

Abb 85

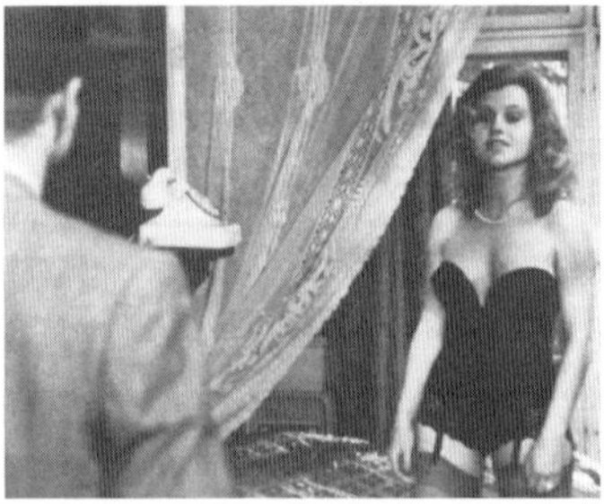

Maria Braun tritt im Korsett ihrem „Mann" entgegen

mann aus dem Krieg, bis sie hört, dass er gefallen sei. Sie beginnt ein Verhältnis mit dem farbigen Amerikaner Bill, der sich rührend um sie bemüht. Als Hermann plötzlich aus der Gefangenschaft heimkehrt, kann sie die Situation nicht ertragen und erschlägt Bill mit einer Flasche. Hermann nimmt die Schuld auf sich und geht für sie ins Gefängnis. Maria lernt daraufhin den Fabrikanten Oswald kennen, die beiden verlieben sich ineinander, aber Maria wartet auf Hermann. Als der entlassen wird, verschwindet er spurlos und läßt Maria mit Oswald zurück. Erst nach Oswalds Tod kommt er zurück zu Maria und sie erfährt, dass er sie für den Preis von Hermanns Vermögen an diesen quasi vermietet hat. Der Film endet damit, dass zur Live-Übertragung des Endspiels, mit dem Deutschland Fußballweltmeister wurde, das Haus mit Maria durch eine selbstverschuldete Gasexplosion in die Luft fliegt.

Hanna Schygulla

Eine schöne junge Frau, die ihr Schicksal in ihre eigenen Hände nimmt, erlebt ihre Ehe, hastig geschlossen während eines 48-Stunden-Fronturlaubs, im Grunde nur als Aufschub und Warten – erst auf den Kriegsteilnehmer, dann auf den verurteilten Häftling, schließlich auf den verschwundenen Entlassenen, der einen Handel um sie eingegangen ist. Die Schauspielerin *Hanna Schygulla*, die auch schon in „Händler der vier Jahreszeiten" und in weiteren Filmen Fassbinders mitspielte, wurde damit von einer „Vorstadtmarilyn" zum Star und erhielt den Silbernen Bären als beste Darstellerin 1978. Die Ambivalenz von Image (Sanftheit, träumerische Sehnsucht, Entrücktheit) und Rolle (Ehrgeiz, Skrupellosigkeit, Überlebenswille), verknüpft mit einer kalkulierten Erotik, machte die starke und zugleich scheiternde Frau zu einem Identifikationsobjekt, bei dem Tiefgründigkeit und Gebrochenheit zur Melancholie gewendet wurden. Dieses Starimage wurde übrigens in „Lili Marleen" explizit ausgespielt und weiterentwickelt. Dass „Die Ehe der Maria Braun" nicht nur in Frankreich und den USA, sondern besonders in der BRD so erfolgreich wurde, lag nicht zuletzt auch daran, dass die „Erzählung zum Film" von Gerhard Zwerenz vorab im Stern abgedruckt worden war – eine damals noch eher ungewöhnliche Werbestrategie.

Auswahlfilmografie zum Film in der Bundesrepublik Deutschland 1960-1975:

Jahr	Titel	Regisseur
1963	„Winnetou I"	Harald Reinl
1963	„Das Schweigen"	Ingmar Bergman
1964	„Der Hexer"	Alfred Vohrer
1966	„Abschied von gestern"	Alexander Kluge
1967	„Das Wunder der Liebe"	Franz J. Gottlieb
1968	„Zur Sache Schätzchen"	Mary Spils
1970	„Schulmädchenreport"	Ernst Hofbauer
1971	„Händler der vier Jahreszeiten"	Rainer W. Fassbinder
1974	„Unterm Dirndl wird gejodelt"	Alois Brummer
1974	„Angst essen Seele auf"	Rainer W. Fassbinder
1975	„Emanuela – Garten der Liebe"	Francis Giacobetti
1979	„Die Blechtrommel"	Volker Schlöndorff
1979	„Die Ehe der Maria Braun"	Rainer W. Fassbinder

Ausländische Erfolgsfilme in der Bundesrepublik Deutschland

Neben dem Serienfilm und den innovativen Ansätzen des „jungen deutschen Films" fanden aber auch ausländische, speziell amerikanische Filme den Weg in die Erfolgslisten der deutschen Kinos: internationale Historienfilme we „Ben Hur" (im Jahr 1962) von William Wyler, mit Charlton Heston in der Hauptrolle, „Angelique" in mehreren Teilen (ab 1964) von Bernard Borderie und „Doktor Schiwago" (im Jahr 1967) von David Lean, mit Omar Sharif, Geraldine Chaplin und Julie Christie als Protagonisten; ferner Hollywood-Trickfilme wie „Das Dschungelbuch" (im Jahr 1969), „Asterix der Gallier" (im Jahr 1971) und „Aristocats" (im Jahr 1973); schließlich auch internationale Bestsellerfilme wie „Love Story" von Arthur Hiller (im Jahr 1972), „Der letzte Tango in Paris" von Bernardo Bertolucci (im Jahr 1974) und „Der Clou" von George Roy Hill (im Jahr 1975). Wenigstens erwähnt werden müssen auch weitere ausländische Filme, welche die Debatten bestimmt haben und eine besondere künstlerische Werthaltigkeit repräsentieren, etwa „Das Schweigen" (1963) und „Persona" (1966) von Ingmar Bergman. Die sechste Phase der Filmgeschichte war zumindest in der Bundesrepublik reichhaltiger und vielfältiger, als allgemein eingestanden wird.

Literatur

Werner Herzog. Reihe Film 22. München 1979.

Mehrere Teilstudien,ein Interview, eine ausführliche kommentierte Filmografie und zahlreiche weiterführende Materialien bis „Woyzeck" (1978).

Florian Pauer: Die Edgar Wallace-Filme. München 1982.

Kurzdarstellung aller Filme mit umfangreichem Bildmaterial.

Robert Fischer und Joe Hembus: Der Neue Deutsche Film 1960-1980. München 1982.

Überblick über alle wichtigen Filme des neuen deutschen Films sowie Kurzbeschreibungen von 677 weiteren deutschen Filmen der Zeit.

Leo Phelix und Rolf Thissen: Pioniere und Prominente des modernen Sexfilms. München 1983.

Gesamtdarstellung des Erotik- und des Sexfilms (nicht des pornografischen Films) mit umfangreicher Filmografie und zahlreichen Bildern.

Norbert Grob: Wenders. Berlin 1991.

Übergreifende Darstellung zum Gesamtwerk mit besonderem Augenmerk auf Wenders´ Themen, Visionen und Sujets sowie seinen Erzählstrategien. Mit Kurzbeschreibungen zu den 23 Einzelfilmen bis „Bis ans Ende der Welt" (1991) .

Peter W. Jansen und Wolfram Schütte (Hrsg.): Rainer Werner Fassbinder. Frankfurt/Main 1992.

Mehrere Teilstudien, Interviews, eine ausführliche kommentierte Filmografie und zahlreiche weiterführende Materialien.

Rolf Thissen: Sex verklärt. Der deutsche Aufklärungsfilm. München 1995.

Platziert den deutschen Aufklärungsfilm der 50er bis 70er Jahre anhand von Presseartikeln in einen Gesamtüberblick, von „Prostitution" (1919) von Richard Oswald bis zu den Aids-Filmen der 90er Jahre.

Joachim Kramp: Hallo! Hier spricht Edgar Wallace. Die Geschichte der deutschen Kriminalfilmserie von 1959-1972. Berlin 1998.

Gesamtüberblick über alle Wallace-Filme aus Liebhabersicht mit reichlichem Bildmaterial.

Dirk Brüderle: Jerry Cotton. George Nader und seine Filme. (Eigenverlag) 1998.

Überblick über die Cotton-Filme, mit zahlreichen Bildern und Filmografie zu George Nader.

Thomas Elsaesser: Rainer Werner Fassbinder. Berlin 2001.

Eigenwillige Gesamtinterpretation zu Fassbinders Filmen, die manchen inzwischen als Standardwerk gilt (orig. Amsterdam 1996).

Christos Ises: Der Hexer, der Zinker und andere Mörder. Hinter den Kulissen der Edgar Wallace-Filme. Essen 2002.

Gesamtüberblick über alle Wallace-Filme aus produktionsästhetischer Perspektive, mit reichlichem Bildmaterial.

Alexander Graf: The Cinema of Wim Winders. The Celluloid Highway. London, New York 2002.

Interessanter Beitrag aus angelsächsischer Sicht, mit besonderem Augenmerk auf den Images und den Formen narrativer Konstruktion.

Michael Töteberg: Rainer Werner Fassbinder. Reinbek 2002.

Knappe und gute Einführung in die Person Fassbinder, seine wichtigsten Filme und auch seine Theaterarbeit.

Annette Miersch: Schuldmächen-Report. Der deutsche Sexfilm der 70er Jahre. Berlin 2003.

Umfassende Darstellung mit kompletter Filmografie, zahlreichen Bildern und Ausführungen u.a. zum Dispositiv Sexualität, zur Besonderheit der westdeutschen Sexwelle und zu den Inszenierungsstrategien von Sexualität in diesem Subgenre.

Übungs- und Wiederholungsfragen

1 Welche zwei wichtigen Einflussfaktoren gab es in der Geschichte des Films ab den frühen 60er Jahren?
2 Definieren Sie „Serienfilm“.
3 Nennen Sie einige Titel der Edgar Wallace-Filme und erläutern Sie das Schema.
4 Nennen Sie einige Karl May-Adaptionen, ihre Regisseure und wichtige Schauspieler.
5 Nennen Sie für diese Phase je einen Titel eines Aufklärungsfilms, eines Sex-Report-Films und eines erotischen Films aus dem Ausland.
6 Was versteht man unter dem Oberhausener Manifest?
7 Nennen Sie einige Filme und Regisseure des Neuen deutschen Films.
8 Welcher deutsche Film erhielt 1979 erstmals den amerikanischen Oscar?
9 Nennen Sie fünf Filme von Rainer Werner Fassbinder.
10 Welches war das zentrale Thema Fassbinders und wie wird es in „Händler der vier Jahreszeiten“ dargestellt?
11 Charakterisieren Sie Hanna Schygulla als Star in „Die Ehe der Maria Braun“.
12 Welche ausländischen Filme fanden ihren Weg in die Erfolgslisten auch des deutschen Kinos? Nennen Sie mindestens vier Titel.

Weiterführende Arbeitsaufgaben

- Untersuchen Sie die Ausdifferenzierung der bundesdeutschen Kinokultur und ihrer Abspielstätten seit 1960.
- Informieren Sie sich über den Wertewandel Mitte der 60er Jahre, der die meisten westlichen Gesellschaften und ihre Kulturen fundamental verändert hat.
- Führen Sie eine vergleichende Strukturanalyse durch – wahlweise an drei Wallace-Verfilmungen, drei May-Adaptionen oder drei Sex-Report-Filmen.
- Recherchieren Sie die Kritiken zu den Wallace-Filmen im deutschen Kino und interpretieren Sie die sozialpsychologischen Funktionen speziell dieser Serienfilme.

Weiterführende Arbeitsaufgaben

- Worin genau unterscheiden sich ein Sexualaufklärungsfilm, ein Sexfilm, ein Erotikfilm und ein Porno voneinander? Analysieren Sie exemplarisch je ein Filmbeispiel.
- Erarbeiten Sie die kulturpolitischen Auswirkungen des Oberhausener Manifests und die genauen Umstände um die Gründung des Kuratoriums Junger Deutscher Film und dann das Erste Filmförderungsgesetz bis zum ersten Film/Fernseh-Abkommen.
- Worin genau bestand der revolutionäre Neuanfang in Filmen wie „Abschied von gestern“? Analysieren Sie diesen Film hinsichtlich der politischen Intentionen seiner Macher und mit der Perspektive auf den Serienfilm der Zeit.
- Vergleichen Sie Roman und Spielfilm von „Die Blechtrommel“ mit Blick auf die Erzählformen und die Message.
- Recherchieren Sie die Situation von Gastarbeitern in Deutschland in den 70er Jahren und beurteilen Sie vergleichend Fassbinders „Angst essen Seele auf“.
- Erarbeiten Sie einen Überblick über die Bedeutung von narrativen Animationsfilmen, speziell amerikanischer Herkunft, in den 60er und 70er Jahren auf dem Weltmarkt.

6.2 | Der neue französische Film

Regisseure der Nouvelle vague

Der französische Film zehrte zunächst weiter von den innovativen Impulsen der Nouvelle vague (Kap. 5.6). Die entsprechenden Regisseure legten neue Werke vor:

- *Louis Malle* thematisierte den Inzest in „Herzflimmern“ (1971) und andere Tabus, etwa Kinderprostitution in „Pretty Baby“ (1978);
- *Eric Rohmer* brachte eine Reihe weiterer wichtiger Kinofilme, z.B. „Meine Nacht bei Maud“ (1969) und die berühmte Verfilmung der Kleistnovelle „Die Marquise von O“ (1976), arbeitete aber auch für das Fernsehen;
- *Alain Resnais* schuf u.a. „Der Krieg ist vorbei“ (1966), „Ich liebe dich, ich liebe dich“ (1968) und vor allem „Providence“ (1976), womit er wieder traditionelle Erzählstrukturen aufbrach;

- *François Truffaut* schuf, wie bereits erwähnt, neben der Antoine-Serie und „Jules und Jim“ (1961) herausragende Filme wie „Die amerikanische Nacht“ (1972) und „Die letzte Metro“ (1980);
- *Jean-Luc Godard* setzte die Reihe seiner ebenfalls bereits genannten Filme von „Außer Atem“ (1960) bis „Eine Frau ist eine Frau“ (1963) fort u.a. mit „Alphaville“ (1965), „Week-End“ (1967) und dem halbdokumentarischen „Eins plus Eins“ (1968), mit den Rolling Stones, bis zu „Alles in Butter“ (1972), aber seine Suche nach neuen subversiven Ausdrucksformen fand wenig Anklang beim bürgerlichen Kinopublikum.

Claude Chabrol

Am produktivsten war *Claude Chabrol*, der sich auf das Mainstreamkino zubewegte und dabei ganz neue Akzente setzte. Nach einer Reihe unterhaltender Filme wie „Der Frauenmörder von Paris“ (1962) und „Der Tiger liebt nur frisches Fleisch“ (1964) konzentrierte er sich auf die scharfsinnige Kritik am gehobenen Bürgertum – mit Filmen wie „Die untreue Frau“ (1968), „Der Schlachter“ (1969), „Vor Einbruch der Nacht“ (1970/71) oder „Blutige Hochzeit“ (1972) und „Die Unschuldigen mit den schmutzigen Händen“ (1975). Die Idylle der friedlichen Kleinstadt, die vertraute Geschlossenheit der Kleinfamilie, die Ehe zwischen Mann und Frau wird hier durchbrochen und man sieht Mord und Totschlag und die Abgründe der menschlichen Seele. Stets geht es um die spannende Entlarvung von Frustrationen, Heuchelei, Eifersucht, Verbrechen, allesamt schön verdeckt unter der Decke des Wohlanständigen, Harmonischen, Elegant-Luxuriösen. Scharfsichtig und präzise beschreibt Chabrol seine Charaktere und deren Lebensstil und vermischt dabei kalkuliert Heiterkeit und Sonnenschein mit Kälte, Verzweiflung, tödlichem Hass und dem Schrecken des Todes. – Später wandte sich Chabrol ebenfalls dem Fernsehen zu, etwa mit einer anspruchsvollen Verfilmung von Goethes „Die Wahlverwandtschaften“(1981).

Robert Bresson

Neu hinzu kam der „Einzelgänger“ *Robert Bresson*; er gehörte weder in die Tradition der Nouvelle vague noch ins französische Kommerzkino. Tatsächlich hatte Bresson in großen Abständen schon mehrere Filme gedreht, etwa das religiöse Drama „Das Hohelied der Liebe“ (1943) oder den Freiheitsfilm „Ein zum Tode Verurteilter ist entflohen“ (1956). Doch ab den 60er Jahren kamen mehrere Meisterwerke von ihm hinzu: „Der Prozess der Jeanne D´Arc“ (1961), „Zum Beispiel Balthasar“ (1965), zwei Filme nach Vorlagen von Dostojewski, und vor allem „Lancelot, Ritter der Königin“ (1973). Die

– „Lancelot, Ritter der Königin“

meisten dieser Filme haben Gleichnischarakter, beziehen sich auf Spiritualität in der einen oder anderen Form und kreisen um das Erlösungsthema. Bei „Lancelot“ handelt es sich nicht um einen farbenprächtigen Mittelalter- oder Ritterfilm, sondern um die düstere Demaskierung der Sagenwelt um König Artus, die Ritter der Tafelrunde, die Suche nach dem Gral und die Liebe zwischen Lancelot und Königin Ginevra. An die Stelle von Historienglanz oder Liebes-Romantisierung tritt hier die Entmystifizierung: Die Ritter und Artus sind gescheitert mit ihrem Moralkodex und kreisen nur noch um sich selbst. Die heimlichen Liebestreffen zwischen Lancelot und Ginevra werden als Verzweiflungsakte in tristen Strohscheunen inszeniert. Konventionen und Rituale wie die vielen Turniere entbehren jeder Heldenhaftigkeit und erweisen sich als hohl und bedeutungslos. Die Rüstungen scheppern und klappern nur immer wieder in sinnloser Wiederholung. In drastischem Realismus werden Köpfe abgeschlagen, strömt Blut aus einem Rumpf, brennen Leichen. Und am Schluss wird Lancelot von Bogenschützen in einer Schlacht getötet und fällt auf einen „Blechhaufen“ voller anderer toter Ritter. Nicht nur waffentechnisch sind die Ritter mit ihren Rüstungen,

Abb 86

Gauvain, Lancelot und Arthur an der leeren Tafelrunde

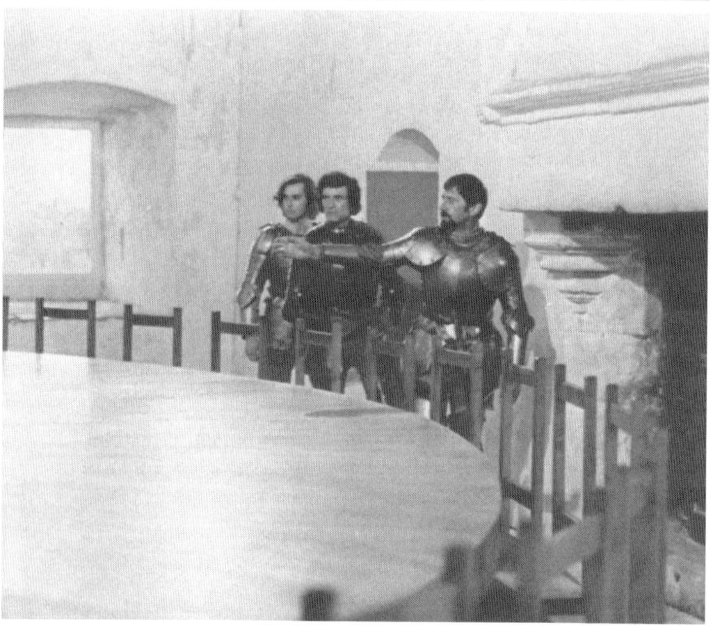

Lanzen und Schwertern auf gepanzerten Pferden anachronistisch geworden, sondern vor allem in ihrer Weltsicht: als Repräsentanten einer feudalen Herrschaft.

Bressons Erzählstil ist nüchtern und knapp, ohne einen konventionellen Handlungsstrang. Die Dinge wiederholen sich immer wieder, Serialisierung ist das bestimmende Erzählprinzip. Alle Schauspieler sind Laien. Bresson verwendet flache Bilder, zeigt kleine Ausschnitte und Fragmente von Wirklichkeit. Seine Montage reduziert Faktizität und wirkt in ihrem Formalismus lakonisch verkürzt. Ton und Geräusche bleiben live und direkt, bezeugen nur sich selbst. Bresson verzichtet vielfach auf Dialog, beschränkt sich verbal auf das Nötigste. Seine Kamera wirkt gleichsam parteilos und indifferent. Damit erhalten die Ereignisse eine beklemmende Authentizität und Überzeugungskraft.

Auswahlfilmografie zum neuen französischen Film:

Jahr	Titel	Regisseur
1961	„Der Prozess der Jeanne D´Arc“	Robert Bresson
1962	„Der Frauenmörder von Paris“	Claude Chabrol
1967	„Belle de Jour – Schöne des Tages“	Luis Bunuel
1967	„Der eiskalte Engel“	Jean Pierre Melville
1967	„Week-End“	Jean-Luc Godard
1968	„Die untreue Frau“	Claude Chabrol
1972	„Die amerikanische Nacht“	Francois Truffaut
1972	„Blutige Hochzeit“	Claude Chabrol
1973	„Lancelot, Ritter der Königin“	Robert Bresson
1976	„Die Marquise von O“	Eric Rohmer

Der französische Film dieser Phase wurde noch durch zahlreiche weitere wichtige Filme bereichert – etwa durch das Melodram „Ein Mann und eine Frau“ (1966) von Claude Lelouch, das verrätselnde „Belle de jour – Schöne des Tages“ (1967) von Luis Bunuel, mehrere Gangsterfilme von Jean Pierre Melville, z.B. „Der eiskalte Engel“ (1967) mit Alain Delon in der Hauptrolle oder das Märchenpuzzle „Celine und Julie fahren Boot“(1974) von Jacques Rivette.

Literatur

Robert Bresson. Reihe Film 15. München 1978.
Einführung, kommentierte Filmografie und weiterführende Materialien zu Bresson.

Claude Chabrol. Reihe Film 5. München 1975, 2., ergänzte u. erweit. Aufl. 1986.
Mehrere Teilstudien, Selbstzeugnisse, ein Interview, eine ausführliche kommentierte Filmografie und zahlreiche weiterführende Materialien.

Lindley Hanlon: Fragments. Bresson´s Film Style. Rutherford u.a. 1986.
Analytische Studien zu Erzählstrukturen und der Gestaltung von Figuren, Bild und Ton in ausgewählten Filmen Bressons.

Guy Austin: Claude Chabrol. Manchester, New York 1999.
Neuere einführende Gesamtdarstellung zu den Filmen Chabrols bis 1997.

Keith Reader: Robert Bresson. Manchester, New York 2000.
Knappe neuere Einführung in die Person Bresson und seine Filme, mit weiterführenden Literaturangaben.

Übungs- und Wiederholungsfragen

13 Nennen Sie je einen Beispielfilm der folgenden Regisseure für die Zeit von 1960 bis 1975: Eric Rohmer, Alais Resnais, Francois Truffaut und Jean-Luc Godard.

14 Auf welche Thematik konzentrierte sich Chabrol ab Mitte der 60er Jahre? Nennen Sie zwei Beispielfilme.

15 Inwiefern ist Bressons „Lancelot“ eine Entmystifizierung der Sagen um König Artus, den Gral und die Liebesgeschichte zwischen Lancelot und Genevra?

16 Nennen Sie spezielle Aspekte der Dramaturgie und Ästhetik von „Lancelot“.

17 Nennen Sie mindestens noch einen anderen französischen Film oder Regisseur, der neben den genannten für diese Phase noch wichtig war.

Weiterführende Arbeitsaufgaben

- Verfolgen Sie kritisch die Entwicklung etwa von François Truffaut von den Anfängen der Nouvelle vague bis Ende der 70er Jahre und seine wechselnde Bedeutung für die internationale Filmkultur.
- Analysieren Sie einen der Chabrol-Filme, z.B. „Die untreue Frau“, mit Blick auf die gesellschaftlichen Verhältnisse, die Rolle der Frau

und der sozialen Institution Ehe im Frankreich der späten 60er Jahre.
- Vergleichen Sie Bressons „Lancelot“ mit anderen Filmen um König Artus und die Gralslegende.
- Erarbeiten Sie einen Gesamtüberblick über alle Filme Chabrols.

Der neue italienische Film | 6.3

Der italienische Film hat einen Rückgang der Besucherzahlen nur um rund 25% verkraften müssen und vielleicht auch deshalb nach dem Neorealismus der 50er Jahre (Kap. 5.2) dem Weltkino enorme Impulse gegeben. Das meint zunächst einmal traditionsgemäß weiterhin den Sandalenfilm, z.B. „Herkules erobert Atlantis“ (1961) von Vittorio Cottafavi und zahlreiche weitere Filme um Helden wie Spartacus, Maciste und Samson. Ab Mitte der 60er Jahre wurde dieses Genre allerdings nicht mehr von den Italienern, sondern eher von den Amerikanern bedient. Besondere Bedeutung erhielt schließlich „Caligula“ (1976) von Tinto Brass, von dem es zwei Fassungen gibt: die normale Kinofassung und eine (ungeschnittene) Version, in der pornographische Szenen wie selbstverständlich im Film integriert sind, ohne daß der Film dadurch etwa zu einem „Porno“ würde – eine beeindruckend natürliche Einstellung zur Darstellung von Hardcore-Sexualität im Film.

Gemeint sind aber auch Filme wie „Wer erschoss Salvatore G.?“ (1960) von Francesco Rosi, „Der Leopard“ (1962) und „Tod in Venedig“ (1970), eine Thomas Mann-Verfilmung von Luchino Visconti, „8 1/2“ (1963) und „Fellinis Satyricon“ (1969) von Federico Fellini, „Dillinger ist tot“ (1968) und „Das große Fressen“ (1973) von Marco Ferreri oder der schon erwähnte Film „Der Nachtportier“ (1974) von Liliana Cavani. Auch in Italien dominierte aber wie in der Bundesrepublik Deutschland der Serienfilm: Komödien nach Art der „Scheidung auf italienisch“ (1961) von Pietro Germi, politische Filme wie „Ermittlungen gegen einen über jeden Verdacht erhabenen Bürger“ (1970) von Elio Petri oder Melodramen, Vampirfilme und andere Unterhaltungsserien.

Herauszustellen sind vor allem drei neue Ansätze: Pier Paolo Pasolini, Bernardo Bertolucci sowie der „Italowestern“, und bei letzterem insbesondere Sergio Leone und Sergio Corbucci.

Pier Paolo Pasolini

Pasolini ist geprägt sowohl vom Katholizismus als auch vom Marxismus. Er war zunächst Romanautor, Dichter und Drehbuchautor, bevor er eigene Filme vorlegte, die ungewöhnlich und inspiriert wirkten, insbesondere den schon genannten Film „Mamma Roma" (1962), mit Anna Magnani in der Hauptrolle der römischen Prostituierten, und „Das 1. Evangelium Matthäus" (1964), als leidenschaftlicher Appell für die Armen und Unterdrückten. „Teorema – Geometrie der Liebe" (1968) beschreibt in Parabelform den Besuch eines himmlischen Gastes in einer bürgerlichen Familie in Mailand, deren Mitglieder sich allesamt wandeln, aber, mit Ausnahme des Dienstmädchens, in Orientierungslosigkeit enden, unerreichbar für die göttliche Botschaft. Mehrfach setzte sich Pasolini in eigenwilliger Interpretation auch mit der griechischen Mythologie auseinander, etwa in „Medea" (1969) als einer Tragödie des Menschen zwischen barbarisch-sakraler und zivilisiert-rationaler Kultur. Episodisches Erzählen prägt seine „Trilogie der Sinnlichkeit", allesamt Publikumserfolge: „Decameron" (1970), „Pasolinis tolldreiste Geschichten" (1971) und „Erotische Geschichten aus 1001 Nacht" (1974). Man hat versucht, im Begriff der Körperlichkeit den Schlüssel zum Verständnis seines multimedialen Werks zu sehen (Peter Kuon).

Während hier eine frei ausgelebte Sexualität als antiautoritäre Kraft in den Mittelpunkt gestellt wird, dominiert in „ Die 120 Tage von Sodom" (1975) die radikale Abrechnung mit dem Faschismus.

Abb 87

Szene aus „ Die 120 Tage von Sodom"

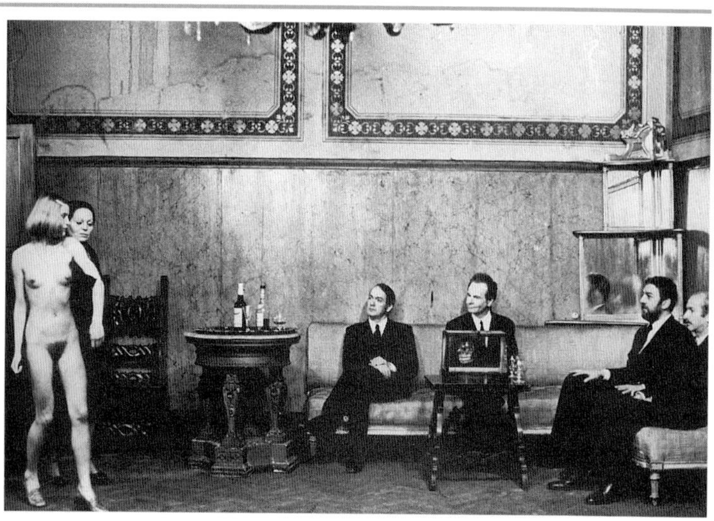

Gemäß der Vorlage eines Romans vom Marquis de Sade werden junge Männer und Frauen als Lust- und Folterobjekte grausam mißbraucht, sadistisch erniedrigt, gequält und zu Tode gefoltert: Faschismus als apokalyptischer Verfall einer hedonistischen Gesellschaft. Es ist nicht ganz geklärt, ob die Zensurmaßnahmen, denen dieser Film in zahlreichen Ländern ausgesetzt war, eher gegen die schwer erträglichen sexuellen und sadistischen Exzesse gerichtet waren oder eher gegen die absolute Hoffnungslosigkeit und Trostlosigkeit, die die Film im Zuschauer weckt, angesichts einer faschistischen Psyche eines Bürgertums, dem auch wir selbst angehören.

Bernardo Bertolucci

Bertolucci war zunächst Regieassistent bei Pasolini, bevor er mit eigenen Filmen begann. Seine Suche nach neuen Formen des Erzählens reichte bis zu seinem Film „Die Strategie der Spinne" (1970). Hier geht es um die Auseinandersetzung eines Sohnes mit seinem Vater, der aus den 30er Jahren des italienischen Faschismus Heldenstatus genießt, was aber der kritischen Nachfrage nicht standhält. Bei den Nachforschungen nach dem Vater verschwimmen Gegenwart und Vergangenheit ebenso wie Wirklichkeit und Fiktion, bis am Schluss der Heldenmythos wider besseres Wissen aufrecht erhalten wird, was aber nun den Sohn als Repräsentanten des Bürgertums kritisiert; die Kritik am Vater kehrt sich zur Kritik am Kritiker. Bertoluccis spätere Werke wie „Der große Irrtum" (1970), „Der letzte Tango in Paris" (1973) und „1900" (1976) näherten sich dann dem Mainstream-Kino an, suchten jedoch immer noch nach neuen Freiräumen.

Insbesondere „Der letzte Tango in Paris" war dabei, aufgrund freizügiger Liebesszenen und mit dem Star Marlon Brando, ungeheuer populär und international erfolgreich. Geprägt vom düsteren Niedergang eines vormals strahlenden männlichen Helden steht der Reiz des Dekadenten im Vordergrund. Tatsächlich thematisiert der Film aber, ganz im Sinne der 68er-Generation, die Isolation der Figuren und ihre Unfähigkeit zu persönlichen Beziehungen in einer bürgerlich-kapitalistischen Gesellschaft als politischen Befund: die Enterotisierung des entfremdeten Körpers im bloßen Sex, die Herrschaft einer patriar-

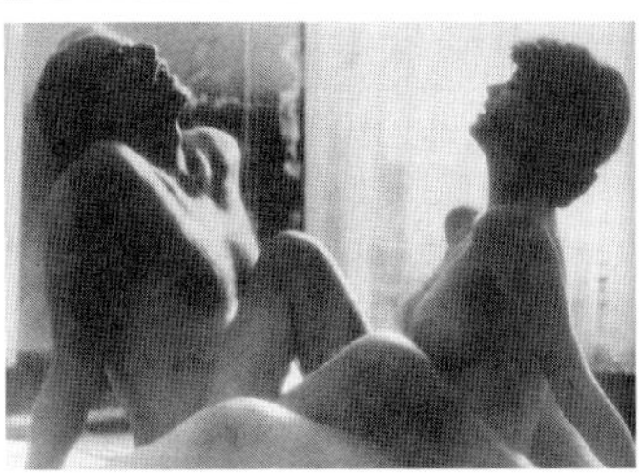

Abb 88

Liebesszene mit Marlon Brando und Maria Schneider

chalen Struktur in Gestalt der analen Regression, das Fehlen von Authentizität in der Liebe und deshalb ihr Scheitern.

Der Italowestern

Während bei Pasolini und Bertolucci Sexualität als ein zentrales Werkzeug der Gesellschaftsanalyse fungierte, war es beim *„Italowestern"* (oder „Spaghetti-Western"), von dem zwischen 1964 und 1975 knapp 400 Filme hergestellt wurden, allein 72 im Jahr 1968, die Gewalt.

Merksatz

Charakteristisch für das neue Subgenre des Italowestern, im Kontrast zum klassischen amerikanischen Western und dem deutschen Western nach Karl May, sind Brutalität, Zynismus, Skrupellosigkeit, Tod. Sergio Leone und Sergio Corbucci sind seine wichtigsten Vertreter.

Sergio Leone – „Spiel mir das Lied vom Tod"

Sergio Leone war maßgeblich prägend mit seiner Trilogie „Für eine Handvoll Dollar" (1964), „Für ein paar Dollar mehr" (1965) und „Zwei glorreiche Halunken" (1966), die sich in manchen Motiven an Akira Kurosawa orientiert. Die Musik stammt jeweils von Ennio Morricone. Der namenlose Held, gespielt von Clint Eastwood, kämpft hier in erbarmungslosem Egoismus – gelegentlich mit Ironie abgemildert – nur für Geld und Lohn. Das spätere Meisterwerk „Spiel mir das Lied vom Tod" (1968) dagegen, mit Weltstars wie Charles Bronson, Claudia Cardinale und Henry Fonda, u.a. von Bertolucci als einem der Drehbuchautoren beeinflusst, ist eine Rachegeschichte während der Zeit des amerikanischen Eisenbahnbaus und der endgültigen Erschließung des Wilden Westens. Als Hommage an John Ford wurde sie ins Monument Valley verlegt. Das Filmepos, das zwar mit einem Sieg „Harmonicas" gegen den Bösewicht Frank, aber gleichwohl melancholisch endet, bündelt ganz verschiedene Traditionen zu einem neuen Genre-Mix, wie er vor allem die 80er Jahre bestimmen sollte. Nicht zuletzt hat „Spiel mir das Lied vom Tod" die Struktur einer Oper („horse opera"), d.h. die zentralen Handlungsorte ebenso wie die zentralen Figuren sind leitmotivtechnisch mit musikalischen Motiven versehen, mit denen im Fortgang der visualisierten Handlung auf der auditiven Ebene analog oder kontrapunktisch" gespielt" wird.

Abb 89

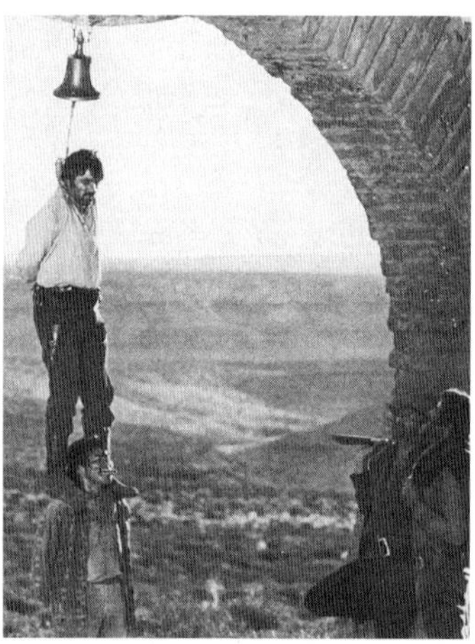

Der Mord am Vater von Harmonika: die Rachegeschichte wird aufgelöst

Sergio Corbucci schuf mit „Django“ (1966) den Archetypus dieser Filmrichtung. Der Protagonist, der klassischerweise einen Sarg mit einem Maschinengewehr hinter sich herzieht, wurde gespielt von Franco Nero. Die Geschichte erinnert an Kurosawas „Die sieben Samurai“ (Kap. 5.7), wird aber geprägt auch von Humor und Selbstironie. Der Film war derart erfolgreich, dass er eine Fülle weiterer Django-Filme anderer Regisseure hervorgerufen hat, z.B. „Django, der Rächer“ (1966), „Django, dein Henker wartet“ (1967), „Django, ein Sarg voller Blut“ (1968), „Django, Gott vergib seinem Colt“ (1969) oder „Django, schieß mir das Lied vom Sterben“ (1970), um nur einige zu nennen, bis hin zum Western-Porno „Django Nudo und die lüsternen Mädchen von Porno Hill“ (1968) von Ron Elliott. Ästhetisch herausragend ist demgegenüber Corbuccis „Leichen pflastern seinen Weg“ (1968), der im gleichen Jahr wie Leones Hauptwerk erschien. Auch hier haben Stars prägenden Einfluss (u.a. Jean Louis Trintignant, Klaus Kinski), aber die Geschichte ist ganz anders und sie geht auch ganz anders aus. Grausame Kopfgeldjäger machen Jagd auf hilflose Outlaws, durchaus im Sinne der damaligen Gesetze, bis Silenzio, dem man als Kind die Stimmbänder durchschnitten hat, Partei ergreift. Doch der Böse Loco tötet, unterstützt vom lokalen Banker und seinen Gesinnungsgenossen, sowohl den Sheriff und die Outlaws als auch Silenzio und die von ihm geliebte Pauline, und am Schluss fällt einfach Schnee auf die Leichen. Der Westernheld muss endgültig abtreten.

Sergio Corbucci

– „Leichen pflastern seinen Weg“

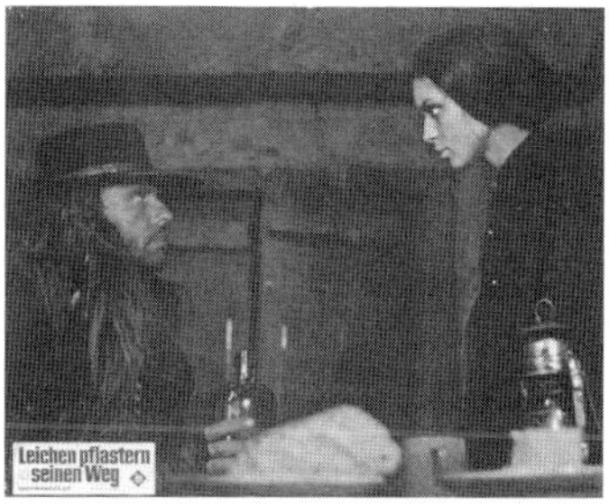

Abb 90

Silenzio und Pauline

Auswahlfilmografie zum neuen italienischen Film:

Jahr	Titel	Regisseur
1961	„Scheidung auf Italienisch“	Pietro Germi
1962	„Mamma Roma“	Pier Paolo Pasolini
1964	„Für eine Handvoll Dollar“	Sergio Leone
1968	„Leichen pflastern seinen Weg“	Sergio Corbucci
1968	„Spiel mir das Lied vom Tod“	Sergio Leone
1969	„Fellinis Satyricon“	Federico Fellini
1970	„Tod in Venedig“	Luchino Visconti
1970	„Decameron“	Pier Paolo Pasolini

1973	„Das große Fressen“	Marco Ferreri
1973	„Der letzte Tango in Paris“	Bernardo Bertolucci
1974	„Der Nachtportier“	Liliana Cavani
1975	„Die 120 Tage von Sodom“	Pier Paolo Pasolini
1976	„Caligula“	Tinto Brass

Literatur

Bernardo Bertolucci. Reihe Film 24. München 1982.

Eine Studie und ein Interview, eine ausführliche kommentierte Filmografie und zahlreiche weiterführende Materialien.

Studienkreis Film (Hrsg.): Um sie weht der Hauch des Todes. Der Italowestern – die Geschichte eines Genres. Bochum 1998, 2. erweit. Aufl. 1999.

Zahlreiche kurze Einzelstudien zu Schlüsselfilmen des Italowestern , Interviews, Bilder, weiterführende Materialien und eine Filmografie.

Peter Kuon (Hrsg.): Corpi/Körper. Körperlichkeit und Medialität im Werk Pier Paolo Pasolinis. Frankfurt/Main u.a. 2001.

Sammelband mit wichtigen Beiträgen zu Pasolinis Gesamtwerk, orientiert am Begriff der Körperlichkeit als Zugang.

Ulrich P. Bruckner: Für ein paar Leichen mehr. Der Italo-Western von seinen Anfängen bis heute. Berlin 2002.

525-Seiten-Standardwerk zu allen Filmen, mit Beiträgen auch zu Darstellern, Regisseuren, Drehbuchautoren, Kameraleuten, Komponisten und Musiker bis hin zu den wichtigsten Songtexten, einschließlich zahlreicher Bilder.

Übungs- und Wiederholungsfragen

18 Welche besondere Bedeutung hat „Caligula“ von Tinto Brass?

19 Welche vier Regisseure lieferten die wichtigsten Beiträge zum italienischen Film der 60er und 70er Jahre?

20 Nennen Sie je zwei Filme von Pasolini, Bertolucci, Leone und Corbucci.

21 Welche Funktion hat Sexualität in den Filmen Pasolinis und Bertoluccis?

Weiterführende Arbeitsaufgaben

- Untersuchen Sie den Beitrag Italiens in dieser Zeit zum Horror- und Vampirfilm.
- Recherchieren Sie kritisch die Debatte um Pasolinis „120 Tage von Sodom“ und informieren Sie sich über die Begründungen der diversen Zensurmaßnahmen. Beurteilen Sie deren Legitimation und Funktion etwa anhand von Presseausschnitten.

Weiterführende Arbeitsaufgaben

- Analysieren Sie die Starrolle von Brando in „Der letzte Tango“ und anderen Filmen mit ihm.
- Vergleichen Sie Corbuccis „Django“ mit Kurosawas „Die sieben Samurai“ im Hinblick auf Ähnlichkeiten und Unterschiede. Worin genau besteht jeweils die Message?
- Untersuchen Sie strukturanalytisch sechs oder sieben „Django“-Filme.

Der britische Film | 6.4

Der Beitrag Englands zum Weltfilm war in den 60er und 70er Jahren ausgeprägter als vorher. Den Hintergrund bildete eine engere Verflechtung britischer Regisseure und amerikanischer Produktions- und Verleihfirmen, die ihr Kapital wegen niedrigerer Herstellungskosten auf der Insel investierten, sowie amerikanischer Regisseure, die in England arbeiteten. Diese Internationalisierung äußerte sich einmal in Varianten des Serienfilms: allen voran die James Bond-Filme. Hinzu kamen die Filme der komödiantischen „Carry On“-Reihe sowie Horror-, Vampir- und Hexenfilme – meist B-Pictures des Hammer-Studios, aber auch herausragende Werke wie z.B. „Der Hexenjäger“ (1968) von Michael Reeves mit Vincent Price in der Hauptrolle, die den internationalen Markt erreichten.

Serienfilme

Von Bedeutung als Serienfilm waren insbesondere die James Bond-Filme, nach den Romanen von Ian Fleming. Actionorientierung, Superhelden-Image und Elemente des Spionage- und Science Fiction-Films wurden hier miteinander verknüpft. In Abgrenzung von klassischen Spionagefilmen wie z.B. „Der Spion, der aus der Kälte kam“ (1965) von Martin Ritt oder klassischen Science Fiction-Filmen wie z.B. „2001 – Odyssee im Weltraum“ (1965) von Stanley Kubrick entstand dabei ein ganz neues Subgenre. Es begann mit „James Bond – 007 jagt Dr. No“ (1962) und „James Bond – Liebes-

James Bond-Filme

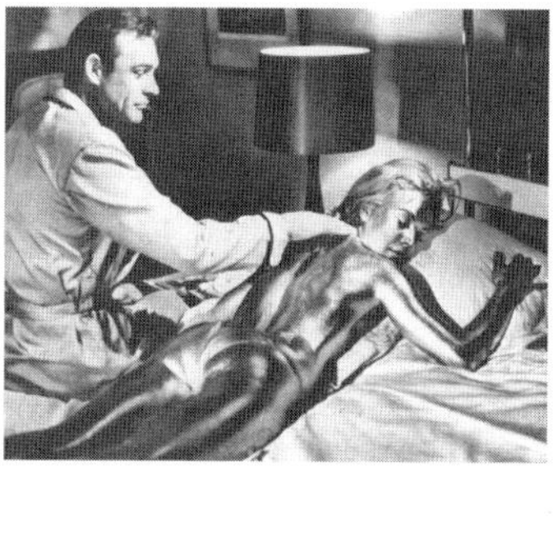

Abb 91

Bond untersucht den „vergoldeten“ Körper der toten Jill („Goldfinger“)

grüße aus Moskau" (1963), gefolgt von zahlreichen Bestsellern wie „Goldfinger" (1964), „Im Geheimdienst Ihrer Majestät" (1969), „Der Spion, der mich liebte" (1977) und weiteren bis in die 90er Jahre. Geprägt wurde die Serie zunächst von dem Schauspieler Sean Connery in der Rolle Bonds, später von Roger Moore, Timothy Dalton und anderen. Charakteristisch für die Bond-Filme war auch der supramediale Produktverbund: James Bond gab es nicht nur als Romane und als narrative Spielfilme, sondern auch als Comic Strips, auf Soundtrack-Schallplatten, als interaktives Computerspiel und im umfassenden Merchandising als Uhr, Koffer, Spielzeug, Kleidungsstücke usw. Die Serie war so markant, dass sie mit „Casino Royale" (1967) von John Huston und vier anderen Regisseuren (unter Beteiligung u.a. von Ursula Andress, Peter Sellers, David Niven, Orson Welles, Jean-Paul Belmondo, Dalia Lavi und Woody Allen) parodiert werden konnte.

Zur James Bond-Formel

Handlungsstruktur, Figurenkonstellation, Bauformen und Message sind ähnlich bis identisch; der Schema-Charakter der James Bond-Formel lässt sich quer zu allen Medien nachweisen. Jeweils muss nichts weniger als die Welt gerettet werden. Deshalb besitzt der Superagent im Dienste Ihrer Majestät die Lizenz zum Töten. James Bond war der populärste Held der damaligen Massenkultur: männlich-cool, charmant und stilvoll, souverän und intelligent, verführerisch, gut aussehend, humorvoll, unbesiegbar. Kultstatus bekommen haben auch sein Vorgesetzter M., die Vorzimmerdame Miss Moneypenny und Q, der Bond vor jedem neuen Auftrag mit immer neuen Wunderwaffen versorgt. Doch ebenso unverzichtbar sind die Gespielinnen des Helden – Ursula Andress in „Dr. No", Shirley Eaton in „Goldfinger" oder Karin Dor in „Man lebt nur zweimal" (1966) – und natürlich die Schurken wie Goldfinger, Largo, Blofeld oder Scaramanga und ihre Killermaschinen Oddjob, Schnick-Schnack oder Jaws der Beißer. Gegenüber den Romanvorlagen verschoben jedoch die Filme, in der Zweiparteiendramaturgie der Handlung mit ihrer ideologischen Einfachheit und beim festgelegter Figureninventar im phantastisch-luxuriösen Ambiente, den Akzent vom eiskalten Einzelkämpfer aus dem Kalten Krieg zum modernen Abenteurer der Zukunft , und im Fortgang der Serie rückten Macht- und Gewaltphantasien immer stärker zurück zugunsten phantastischer Spektakel- und Unterhaltungsbedürfnisse.

Literaturverfilmungen

Sodann gab es einen Schwerpunkt auf anspruchsvollen oder erfolgreichen Literaturverfilmungen ganz verschiedener Regisseure in großer Kontinuität, zum Beispiel „Der Komödiant“ (1960) nach John Osbourne, „Die Einsamkeit des Langstreckenläufers“ (1962) nach Alan Sillitoe, „Tom Jones – Zwischen Bett und Galgen“ (1962) nach Henry Fielding, „Herr der Fliegen“ (1963) nach William Golding, „Tod in Hollywood“ (1964) nach Evelyn Waugh, „Fahrenheit 451“ (1966) nach Ray Bradbury, „Oliver“ (1967) nach Charles Dickens, „Liebende Frauen“ (1969) nach D.H. Lawrence, „Die Teufel“ (1971) nach Aldous Huxley oder „Der große Gatsby“ (1973) nach Scott Fitzgerald sowie zahlreiche Shakespeare-Verfilmungen. Man hat gemeint, für Anfang der 60er Jahre in England, analog zur Nouvelle vague, eine Bewegung des „Free Cinema“ mit proletarischem Akzent erkennen zu können (Lindsay Anderson, Karl Reisz, Tony Richardson), aber es ging bei den entsprechenden Produktionen weniger um die neue Subjektivierung einer engagierten Weltsicht wie in Frankreich als um eine wirklichkeitsnähere Schilderung der sozialen Realität.

Merksatz

Aus England kam in dieser Phase der Filmgeschichte neben dem Serienfilm und zahlreichen Literaturverfilmungen eine Vielzahl herausragender Einzelwerke in einer beeindruckenden Vielfalt.

Einzelwerke

Die vielen wichtigen Beiträge lassen sich kaum auf einen Nenner bringen und allenfalls andeuten: David Lean erntete mit seinen Monumentalfilmen „Lawrence von Arabien“ (1962) und „Doktor Schiwago“ (1965) internationalen Ruhm. Auch andere Filme setzten innovative Akzente, beispielsweise der Skandalfilm „Peeping Tom“ (1960) von Michael Powell, die bittere Satire „Dr. Seltsam oder Wie ich lernte, die Bombe zu lieben“ (1964), der schon erwähnte Science Fiction-Klassiker „2001 – Odyssey im Weltraum“ (1968) und später der Gewaltfilm „Uhrwerk Orange“ (1972), alle von Stanley Kubrick, der Psycho-Thriller „Ekel“ (1965) von Roman Polanski, der Historienfilm über Thomas More „Ein Mann zu jeder Jahreszeit“ (1966) von Fred Zinnemann, der gesellschaftskritische Jugendrebellenfilm „If...“ (1968)

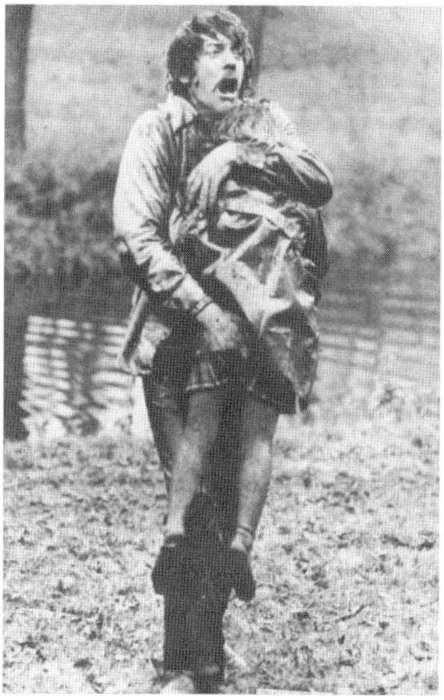

Abb 92

John und seine tote Tochter in „Wenn die Gondeln Trauer tragen“

von Lindsay Anderson, „Accident – Zwischenfall in Oxford“ (1970) von Joseph Losey, ein komplexes Sittenbild des britischen Bürgertums nach einem Drehbuch von Harold Pinter, der Western „Leise weht der Wind des 'Todes“ (1971) von Don Medford, der Abenteuerfilm „Errettung“ (1972) und der Science Fiction-Film „Zardoz“ (1974), beide von John Boorman, sowie der religiöse Film „Wenn die Gondeln Trauer tragen“ (1974) von Nicholas Roeg.

Musikfilm

Ein nicht minder wichtiger Beitrag wurde mit neuen erfolgreichen Ansätzen im Musikfilm geleistet. Es begann mit „Yeah! Yeah! Yeah!“ (1964) von Richard Lester mit den Beatles der ersten Erfolgs-LP „A Hard Day´s Night“. Lester hatte zuvor bereits mehrere Lustspiele gedreht und inszenierte mit „Hi-Hi-Hilfe“ (1965) gleich einen Nachfolger, wieder mit den Beatles. Später wandte er sich dem Thema Krieg zu mit „Wie ich den Krieg gewann“ (1967), mit John Lennon von den Beatles, und „Danach“ (1968) über Überlebende eines Atomkriegs. In den 70er Jahren engagierte er sich dann im Genre des Abenteuerfilms, speziell mit Mantel-und-Degen-Filmen wie „Die drei Musketiere“ (1973), „Die vier Musketiere“ (1975) und der Parodie „Royal Flash“ (1976). Weitere Musikfilme des „Swinging London“ wurden u.a. von John Boorman vorgelegt: „Fangt uns, wenn ihr könnt!“ (1965), mit der Band Dave Clark 5, von Peter Watkins „Privileg“ (1966) als Satire auf das Phänomen des Popstars, von George Dunning mit dem Animationsfilm „Yellow Submarine“ (1967), wieder zur Musik der Beatles, von Tony Palmer der Konzertfilm „Cream Last Concert“ (1968) oder von Donald Cammell und Nicholas Roeg „Performance“ (1969), mit Mick Jagger. Hier hinzuzurechnen sind auch Filme wie „Blow Up“ (1966) von Michelangelo Antonioni, in dem anhand des

Abb 93

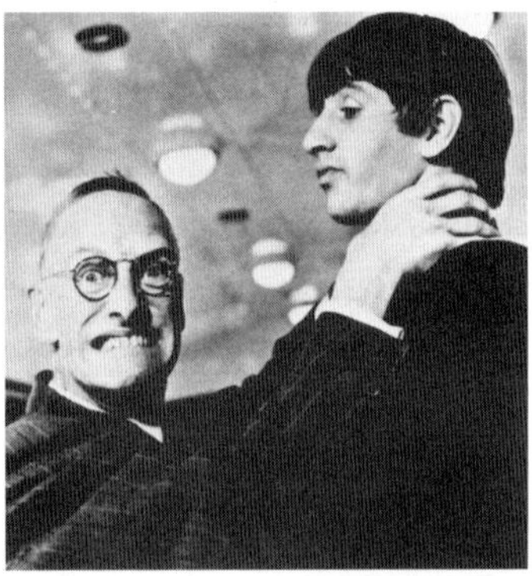

Komische Szene in „Yeah! Yeah! Yeah!“

Abb 94

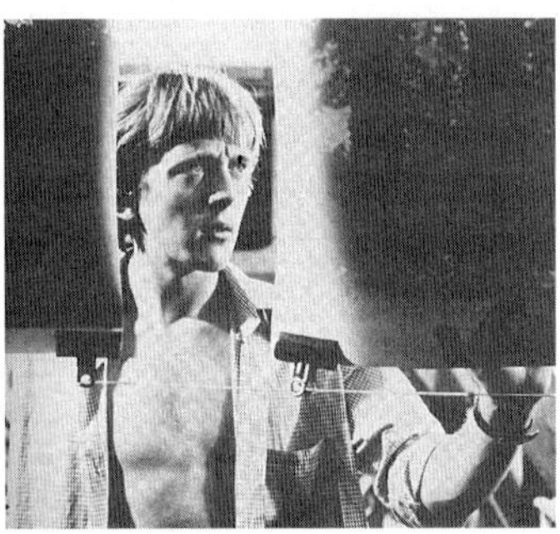

Thomas entdeckt eine Leiche auf seinen Fotos

Mediums Fotografie das Lebensgefühl der britischen Popkultur dieser Zeit exemplarisch ausgezeichnet und zugleich die Ambivalenz von Authentizität und Inszenierung von Wirklichkeit ausgeleuchtet wird.

Ausgewählte britische Filme 1960-1975:

Jahr	Titel	Regisseur
1960	„Der Komödiant"	Tony Richardson
1964	„Yeah! Yeah! Yeah!"	Richard Lester
1965	„Ekel"	Roman Polanski
1965	„Doktor Schiwago"	David Lean
1966	„Blow Up"	Michelangelo Antonioni
1968	„Der Hexenjäger"	Michael Reeves
1968	„If..."	Lindsay Anderson
1969	„Liebende Frauen"	Ken Russell
1970	„Accident"	Joseph Losey
1973	„Der große Gatsby"	Jack Clayton
1973	„Wenn die Gondeln Trauer tragen"	Nicolas Roeg

Literatur

Oreste del Buono und Umberto Eco (Hrsg.): Der Fall James Bond. 007 – ein Phänomen unserer Zeit. München 1966.

Sammelband mit zahlreichen guten Beiträgen u.a. zu Bonds Frauen, Bond als geschichtlichem Phänomen, zur Technik und zur Psychoanalyse von Bond.

Jürgen Struck: Rock Around the Cinema. Reinbek 1985.

Gesamtdarstellung des Musikfilms unter besonderer Betonung der 60er und 70er Jahre.

Neil Sinyard: The Films of Richard Lester. London, Sidney 1985.

Platziert Lesters Filme der Swinging Sixties und seine Komödien als wichtige Abschnitte im Kontext seines gesamten Filmschaffens.

Werner Faulstich und Ricarda Strobel: „James Bond" im Medienproduktverbund: Genealogie und ästhetische Bauformen. In: Diess., Innovation und Schema. Medienästhetische Untersuchungen. Wiesbaden 1987, S. 11-47.

Produktanalysen von „Goldfinger" und „Im Geheimdienst Ihrer Majestät" nach Schema und Variation.

Tony Bennett und Janet Woollacott: Bond and Beyond. The Political Carreer of a Popular Hero. Houndmills u.a. 1987.

Versuch einer umfassenden Verortung des Helden James Bond innerhalb der Popularkultur der Mittelschichten.

Michael Scheingraber: Die James Bond-Filme. München 1989.

Überblick über alle James Bond-Filme und ihre Ableger bis 1979 in Einzeldarstellungen, mit zahlreichen Bildern.

Robert Murphy: Sixties British Cinema. London 1992.

Breite Gesamtdarstellung der englischen Filmkultur des Jahrzehnts unter besonderer Betonung sozialer und kultureller Kontexte.

Jörg Helbig: Geschichte des britischen Films. Stuttgart, Weimar 1999.

Gute Gesamtdarstellung, die für Phase VI folgende Schwerpunkte setzt: David Lean, die Komödien, der Horrorfilm, James Bond, der Popmusikfilm, Shakespeare-Verfilmungen, British New Wave, ausländische Regisseure in Großbritannien.

Lars-Olav Beier und Georg Seeßlen (Hrsg.): Alfred Hitchcock. Berlin 1999.

Guter Überblick über alle Filme mit Essays zu ausgewählten Aspekten des Gesamtwerks, veranschaulicht durch viele Screenshots.

Siegfried Tesche: Das große James Bond-Buch. Berlin 2002.

Jüngste Gesamtdarstellung aller Filme im Überblick sowie zahlreiche weitere Essays u.a. zu den Romanvorlagen, der Erfolgsformel des Bond-Mythos und den Darsteller-Stars.

Bernd Kiefer und Marcus Stiglegger (Hrsg.): Pop & Kino. Von Elvis zu Eminem. Mainz 2004.

Sammelband mit weiterführenden neuesten Beiträgen.

Übungs- und Wiederholungsfragen

22 Nennen Sie einige James Bond-Filme, ihre Regisseure und wichtige Schauspieler/Figuren. Erläutern Sie die Erfolgsformel.

23 Nennen Sie fünf englische Literaturverfilmungen der Zeit.

24 Nennen Sie fünf wichtige Einzelwerke der britischen Kinokultur 1960 bis 1975.

25 Nennen Sie drei Titel des britischen Musikfilms der Zeit und ihre Regisseure.

Weiterführende Arbeitsaufgaben

- Erarbeiten Sie einen Überblick über die britischen Komödien der „Carry On"-Reihe.
- Analysieren Sie die Bond-Parodie „Casino Royale" im Hinblick auf Merkmale der Bond-Formel.
- Vergleichen Sie eine Literaturverfilmung ihrer Wahl mit der literarischen Vorlage. Wo liegen die Ähnlichkeiten, wo die Unterschiede? Läßt sich hier ggf. die Frage nach der „Adäquatheit" der „Verfilmung" stellen?
- Recherchieren Sie die Umstände des Skandals um „Peeping Tom" und seine bitteren Folgen.
- Vergleichen Sie den Western „Leise weht der Wind des Todes" mit einem klassischen amerikanischen Western.
- Inwiefern handelt es sich bei „Wenn die Gondeln Trauer tragen" um einen religiösen Film?
- Inwiefern spiegelt „Blow Up" das Lebensgefühl der „Swinging Sixties" in England?

6.5 Subgenres und der neue amerikanische Film

Was die gesamte siebte Phase der Filmgeschichte bestimmen sollte – ein kosequenter Genrewandel (Kap. 7) –, begann in Ansätzen bereits in Phase VI. Die bisher genannten Beispiele für neue Serienfilme (Sex-Report-Filme, James Bond-Filme etc.) wurden noch erheblich erweitert. Der gesellschaftliche Wertewandel mit seinen fundamentalen Umwälzungen hat insbesondere von Seiten der amerikanischen Filmkultur eine Bandbreite von Reaktionen gezeitigt, die sich in weiteren Subgenres und Serienfilmen abbilden und gleichsam skalieren lassen:

- das Gefühl des Unterwegsseins, des Aufbruchs zu neuen Horizonten im *Road Movie*;
- das Bedürfnis nach einem Sündenbock, dem man die Veränderungen als Schuld in die Schuhe schieben und sich damit selbst entlasten kann, im *Hexen- und Teufelsfilm*;
- das Gefühl von Angst und Verunsicherung, das zur individuellen Bewährung aufruft, wie im *Katastrophenfilm*;
- und schließlich das Gefühl, Opfer von Gewalt zu sein, und der Wunsch nach Bestrafung, nach Gegengewalt wie im *Rachefilm*.

Sie sollen zunächst kurz dargestellt werden, bevor das Augenmerk dann auf das „neue Hollywood" und seine wichtigsten Regisseure gerichtet wird,

Road Movies

Die Zeit ab Ende der 60er Jahre war die Zeit des *Road Movie*, in der Tradition der alten Western mit ihren Pionieren und Planwagen Richtung Westen.

Definition

Road Movies sind ein Subgenre, das die Menschen in Bewegung zeigt: äußerlich und innerlich. Erzählt werden Entwicklungsgeschichten, die sich der Metapher der Straße bedienen, des Autos, des Highway, um den Zustand des Unterwegsseins als existentielle Grundkategorie zu gestalten. Charakteristisch sind Werte wie Freiheit, Selbstbestimmung, Ich-Findung, generell die moderne Gralssuche.

Das Pferd wird hier durch das Auto ersetzt, den Truck oder auch das Motorrad. Es gibt mehrere hundert Road Movies, und eine Vielzahl von Untergruppen hat sich herausgebildet: Reisefilme, Aussteigerfilme, Truckerfilme, Fluchtfilme, Karambolagefilme, Rockerfilme, Endzeit-Road Movies usw. Die vielleicht bekanntesten amerikanischen Road Movies dieser Zeit, abgesehen von „Easy Rider" und den zahllosen C-Pictures, sind „Die wilden Engel" (1966) von Roger Corman, „Bonny and Clyde" (1967) von Arthur Penn, „Bullitt" (1968) von Peter Yates, „Hell´s Angels 70" (1969) von Lee Madden, „Fluchtpunkt San Francisco" (1970) von Richard C. Sarafian, „Cisco Pike" (1971) von Bill L. Norton, „Asphaltrennen" (1971) von Monte Hellman, „Getaway" (1972) von Sam Peckinpah, „Sugarland Express" (1974) von Steven Spielberg bis zu „Dies Land ist mein Land" (1976) von Hal Ashby und „Convoy" (1978) von Sam Peckinpah. Auch später gab es noch zahlreiche Road Movies, auch in anderen nationalen Filmkulturen; aber die USA und Phase VI der Filmgeschichte sahen doch einen deutlichen Schwerpunkt.

– „Easy Rider"

Schlüsselbedeutung für das Subgenre hat zweifellos „Easy Rider" (1969) von Dennis Hopper, der mit Peter Honda und Jack Nicholson auch die Hauptrolle spielt – ein Kultfilm dieser Zeit. Die beiden Freaks Billy und Whyatt schließen erfolgreich einen Drogendeal ab und machen sich dann mit ihren Choppern auf die Reise durch Ameri-

Abb 95

Die beiden Helden auf ihrer Harley Davidson durch die Weiten Amerikas

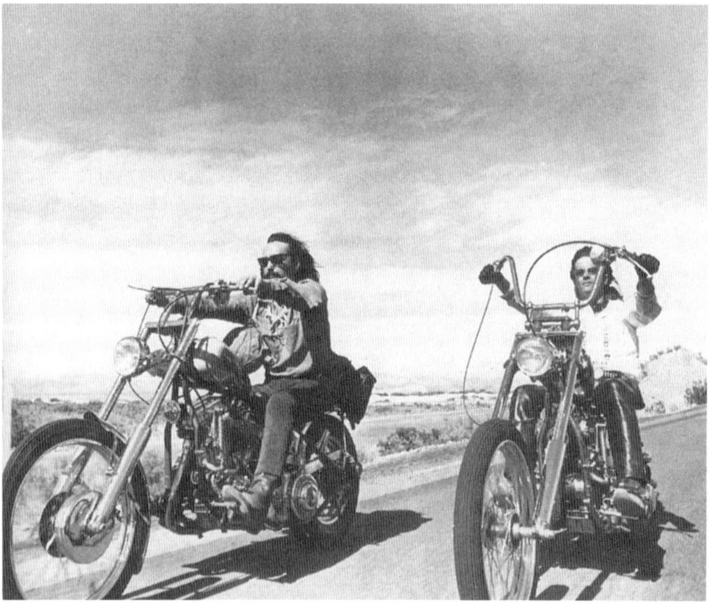

ka, von Los Angeles über das Monument Valley, Arizona, das Familienleben bei einem mexikanischen Farmer, die Idylle einer Hippie-Kommune und die Borniertheit von Kleinstadtbürgern, bis nach New Orleans mit dem Bordell House of the Blue Lights, dem Mardi Gras und einem LSD-Trip auf dem Friedhof. Begleitet werden sie von „The Pusher", „Born to be Wild" von Steppenwolf und weiteren Songs von Gruppen der 60er Jahre. Auf der Suche nach dem amerikanischen Traum von Freiheit und Selbstverwirklichung, von Toleranz und Gastfreundschaft finden sie provinzlerische Enge, Albträume, Feindseligkeit und schließlich einen sinnlosen Tod: Von wildgewordenen Kleinbürgern werden sie einfach abgeknallt wie Kaninchen. Die Gegenkultur der 60er Jahre war endgültig an ihr Ende angekommen.

Filmästhetisch ist „Easy Rider" geprägt von grandiosen Landschaftsaufnahmen in Totale, die meist mit fahrender Kamera gedreht sind, immer wieder mit Schwenks in Parallelfahrt auf die beiden Motorräder. Symbolisierende Detailaufnahmen geben dem Setting seine symbolische Bedeutung. Die „living camera" suggeriert dem Zuschauer, er wäre unmittelbar dabei, und schafft höchstmögliche Identifikation.

Hexen- und Teufelsfilme

Auch die Gruppe der *Hexen- und Teufelsfilme* hatte Vorläufer, aber auch hier begann in den 60er und 70er Jahren eine quantitative Zunahme, die freilich in den 80er Jahren noch erheblich gesteigert werden sollte – der Sündenbock-Mechanismus erwies sich offenbar als besonders geeignet für die Abfuhr kollektiver Ängste.

Definition

Der neuere Hexen- und Teufelsfilm definiert sich als Subgenre im Kontext explizit christlicher Kultur, Kirche, Bibel und fasst das Böse sakral, im Unterschied etwa zum Vampir-, Faust-, Zombie- oder Werwolffilm. Der Satan tritt auf als Antipode Gottes. Hexen sind vom Teufel Besessene, die ebenso exorziert werden müssen wie die irdischen Außenstellen der Hölle.

Läßt man auch hier andere nationale Beiträge aus und konzentriert sich auf die USA, so kann man nicht weniger als vier verschiedene Typen unterscheiden: erstens den *Satanskult* im engeren Sinn, beispielsweise „Töchter des Satans" (1971) von Kentucky Jones, „Die Wiege des Bösen" (1974) von Larry Cohen und sein Nachfolger; zweitens *Besessenheit* und *Exorzismus* wie z.B. „Der Exorzist" (1973) von William Friedkin, mit mehreren Nachziehern und zahlreichen Spinoffs; drittens die Figur des *Antichrist* wie insbesondere in „Das Omen" (1975) und seinen zwei Fortsetzungen; und viertens das *Geisterhaus*, speziell „Hexensabbat" (1976) von Michael Winner und spätere Vertreter wie „Amityville Horror" (1978) von Stuart Rosenberg und seine Nachfolger bis hin zu „Poltergeist" (1983) von Tobe Hooper alias Steven Spielberg. Gleich ist allen Varianten eine ideologische Grundstruktur, die es erlaubt, den Menschen im „Ego te absolvo" zu reinigen. Gemäß ihrer Dramaturgie wird der Zuschauer bei diesen Filmen psychologisch von seinen sündigen Gedanken und Phantasien gleichsam befreit – ein kollektiver Entlastungsmechanismus latenter Schuldgefühle. Im Hintergrund standen dabei ganz konkret die Erfindung der Antibabypille und die sexuelle Befreiung der Frau, die allgemeine Autoritätskrise und der Aufstand der Jugend gegen die Generation der Älteren, insbesondere die Fülle der politischen Skandale und Kriege, Terrorakte und Staatsstreiche, Bürgerkriege und das zynische Wettrüsten der Weltmächte, die für viele Menschen rational nicht mehr erklärt oder ertragen werden konnten.

– „Rosemary´s Baby"

Ausgangspunkt für alle diese Stilrichtungen war „Rosemary´s Baby" (1967) von Roman Polanski. Hier wird thematisiert, wie durch massive Einflussnahme einer Sekte, der sich auch Rosemarys Mann anschließt, der Nachkomme Satans gezeugt und geboren werden soll. Bezeichnenderweise lebt das junge Paar in einem obskuren Hochhaus, dem schon viele Selbstmorde, Kindsopfer und magische Exzesse zugeschrieben werden. Der Film beschreibt aus der Sicht der Schwangeren, die im Mittelpunkt steht und mit der man sich identifiziert, wie das Treiben der Nachbarn, das Verhalten ihres Mannes bis hin zum Vertrauensarzt ihrer Wahl, der sich ebenfalls an dem Komplott beteiligt, sich zu einer totalen Verschwörung verdichten, der man letztlich nicht mehr entkommen kann. Rosemary akzeptiert schließlich das Neugeborene, das Kind des Teufels, als ihr eigenes.

Abb 96

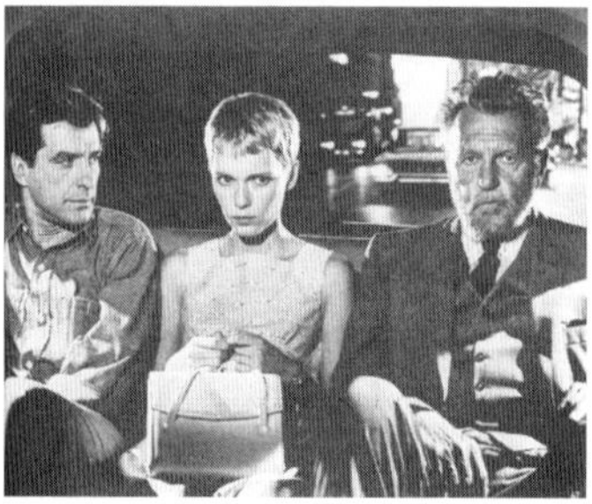

Rosemary zwischen ihrem Mann und ihrem Arzt

– „Airport“

Auch für den Katastrophenfilm, der vor allem den 70er Jahren zugeschrieben wird, gab es eine Art Schlüsselfilm, der alle wichtigen Bestandteile des neuen Subgenres ausgebildet hat: „Airport“ (1969) von George Seaton. Hier werden gleichzeitig sehr viele, unterschiedliche Katastrophen erlebt und überstanden: Ein Flugzeug bleibt im Schnee stecken und blockiert eine wichtige Landbahn. Eine Ehe zerbricht. Eine Stewardess ist schwanger und erwägt die Abtreibung. Ein Arbeitsloser schmuggelt eine Bombe an Bord des Flugzeugs. Eine alte Dame spielt blinder Passagier usw. In aufwendiger kompositorischer Verschachtelung werden alle diese Handlungsstränge miteinander verwoben, alle beeinflussen sich gegenseitig. Zwar explodiert die Bombe, der Attentäter kommt um und das Flugzeug wird ernsthaft beschädigt, doch am Schluss wird alles zu einem gigantischen Happy End gebracht: Die blockierte Landebahn wird rechtzeitig frei. Die Ehe wird gerettet. Die Stewardess verzichtet auf die Abtreibung usw. Der Mikrokosmos bleibt erhalten und wird als funktional bestätigt: Die Welt ist in Ordnung. Dies wirkt umso mehr, als das Personeninventar kalkuliert alle sozialen Schichten, Altersgruppen und viele Beziehungskonstellationen einbezieht, speziell fünf Charaktermasken: der schnoddrige, lässige Pilot, der kontrollierte, verläßliche Fluglotse am Boden, der nervenstarke und rauhbeinige Leiter der Bodenrettungsmaßnahmen, die meist leichtlebige Stewardess sowie der Techniker mit Leib und Seele. Es ist kein Zufall, dass etwa die Figur des Technikers dann auch noch in vier von fünf weiteren „Airport“-Filmen mit demselben Schauspieler besetzt ist (George Kennedy).

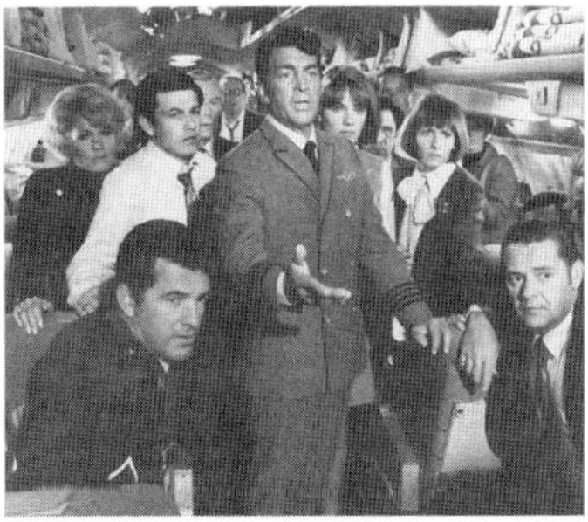

Abb 97

Der Flugkapitän versucht, den Attentäter mit der Bombe zu beruhigen

Nachfolger von „Airport“

Bei den Nachfolgern von „Airport“ blieb die Grundstruktur der Handlung exakt beibehalten, aber bestimmte Versatzstücke wurden systematisch variiert: So wurde das Flugzeug nicht mehr durch eine Bombe beschädigt, sondern in „Giganten am Himmel“ (1975) von Jack Smight durch einen Zusammenstoß mit einem zweiten Flugzeug, in „Airport ´77“ (1977) von Jerry Jameson durch eine Flugzeugentführung und einen Unfall, in „Das Concorde-Inferno“ (1978) von Ruggero Deodato durch einen Terrorakt im Zuge einer Erpressung, in „Airport ´80 – Die Concorde“ (1979) von David Lowell Rich durch eine ferngesteuerte Rakete. In der ersten Persiflage „Die unglaubliche Reise in einem verrückten Flugzeug" (1980) von Jim Abrahams, David Zucker und Jerry Zucker werden die Piloten Opfer einer trivialen Fischvergiftung und in „Die unglaubliche Reise in einem verrückten Raumschiff" (1982) von Ken Finkleman wird das Flugzeug gleichzeitig bedroht von einem Geisteskranken, einem Attentäter mit einer Bombe, diversen Kurzschlüssen, Feuer im Computerraum, einer Vergiftung der Piloten usw. – Andere bekannte Katastrophenfilme der Zeit (für die 70er Jahre wurden immerhin 53 gezählt) waren u.a. „Die Höllenfahrt der Poseidon" (1972) von Ronald Neame, „Flammendes Inferno" (1974) von John Guillermin, „Erdbeben" (1974) von Mark Robson, „Die Hindenburg" (1975) von Robert Wide, „Die Flut bricht los" (1976) sowie „Horizont in Flammen" (1977), beide von Earl Bellamy bis hin zu „Mörderspinnen" (1978), bei denen es allerdings kein Entrinnen und deshalb auch kein Happy End gibt.

Rachefilme

Schließlich entstand noch verstärkt eine Serie von Rachefilmen. Auch schon im einen oder anderen früheren Western oder Kriminalfilm hatten Rache und Selbstjustiz eine gewisse Rolle gespielt, doch in den 70er Jahren gab es im amerikanischen Kino eine Welle von meist drittklassigen Selbstjustizfilmen, die mit „Ein Mann sieht rot" (1974) von Michael Winner einen Höhepunkt fand, der aufgrund des internationalen und kommerziellen Erfolgs wiederum zu Fortsetzungen führte: „Der Mann ohne Gnade" (1982) und „Death Wish – der Rächer von New York" (1986). Es ist kein Zufall, dass die Hauptrolle jeweils von Charles Bronson gespielt wird, der bereits mit dem Rachewestern „Spiel mir das Lied vom Tod" (1968) in dieser Rolle eingeführt worden war. Man hat hier von einem „urbanen Western" gesprochen: Der friedliebende Architekt Paul muss erleben, dass seine Frau ermordet und seine Tochter vergewaltigt wird, ohne dass es der Polizei gelingt, die Täter aufzuspüren. Mehr zufällig nimmt es Paul dann selbst in die Hand, wobei er die Nähe jugendlicher aggressiver Rowdies und Gangster sucht und sie bei entsprechenden Aggressionshandlungen abschießt. Die „braven Bürger", die gelegentlich involviert sind, decken ihn, weil sie sein Handeln bewundern und akzeptieren. Deshalb sieht auch die Polizei davon ab, ihn anzuklagen.

– „Ein Mann sieht rot"

Abb 98

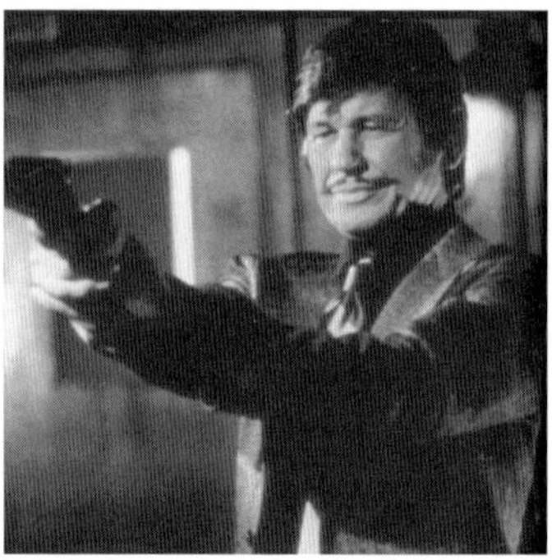

Charles Bronson in Aktion

Später folgten noch weitere Filme dieser Art, etwa der australische Film „Mad Max“ (1978) von George Miller, wo der brutale Kampf zwischen sadistischen Rockern und aggressiven Cops in eine nahe Zukunft verlegt wird. Hier wird das Rachemotiv mit dem „Schlachtfeld Straße“ verbunden. All diesen Filmen, die auf tiefsitzende Ängste des Kleinbürgertums rekurrieren, hat man gewaltverherrlichende Tendenzen vorgeworfen.

Merksatz

Neben diesen Subgenres und Serienfilmen wurde diese Phase mindestens ebenso stark geprägt von ästhetischen Erneuerungsbestrebungen auch in der amerikanischen Filmkultur, die man als „das neue Hollywood“ mit Blick auf drei Regisseure zusammengefaßt hat: Martin Scorsese, Francis Ford Coppola und Steven Spielberg.

Martin Scorsese

Martin Scorsese, beeinflusst von der Nouvelle vague, speziell von François Truffaut, drehte 1969 seinen ersten abendfüllenden Spielfilm und wurde u.a. mit „Alice lebt hier nicht mehr“ (1974) bekannt: die Geschichte um eine Witwe (gespielt von Ellen Burstyn, die dafür den Oscar erhielt) mit ihrem elfjährigen Sohn, die versucht, aus ihrer männerdominierten Welt auszubrechen und ihren Lebenstraum mit einer Beziehung zu einem „fortschrittlichen“ Mann zu verbinden. Später hat er noch zahlreiche weitere Filme gedreht, etwa „Wie ein wilder Stier“ (1980), den kontroversen Film „Die letzte Versuchung Christi“ (1988), das Remake „Kap der Angst“ (1991), aber eines seiner wichtigsten Werke bislang ist ohne Zweifel „Taxi Driver“ (1976), ein künstlerisch ebenso wie kommerziell anerkannter Film.

– „Taxi Driver“

„Taxi Driver“ beschreibt die Geschichte von Travis, gespielt von Robert de Niro. Als Vietnamveteran macht er sich auf zu einem Kreuzzug gegen Schmutz und Gewalt im Herzen New Yorks, mit seinen Zuhältern, Spielern, Huren, Dieben und Dealern, und gewinnt damit die Sympathien des Zuschauers – bis zu jenem Moment, wo er sich selbst zum blutrünstigen Killer mit Irokesenschnitt wandelt und den Zuschauer unversehens mit seinen eigenen grausamen Wünschen konfrontiert: Die psychischen Deformationen des Helden sind im Grunde seine eigenen. Betsys Liebe kann Travis nicht gewinnen, die Teenie-Prostituierte Iris, gespielt von Jodie Foster, ist nicht zu retten, und sein Amoklauf im Freudenhaus endet in Apathie. In „Taxi Driver“ werden Einsamkeit, sexuelle Frustrationen und unterdrückte Aggressionen als existentielle Grundbefindlichkeit des modernen Großstadtmenschen miteinander verknüpft zu einem Albtraum urbaner Bedrohlichkeit, aus dem es kein Entkommen gibt. Am Schluss fährt Travis wieder Taxi, das schreckliche Geschehen endet ausweglos und bedeutet auch für den Amokläufer, der überra-

Abb 99

Waffenstarrend und mit Irokesenschnitt kurz vor dem Massaker

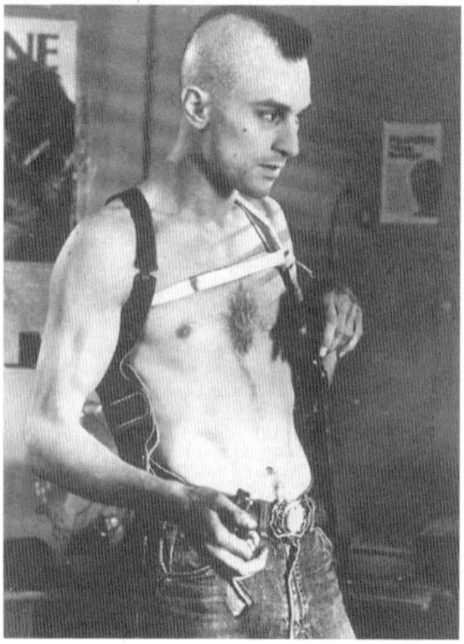

Abb 100

Marlon Brando als Don Corleone

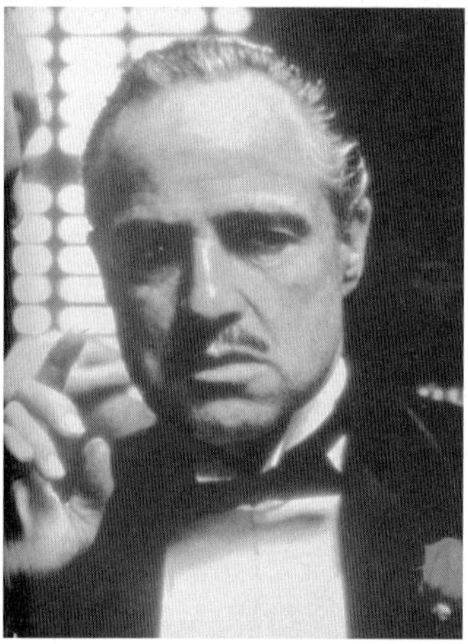

schend zum Helden erklärt wird, weil eines seiner Opfer ein berüchtigter Mafioso war, weder Veränderung noch gar Katharsis. Hier gibt es keine Erlösung.

Francis Ford Coppola

– „Der Pate"

Ganz anders bei *Francis Ford Coppola*, der ebenfalls Ende der 60er Jahre mit seiner Arbeit begann, 1969 das Road Movie „Liebe niemals einen Fremden" vorlegte und auch noch später u.a. mit „Cotton Club" (1984), „Peggie Sue hat geheiratet" (1986) und „Bram Stoker´s Dracula" (1992) mit anspruchsvollen Werken hervortrat. Er konnte schon ganz am Anfang mit „Der Pate" (1971) einen grandiosen Welterfolg für sich verbuchen. Der Film beschreibt den Mafia-Clan um Vito Corleone in New York, gespielt von Marlon Brando, als eine moderne Variante des Gangsterfilms, und die Übergabe der Macht an seinen Sohn Michael. Wie auch in anderen Bestsellerwerken zur Jahrzehntwende wird hier der Sturz der Autoritäten in den 60er Jahren wieder rückgängig gemacht und das alte Herrschaftssystem neu etabliert. Eine Fülle von Mafiafilmen folgte. In „Der Pate – Teil II" (1974) kontrastierte dann Coppola selbst den Aufstieg im ersten Teil mit einem absoluten Niedergang des neuen Don und seines Machtsystems, bei exakter Beibehaltung der Handlungsstrukturierung – sozusagen als Widerlegung des zuvor etablierten Mafia-Mythos (später noch gefolgt von „Der Pate III").

– „Apocalypse Now"

Coppola verwandte die enormen Einnahmen auch aus den Fortsetzungen des „Paten", um anschließend seinen mit großem Abstand besten Film zu machen: „Apocalypse Now" (1979). Fälschli-

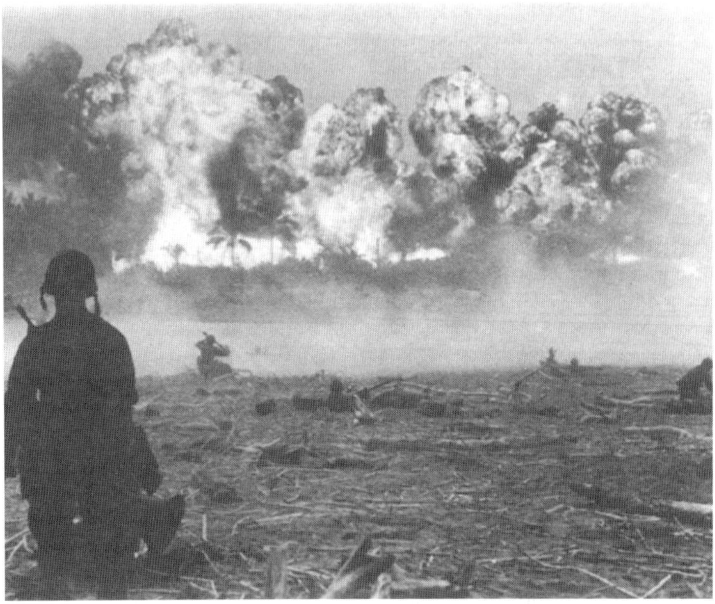

Abb 101

Die Visualisierung der Apocalypse zu den Klängen der Doors: „This is the end"

cherweise meist als Kriegsfilm oder sogar als Vietnamfilm mißverstanden, handelt es sich hier vielmehr um eine komplexe Literaturverfilmung u.a. der Novelle „Herz der Finsternis" von Joseph Conrad und des Gedichtzyklus „Das wüste Land" von T.S. Eliot. Weniger die Faszination des Krieges und seine Sinnlosigkeit werden hier beschworen, sondern der Film führt uns auf eine psychologische Reise bis zur Quelle des wahren Grauens, als Ausdruck eines umfassenden kulturellen Verfalls: In Bildern archaischer Opferrituale wird für die Apokalypse unserer heutigen Welt ein eschatologischer Kern beschworen; die Gralssuche ist noch nicht zu Ende, der Tod erscheint vielmehr als Tor zum Leben mit der moralischen Aufforderung, die mystische Einheit aller Dinge und Wesen zu erkennen und entsprechend zu handeln.

Steven Spielberg

Der dritte herausragende Hollywood-Regisseur der Zeit war *Steven Spielberg*, noch sehr viel erfolgreicher als Coppola; unter den zwölf kassenstärksten Filmen der Geschichte konnte er nicht weniger als fünf platzieren. Charakteristisch für das Werk Spielbergs speziell in den 70er und frühen 80er Jahren ist weniger, dass er systematisch fast alle Filmgenres nacheinander durchgespielt hat (lediglich Kriminalfilm, Musical und Porno fehlen noch), sondern eine bestimmte dramaturgische Grundstruktur vieler seiner Filme. Sein zentrales Thema damals war das Erwachsenwerden, und die Filme etablierten gleichbleibend ein Erlebnisraster mit entsprechend variierten Ängsten. Bereits sein erster Film „Duell" (1971), ein klassisches Road Movie zunächst als Fernsehfilm, dann mit nachträglich gedrehtem Material zum Kinospielfilm ausgeweitet

– „Duell"

Abb 102

Der Truck fordert zur Konfrontation heraus

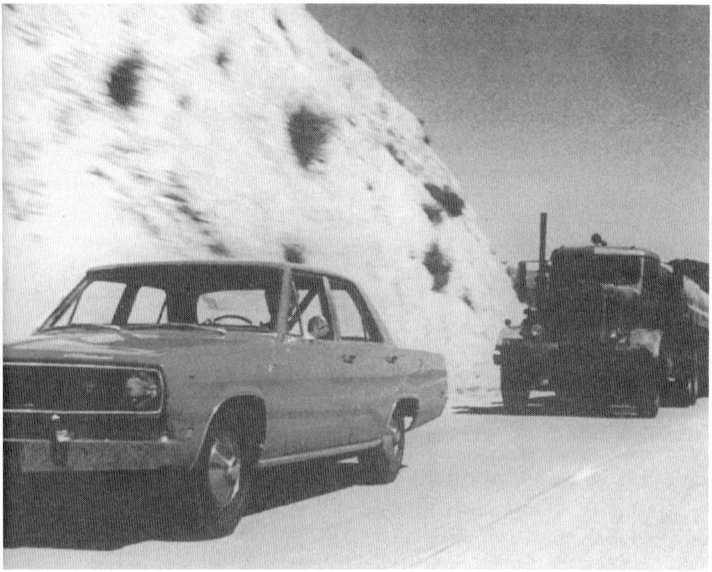

Abb 103

Kastrations- und Penetrationsängste im „Weißen Hai"

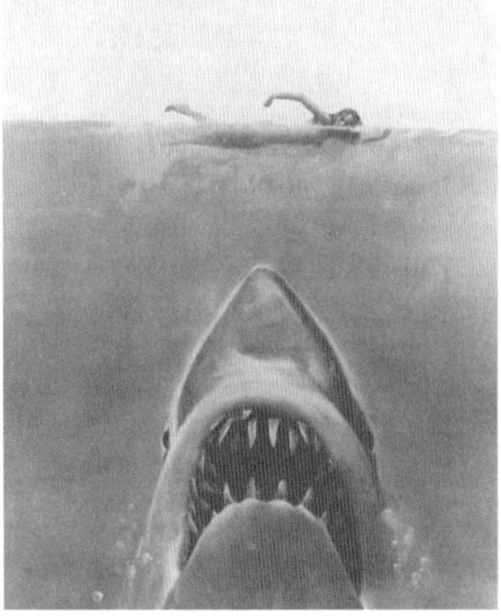

und insbesondere in Europa ein Erfolg, thematisiert Konfrontationsängste. Ein anonymer Truck bedroht einen an Unterwürfigkeit gewohnten Handelsvertreter, der dem Aggressor zunächst ausweichen will, dann Hilfe bei der Polizei sucht, dann die Bedrohung wortwörtlich verschlafen will oder sich mit dem Feind arrangieren möchte – bis er sich endlich stellen muss und die Konfrontation tatsächlich auch gewinnt. „Der weiße Hai" (1975) thematisiert entsprechend Kastrations- und Penetrationsängste. „Unheimliche Begegnung der Dritten Art" (1977) bezieht sich auf Ängste vor Einsamkeit und Alleinsein bzw. die Sehnsucht nach Geborgenheit. „Jäger des verlorenen Schatzes" (1981) erlaubt die Erfahrung von Gefahr, des Fremden, der Bewährung. „E.T. Der Außerirdische" (1982) thematisiert Ängste um Sinnverlust, Bedrohung durch die Erwachsenen und durch den Tod. Oder „Die Farbe Lila" (1983) erzwingt das Durchleben von Verlust- und Trennungsängsten, Trauerarbeit.

– „Der weisse Hai"

Merksatz

Viele Filme Spielbergs haben eine psychologische Katharsisstruktur, mit der eingefahrene Abwehrmechanismen durchbrochen und jeweils tiefer liegende Gefühlsschichten angesprochen werden, speziell diejenigen, die sich mit den Ängsten des Erwachsenwerdens auseinandersetzen.

In seinen zahlreichen weiteren Filmen, meist entweder von herausragender kommerzieller oder künstlerischer Qualität, von „Das

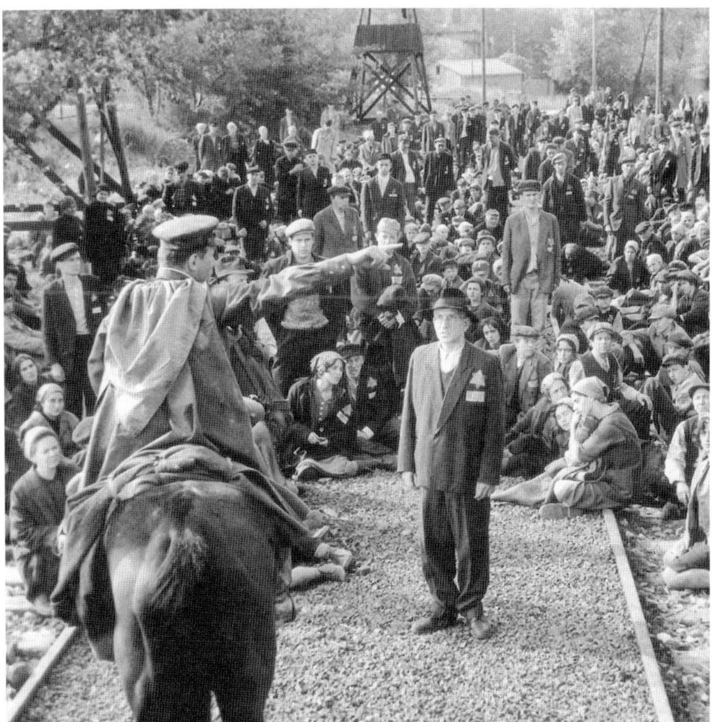

Abb 104

„Schindler´s Liste"

Abb 105

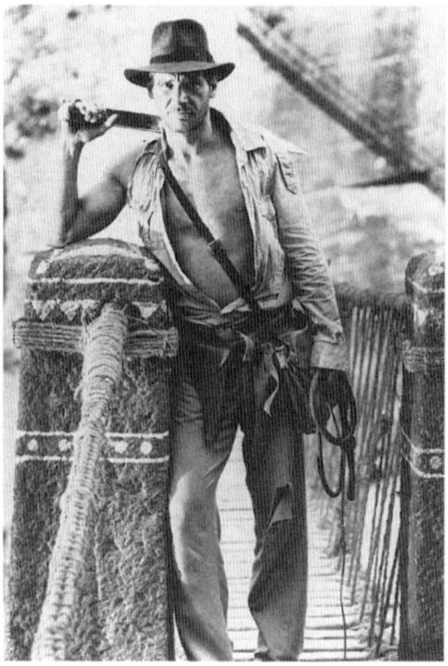

Indiana Jones als Held, gespielt von Harrison Ford

Reich der Sonne“ (1987) über „Schindler´s Liste“ (1993) bis zu „Amistad – Das Sklavenschiff“ (1997), geht es dagegen weniger um die Aufarbeitung der eigenen, biographischen Vergangenheit als um gesellschaftliche Vergangenheit wie den japanisch-chinesischen Krieg in Shanghai, die Judenverfolgung durch die Nationalsozialisten oder den Sklavenhandel – und gleichwohl wieder um Identitätsfindung, Trauererfahrung, Übernahme von Verantwortung und Solidarität (Roberto Francisco Daniel).

Nicht zuletzt wird bei Spielberg immer wieder Filmgeschichte thematisiert, wie das generell in Phase VII ausgeprägt war: beispielsweise im Genre-Mix etwa bei „E.T. Der Außerirdische“ (1982), u.a. Kinderfilm, Märchen, Science Fiction-Film, Religiöser Film; im Genre-Revival (vgl. Kap. 7.7 u. 7.8) bei „Jäger des verlorenen Schatzes“ (1981) oder „Indiana Jones und der Tempel des Todes“ (1984) samt einer fernsehspezifischen Episodenstruktur, die in den Kinofilm verpflanzt wurde; in der systematischen Ausdifferenzierung der Genres (nach Road Movie, Thriller, Katastrophenfilm, Komödie, Science Fiction-Film usw.) nun mit dem Historienfilm „Schindlers Liste“ (1993), für den er den Oscar erhielt, dem Abenteuerfilm „Amistad – Das Sklavenschiff“ (1997) oder dem Kriegsfilm „Der Soldat James Ryan“ (1998); nicht zuletzt auch die Digitalisierung mit „Jurassic Park“ (1993) und seinem Nachfolger „Vergessene Welt: Jurassic Park“ (1997) oder „A.I. – Künstliche Intelligenz“ (2001). Darauf wird noch zurückzukommen sein.

Exemplarisch ausgewählte amerikanische Filme der 60er und 70er Jahre:

Jahr	Titel	Regisseur
1967	„Rosemary´s Baby“	Roman Polanski
1967	„Bonnie and Clyde“	Arthur Penn

1968	„Bullitt“	Peter Yates
1969	„Easy Rider“	Dennis Hopper
1969	„Airport“	George Seaton
1971	„Duell“	Steven Spielberg
1971	„Der Pate“	Francis Ford Coppola
1973	„Der Exorzist“	William Friedkin
1974	„Ein Mann sieht rot“	Michael Winner
1974	„Flammendes Inferno“	John Guillermin
1975	„Der weiße Hai“	Steven Spielberg
1976	„Taxi Driver“	Martin Scorsese
1979	„Apocalypse Now“	Francis Ford Coppola

Literatur

Susan Sontag: The Imagination of Disaster. In: Mark Rose (Hrsg.), Science Fiction. A Collection of Critical Essays. Englewood Cliffs, N.J. 1976, S. 116-131.

Geistreiche Strukturanalyse mit Blick auf die Invasions- und Katastrophenfilme der 50er Jahre.

Francis Ford Coppola. Reihe Film 33. München 1985.

Eine Studie zum Künstler, Selbstzeugnisse, eine ausführliche kommentierte Filmografie und zahlreiche Bilder sowie weiterführende Materialien.

Adolf Heinzlmeier, Jürgen Menningen, Berndt Schulz: Road Movies. Action-Kino der Maschinen und Motoren. Hamburg, Zürich 1985.

Sehr bildreiche Darstellung von Road Movies, gruppiert nach Themen wie „Trucker“, „Helden von Autorennen“ und „Easy Riders“. Mit einer Filmografie der wichtigsten Vertreter des Subgenre.

Ulli Weiss: Das Neue Hollywood. Francis Ford Coppola, Steven Spielberg, Martin Scorsese. München 1986.

Überblick über die drei Regisseure aus damaliger Sicht.

Werner Faulstich und Ricarda Strobel: Innovation und Schema am Beispiel von „Airport“ – eine strukturalistische Filmanalyse. In: Diess., Innovation und Schema. Medienästhetische Untersuchungen. Wiesbaden 1987, S. 49-91.

Analyse des Ur-Katastrophenfilms mit seinen Nachfolgern, Spinoffs und Parodien.

Helmut Korte und Werner Faulstich (Hrsg.): Action und Erzählkunst. Die Filme von Steven Spielberg. Frankfurt/Main 1987.

Zahlreiche analytische Einzelbeiträge zu den Filmen bis „Die Farbe Lila“ (1985).

Werner Faulstich: 1. Antichrist, Besessenheit und Satensspuk. Zur Typologie und Funktion des neueren Teufelfilms. (1987). 2. Didaktik des Grauens. Eine Interpretation von Francis Ford Coppolas „Apocalypse Now“ (1986). In: Ders., Medienkulturen. München 2000, S. 73-88 u. S. 89-102.

Versuch 1. einer systematischen, historischen und funktionalen Bestimmung eines neuen Subgenres und 2. einer quellenbezogenen Analyse und Interpretation auf der Basis eines detaillierten Filmtranskripts.

Hans D. Baumann: Horror. Die Lust am Grauen. München 1989.

Wenig systematisierte, aber außerordentlich anregende Überlegungen zu den psychologischen Wirkmechanismen um Angst, Horror und Verdrängung.

Nick Browne (Hrsg.): Francis Ford Coppola´s „The Godfather“ Trilogy. Cambridge, New York 2000.

Studienband zu Einzelaspekten der Trilogy, u.a. zur Ideologie der „Familie“, zur Rolle der Ita-

liener in der amerikanischen Gesellschaft und zum Mafiamythos.

Gabriele Weyand: Der Visionär. Francis Ford Coppola und seine Filme. St. Augustin 2000.

Dissertation mit dem Versuch einer Gesamtdarstellung aller Filme Coppolas bis „Der Regenmacher" (1997).

Roberto Francisco Daniel: Erinnerung als ethisches Projekt. Aufarbeitung der Vergangenheit im Filmwerk von Steven Spielberg. München 2001.

Dissertation mit dem Versuch einer Gesamtinterpretation aller Filme Spielbergs bis „Der Soldat James Ryan" (1998) aus philosophisch-theologischer Sicht.

Berndt Schulz: Lexikon der Road Movies. Berlin 2001.

Auflistung von über 600 Filmen von den 50er Jahren und früher bis zu „Thelma & Louise" oder „Natural Born Killers", allerdings unter Berücksichtigung zahlreicher Filmbeispiele, die im engeren Sinn gewiss nicht mehr als Road Movie angesehen werden können.

Stephen Keane: Disaster Movies. The Cinema of Catastrophe. London, New York 2001.

Knapper Überblick über die Katastrophenfilme der 70er Jahre mit Ausblick auf die „Überlebensfilme" der 90er Jahre wie „Titanic".

Wolfgang Arend: Auf der Jagd nach Hexen und Zuschauern. Mediensoziologische Bausteine zu einer Theorie des Remakes am Beispiel von Hexenfilmen. Mainz 2002.

Dissertation zum Phänomen des Remake am Beispiel des Hexenfilms von 1896 bis 1999.

Georg Seeßlen: Martin Scorsese. Berlin 2003.

Der bislang beste, aktuellste und materialreichste der vielen Sammelbände zu Scorsese.

Manfred Hobsch: Das Große Lexikon der Katastrophenfilme. Von „Airport" bis „Titanic", von „Erdbeben" bis „Twister" und vom „Flammenden Inferno" bis „Outbreak – Lautlose Killer". Berlin 2003.

Erläuterungen zu einzelnen Filmen auf 770 Seiten. Unterschieden werden vor allem drei Schwerpunkte: die 50er Jahre (z.B. „Invasion vom Mars"), die 70er Jahre (z.B. „Flammendes Inferno") und die 90er Jahre (z.B. „Independence Day").

Übungs- und Wiederholungsfragen

26 Nennen Sie vier Subgenres bzw. Serienfilme als Ausdrucksformen amerikanischer Reaktion auf den gesellschaftlichen Wertewandel der 60er Jahre.

27 Definieren Sie das Road Movie und nennen Sie drei Beispiele.

28 Charakterisieren Sie knapp „Easy Rider" als Road Movie.

29 Wie läßt sich der neuere Teufels- und Hexenfilm definieren und welche vier Typen kann man unterscheiden?

30 Welches ist der Schlüsselfilm für das Subgenre des Katastrophenfilms? Nennen Sie einige Nachfolger.

31 Nennen Sie einen wichtigen Vertreter des Rachefilms aus dem Jahr 1974.

32 Von welchen drei Regisseuren vor allem wurde diese Phase der amerikanischen Filmkultur besonders geprägt?

33 Worum geht es bei „Taxi Driver"?

34 Nennen Sie einige Erfolgsfilme von Coppola.

35 Welches zentrale Thema läßt sich für viele Spielbergfilme feststellen?

36 Nennen Sie fünf Spielbergfilme nach dem „Weißen Hai".

Weiterführende Arbeitsaufgaben

- Versuchen Sie die nicht unproblematische Abgrenzung von Fortsetzungsfilme, Serienfilme, Subgenre und Genre zu präzisieren und mit Beispielen als praktikabel zu belegen.
- Vergleichen Sie Invasionsfilme der 50er und Katastrophenfilme der 70er Jahre miteinander.
- Erarbeiten Sie eine fundierte Stellungnahme zum Problem der Gewaltverherrlichung bei den Rachefilmen.

Jane Fonda über Dustin Hoffman bis Cathérine Deneuve | 6.6

Der Weltfilm war auch weiterhin vom Phänomen Star mit bestimmt. Erwähnt wurden bereits der deutsche Star Klaus Kinski, der nicht nur in den Edgar Wallace-Filmen die Rolle des Zwielichtigen übernahm, sondern auch in Herzogs „Aguirre" den wahnwitzigen Eroberer spielte, in Corbuccis „Leichen pflastern seinen Weg" den erbarmungslosen, menschenverachtenden Kopfgeldjäger, in Herzogs „Fitzcarraldo" den fanatischen Abenteurer usw. Angesprochen wurde auch Hanna Schygulla, die insbesondere in den Filmen Fassbinders ihr unvergleichliches Starimage aufbauen konnte. Ferner wurden englische Stars erwähnt wie Sean Connery in den James Bond-Filmen, von deren Image er sich später aber löste; Stars wie Anna Magnani, Franco Nero, Clint Eastwood, Charles Bronson oder Henry Fonda in italienischen Filmen, wobei Bronson auch noch in den Rachefilmen zentral war. In Frankreich wurde Alain Delon zum Star: gefährlich, schön, sensibel, lässig, aber auch grausam wie alle Killer – mit Filmen wie „Rocco und seine Brüder" (1960) und in „Der Leopard" (1962), beide von Luchino Visconti, und dann vor allem mit Gangsterfilmen wie „Der eiskalte Engel" (1967) von Jean-Pierre Melville oder dem Genremix aus Western und Samuraifilm „Rivalen unter roter Sonne" (1971) von Terence Young, insgesamt mit über 60 Filmen. In Schweden war es Liv Ullmann, die mit ihrer coolen Schönheit eine große Ausstrahlung hatte: in einer Mischung aus tiefgründiger Sicherheit, Lebenskraft, Liebesfähigkeit und existentieller Trauer und Verletzbarkeit. Insbesondere in Bergman-Filmen konnte sich sich entfalten – etwa in „Persona" (1966), „Die Stunde des Wolfs" (1968) und „Szenen einer Ehe" (1973) bis zu „Herbstsonate" (1976).

Klaus Kinski

Hanna Schygulla

Charles Bronson

Alain Delon

Liv Ullmann

Andere Stars

Stars wie Marlon Brando, Steve McQueen, Jack Nicholson, Robert Redford, Robert de Niro und andere gehören ebenfalls in diesen Reigen. Ausführlicher können hier nur drei vorgestellt werden: Jane Fonda, Dustin Hoffman und Cathérine Deneuve.

Jane Fonda

Jane Fonda, Mitglied einer Familie mit Henry Fonda und Peter Fonda, wurde durch eine Vielzahl von Theaterrollen geschult. Im Film trat sie zunächst als eine Art Sexsymbol auf, in „Wie Raubkatzen" (1963) von René Clément, in „Der Reigen" (1964) nach Arthur Schnitzler und dann vor allem in „Barbarella" (1967), beide von ihrem Ehemann Roger Vadim. Unter dem Eindruck des Vietnamkriegs und der Proteste und gesellschaftlichen Umwälzungen in Amerika um 1968 ließ Fonda sich scheiden und wurde politisch, erwachsen, selbstbewußt. Sie übernahm anspruchsvolle Rollen, erhielt mehrere Oscars und wurde zu einem Weltstar: Verkörperung der sowohl attraktiven als auch emanzipierten modernen Frau, Idol für Millionen von Kinobesucherinnen. Ihre Filmpartner waren Stars wie Michael Caine, Faye Dunaway, Robert Redford, Donald Sutherland, Elisabeth Taylor, Vanessa Redgrave und Michael Douglas (um nur einige zu nennen).

Abb 106

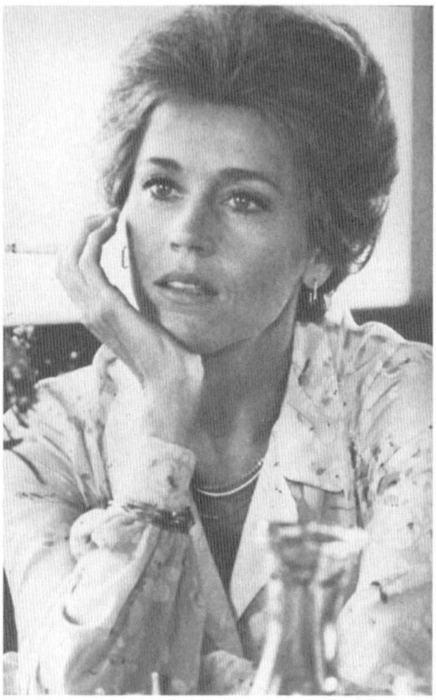

Starfoto von Jane Fonda

Merksatz

Das Starimage von Jane Fonda wird in fast allen ihren Charakterrollen in der zweiten Phase ihrer Filmkarriere geprägt vom gesellschaftskritischen Protestgestus.

Ihr neues Image zeigt sich u.a. in „Nur Pferden gibt man den Gnadenschuß" (1969) von Sydney Pollack über die wahnwitzige Teilnahme an einem mörderischen Tanzmarathon in den 30er Jahren, um zu überleben; in „Klute" (1971) von Alan J. Pakula als Edelhure, die aus dem Milieu ausbrechen will und von einem Killer verfolgt wird; in „Nora" (1974), nach dem Theaterstück von Henrik Ibsen über den klassischen Wandel vom kleinen Mädchen zur selbständigen Frau, von Joseph Losey; oder auch im Vietnamdrama „Coming Home – Sie kehren heim" (1977) von Hal Ashby.

Dustin Hoffman

Dustin Hoffman dagegen läßt sich charakterisieren durch eine erstaunliche Vielzahl ganz unterschiedlicher Rollen. Zum Star wurde er mit dem Popfilm „Die Reifeprüfung" (1967) von Mike Nichols und der Musik von Simon & Garfunkel, in der Rolle des Abiturienten Benjamin Braddock, der sich zuerst von Mrs. Robinson verführen läßt, sich dann in deren Tochter verliebt und sie im Hochzeitskleid aus der kirchlichen Trauung mit einem Nebenbuhler entführt. Dann überzeugte er in der Rolle des schäbigen Gauners und Stadtstreichers Ratso in „Asphalt Cowboy" (1968) von John Schlesinger und als komischer Möchtegern-Indianer Jack Crabb in „Little Big Man" (1970) von Arthur Penn, als „der letzte Held des Westens". Später spielte er in „Papillon" (1973) von Franklin J. Schaffner einen Sträfling, der gemeinsam mit Steve McQueen von der Sträflingsinsel Cayenne in Französisch-Guayana flieht. In weiteren Filmen übernahm er die Rolle eines weltfremden Gelehrten, eines verrückten Entertainer, eines von der Wahrheit besessenen Reporters wie in dem Watergate-Enthüllungsfilm „Die Unbestechlichen" (1976) von Alan J. Pakula, eines kritischen, verzweifelt sich wehrenden Studenten wie in dem Spionage-Thriller „Marathon Man" (1976) von John Schlesinger, eines Vaters, der sich rührend um seinen Sohn sorgt, wie in „Kramer gegen Kramer" (1979), auch einer Frau wie in „Tootsie" (1982), schließlich eines Vertreters in „Tod eines Handlungsreisenden" (1985), nach dem Theaterstück von Arthur Miller, von Volker Schlöndorff und eines autistisch Behinderten in dem berühmten „Rain Man" (1988) von Barry Levinson, der ihm den zweiten Oscar einbrachte.

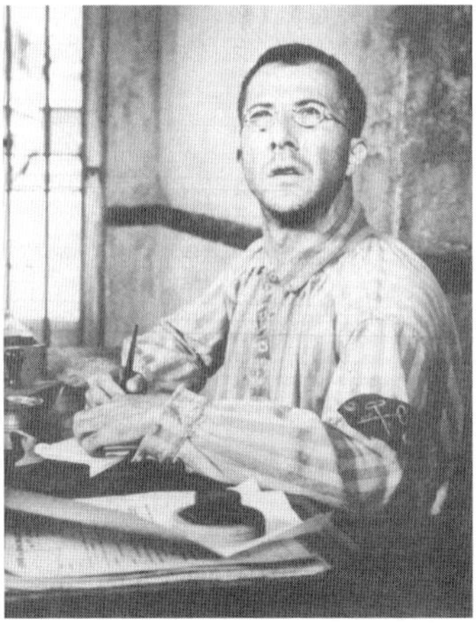

Abb 107

Dustin Hoffman als Louis Dega in „Papillon"

Merksatz

Dustin Hoffman charakterisiert sich durch eine Vielzahl von Rollen, wobei es ihm immer wieder gelingt, diese jeweils so zu typisieren, dass sie unverwechselbar werden: der Komiker, der Eigenbrötler, der Außenseiter, der Melancholiker, der Naive, der Besessene, der Verlierer, so dass sie stets die Sympathien der Zuschauerinnen und Zuschauer auf sich ziehen.

Cathérine Deneuve

Der französische Filmstar *Cathérine Deneuve* schließlich war Protagonistin in dem ebenfalls schon erwähnten Psychothriller

Abb 108

Séverine in der Rolle der Gattin und der Hure

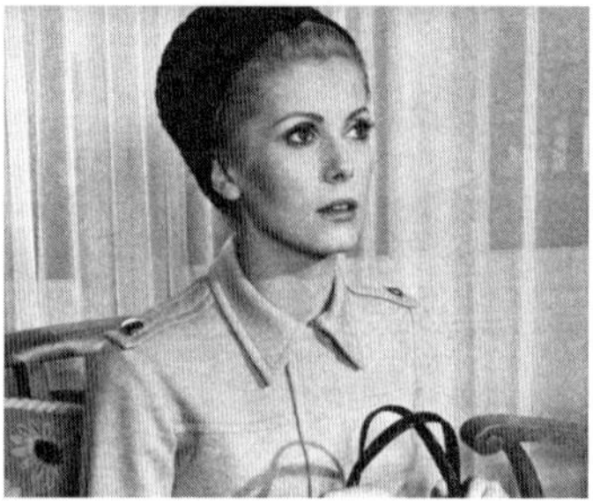

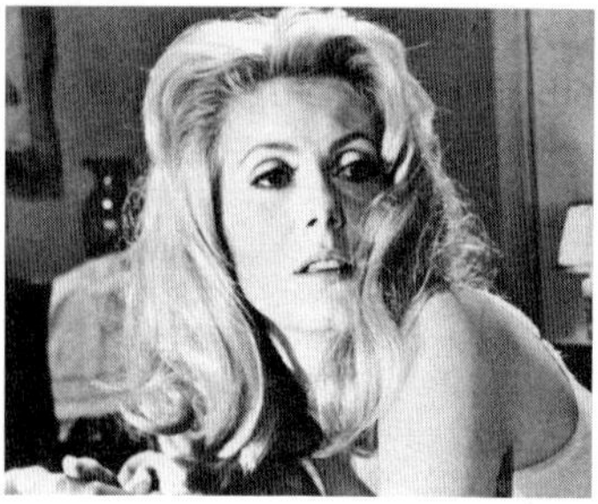

„Ekel" (1965) von Polanski. Ihre beklemmenden Wahnvorstellungen und Sexualängste bringen Carol dazu, zwei Morde zu begehen. Deneuve gelingt es hier, den Eindruck des Zerbrechlichen, des psychisch Labilen und Sensiblen zu vermischen mit den verschiedenen Stadien fortschreitenden Wahnsinns bis hin zu erschreckender Brutalität und blutiger Grausamkeit. Gegenüber den zwölf anderen Filmen, in denen sie in den 60er Jahren bereits gespielt hatte, zeigt sie hier erstmals neben dem Image der schönen, eleganten, femininen, aber auch scheuen Frau ihre andere, ihre düstere Seite: kühl, gehemmt, voller Abgründe und perversen Träume.

Merksatz

Das Image von Cathérine Deneuve ist zuallererst von Rätselhaftigkeit bestimmt, was sowohl anziehend als auch bedrohlich wirkt.

In einer ganzen Reihe weiterer Filme hat sie dieses Bild vertieft: insbesondere in „Belle de Jour – Schöne des Tages" (1967) von Luis Bunuel mit der Kombination von liebender Gattin und masochistischer Hure. Zu ihren wichtigsten weiteren Filmen gehören etwa „Das Geheimnis der falschen Braut" (1969) von François Truffaut, „Die schönen Wilden" (1975) von Jean-Paul Rappenau und „Die letzte Metro" (1980) wieder von Truffaut bis zu „Begierde" (1982) von Tony Scott, in der Rolle der Vampirin (vgl. Kap. 7.7).

Auswahlfilmografie zu Jane Fonda, Dustin Hoffman und Cathérine Deneuve:

Jahr	Titel	Regisseur
1965	„Ekel"	Roman Polanski
1967	„Belle de Jour – Schöne des Tages"	Luis Bunuel
1967	„Barbarella"	Roger Vadim

1967	„Die Reifeprüfung“	Mike Nichols
1970	„Little Big Man“	Arthur Penn
1971	„Klute“	Alan J. Pakula
1973	„Papillon“	Franklin J. Schaffner
1974	„Nora“	Joseph Losey
1975	„Die schönen Wilden“	Jean-Paul Rappenau
1976	„Marathon Man“	John Schlesinger
1977	„Coming Home – Sie kehren heim“	Hal Ashby
1982	„Begierde“	Tony Scott
1988	„Rain Man“	Barry Levinson

Literatur

Françoise Gerber: Cathérine Deneuve. Ihre Filme – ihr Leben. München 1981.
Biographieorientierte Darstellung mit kompletter Filmografie und zahlreichen Bildern.

George Haddad-Garcia: The Films of Jane Fonda. Secaucus, N.J. 1981.
Charakterisierung ihrer Filme in kurzen Einzeldarstellungen mit Bildern.

Adolf Heinzlmeier, Berndt Schulz, Karsten Witte: Die Unsterblichen des Kinos. Band 3: Die Stars seit 1960. Frankfurt/Main 1982.
Knappe Charakterisierung von 18 Stars der Zeit, u.a. von Delon, Ullmann, Fonda, Nicholson, Hoffman, Kinsky, Deneuve, Redford.

Jeff Lenburg: Dustin Hoffman. Seine Filme – sein Leben. (1983) 4. Aufl. 1991
Biographieorientierte Darstellung mit kompletter Filmografie und zahlreichen Bildern.

Übungs- und Wiederholungsfragen

37 Nennen Sie zwei herausragende deutsche Filmstars der damaligen Zeit.
38 Was kennzeichnet das Starimage von Jane Fonda?
39 Charakterisieren Sie Dustin Hoffman als Star.
40 Was prägt die meisten Rollen von Caterine Deneuve?

Weiterführende Arbeitsaufgaben

- Vergleichen Sie zwei Stars unterschiedlicher Nationalitäten miteinander (z.B. Hanna Schygulla und Liv Ullmann) und untersuchen Sie nationalspezifische Eigenheiten.
- Worin unterscheiden sich Stars wie Bronson und Delon aus den 70ern von Stars wie Bogart aus den 40ern?
- Erarbeiten Sie filmanalytisch fundiert das Starimage wahlweise von Steve McQueen, Jack Nicholson oder Fay Dunaway.

Weiterführende Arbeitsaufgaben

- Worin unterscheidet sich der Filmstar vom Rockstar oder Fernsehstar? Nehmen Sie Bezug auf die entsprechende Fachliteratur zum Problemfeld „Star".

Zusammenfassung

Die erste Hochzeit der internationalen Filmkultur wurde durch das Aufkommen und die Verbreitung des Fernsehens sowie den Wertewandel in den 60er Jahre zunächst behindert, aber auch stimuliert. Beide Aspekte prägten Phase VI der Filmgeschichte.

Durch den enormen Verlust an Kinobesuchern, die nun zuhause blieben, dominierten überall zunächst Serienfilme, die ansatzweise aber bereits zu teils differenzierten Subgenres weiterentwickelt wurden. In der Bundesrepublik Deutschland gehörten zu den Serienfilmen etwa die Edgar Wallace-Filme, die Karl May-Adaptionen und die Sex-Report-Filme, in Italien die Sandalen- und Antikheldenfilme, in England etwa die Küchenkomödien, die Horror- und Vampirfilme als B-Pictures und vor allem die James Bond-Filme, in den USA insbesondere Road Movies, Hexen- und Teufelsfilme und die Katastrophenfilme . Die ästhetische Komplexität dabei war durchaus unterschiedlich, aber die kommerziellen Momente überwogen jeweils.

Zugleich aber gab es unübersehbar neue Ansätze künstlerischer Provenienz. Sie lassen sich bevorzugt an Namen festmachen: in der Bundesrepublik auf dem Hintergrund des Oberhausener Manifests insbesondere Volker Schlöndorff, Alexander Kluge, Wim Wenders, Werner Herzog und an der Spitze Rainer Werner Faßbinder. In Frankreich waren die Erneuerer immer noch die Regisseure der Nouvelle vague, im Besonderen aber Claude Chabrol und Robert Bresson. In Italien dominierten die ästhetischen Akzente von Pier Paolo Pasolini, Bernardo Bertolucci und des Italowestern, speziell Sergio Leone und Sergio Corbucci. In den USA brachten insbesondere Martin Scorsese, Francis Ford Coppola und Steven Spielberg neue ästhetische Konzepte und revolutionierten die Erfolgsstrategien Hollywoods.

Während in den genannten Ländern die Erneuerungsbestrebungen noch aus den nationalen Filmkulturen kamen, wenngleich die entsprechenden Filme auf der Ebene des Weltfilms gleich in übergreifende Rezeptions- und Akzeptanzkontexte eingegliedert wurden

Zusammenfassung

und auch Filmstars wie Jane Fonda, Cathérine Deneuve oder Dustin Hoffman international ihre Erfolge feierten, war in England von 1960 bis weit in die 70er Jahre eine völlig neue Situation der Vermischung gegeben: Abgesehen von englisch-nationalen Beiträgen wie etwa durch Richard Lester drehten hier auch Amerikaner, Franzosen, Polen, Deutsche ihre Filme. Prinzipiell war das nationalspezifische Moment also ausgehebelt , und eine komplette Darstellung des „Films in England" in dieser Zeit würde sich nur punktuell unterscheiden von der Gesamtschau des internationalen Films, wie sie in nationaler Unterscheidung knapp angedeutet wurde.

Die hier angesetzte Zäsur um 1975 ist freilich weniger eindeutig zu fassen als bei den früheren Phasen. Viele Tendenzen der Filmgeschichte ließen sich verfolgen bis 1980 und darüber hinaus: die Filme von Faßbinder beispielsweise, die Arbeiten von Truffaut, Chabrol und Bresson, aber auch von Bertolucci, die James Bond-Filme, die Filme von Antonioni, Polanski, Losey oder Roeg, vor allem auch die Beiträge von Scorsese, Coppola und Spielberg, die ja mehr oder weniger ausgeprägt bis heute reichen, und selbst ein Erfolg wie bei Filmstar Dustin Hoffman. Andererseits gab es klare Einschnitte Mitte der 70er Jahre: Bestimmte Serienfilme wie Edgar Wallace und Karl May waren beendet oder völlig unbedeutend geworden. Die Nouvelle vague war zuende gegangen. Der Italowestern hatte sich erschöpft. Der Boom an Literaturverfilmungen in England ging schlagartig zurück. Der Popmusikfilm hatte seine kulturprägende Bedeutung verloren. Bestimmte Subgenres wie Road Movies und Katastrophenfilm spielten keine prägende Rolle mehr bzw. wurden von anderen abgelöst. Darauf wird gleich noch einmal zurückzukommen sein.

1975-1990 Genrewandel – Diversifikation, Revival, Mix

Phase VII

Inhalt

Das Problem der Periodisierung

– kontinuierliche Genreausdifferenzierung

Die 70er Jahre werden in der Filmgeschichte häufig als eine Übergangszeit verstanden. Das gilt insbesondere für den Haupttrend, der bereits in den 60ern begonnen hat und sich kontinuierlich fortsetzt: die Ausdifferenzierung der traditionellen Genres (vgl. Kap. 6.1, 6.4, 6.5). Insofern entsteht hier ein Periodisierungsproblem. Manches spricht dafür, dass ein Einschnitt erst ab 1980 zu verzeichnen sei: mit der zunehmenden Beeinflussung des Kinofilms durch die Ästhetik des Massenmediums Fernsehen, speziell der glitzernden Werbewelt und des Musik-Clips; mit der Verbreitung des neuen Mediums Video und seinen enormen Auswirkungen auf Genrepräferenzen; oder mit der Einführung des dualen Rundfunksystems 1984, womit die Nachfrage nach älteren Kinofilmen für den Abspielpool der privaten Anbieter sprunghaft stieg und damit Genre-Revivals ebenso wie neue Mischformen angeregt wurden. In jedem Fall rückt der generelle Genrewandel in den Mittelpunkt von Phase VII der Filmgeschichte: Nationalspezifische Unterschiede treten dabei kontinuierlich zurück.

– Zäsur um 1975

Gleichwohl wird hier eine Zäsur um 1975 gesetzt, weil der Wandel, so allmählich er sich auch vollzog, doch manifest war und mindestens teilweise auch bereits nachgewiesen werden kann: Mit dem ersten Film/Fernseh-Abkommen 1974/75 wurden neue Produktionsmöglichkeiten für den deutschen Kinofilm eröffnet. Zugleich entstand in der Bundesrepublik Deutschland ab 1975 mit dem Frauenfilm ein ganz neues Subgenre. Die Filmindustrie hatte sich infolge der Kinokrise an neuen Zuschauergruppen (höhere Schulbildung, höheres Einkommen, städtische Lebensweise usw.) orientiert und ästhetische Neuerungen zugelassen, was wiederum auch neue „alternative" Kinoformen entstehen ließ, in der ersten Hälfte der 70er Jahre etwa das Arsenal in Berlin, das Kommunale Kino in Frankfurt und andere „Kunst"kinos, aber auch spezielle Sexkinos, auch in Beate Uhse- und Dr. Müllers-Sexshops, generell die sogenannten „Schachtelkinos", die ab Mitte der 70er Jahre einen nennenswerten Wandel in der Filmkultur in Deutschland indizieren. Gleichzeitig begann hier eine allgemeine kulturelle Ausdifferenzierung und ein verbreiteter Rückzug auf Binnenkulturen, auf kleingruppenspezifische Sinninseln und kulturelle Praktiken.

Aber nicht nur aus deutscher Sicht läßt sich eine Zäsur um 1975, zwischen 1960 auf der einen und 1990 auf der anderen Seite, legitimieren. Auch von der amerikanischen Filmindustrie kamen ganz neue Entwicklungen. Mitte der 70er Jahre entstand hier mit dem Vietnamfilm ebenfalls ein ganz neues Subgenre. Auch andere Genres wurden völlig umgestaltet, insbesondere die Komödie. Und nicht zuletzt der Horrorfilm setzte ab 1974 völlig neue Maßstäbe. Zugleich begann 1976 eine beeindruckende Fülle von meist sehr erfolgreichen Filmen um alte und neue Superhelden. Und auch hier war der Distributionssektor betroffen, denn die Erstaufführungen sogenannter „Blockbuster" wurden ab Mitte der 70er Jahre nicht mehr auf einige wenige ausgewählte „Erstaufführungskinos" beschränkt, sondern auf prinzipiell alle Kinos ausgedehnt, mit entsprechendem Werbeaufwand.

Der narrative Spielfilm als Spiegel der Gesellschaft

Insofern bestätigt sich auch bei der Zäsur um 1975 ein Befund, der bereits für alle vorangegangenen Perioden erkennbar geworden ist: Im Unterschied zu anderen Medien wie Radio und Fernsehen handelt es sich beim Film, als narrativer Kinospielfilm (wohl generell bei Fiction), eher um ein reflektierendes, nicht um ein initiatorisches Medium: Der Film bestätigt sich als ein Spiegel wirtschaftlicher, kultureller und gesamtgesellschaftlicher Ereignisse und Tendenzen und fungiert nicht etwa selbst als ein genuiner Einflussfaktor. Dies gilt unbeschadet des Tatbestandes, dass in manchen Teilen der Filmgeschichte, etwa zur Zeit des Nationalsozialismus, das Medium partiell politisch direkt instrumentalisiert worden ist.

Der allgemeine Genrewandel erhält seine Bedeutung vor allem aus seiner Funktion der kognitiven, emotionalen und sozialen Modellierung von Welterleben und Wirklichkeitsbewältigung. Das Aufbrechen der klassischen Genretypologie in dieser Phase indiziert also die Notwendigkeit neuer kultureller Praxen in einer immer komplexeren und sich immer schneller wandelnden (Welt-) Gesellschaft.

Merksatz

Die Bedeutung des narrativen Spielfilms liegt nicht in seiner gesellschaftsprägenden Kraft, sondern in seinem sozialpsychologischen Enthüllungscharakter. Der Genrewandel in den 70er und 80er Jahren war Reaktion auf einen Publikumswandel mit entsprechenden Veränderungen in Produktionsverfahren und Produktgestaltung sowie Vermarktung und Kinodistribution.

7.1 Der Frauenfilm und die starke Frau

Der deutsche Frauenfilm

Ab Mitte der 70er Jahre wandelte sich das Frauenbild im Film fundamental. Neben die Frau als Jungfrau, Nymphe, Femme fatale, Mondäne, guter Kamerad oder sonstige Abbilder männlicher Phantasien, wie sie seit Anfang der Filmgeschichte vor allem von weiblichen Stars verkörpert wurden, trat die Frau „als Frau", bevorzugt aus der Sicht junger deutscher Regisseurinnen, die in der ersten Hälfte des Jahrzehnts ausgebildet worden waren. Im Zentrum stand das Bemühen um den „weiblichen Blick" und eine „weibliche Filmsprache". In einem zielgruppenspezifisch abgegrenzten Teil der Filmkultur wurde versucht, den Warencharakter der Frau im männlich dominierten Film, zumal im Mainstream, aufzubrechen und einen genuinen Frauenfilm zu generieren. Das war gezielt auch gegen den traditionellen „Frauenfilm" gerichtet, das Melodram, das die Frau bevorzugt in der Opfer- und Verzichtspose zeigt, das „weepy", mit dem die Frau in der Filmgeschichte bislang überwiegend bedient worden war.

Definition

Der Frauenfilm ist ein Film von Frauen aus der Sicht der Frau über frauenspezifische Themen mit emanzipatorischem Anspruch, bevorzugt für Frauen.

Unter frauenspezifischen Themen verstand man z.B. Mutter-Tochter-Beziehung, Schwangerschaft/Geburt, den Abtreibungsparagraphen, Frau und Gewalt, Frau und Familie, Frau und Umwelt, natürlich im Prinzip auch viele andere Themen wie Krieg, Altwerden, Geschichte oder Beruf, aber eben aus weiblicher Perspektive. Der Frauenfilm zielte auf eine neue Identität der selbstbewußten Frau in einer männerdominierten Gesellschaft. Dass damit für Frauen implizit wieder eine neue Schublade geschaffen war, ließ sich anfangs offenbar nicht vermeiden. Die Bemühungen um den Frauenfilm, das Frauenkino, feministische Filmzeitschriften, Frauen-Filmfestivals und eine „feministische Filmtheorie" im Kontext der neuen autonomen Frauenbewegung der 70er Jahre bedurften eines Freiraums, um sich zu entfalten. Der Frauenfilm war entsprechend häufig zuallererst Kurzfilm, Experimentalfilm, Underground, Dokumentarfilm.

Margarethe von Trotta

Als spezifisches Subgenre des narrativen Spielfilms profilierte sich der Frauenfilm in der Bundesrepublik Deutschland ab 1975, als Margarethe von Trotta zusammen mit ihrem damaligen Mann Volker Schlöndorff die Böll-Novelle „Die verlorene Ehre der Katharina Blum" verfilmte – eine Anklage gegen die Boulevardpresse und ihren Verbund mit Polizei und Staatsanwaltschaft, die eine junge Frau vernichtet bzw. zum Mord treibt. Von Trotta, die auch in einer breiteren Öffentlichkeit Aufmerksamkeit fand, legte in der Folge als Alleinregisseurin eine Vielzahl klassischer Frauenfilme vor, u.a. „Das zweite Erwachen der Christina Klages" (1978) über den Ausbruch der jungen Kindergärtnerin Christa, die mit Freunden eine Bank überfällt, um den Kinderladen vor dem finanziellen Ruin zu retten; „Schwestern oder die Balance des Glücks" (1979) über die beiden Schwestern Maria und Anna, von denen die eine hochbezahlt und karrierebewußt ist, die andere sich der Leistungsgesellschaft verweigert und schließlich tötet, um ihre Schwester zu bestrafen; „Die bleierne Zeit" (1981) ebenfalls über zwei Schwestern, aber zur Zeit des bundesdeutschen Terrorismus nach 1968, in der Juliane für ihre politischen Ziele den langen Weg durch die Instanzen nimmt, Marianne sich aber, analog zu Gudrun Ensslin, dem bewaffneten Widerstand anschließt; „Heller Wahn" (1983) behandelt die Freundschaft zwischen der hochsensiblen, selbstmordgefährdeten Ruth (gespielt von Angela Winkler) und der zielstrebigen, souveränen Literaturprofessorin Olga (gespielt von Hanna Schygulla), bei der sich die jeweiligen Männer ausgeschlossen fühlen und grotesk reagieren, bis Ruth ihren groben, unverständigen Mann schließlich erschießt; oder auch etwa der politisch-historiographische Film „Rosa Luxemburg" (1986). Von Trotta erhielt mehrere

Preise, insbesondere den Bundesfilmpreis (Filmband in Gold) für „Die bleierne Zeit".

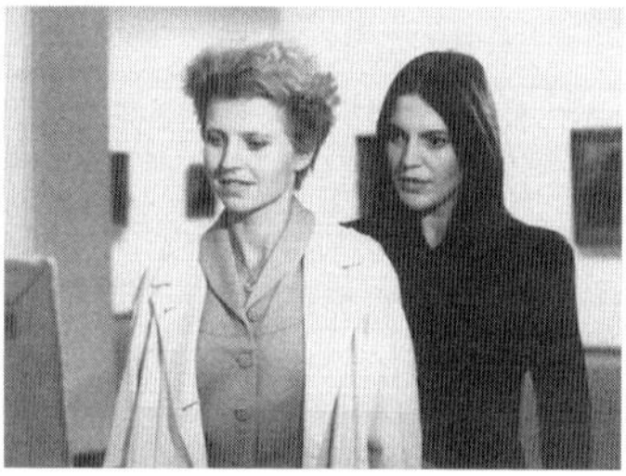

Abb 109

Die Lichtgestalt Olga (hell) und die düstere Ruth (dunkel) in „Heller Wahn"

Es gab noch weitere wichtige Regisseurinnen, etwa *Ulla Stöckl* u.a. mit „Neun Leben hat die Katze" (1968), „Erikas Leidenschaften" (1976), „Eine Frau mit Verantwortung" (1978) und „Der Schlaf der Vernunft" (1984); *Helma Sanders-Brahms* u.a. mit „Unterm Pflaster ist der Strand" (1975), „Shirins Hochzeit" (1975) und „Deutschland, bleiche Mutter" (1980); *Helke Sander* mit Filmen wie „Die allseitig reduzierte Persönlichkeit – Redupers" (1977), „Der subjektive Faktor" (1980) und „Der Beginn aller Schrecken ist Liebe" (1983); *Jutta Brückner* u.a. mit „Hungerjahre" (1979) oder *Doris Dörrie* u.a. mit „Ein ganz und gar verwahrlostes Mädchen" (1977), „Mitten ins Herz" (1983), „Im Innern des Wals" (1984), „Männer" (1985), „Paradies" (1986) oder „Ich und Er" (1987). Auf zahlreiche andere, teils international bekannte Frauenfilme wie beispielsweise „Die Spitzenklöpplerin" (1977) von der Schweizerin *Claude Goretta* oder „Die Stille um Christine M." (1981) und „Die gekaufte Frau" (1984), beide von der Niederländerin *Marleen Gorris*, kann hier nur verwiesen werden. Einen besonderen Akzent im Subgenre des Frauenfilms setzte *Monika Treut* mit ihrem Film „Die Jungfrauenmaschine" (1988). Erzählt wird hier die Geschichte einer jungen Journalistin, die bei ihrer Untersuchung der „romantischen Liebe als Krankheit der Frau" mit einer Frau in San Francisco beglückende lesbische Erfahrungen macht, wobei sich nach dem sexuellen Akt aber herausstellt, dass die Liebespartnerin tatsächlich eine Professionelle war, die bezahlt werden möchte.

Weitere Regisseurinnen des Frauenfilms

Frauenfilme dieser Art, die wegen ihrer frauenspezifischen Themen, ihrer stets einseitigen feministischen Optik und nicht selten auch ihrer vielen handwerklichen Unzulänglichkeiten kritisiert worden sind, gehörten wohl sicher ebenfalls zu den Voraussetzungen dafür, dass sich spätestens ab den 80er Jahren die „starke Frau" („tough woman") auch im Mainstream-Film kommerzieller Machart verbreitete – während sich die Bemühungen feministischer Filmemacherinnen wieder wie am Anfang verstärkt auf den Kurzfilm, Experimentalfilm, Dokumentarfilm konzentrierten (z.B. Ulrike Ottinger). Herausragende Vertreterin der neuen Frau war ohne Zweifel die Schauspielerin Sigour-

Die starke Frau im Mainstream-Film

Abb 110

Nur Ripley ist tough genug, um zu überleben

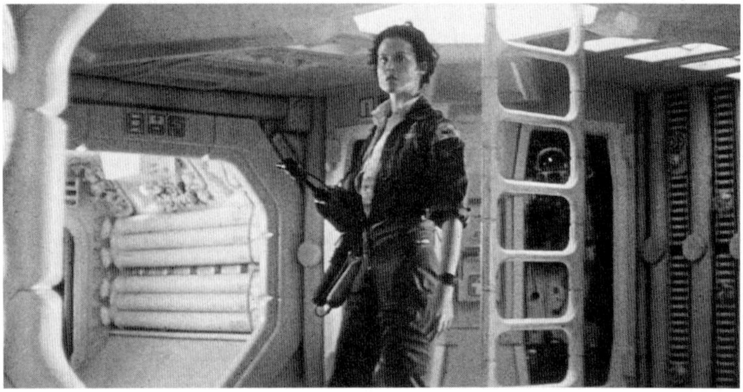

ney Weaver als Ripley in „Alien – Das unheimliche Wesen aus einer fremden Welt“ (1979) von Ridley Scott, gefolgt von „Aliens – Die Rückkehr“ (1986) von James Cameron, „Alien 3“ (1991) von David Fincher und „Alien – Die Wiedergeburt“ (1997) von Jean-Pierre Jeunet. Filme mit vergleichbaren Frauentypen waren „Thelma & Louise“ (1991), wieder von Ridley Scott, oder „Copykill“ (1995) von Jon Amiel, wieder mit Sigourney Weaver. Bezeichnenderweise standen auch hier ausnahmslos frauenspezifische Themen im Mittelpunkt, allerdings verdeckt durch vordergründige Handlungsverläufe.

Abb 111

Das „Kind“ wird aktiv ausgetrieben: geboren („Alien“)

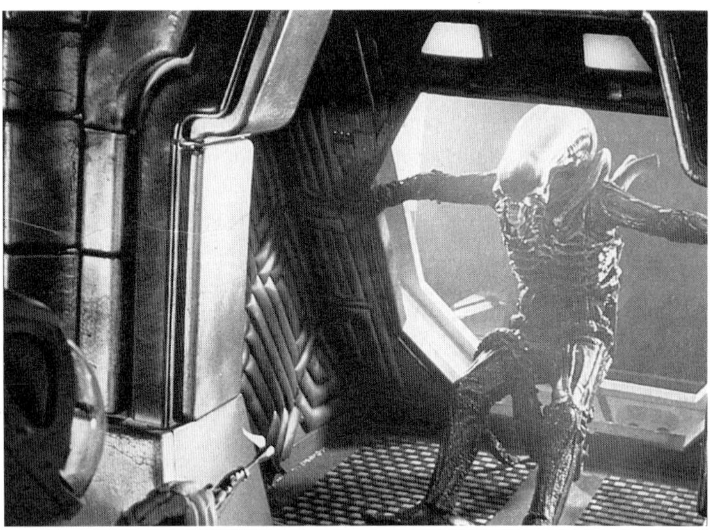

„Alien – Das unheimliche Wesen aus einer fremden Welt“ ist dafür ein gutes Beispiel: Auf den ersten Blick handelt es sich um eine Science Fiction-Handlung. Der Raumfrachter Nostromo landet auf einem fremden Planeten, von dem rätselhafte Signale kommen. Man entdeckt ein extra-terrestrisches Raumschiff mit einer fremden Lebensform und merkwürdigen Eiern in einer Höhle. Die Besatzung wird davon infiziert und nach und nach eliminiert, bis es der dritten Offizierin Ripley als letzter schließlich gelingt, das Alien in den Weltraum zu befördern und die Halteleine zu kappen. Auf den zweiten Blick wird jedoch, verstärkt durch die latente Symbolisierung im künstlerischen Setting von H.R. Giger, eine latente Handlungsebene sichtbar, die komplett und bis in kleinste Einzelheiten eine ganz neue, die eigentliche Bedeutung erkennen lässt. Demnach behandelt „Alien“ die Angst des Mannes vor der Frau als Gebärerin. Beschrieben werden alle wichtigen Stationen von der Empfängnis über die Schwangerschaft bis zur Geburt, und zwar aus der Sicht des Mannes, der „draußen“ bleiben muss. Die Reproduktionsfähigkeit der Frau erscheint ihm fremdartig und bedrohlich. Bei den Eiern handelt es sich um die Follikel im Bauch der Frau. Das Alien, das aus der „Befruchtung“ entsteht, ist nichts weiter als das werdende Kind im Leib der Mutter, das am Schluss geboren wird, bis zum Durchtrennen der Nabelschnur. Es gibt kaum einen anderen Film in der gesamten Filmgeschichte, dessen psychologischer Sinn unterhalb der manifesten „Verkleidung“ so stringent durchgehalten wird.

Ähnlich behandelt „Aliens – Die Rückkehr“ latent den Gegensatz der guten, sorgenden und der bösen, zerstörerischen Mutter, „Alien 3“ das Problem von Abtreibung und Schuld, und selbst noch der vierte Teil thematisiert das Verhältnis zwischen Mutter und Kind, jetzt aus der Sicht der Mutter, und das Problem der Frauenfreundschaft. „Thelma & Louise“ behandelt die Vergewaltigung der Frau (durch einen Mann bzw. durch eine chauvinistische Gesellschaft) und „Copykill“ die Bedrohung der Heldin bzw. der Frau durch männliche Serienkiller, die nur durch Kooperation zwischen zwei Frauen abgewehrt werden kann.

Ausgewählte Frauenfilme 1960-1975:

Jahr	Titel	Regisseur
1975	„Shirins Hochzeit“	Helma Sanders-Brahms
1977	„Die Spitzenklöpplerin“	Claude Goretta

1979	„Hungerjahre“	Jutta Brückner
1979	„Alien“	Ridley Scott
1980	„Der subjektive Faktor“	Helke Sander
1981	„Die bleierne Zeit“	Margarethe von Trotta
1981	„Die Stille um Christine M.“	Marleen Gorris
1983	„Heller Wahn“	Margarethe von Trotta
1984	„Der Schlaf der Vernunft“	Ulla Stöckl
1985	„Männer“	Doris Dörrie
1986	„Aliens – Die Rückkehr“	James Cameron
1988	„Die Jungfrauenmaschine“	Monika Treut
1991	„Thelma & Luise“	Ridley Scott

Literatur

Die bleierne Zeit. Ein Film von Margarethe von Trotta. Frankfurt/Main 1981/1985.

Drehbuch zum Film und zahlreiche Interviews mit den Filmschaffenden.

Heller Wahn. Ein Film von Margarethe von Trotta. Frankfurt/Main 1983.

Drehbuch zum Film und zahlreiche Interviews mit den Filmschaffenden.

Gudrun Lukasz-Aden und Christel Strobel: Der Frauenfilm. Filme von und für Frauen. München 1985.

Überblickslexikon, in dem zahlreiche deutsche und internationale Frauenfilme zu thematischen Oberbegriffen (z.B. „Beziehungen“, „Frau und Gewalt“, „Frauen in der DDR“) zusammengefasst und mit knappen Inhaltsangaben vorgestellt werden.

Renate Fischetti: Das neue Kino – Acht Porträts von deutschen Regisseurinnen. Dülmen-Hiddingsel 1992.

Produktionsästhetische Auseinandersetzung mit Regisseurinnen wie Helke Sander, Ulla Stöckl, Helma Sander-Brahms und Margarethe von Trotta, meist in Interviewform.

Ulrike Ottinger (Themenheft). Kinemathek, 32. Jg. (Okt. 1995), H. 86.

Gesamtüberblick über Ottingers Werk, mit Texten von ihr und vor allem zahlreichen Textausschnitten zu all ihren Filmen von „Laokoon & Söhne“ (1975) bis „Taiga“ (1992). Ähnliche Themenhefte sind auch zu anderen Filmemacherinnen verfügbar, etwa zu Sanders-Brahms (1998) oder zu Sander (2003).

Britta-Karolin Öhding: Thriller der 90er Jahre. Über den Zusammenhang von Struktur, Spannung und Bedeutung an ausgewählten Spielfilmen. Bardowick 1998.

Präzise Analyse u.a. des Films „Copykill“ mit Blick auf die hier geleistete Integration männlicher und weiblicher Charakteristika zu einem neuen Rollenmodell der modernen Frau.

Thilo Wydra: Margarethe von Trotta. Filmen, um zu überleben. Berlin 2000.

Biographischer Teil und Kurzdarstellungen all ihrer Filme, mit detaillierter Filmografie und weiterführenden Materialien.

Renate Hehr: Margarethe von Trotta. Filmmaking as Liberation. Stuttgart, London 2000.

Gute analytische Auseinandersetzung mit der speziellen Filmästhetik von Trottas.

Hui Yang: Auf dem Weg zur Emanzipation. Studie der Filme von Margarethe von Trotta unter frauenspezifischer Perspektive. Frankfurt/Main 2003.

Jüngste Dissertation zu den wichtigsten fünf Filmen Margarethe von Trottas mit Blick auf die Suche nach der weiblichen Identität.

Claudia Liebrand / Ines Steiner (Hrsg.): Hollywood hybrid. Genre und Gender im zeitgenössischen Mainstream-Film. Marburg 2004.

Sammelband mit zahlreichen Beiträgen zur Hauptthese, neben Genre sei auch Gender ein Leitkonzept der Filmwissenschaft.

Übungs- und Wiederholungsfragen

1 Definieren Sie „Frauenfilm" nach traditioneller und nach neuer Lesart.
2 Nennen Sie drei Vertreterinnen des deutschen Frauenfilms.
3 Nennen Sie drei Filme von Margarethe von Trotta.
4 Wer war eine der ersten herausragenden Vertreterinnen der „tough woman" im Mainstream-Spielfilm?
5 Worum geht es in „Alien – Das unheimliche Wesen aus einer fremden Welt"?

Weiterführende Arbeitsaufgaben

- Analysieren sie einen Frauenfilm Ihrer Wahl im Hinblick speziell auf den „weiblichen Blick" und „weibliche Filmsprache".
- Erarbeiten Sie einen Überblick über die Frauenfilmkultur dieser Phase (Festivals, Zeitschriften usw.).
- Verschaffen Sie sich einen Überblick über ausländische Frauenfilme.
- Welche anderen wichtigen Kinofilme mit einer starken Frau als Protagonistin waren in dieser Phase der Filmgeschichte (und nach 1990) erfolgreich?
- Versuchen Sie eine Imagebeschreibung von Sigourney Weaver als Filmstar, unter Berücksichtigung all ihrer anderen Filme.

Der Vietnamfilm | 7.2

Ähnlich dem neuen Subgenre Frauenfilm und seinen Auswirkungen auf die Weltfilmkultur, zumindest den Mainstream, hat sich in dieser Phase als weiteres Subgenre der Vietnamfilm ausdifferenziert: die filmische Auseinandersetzung mit dem jüngsten Kriegstrauma der Amerikaner, fast ausnahmslos durch amerikanische Regisseure. Der Vietnamfilm steht neben anderen Subgenres des Kriegsfilms der damaligen Zeit wie etwa dem sogenannten Söldnerfilm mit Beispielen wie „Die Wildgänse kommen" (1977) von Andrew V. McLaglen, mit Stars wie Richard Burton, Roger Moore, Hardy Krüger und Stewart Granger, bis „Kommando Leopard" (1985) von Anthony M. Dawson, u.a. mit Klaus Kinski.

Filmbeispiele

Es begann mit „Coming Home – Sie kehren heim“ (1977) von Hal Ashby, ein Film über die unterschiedlichen Auswirkungen der Kriegserfahrungen nach der Rückkehr der Soldaten in die Heimat. Weitere wichtige Vietnamfilme, als Antikriegsfilme, waren u.a. „Die durch die Hölle gehen“ (1978) von Michael Cimino, „Missing in Action“ (1984) von Joseph Zito; „Platoon“ (1986) von Oliver Stone, der militarismuskritische Film „Full Metal Jacket“ (1987) von Stanley Kubrick, das komödiantische „Good Morning Vietnam“ (1987) von Barry Levinson und „Geboren am 4. Juli“ (1989), wieder von Oliver Stone.

Einige Filme, die häufig zu dieser Gruppe gerechnet werden, verlegten nur das Setting nach Vietnam, gehören tatsächlich aber in ganz andere Kontexte. Das sind insbesondere „Rambo“ (1982) von Ted Kotcheff und sein Nachfolger „Rambo II – Der Auftrag“ (1985) von George Pan Cosmatos; sie zelebrieren nur den Mythos vom (hier: patriotisch-kriegerischen) Superhelden (vgl. Kap. 7.3). Und das ist auch „Apocalypse Now“ (1979) von Francis Ford Coppola, tatsächlich eine Literaturverfilmung (Kap. 6.5), während „Die grünen Teufel“ (1968) von Ray Kellog, mit John Wayne in der Hauptrolle, nichts weiter war als ein propagandistischer Kriegsfilm im Sinne eines nach Vietnam verlegten Western.

„Platoon“

Mit den Augen des jungen Rekruten Chris, der sich freiwillig nach Vietnam gemeldet hat, wurde den Zuschauern in „Platoon“ erstmals das Kampfgeschehen im Dschungel Vietnams realistisch gezeigt. Chris wird einer kleinen Kampfeinheit („platoon“) zugeteilt und durchläuft vor dem Hintergrund der moralischen und physischen Auflösung der Gruppe eine Entwicklung zum erfahrenen Vietnamkämpfer, die zugleich eine Art Initiation darstellt bis zu dem Punkt, an dem er selbst schuldig wird (Peter Drexler/ Lawrence Guntner). Die Männer sind in dem Wahnwitz des hautnahen Abschlachtens durch Drogen, Alkohol, Sadismus oder dumpfe Gleichgültigkeit charakterisiert. Lager- und Gefechtsszenen werden kalkuliert gegeneinander geschnitten, wobei erstere immer stärker von Gegensätzen, Rivalitäten und Feindschaften innerhalb der Gruppe geprägt sind, letztere

Abb 112

Chris erlebt Vietnam

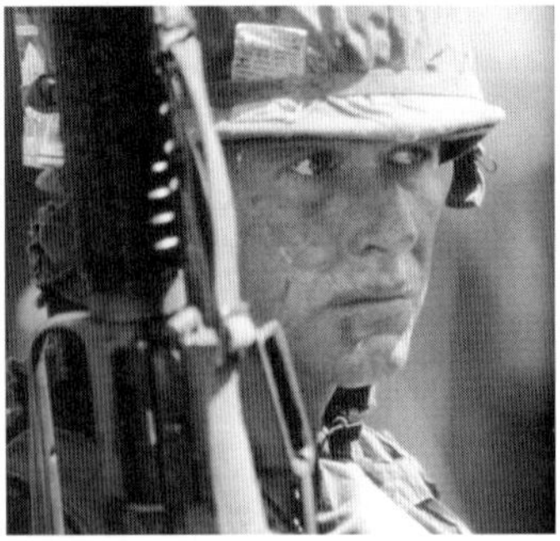

durch zunehmende Länge und Brutalität. Höhepunkte bilden etwa das Massaker in einem vietnamesischen Dorf, die Bombardierung durch die eigenen Leute oder auch der Kameradenmord. Typisch ist bildästhetisch und dramaturgisch der häufige Wechsel zwischen Totalen und vielen kleinen Bildgrößen, die nur Ausschnitte oder Details zeigen, die damit gezielt Orientierung oder Überblick verhindern und vielmehr Unsicherheit und Angst hervorrufen. Seinen Charakter der Authentizität erhält „Platoon" nicht zuletzt auch durch das „voiceover", mit dem das visuell Gezeigte immer wieder mit Gedanken, inneren Monologen, subjektiven Wertungen aufgeladen wird.

Ideologisch propagiert „Platoon" den Glauben an die moralisch regenerierende Kraft der Gewalt. Insgesamt wird der Vietnamkrieg in diesem Film, bei allem Realismus, moralisch-patriotisch interpretiert und, nicht zuletzt durch „tragische" Musik, symbolisch überhöht, wenn am Schluss der sterbende Elias, Vertreter für moralische Werte und um Menschenwürde bemüht, in Kreuzigungspose gezeigt wird. „Platoon" wurde zutreffend charakterisiert als ein Genremix aus Kriegsfilm, Western, Thriller, Abenteuer- und Initiationsfilm sowie religiösem Film (Georg Seeßlen).

Ausgewählte Vietnamfilme 1960-1975:

Jahr	Titel	Regisseur
1977	„Coming Home – Sie kehren heim"	Hal Ashby
1978	„Die durch die Hölle gehen"	Michael Cimino
1984	„Missing in Action"	Joseph Zito
1986	„Platoon"	Oliver Stone
1987	„Full Metal Jacket"	Stanley Kubrick
1987	„Good Morning Vietnam"	Barry Levinson
1989	„Geboren am 4. Juli"	Oliver Stone

Literatur

Stefan Reinecke: Hollywood goes Vietnam. Der Vietnamkrieg im US-amerikanischen Film. Marburg 1993.

Kritische Auseinandersetzung aus deutscher Sicht, mit zahlreichen Vietnamfilmen (sowie „Apocalypse Now" und „Rambo") mit besonderem Augenmerk auf der jeweiligen politischen Filmideologie aus sozialpsychologischer Sicht .

Albert Auster und Leonard Quart: How the war

was remembered. Hollywood and Vietnam. New York 1988

Kritische Auseinandersetzung mit den Vietnamfilmen, unter die aber wieder „Apoclypse Now" und Superheldenfilme wie „Rambo" unter dem Stichwort „heroes and supermen" einbezogen werden, aus US-amerikanischer Sicht.

Gilbert Adair: Hollywood´s Vietnam. From „The Green Berets" to „Full Metal Jacket". London, New York 1989.

Teils stark metaphorisierende historische Darstellung aus britischer Sicht.

Jeremy M. Devine: Vietnam at 24 Frames a Second. A Critical and Thematic Analysis of over 400 Films about the Vietnam War. Jefferson-London 1995.

Annalistisch-chronologische Gesamtdarstellung von 1948 bis 1993, stark auf Inhalte, Ideologien und politische Aussagen bezogen.

Peter Bürger: Napalm am Morgen. Vietnam und der kritische Kriegsfilm aus Hollywood. Düsseldorf 2003.

Kritische Ausführungen zu den klassischen Vietnamfilmen, nicht ganz auf dem Stand der Forschung, aber unter Berücksichtigung auch der Vietnamfilme der 90er Jahre bis heute.

Bernhard Chiari, Matthias Rogg, Wolfgang Schmidt: Krieg und Militär im Film des 20. Jahrhunderts. München 2003.

Sammelband mit vielen guten, weiterführenden Beiträgen allgemein zum Kriegsfilm und zu vier ergänzenden Themenkomplexen: Konfrontation USA-UDSSR, Erster Weltkrieg, Luftwaffe im NS-Film, Krieg und Militär im deutschen Nachkriegsfilm .

Übungs- und Wiederholungsfragen

6 Welches andere Subgenre des Kriegsfilms gab es in den 70er/ 80er Jahren neben dem Vietnamfilm?

7 Nennen Sie drei klassische Vietnamfilme (ohne diejenigen, die in ganz andere Kontexte gehören).

8 Welche verschiedenen Genres werden bei „Platoon" miteinander vermischt?

Weiterführende Arbeitsaufgaben

- Welchen Genremix charakterisiert „Good Morning Vietnam"?
- Analysieren Sie die beiden Filme von Oliver Stone und vergleichen Sie nach Handlung, Figuren und Message.
- Recherchieren Sie die Hintergründe des Vietnamkriegs von den Anfängen bis zum Rückzug der Amerikaner, mit Blick auch auf den Wandel der Akzeptanz in den USA seit den späten 60er Jahren.
- Vergleichen Sie einen Vietnamfilm mit einem Kriegsfilm über den 2. Weltkrieg hinsichtlich der Filmästhetik und der propagierten bzw. kritisierten Normen und Werte.

Alte und neue Superhelden | 7.3

Der allgemeine Wandel der Genres in dieser Phase der Filmgeschichte vollzog sich nicht nur in Form der Ausbildung neuer Subgenres, sondern auch mit einer erstaunlichen Variation zentraler Motive wie insbesondere des Superhelden.

Merksatz

Nach Vorläufern wie Django und vor allem James Bond kann man die Zeit von 1975 bis 1990 geradezu als Abschnitt der filmischen Superhelden alter und neuer Provenienz charakterisieren.

Der Superheld definiert sich durch seine letztliche Überlegenheit gegenüber allen Gegnern dieser Welt, so gewaltig und in welchen Mehrheiten auch immer sie antreten mögen. Es begann mit der Figur des Boxers Rocky Balboa, gespielt von Sylvester Stallone, der sich aus ungünstigster Ausgangsposition und wider alle Umstände und realistische Erwartungen den Ring erobert und von Kampf zu Kampf fortlaufend Siegen zueilt. Erster Film war „Rocky“ (1976) von John G.

Rocky

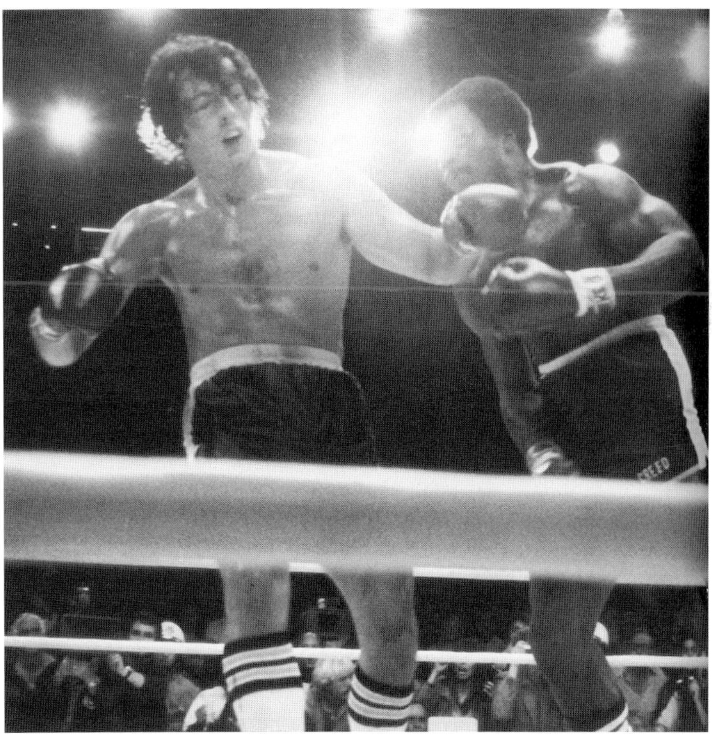

Abb 113

Der Kampf im Ring

Avildsen; er war als B-Picture geplant und gewann drei Oscars. Im zweiten Teil des Märchens, „Rocky II“ (1978) von Sylvester Stallone, besiegt der Underdog und Aufsteiger sogar den Weltmeister in einem Revanchekampf. In „Rocky – Das Auge des Tigers“ (1981), erneut von Stallone, kann er nach einem Niedergang dank der Hilfe seiner Frau und seines Freundes wieder aufsteigen, und „Rocky – Der Kampf des Jahrhunderts“ (1985), natürlich wieder von Stallone selbst, gerät sogar zur politischen Propaganda, bei der der amerikanische Boxer im Kampf gegen einen brutalen Sowjetboxer die Herzen der Russen gewinnt, einen Brückenschlag zwischen Ost und West leistet und damit zugleich das neue amerikanische Sendungsbewußtsein der Reagan-Ära verkörpert.

Die Rocky-Serie glorifiziert Zähigkeit, Mut und Selbstüberwindung und verweist damit auf Selbstfindung und Selbstverwirklichung. Ein Loser wird zum Winner: Der Traum vom individuellen Aufstieg wird wieder einmal wahr – im Film wohl auch deshalb so erfolgreich, weil er im wirklichen Leben, in Vietnam, gescheitert war.

Superman

Sodann wurde der alte Comic-Held Superman aktiviert, mit Christopher Reeve in der Hauptrolle. Hier werden traditionsgetreu die Gangster und Bösen Amerikas zur Strecke gebracht: „Superman“ (1978) von Richard Donner, „Superman II – Allein gegen alle“ (1979) von Richard Lester, „Superman III – Der stählerne Blitz“ (1983) ebenfalls von Lester und „Superman IV – Die Welt am Abgrund“ (1986), von Sidney J. Furie. Der simple Kampf Gut gegen Böse endet im vierten Teil damit, dass der unverwundbare Held, der fliegen kann, die Atomraketen beider Supermächte ins All katapultiert und damit Frieden erreicht. Anschließend wurden noch weitere Comic-Helden auf die Leinwand gebracht : etwa „Batman“ (1989) von Tim Burton oder „Dick Tracy“ (1990) von Warren Beatty.

Abb 114

Superman im Anflug

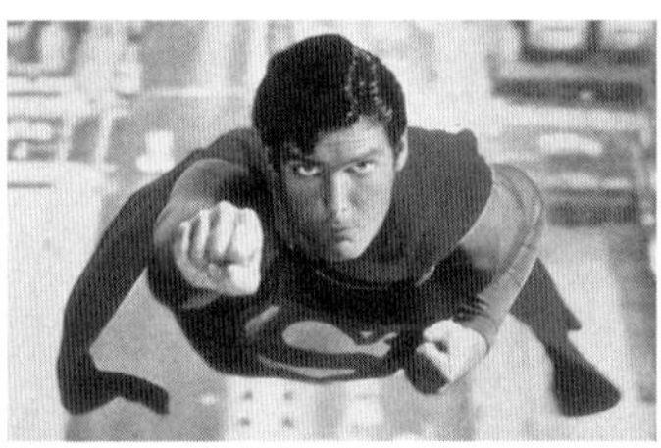

Mindestens zwei weitere wichtige erfolgreiche Serienhelden aus dieser Phase der Filmgeschichte müssen erwähnt werden: Rambo und Terminator. In „Rambo“ (1982) von Ted Kotcheff wird das Schicksal des gleichnamigen Vietnamveteranen, gespielt von Sylvester Stallone, im zivilen Amerika gezeigt. Ein Kriegsheld, eine frühe-

Rambo

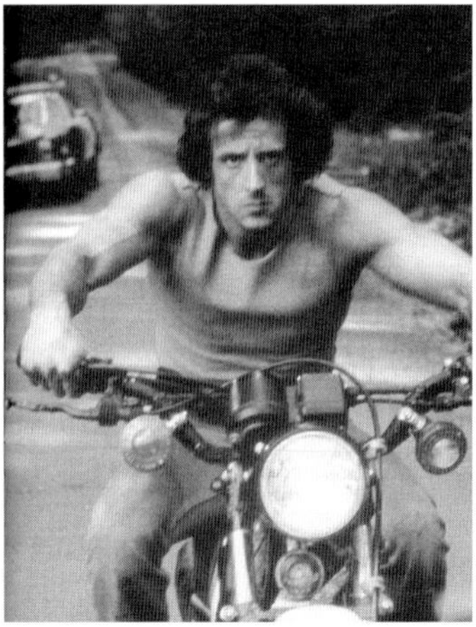

Abb 115

Rambo in Aktion

re Kampfmaschine der Armee, hat hier keine Aufgabe, keinen Sinn mehr und wird von reaktionären Provinzbullen schikaniert – bis er ausbricht, sich wehrt und seinen eigenen kleinen Krieg gegen die ganze Stadt führt. Der Guerillakämpfer ist dem Freizeitsoldaten noch allemal überlegen. „Rambo II – Der Auftrag" (1985) von George P. Cosmatos geht da noch einen Schritt weiter. Der Held wird mit einem Geheimauftrag nach Vietnam zurückgeschickt und befreit dort gefangene US-Soldaten. Als er aus politischen Gründen abgeschrieben wird und man ihm die militärische Unterstützung entzieht, kämpft er auf eigene Faust, quasi im Bund mit der Natur, erfolgreich gegen die High-Tech-Macht der Sowjetunion und die Bürokraten zuhause. Der Krieg erscheint hier als mythosähnliches Bewährungsabenteuer, dessen Brutalität durch das Setting in Vietnam nur legitimiert wird, vor allem weil es gilt, Menschenleben zu retten, genauer: Amerikaner, und weil Geschichte reinterpretiert wird: Mit einem solchen Helden an der Front, dem religiöse Konnotationen als dem Erlöser zugeordnet werden, und ohne die Hirngespinste der Schreibtischpolitiker, die der kämpfenden Truppe in den Rücken fallen, wäre Amerika die Schande eines verlorenen Krieges erspart geblieben. Auch im zweiten Teil steht Rambo als Ikone ganz allgemein des Kriegshelden und der Gewaltverherrlichung. – Der gewaltige Erfolg dieses zweiten Teils mit seiner militaristischen Ideologie führte noch zu „Rambo III" (1988), der in Afghanistan spielt. „Rambo" ist inzwischen als kulturelles Signum für brutales, primitives, erfolgreiches Einzelkämpfertum in den allgemeinen Sprachgebrauch eingegangen.

Terminator

Der größte Held unter allen Superhelden dieses Abschnitts war ohne Zweifel der Terminator, gespielt von Arnold Schwarzenegger. Im ersten Film, „Terminator" (1984) von James Cameron, verkörpert er den Bösen aus der Zukunft, der vor dem Hintergrund eines nuklearen Krieges und seiner apokalyptischen Horrorvisionen versucht, die Mutter seines späteren Gegners (John Connor) zu töten. Sie wird

Abb 116

Der Terminator in Aktion

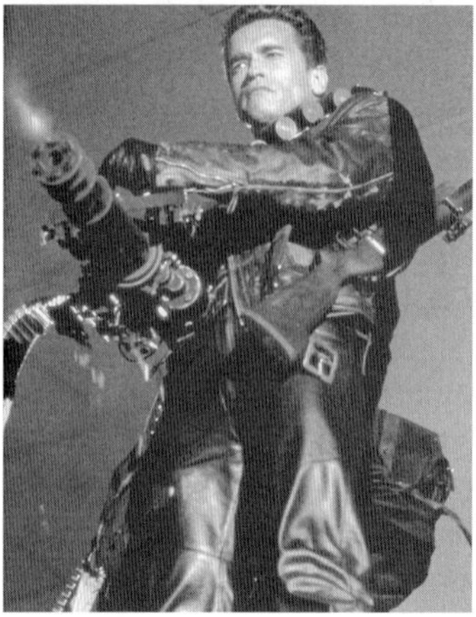

beschützt von Kyle Reese, der ebenfalls aus der Zukunft zurück in die Vergangenheit des heutigen Los Angeles geschickt wird. Am Schluss gewinnt Sarah Connor als „tough woman" den Kampf gegen die Maschine, indem sie den Cyborg in einer Maschinenpresse vernichtet. Faszinierend für das Publikum spielte Schwarzenegger im Nachfolgefilm „Terminator 2 – Tag der Abrechnung" (1991) zwar ebenfalls den Terminator, aber nun als der Beschützer des Sohnes von Sarah, die im ersten Teil von Reese geschwängert worden war. Und erneut gewinnt die starke Frau, zusammen mit ihrem Sohn und der Maschine aus der Zukunft, den fast schon verlorenen Kampf um die Menschheit.

Weitere Superhelden:

- Conan
- Deckard
- McLeod
- Murphy
- McClane

Noch zahlreiche weitere Superhelden in der einen oder anderen Variation prägten das Bild des Kinohelden in dieser Zeit und seine Suche nach Erlösung durch Gewalt: „Conan der Barbar" (1981), gespielt von dem muskelbepackten Bodybuilder Arnold Schwarzenegger, von John Milius, ein Fantasie- und Abenteuerfilm; „Der Blade-Runner" (1982), gespielt von Harrison Ford, von Ridley Scott, ein Science Fiction-Thriller mit religiösem Touch; „Highlander – Es kann nur einen geben" (1986), gespielt von Christopher Lambert, von Russell Mulcahy, ein Fantasy- und Actionfilm; „Robocop" (1987) von Paul Verhoeven, die Science Fiction-Variante des klassischen Polizeifilms, mit dem Nachzieher „Robocop 2" (1990); und dann natürlich auch der heroische Polizeibeamte John McClane („einer von uns"), gespielt von Bruce Willis, in „Stirb langsam" (1987) von John McTiernan, gefolgt von „Stirb langsam 2" (1990) und „Stirb langsam – Jetzt erst recht" (1995). Interessant ist auch „Outland – Planet der Verdammten" (1980) von Peter Hyams, der den klassischen Western „12 Uhr mittags" (1952) von Fred Zinnemann, mit Sean Connery in der Rolle des Helden Marshall Kane, in einem Remake auf einen Jupitermond in die Science Fiction-Zukunft verlegte.

Rocky bestätigt die ungebrochene Kraft zu Selbstüberwindung und Aufstieg. Superman garantiert den Sieg des Guten über das Böse. Rambo gewinnt jeden Krieg alleine. Der Terminator kämpft erfolgreich den Kampf der Menschen gegen die Maschinen. Und all die andern stehen in den unterschiedlichsten Zeiten, an den unterschiedlichsten Orten und in ganz unterschiedlichen Handlungszusammenhängen jeweils für die Aufrechterhaltung oder Wiedergewinnung von Recht und Ordnung. Dass Arnold Schwarzenegger später Gouverneur des Staates Kalifornien werden sollte, kann deutlich machen, welche politische Bedeutung dem Ruf nach dem „starken Mann" damals zugekommen sein musste.

Ausgewählte Superheldenfilme1960-1975:

Jahr	Titel	Regisseur
1976	„Rocky"	John G. Avildsen
1978	„Superman"	Richard Donner
1981	„Rocky – Das Auge des Tigers"	Sylvester Stallone
1981	„Conan der Barbar"	John Milius
1982	„Rambo"	Ted Kotcheff
1982	„Der Blade Runner"	Ridley Scott
1984	„Terminator"	James Cameron
1985	„Rambo II – Der Auftrag"	George P. Cosmatos
1987	„Robocop"	Paul Verhoeven
1987	„Stirb langsam"	John McTiernan
1989	„Batman"	Tim Burton
1991	„Terminator 2 – Tag der Abrechnung"	James Cameron

Literatur

Marsha Daly: Sylvester Stallone. Vom Außenseiter zum Superstar. Bergisch Gladbach 1986.
Starorientierte Einführung, die auch auf die Bedeutung von Rocky und Rambo eingeht.

Thomas Oberender: James Camerons „Terminator 2". In: Ders., Zwischen Mensch und Maschine. Massenmedien und Kommunikation Nr. 88. Siegen 1993, S. 3-25.
Interpretation des Terminator als moderner Harlekin in einem Epos vom Endkampf zwischen Mensch und Maschine.

Ulli Weiss: Sylvester Stallone. Seine Filme – sein Leben. München 1993.
Interpretierende Darstellung der Filme aus biographischer, wenig kritischer Sicht.

Scott Bukatman: Blade Runner. London 1997.
Diskussion des Kultfilms, die auf den Replikantenjäger Rick Deckard eingeht, mit Hinweisen auf weiterführende Literatur.

Yvonne Pollnick: Der Terminator als Messias. Amerikanisches Actionkino als moderner Kulturträger. Taunusstein 2000.
Interessanter Versuch einer Gesamtinterpretation der Superhelden (Highlander, McLeod, McClane, Terminator) mit Blick auf Inhalte, Figurengestaltung und amerikanische Mythen als religionsähnliche Suche nach dem „versöhnenden Opfer".

Annette Kilzer (Hrsg.): Bruce Willis. Berlin 2000.
Sammelband mit zwei Essays und zahlreichen

Einzeldarstellungen all seiner Filme. Eingegangen wird u.a. auch auf die Rolle des John McClane und weitere Heldenrollen.

Michael Blitz und Luise Krasniewicz: Why Arnold Matters. The Rise of a Cultural Icon. New York 2004.

Umfassender Versuch einer Platzierung von Arnold Schwarzenegger in der amerikanischen Popularkultur, als Verkörperung des American Dream, vom Bodybuilder zum Gouverneur.

Übungs- und Wiederholungsfragen

9 Charakterisieren Sie den Helden Rambo und sein Image.

10 Nennen Sie fünf verschiedene Superhelden für diese Phase der Filmgeschichte und je einen ihrer Filme.

Weiterführende Arbeitsaufgaben

- Suchen sie eine sozialpsychologische Antwort auf die Frage, warum es gerade in der Zeit von 1975 bis 1990 einen derartigen Boom bzw. Bedarf an Superhelden im Kino gab. Nutzen Sie dabei Gesamtüberblicke über die westliche Kultur und Gesellschaft in dieser Periode.
- Analysieren Sie vergleichend einen der Superhelden im Kino und einen in früheren Comic-Heftchen (z.B. Superman).
- Erarbeiten Sie eine Strukturanalyse einer dieser Serien (z.B. „Rocky“ oder „Superman“) unter besonderer Beachtung der sich wandelnden Filmästhetik.
- Begründen Sie genau und werkbezogen, warum Filme wie „Apocalypse Now“ und „Rambo“ im Kern keine Vietnamfilme sind.

7.4 | Der neue Horror

Abgesehen von der Fortführung bestimmter Subgenres wie insbesondere des Hexen- und Teufelsfilms, des Katastrophenfilms und des Rachefilms bis in die 80er Jahre hinein, was hier nicht weiter verfolgt werden muss (Kap. 6.5), hat sich in Phase VII der Filmgeschichte eine beeindruckende „Eskalation des Horrors“ (Helmut Korte) vollzogen. Angedeutet wurde die quantitative wie qualitative Zunahme von Gewalt und Schrecken im zeitgenössischen Spielfilm bereits durch einzelne herausragende Filme in der ersten Hälfte der 70er Jahre, von denen mindestens drei besondere Bedeutung hatten: erstens der schon erwähnte Film „Uhrwerk Orange“ (1971) von Stan-

3 Frühformen

– „Uhrwerk Orange“

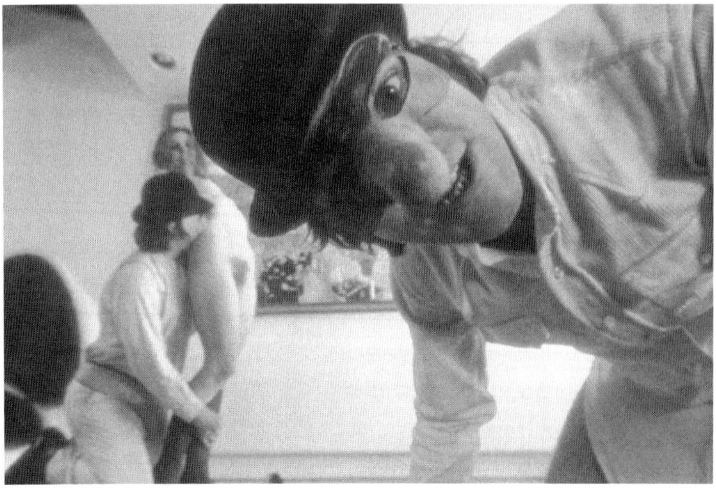

Abb 117

Alex schaut dem Zuschauer-Voyeur direkt ins Gesicht

ley Kubrick, der auf sehr ungewöhnliche Weise, als Farce, das Thema Gewalt vorstellt. Alex und seine Jugendgang treten Obdachlose zusammen, vergewaltigen Frauen, prügeln sich mit anderen Banden und töten – Gewalt um der Gewalt willen. An Alex wird ein Resozialisierungsprogramm exerziert, ihm wird die Gewalt therapeutisch ausgetrieben; in der Folge überfällt ihn immer Übelkeit, wenn er Agressionen verspürt. Prompt lassen nun ihrerseits die Geschädigten ihre Rachegelüste an ihm aus, er wird vom Gewalt*täter* zum Gewalt*opfer*, und letztlich muss die Therapie wieder rückgängig gemacht werden. Der Zuschauer, der sich durch die spezielle Ästhetik des stark stilisierten Films gleich zweimal als genießender Voyeur wiederfindet, einmal der Aggressionen von Alex und einmal der Racheaktionen der Opfer, wird ideologisch in der Distanz gehalten; ihm wird keine Parteilichkeit suggeriert. So bleibt ihm die verstörende Einsicht, dass der Mensch seiner Aggressionen bedarf, doch unsere Gesellschaft immer noch keinen Weg gefunden hat, mit ihnen richtig umzugehen.

Der zweite nennenswerte Einzelfilm war „Snuff“ (1974) von Michael Findlay (ursprünglich „The Slaughter“). Er gab einem wiederum neuen Subgenre den Namen: „Snuff-Filme“, die Verbindung von Sex, Gewalt, Zerstückelung, Tod. Bei dem Film „Snuff“ handelte es sich ursprünglich um einen schnell in Argentinien heruntergedrehten Horrorfilm, mit dem versucht werden sollte, aus dem Manson- – „Snuff“

Mord Kapital zu schlagen: Argentinische Frauen ermorden auf Befehl eines Sadisten eine schwangere Schauspielerin und ihren Freund in ekelhafter Weise. Der Film war so schlecht gemacht, dass er sich nicht vermarkten ließ – bis Allan Shackleton von der Monarch Releasing Corporation eine vierminütige Sequenz einfügte, in der eine Frau scheinbar brutal vergewaltigt und zerstückelt wurde (mithilfe von Tierkörperteilen realisiert). Als der Film mit der Andeutung von Authentizität auf einschlägigen Märkten lanciert wurde, begann sein Siegeszug, der allerdings eher ein Siegeszug des feministischen Protests gegen diesen angeblich realistischen Film war. Die kontroversen Debatten um diesen Film erreichten damit auch die bürgerliche Medienöffentlichkeit. Es kann nicht ausgeschlossen werden, dass es echte Snuff-Filme, in denen eine Frau tatsächlich vergewaltigt und ermordet wird, geben mag – der spätere Film „8 mm“ (1999) von Joel Schumacher, mit Nicholas Cage in der Hauptrolle, hat dieses Thema wieder aufgegriffen; aber damals handelte es sich zweifellos nur um einen PR-Gag, auf dessen Erfolg hin dann natürlich ähnliche Filme wie z.B. „Angel Number 9“ (1977) hergestellt wurden. In diese Gruppe gehört auch ein Film wie „Ich spuck´ auf dein Grab“ (1978) von Meir Zarchi, der zum Kultklassiker wurde: Eine junge Frau wird von einer Gruppe junger Männer nacheinander immer wieder vergewaltigt, überlebt aber den Horror. Dann kehrt sie den Spieß um und massakriert einen Mann nach dem andern auf bestialische Weise.

– „Blutgericht in Texas“

„Blutgericht in Texas“ von Tobe Hooper (1974) schließlich, von dem es 1986 noch eine Fortsetzung gab, war der erste klassische Massaker- oder „Hackebeil“-Film. Eine junge Frau mit ihrem behinderten Bruder im Rollstuhl und drei Freunde fahren fröhlich in das abgelegene Landhaus ihrer Eltern, um dort die Ferien zu verbringen. In einem Nachbarhaus jedoch lebt eine Familie aus blutgierigen Verrückten, die einen der jungen Leute nach dem andern abschlachten, bevorzugt mit einer Kettensäge, um sich von deren Fleisch zu ernähren. Lediglich das Mädchen Sally kann in letzter Sekunde, als man vergeblich versucht, ihr den Kopf mit einer Axt abzuschlagen, blutüberströmt entkommen.

Abb 118

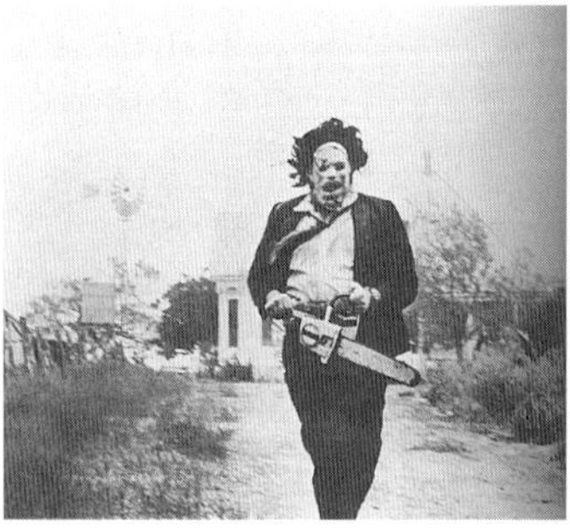

Das Ledergesicht verfolgt die fliehende Sally

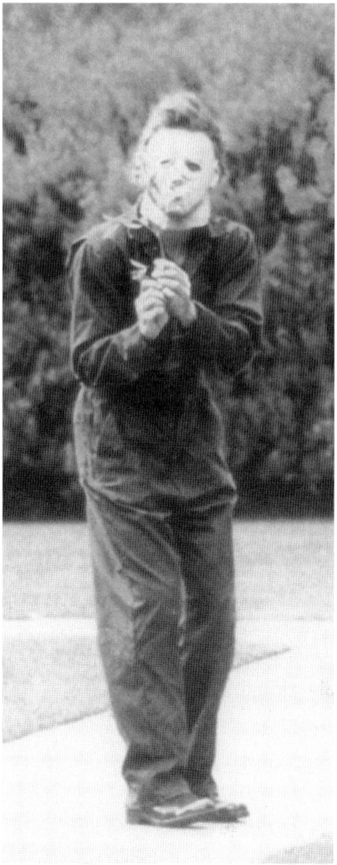

Abb 119

Das Ledergesicht in „Halloween“

Die makabre, in verstörender Direktheit abgefilmte Jagd irgendwo in einer abgelegenen Gegend von Texas bietet freilich mehr als den blutrünstigen Albtraum eines Schlachthofs, in dem das Freiwild viehisch zur Strecke gebracht wird. Die „verrückten“ Jäger pervertieren vielmehr den klassischen amerikanischen Frontier bei der Eroberung der Wildnis, indem sie sich gegen die „gute“ Familie aus der Zivilisation wenden: Kulturkritik. An die Stelle des guten alten „Lederstrumpf“ tritt hier das „Ledergesicht“ mit der Kettensäge, das den Unterschied zwischen Tier und Mensch nicht mehr macht. Doch nicht nur die Anonymität des maskierten Horrors, das Ungleichgewicht der Killer und der Opfer und die atavistische Unmenschlichkeit dieser kannibalistischen Hetzjagd wecken das blanke Entsetzen, sondern wieder gibt es keine Erklärung für die hereinbrechende Brutalität und wieder wird der Zuschauer gezwungen, sich stets aufs Neue mit dem (nächsten) Opfer zu identifizieren. Gewalt wird nicht angeklagt, hinterfragt oder problematisiert, sondern schlicht erfahrbar gemacht. Entscheidend trägt dazu auch die Tonebene bei, auf der die überlauten Geräusche, das irre Gebrabbel der Killer und das hechelnde Atmen, Stöhnen und Schreien der um ihr Leben Kämpfenden zu einem Inferno des Schreckens gemischt werden. Details wie die Ledermaske übrigens und ihre Bedeutung im klassischen Theater der Antike fanden auch in späteren Filmen Verwendung, etwa bei Michael Myers in „Halloween – Die Nacht des Grauens“ (1978) von John Carpenter und seinen Nachfolgern oder bei Dr. Lecter in „Das Schweigen der Lämmer“ (1991) von Jonathan Demme.

Horror-B-Pictures auf Video

In den 80er Jahren war einer der wichtigsten Faktoren für den neuen Horrorfilm das neue Medium Video und seine Verbreitung; damit konnten Jugendverbote offiziell leicht eingehalten werden, weil Kinder und Jugendliche generell keinen Zugang zu „Erwachsenen-Videotheken" erhielten, aber die Videotheken fungierten vorzüglich als Distributionsinstanzen. Natürlich gehörten Jugendliche häufiger denn je zu den interessierten Konsumenten, die sich in Gruppen leicht, etwa mithilfe eines Über-18jährigen, das entsprechende Filmmaterial besorgten nach der Devise: „Wer zuerst kotzt, zahlt die Leihgebühr". Aus der kaum überschaubaren Menge entsprechender Filme, meist B-Pictures, seien nur genannt: „The Driller Killer" (1979) des Engländers Abel Ferrara, „Ab in die Ewigkeit" (1980) des Kanadiers J. Lee Thompson, „Der See der lebenden Toten" (1980) des Franzosen Jean Rollin; „Basket Case – Der unheimliche Zwilling" (1982) des Amerikaners Frank Henenlotter, die Serie „Freitag der 13." (1979) von Sean S. Cunningham, „Freitag der 13. – Teil 2" (1981), „Und wieder ist Freitag, der 13." (1982) und „Freitag der 13. – Das letzte Kapitel" (1984) sowie zahlreiche andere Beispiele für den Splatterfilm aus aller Welt.

Klassische Beispiele des neuen Horrorfilms

Um die enorme Diversifikation innerhalb des Genres Horrorfilm in dieser Zeit zu konkretisieren, seien im Folgenden wenigstens noch zwei Akzente gesetzt: der Zombiefilm von George A. Romero und die Horrorfilme von John Carpenter. Tatsächlich aber hat man noch andere Subgenres unterschieden wie z.B. den Mumienfilm, den Tiermenschenfilm, den Monsterfilm, und es wären noch zahlreiche weitere, ästhetisch durchaus anspruchsvolle und erfolgreiche Mainstreamfilme zu nennen wie z.B. „Shining" (1980) von Stanley Kubrick, „Dressed to Kill" (1980) von Brian de Palma, „American Werewolf" (1981) von Jon Landis, „Cat People" (1982) von Paul Schrader, „Poltergeist" (1982) von Tobe Hooper, „Begierde" (1983) von Tony Scott, „Nightmare – Mörderische Träume" (1984) von Wes Craven und seine vielen Nachfolger, „Die Fliege" (1985) von David Cronenberg mit seinen Fortsetzungen oder „Der Blob" (1988)

Abb 120

Freddy Krueger als Monster in „Nightmare"

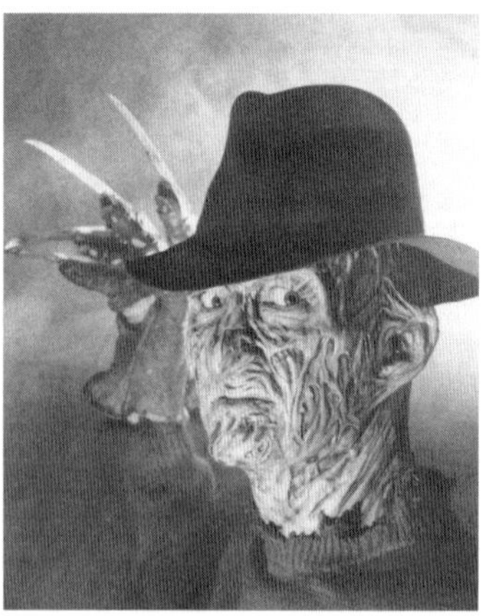

von Chuck Russell, Remake des Films „Blob – Schrecken ohne Name“ (1958) von Irwin Yeaworth. Zumindest die musikalische Parodie „The Rocky Horror Picture Show“ (1975) von Jim Sharman wurde auch vielen Nicht-Horrorfans bekannt.

George A. Romero

Die „Living Dead“-Trilogie von George A. Romero, der noch eine Reihe weiterer Filme wie „Die unheimlich verrückte Geisterstunde“ (1982) vorlegte, hat inzwischen Kultstatus erreicht: der Schwarz-Weiß-Film „Die Nacht der lebenden Toten“ („Night of the Living Dead“, 1967) und die Farbfilme „Zombie“ („Dawn of the Dead“, 1977) und „Day of the Dead“ (1985). Im ersten Teil wurden bereits früh die Maßstäbe gesetzt: In einem stark begrenzten Handlungsraum, der zunehmend klaustrophobisch eingeengt wird bis schließlich auf ein einsames Haus auf dem Land und seinen Keller, werden ahnungslose Menschen von blutgierigen Zombies überfallen und entweder aufgefressen oder ihrerseits in Monster verwandelt. Der Film endet damit, dass der einzige Überlebende im Keller am Schluss ein Mensch ist, der aber von den herbeieilenden Mitmenschen für einen Zombie gehalten und erschossen wird. Im dritten Teil hat sich die Zombieherrschaft längst über die ganze Welt verbreitet. Gezeigt wird, wie ein Häuflein Menschen verzweifelt versucht, dem rätselhaften Phänomen durch wissenschaftliche Versuche auf die Spur zu kommen, jedoch scheitert und dezimiert wird bis auf einige wenige, denen die Flucht auf eine unzugängliche Insel gelingt.

– „Zombie“

Insbesondere der zweite Teil wurde zum Kultfilm einer kapitalismuskritischen, pessimistischen jungen Generation. Ähnlich wie bei „Alien“ sind zwei Bedeutungsebenen durchgehalten: *Manifest* tobt der brutale Kampf zwischen Zombies und Menschen hin und her, wobei sich eine kleine Gruppe von Menschen mit einem Hubschrauber in eines der riesigen amerikanischen Kaufhäuser auf der grünen Wiese flüchtet – erneut die räumliche Verengung zur Verdeutlichung der unvermeidbaren Konfrontation. Dann dringen eine gierige Rockerbande und im Gefolge die Zombies auch hier ein und zwingen zur erneuten Flucht. Das Ende dieses „Krieges“ bleibt noch offen.

Latent dagegen wird der Horror des blutgierigen Auffresszwanges mit Bedeutung versehen. Zombies verkörpern in Wahrheit Kapitalisten und wer-

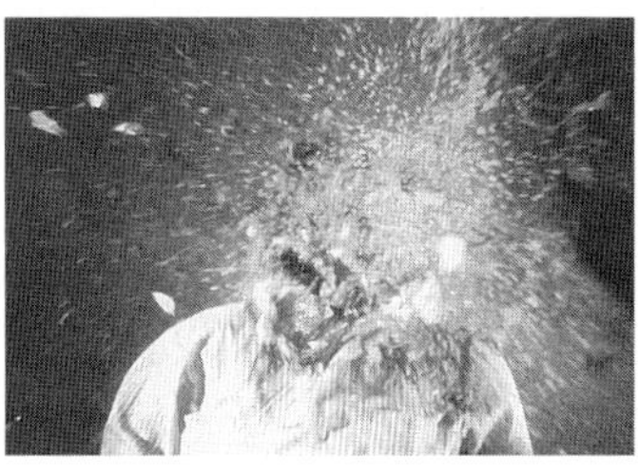

Abb 121

Zombies können nur getötet werden, wenn man ihr Gehirn zerstört den mit den gesichtslos hübschen Fratzen der Schaufensterpuppen in den Warenauslagen gegengeschnitten. Zombies können nicht anders, als die Menschen entweder zu fressen (sprich: auszubeuten) oder ihrerseits zu Ausbeutern zu machen. In ihrer Hirnlosigkeit und ihren träge zuckenden Bewegungen, ihrem erbarmungslosen Egoismus und ihrer emotionalen Kälte und Fressgier werden sie leicht unterschätzt – obwohl der Hunger der Untoten niemals gestillt werden kann. Gemäß der Logik des Kapitals nach Karl Marx gibt es für den Profit keine Grenze; der Kapitalist hat nie genug. Zombies kommen immer wieder, auch wenn man sie tötet, und können auf Dauer nur vernichtet werden, wenn man ihnen in den Kopf schießt oder brutal den Kopf vom Körper trennt. Beides wird im Film immer wieder in Großaufnahme und aller Ausführlichkeit gezeigt. Ekel, Angst und Abscheu gegenüber diesen Un-Menschen werden damit gegen das Fundament der amerikanischen Kultur und Gesellschaft gewendet: den Kapitalismus und die Warenästhetik der Werbe- und Medienindustrie.

Nur am Schluss bietet „Zombie" noch einen kleinen utopischen Ausblick, als Fran, die von Stephen schwanger ist, der sich aber längst seinerseits zum Zombie verwandelt hat, gemeinsam mit dem Afroamerikaner Peter – ein Seitenhieb gegen den amerikanischen Rassismus – sich im Hubschrauber auf die Flucht begibt wie seinerzeit die Heilige Familie vor Herodes und der Ermordung der unschuldigen Kinder. Das Horrorgenre wird hier aufgelöst in einen Mix aus Zombie- und Splatterfilm, Road Movie, Kriegsfilm, Rockerfilm und religiöser Parabel.

John Carpenter

Einer der wichtigsten Vertreter des neuen Horrorfilms im Mainstream war John Carpenter. Nachdem er mit „Dark Star – Finsterer Stern" (1974) – eine Weltraumkomödie und Parodie (insbesondere von Kubricks „2001") ebenso wie ein Abenteuerfilm und eine philosophische Farce – in Fan-Kreisen Aufsehen erregt hatte, begann er eine Reihe wichtiger Horrorfilme, mit denen er maßgebliche Impulse für die weitere Genrentwicklung setzte.

– „Assault – Anschlag bei Nacht"

„Assault – Anschlag bei Nacht" (1976) wurde zum Kultobjekt von Cineasten: Ein nahezu verlassenes Polizeirevier im Ghetto von Los Angeles wird von einer Jugendbande angegriffen. Vier verschiedene Handlungsstränge werden allmählich zusammengeführt und zu einer spannenden Eskalation der Gewalt vorangetrieben. Der Film ist ein klassischer Western, wenn er gewissermaßen die angreifenden Indianer aus der Sicht der Soldaten zeigt, die das Fort verteidigen, und in der Tat war

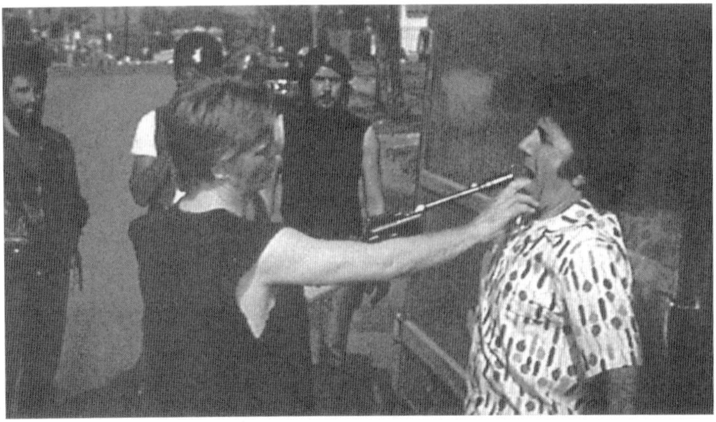

Abb 122

Mitglieder einer Straßengäng bedrohen brave Bürger („Assault“)

er als Hommage an John Ford und seine Filme, speziell den Klassiker „Rio Bravo“, konzipiert. Ästhetisch übernehmen Schnittfrequenz, Dramaturgie und Musik besondere Aufgaben, wenn der „Gewalt der Straße“ die Symbiose und Solidarität von Gesetz und Ordnung (Bishop), Tapferkeit (Wilson) und erotischem Pragmatismus (Leigh) entgegengesetzt wird.

– „Halloween – Die Nacht des Grauens“

Wichtiger noch war „Halloween – Die Nacht des Grauens“ (1978); der Film fand zahlreiche Fortsetzungen (1981, 1982, 1988, 1989) und ungezählte Imitationen. „Halloween“ stand am Anfang eines neuen Subgenres „Psychopathen-Horror“: Der geisteskranke Killer Michael Myers kehrt an den Ort seiner Kindheit zurück und tötet dort am traditionellen Halloween-Abend weiter, speziell junge, sexuell engagierte Mädchen. Der Film konstruiert einen im repressiven amerikanischen Kleinbürgertum wohlbekannten Zusammenhang zwischen „unerlaubter“ Sexualität und Gewalt. Die Heldin Laurie, die den Maskierten gemeinsam mit dem Psychiater Dr. Loomis zur Strecke bringt, ist demgegenüber einsam, unsicher und puritanisch, schwankt als Babysitterin zwischen der Welt der Kinder und der Welt der Erwachsenen, in der sie schließlich Verantwortung übernimmt und sich dem „Schwarzen Mann“ stellt. „Hallo-

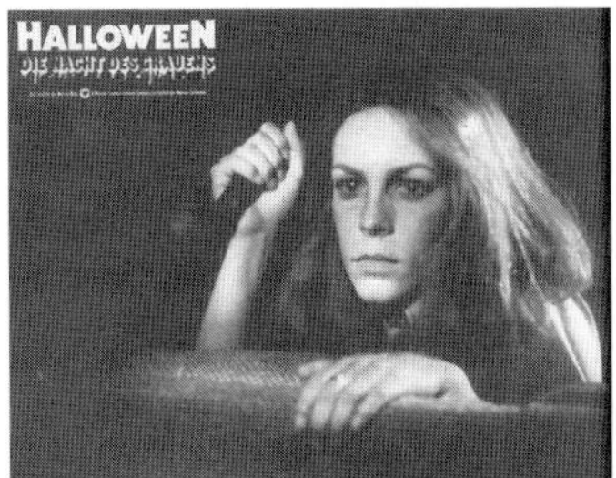

Abb 123

Laurie wehrt sich gegen das Böse

ween" ist ein Initiationsfilm. Er bietet keine Massaker, praktisch überhaupt kein Blut, sondern konzentriert sich ganz auf die Angst vor einer nicht greifbaren Gefahr, der man sich gleichwohl zu stellen hat und die es zu überwinden gilt – einer Gefahr, an der der Zuschauer als unfreiwilliger Mitwisser teilhat, weil er meist mehr weiß als die betroffenen Personen und doch nicht eingreifen kann. Der Wechsel zwischen einer neutralen und einer voyeuristisch betonten subjektiven Kamera sowie Ton und Musik erzeugen ein eindringliches Szenario der Bedrohung vor einer nur vage erahnbaren Inkarnation des Bösen (Helmut Korte).

– „The Fog – Nebel des Grauens

Ein weiterer wichtiger Horrorfilm war „The Fog – Nebel des Grauens" (1979) über die Invasion eines merkwürdigen bedrohlichen Nebels in der kleinen Küstenstadt Antonio Bay. Hier kommen die „Geister" der Vergangenheit, die von den Dorfbewohnern ermordeten Seeleute, als Monster mit Äxten und Enterhaken aus der Vergangenheit, um von den heutigen Lebenden, die kollektiv ihre frühere Schuld verdrängen, Sühne zu fordern. Auch „Das Ding aus einer anderen Welt" (1982), Remake des gleichnamigen Films von Christian Nyby und Howard Hawks (1951), verdient besondere Beachtung, weil hier die kollektive Paranoia nicht mehr durch die Verknüpfung von Invasions- und Sexualängsten ausgelöst wird wie noch in den 50er Jahren (Kap. 5.3), sondern durch ein viel aktuelleres Problem: Aids.

Carpenter drehte noch zahlreiche andere Filme, darunter „Die Klapperschlange" (1981), „Starman" (1984) und „Die Fürsten der Dunkelheit" (1987), auch Fernsehfilme, und schrieb mehrere Drehbücher. Geht man dem Hinweis beim Film „Das Ding aus einer anderen Welt" nach und überprüft das Gesamtwerk der Carpenterfilme in seiner Relation zu zeitgenössischen Phänomenen der amerikanischen Gesellschaft, so bietet sich ein überraschendes Bild: „Dark Star" wurde anlässlich der Mondlandung der Amerikaner geplant. „Assault" rekurriert auf die Welle von Gewalttaten, Morden, Überfällen und Vergewaltigungen in der ersten Hälfte der 70er Jahre. „Halloween" bezieht sich auf die Pornografiedebatte in Amerika ab

Abb 124

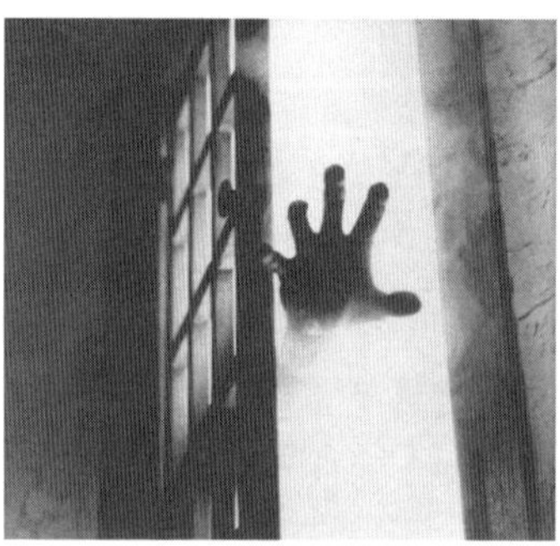

Die Hand aus der Vergangenheit („The Fog")

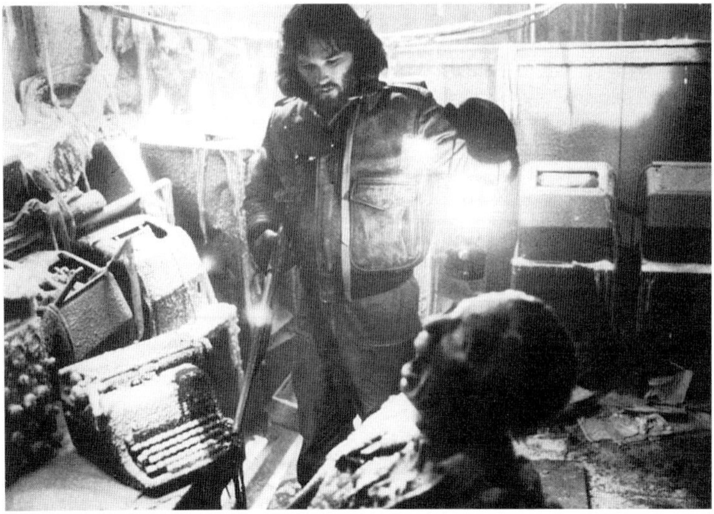

Abb 125

Das „Ding" infiziert einen der Männer nach dem andern

1975. Der Fernsehfilm „Elvis" (1979) rekurriert auf den Tod von Elvis Presley 1977 und den in ihm verkörperten amerikanischen Aufstiegsmythos. „The Fog" thematisiert die Schuld der Amerikaner an der Vernichtung der indianischen Ureinwohner anläßlich der 200-Jahr-Feierlichkeiten 1976. „Die Klapperschlange" thematisiert die Demontage des US-Präsidenten bezogen auf Ronald Reagan, der ab 1979 seinen Wahlkampf führte und ihn 1980 erfolgreich abschloss. „Das Ding aus einer anderen Welt" greift die ersten Berichte über die neue Immunschwäche Aids aus dem Vorjahr auf. „Christine" (1983) nimmt Bezug auf die verstärkte Kritik an der Autoindustrie als Umweltfeind in den USA ab 1981. „Die Fürsten der Dunkelheit" thematisierten das sogenannte New Age als neuen Sektenglauben, der ab 1985 ungeahnte Erfolge feierte, usw. Die Bedeutung der Carpenterfilme besteht also ganz offensichtlich auch in ihrem historiografischen Charakter.

– „Das Ding aus einer anderen Welt"

Speziell der neue Horrorfilm in dieser Phase der internationalen Filmgeschichte bestätigt sich wieder als Spiegel verbreiteter Ängste, Ekelgefühle, Visionen des Grauens, Schuld- und Bedrohungsphantasien, Archetypen des Verdrängten und Strafbedürfnisse in der kapitalistischen Weltgesellschaft.

Merksatz

John Carpenter als Chronist amerikanischer Albträume lieferte nicht nur wichtige Impulse für den neuen Horrorfilm im Mainstream, sondern mit seinem Gesamtwerk zugleich Ideenfilme: jeweils aktualisierte Ideologie- und Gesellschaftskritik.

Das passt durchaus zu den Superhelden der Ära, von denen man sich Rettung, Befreiung, Erlösung erhoffte.

Ausgewählte Horrorfilme 1970-1985:

Jahr	Titel	Regisseur
1974	„Blutgericht in Texas"	Tobe Hooper
1976	„Assault – Anschlag bei Nacht"	John Carpenter
1977	„Zombie"	George A. Romero
1978	„Halloween – Die Nacht des Grauens"	John Carpenter
1979	„Freitag der 13."	Sean S. Cunningham
1980	„Shining"	Stanley Kubrick
1980	„Dressed to Kill"	Brian de Palma
1982	„Poltergeist"	Steven Spielberg
1982	„Basket Case"	Frank Henenlotter
1982	„Das Ding aus einer anderen Welt"	John Carpenter
1984	„Nightmare – Mörderische Träume"	Wes Craven
1985	„Die Fliege"	David Cronenberg

Literatur

Phil Hardy (Hrsg.): The Encyclopedia of Horror Movies. New York 1985.

Gutes Überblickswerk mit zahlreichen Querverweisen, eingeteilt nach Jahrzehnten bis Anfang 1985.

Ronald M. Hahn, Volker Jansen: Lexikon des Horrorfilms. Bergisch Gladbach 1985

Erstes umfassendes deutsches Lexikon, in dem neben Horrorfilmen und speziell Psycho-Horror auch Beispiele zu den Bereichen Fantasy, Psychologische Thriller und Science Fiction aufgenommen sind.

Norbert Stresau: Der Horrorfilm. Von Dracula zum Zombie-Schocker. München 1987.

Knappe deutsche Einführung ins Genre, unterteilt nach den Kategorien Fetische, Auflösung, Verdrängung, Wandel und Splatter. Mit einer historiografischen Filmografie.

Gregory A. Waller (Hrsg.): American Horrors. Essays on the Modern American Horror Film. Urbana, Chicago 1987.

Einer der vielen Sammelbände zum Thema mit interessanten Beiträgen u.a. zu „Night of the Living Dead", „Rosemary´s Baby", „Freitag der 13." und „Dressed to Kill".

Hans D. Baumann: Horror. Die Lust am Grauen. München 1989.

Anregender Versuch einer Aufschlüsselung und Erklärung der Begeisterung für Horrorfilme aus psychologisch-psychoanalytischer und gesellschaftsbezogener Sicht.

John McCarty: The Modern Horror Film. 50 Contemporary Classics. New York 1990.

Gut und ausführlich bebilderte Darstellung der 50 wichtigsten Horrorfilme der 50er bis 80er Jahre, unter Einschluss u.a. auch der „Living Dead"-Trilogie und anderer amerikanischer Klassiker.

Frank Schnelle: Suspense, Schock, Terror. John Carpenter und seine Filme. Stuttgart 1991.

Knappe Darstellung zu Carpenter als Geschichtenerzähler, mit Einzelbeschreibungen seiner Filme bis „Sie leben" (1989).

Werner Faulstich: Der Spielfilm als Traum. Interpretationsbeispiel: George A. Romeros „Zombie“. In: Ders., Medienkulturen. München 2000, S. 57-72.

Analyse und Interpretation von „Zombie“ aus filmästhetischer Sicht.

Gerhard Hross: Escape to Fear. Der Horror des John Carpenter. München 2000.

Anregender Versuch einer Interpretation des filmischen Gesamtwerks von Carpenter mit dem Fokos auf dem Monster und seiner Bedeutung für uns.

Übungs- und Wiederholungsfragen

11 Nennen Sie die drei Frühformen des neuen Horrorfilms in der ersten Hälfte der 70er Jahre.

12 Wer war der Regisseur und Begründer der Serie „Freitag der 13.“?

13 Wie heißt das Monster in „Nightmare“?

14 Nennen Sie die drei Titel der „Zombie“-Trilogie von Romero und interpretieren Sie die latente Bedeutung der Untoten in „Zombie“.

15 Nennen Sie drei wichtige Horrorfilme von John Carpenter.

16 Wie lassen sich die Filme Carpenters aus historischer Sicht bezeichnen?

Weiterführende Arbeitsaufgaben

- Analysieren und vergleichen Sie „Poltergeist“ und seine Nachfolger. Was genau wird hier latent thematisiert?
- Worin besteht die Message von „Dressed to Kill“? Ziehen Sie verschiedene Interpretationen zu Rate.
- Worin genau besteht das Grauenerregende der verschiedenen Monster? Versuchen Sie eine Typologie des Monsters im Horrorfilm dieser Zeit.

Erotikfilm, Sexfilm und Pornofilm | 7.5

Nach den deutschen Aufklärungs-, Schulmädchen-Report-, Emanuelle- oder auch den amerikanischen Russ Meyer-Filmen der 60er und frühen 70er Jahre sowie den bereits erwähnten ausländischen Erotikfilmen wie insbesondere „Deep Throat“ (1972) und „Die Geschichte der O“ (1975) (Kap. 6.1) lassen sich für Phase VII der Filmgeschichte, analog zu anderen traditionellen Genres, ebenfalls eine Multiplikation und eine große Ausdifferenzierung beobachten; und mindestens für den Pornofilm spielt dabei auch wieder das neue Medium Video eine ganz entscheidende Rolle. Zunächst einmal gilt es, genauer zwischen Erotikfilm, Sexfilm und Pornofilm, letzterer als Teil der „Kultur der Pornografie", zu unterscheiden.

Definition

Im Erotikfilm stehen sexuelle Handlungen im Mittelpunkt, werden aber nur *angedeutet* und symbolisiert; im Sexfilm werden sie in großer Breite und mit direkter Nacktheit ausgespielt und *simuliert*; und im Pornofilm werden sie drastisch *inszeniert*: erstens explizit *detailliert*, zweitens fiktional *wirklich* und drittens *szenisch narrativ*.

Erotische Filme

Erotische Filme haben mehr als in früheren Zeiten den Weg in die Weltfilmkultur gefunden und waren dort erfolgreich. Das gilt beispielsweise für Filme wie „Die blaue Lagune" (1980) von Randal Kleiser, mit dem Brooke Shields bekannt wurde, „9 1/2 Wochen" (1985) von Adrian Lyne, mit Kim Basinger und Mickey Rourke, den Nachzieher „Wilde Orchidee" (1989), ebenfalls mit Rourke, und seine diversen Fortsetzungen oder auch „Blue Velvet" (1986) von David Lynch, auf den noch genauer einzugehen sein wird (vgl. Kap. 8.1), bis hin zu „Basic Instinct" (1992) von Paul Verhoeven, mit Michael Douglas und Sharon Stone in den Hauptrollen.

Abb 126

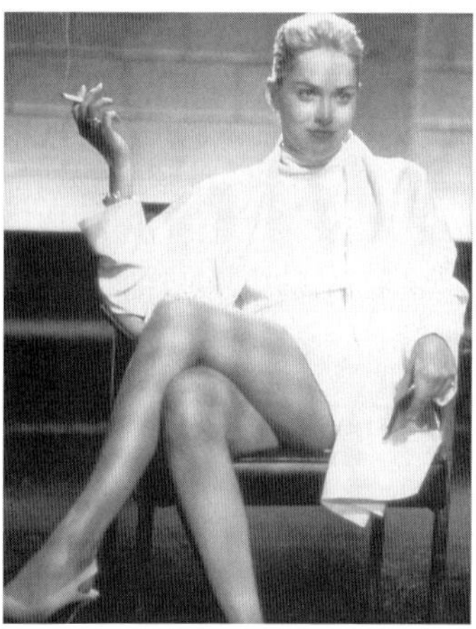

Sharon Stone in der Rolle der Catherine: verführerisch und mörderisch

Bewusst bleiben muss auch, dass der programmatische Genremix in dieser Phase Erotik und Sex natürlich auch in zahlreichen anderen Genres präsent hielt – man denke nur an die entsprechenden Symbole im Horrorfilm, an die Superhelden, an manche Komödien (vgl. auch Kap. 7.7) und an den bereits erwähnten Zusammenhang von Sex und Gewalt, den etwa die vierte Verfilmung des

Romans „Wenn der Postmann zweimal klingelt" unter gleichem Titel (1980) von Bob Rafelson, mit Jack Nicholson, repräsentiert (übrigens zusätzlich eine Mischung aus Melodram, Kriminalfilm und sozialkritischer Studie). Als das wohl wichtigste Beispiel hierfür gilt aber „Im Reich der Sinne" (1986) des japanischen Regisseurs Nagisa Oshima; der Film gelangte erst mit vielen Schnitten und verspätet in die Öffentlichkeit, gilt heute aber als künstlerisch anspruchsvolle Auslotung der Sex-Gewalt-Problematik.

„Im Reich der Sinne"

„Im Reich der Sinne" rekurriert auf eine alte japanische Tradition, als in der aristokratischen Kultur im 10. Jahrhundert noch Polygamie (Vielweiberei) und Polyandrie (Vielmännerei) praktiziert wurden. Kichi-san muss seiner Frau jeden Morgen sexuell zu Willen sein, heimlich beobachtet von den Angestellten, auch dem neuen Dienstmädchen Sada. Nach einem häuslichen Streit nimmt sich der Hausherr Sada zur Geliebten und zieht mit ihr in ein Zweithaus fern von der Ehefrau. Dort entwickeln die beiden, sie aggressiv und besitzergreifend, er passiv aber souverän, die Höhen und Tiefen ihrer Beziehung, einschließlich Hochzeitsfest, Orgie, diver-

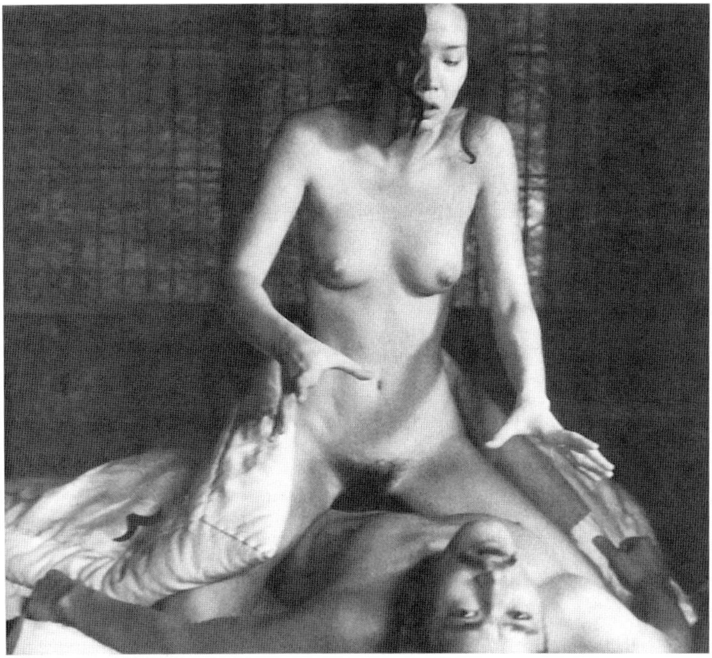

Abb 127

Sada würgt ihren Geliebten Kichi-san im sexuellen Rausch auf eigenen Wunsch bis zum Tode

sen Verführungen, Prostitution und Vergewaltigung. Der Film thematisiert dabei im Kern die Idee der absoluten Liebe, von der Etablierung des Zusammenhangs von Herrschaft und Lust bis zum rituellen Tod des Liebhabers durch die Hand der Geliebten (Gottfried Schlemmer). Der Schmerz wird in einem sakralen Rahmen eingeführt, um die Lust der Liebenden zu stimulieren und zu steigern. Es geht dabei nicht um Psychologie, nicht um die beiden Protagonisten als individuelle Personen, nicht um Sadomasochismus, auch nicht um den Orgasmus als solchen. Vielmehr schaffen Handlungsfragmente, symbolische Objekte, Farben, eine spezielle Bildperspektive (fast die Hälfte aller Aufnahmen sind Großaufnahmen), eine verwirrende Dramaturgie und die Musik, im On wie im Off, eine Art kultischer Aura, in der die Frage der körperlichen Vereinigung gleichsam existentielle Bedeutung erhält, weil sie die Aufhebung des individuellen Ich impliziert. Die Flötenmusik als Leitmotiv des Todes ist bei dieser Liebesgeschichte von Anfang an präsent. Der Film propagiert also den Tod als grenzenlose Ekstase, als höchste Lust und Ziel der auf Vereinigung ausgerichteten absoluten Liebe.

Das Ende geht auf eine wahre Geschichte zurück, ist historisch verbürgt: Sada schneidet dem toten Geliebten den Penis ab und läuft mit ihm drei Tage durch Tokio, mit glücklichem Gesicht.

Aber noch zahlreiche weitere Filme, die in diesem Kontext entstanden sind, ließen sich hier erwähnen, beispielsweise die *Feriensex-Filme* vom Typ „Dirndljagd am Kilimandscharo“ (1983) von Franz Marischka, *Softsex-Filme* wie „Joy – 1 1/2 Stunden wilder Lust“ (1983) von Serge Bergon und „Joy und Joan“ (1985) von Jacques Saurel, jeweils über die sexuellen, auch lesbischen Abenteuer der Protagonistinnen, oder „Die Traumfrau“ (1979) und „Ekstase“ (1984), jeweils mit Bo Derek, oder „Heiße Lust im Paradies“ (1985) von Michel Leblanc über Sexerfahrungen auf Gran Canaria oder auch „Das liebestolle Freudenhaus“ (1987) von Pierre B. Reinhard über ein Spionage-Bordell im besetzten Frankreich 1944.

Merksatz

Sexfilme gab es auch in den 70er und 80er Jahren in Fülle, fast ausnahmslos wieder als Serienfilme. Die vier wichtigsten Beispiele sind wohl „Bilitis“, „Eis am Stil“, „Porky´s“ und das neue Subgenre des Frauengefängnisfilms.

– „Bilitis“

„Bilitis“ (1976) von David Hamilton zeigt Jungmädchen mit exzessivem Weichzeichner. Die Protagonistin, die Schülerin Bilitis, verliebt sich in einen Mann, hat eine lesbische Beziehung mit einer verheirateten Bekannten und verkuppelt diese dann mit ihrem Lover.

Mit seinen Nymphen und Lolitas liegt Hamilton hart an der Grenze zur Pädophilie, auch in den Folgefilmen wie „Die Geschichte der Laura M." (1979), „Zärtliche Cousinen" (1980) und „Bilitis II – My Love" (1993). Mit seinem Werk „Erste Sehnsucht" (1983) versuchte er dagegen, sich an den Erfolg der „Eis am Stil"-Serie anzuhängen.

– „Eis am Stil"

„Eis am Stil" (1977) von dem israelischen Regisseur Boaz Davidson thematisiert das Aufwachsen des jungen schüchternen Benny, der im Kreise seiner Freunde auch Erotik und Sex kennenlernt. Der Erfolg des Films hat nicht weniger als sieben Fortsetzungen gezeugt, die das Schema auf niedrigem ästhetischen Niveau und mit viel Klamauk weiter ausbeuten.

– „Porky´s"

Ähnlich die Teenie-Sexkomödie „Porky´s" (1981) des Kanadiers Bob Clark, der Episoden um eine Schülerclique in den 50ern erzählt. Das zielt vor allem auf das heimliche Belauschen junger Mädchen beim Duschen oder auf nymphomane Lehrerinnen – die Schlüssellochperspektive dominiert und die Frustration ist diesen Filmen strukturell eingeschrieben. Auch hier folgten Fortsetzungen bzw. Nachzieher wie „Porky´s II – Der Tag danach" (1983), „Porky´s Rache" (1984) und zahlreiche verwandte *Schüler-Sex-Komödien*.

– Frauengefängnisfilm

Der Frauengefängnisfilm schließlich als neues Trash-Genre beschreibt Frauen als Opfer sexueller Gewalt. Beispiele aus ganz verschiedenen Ländern wären „Frauen im Zuchthaus" (1974) von Brunello Rondi (Italien), „Frauengefängnis" (1975) von Jesus Franco Manera (Spanien), „Hölle im Frauengefängnis" (1984) von Willy S. Regan (USA), „Nackte Gewalt im Frauengefängnis" (1984) von Michele Massimo Tarantini (Brasilien/Italien), „Ausbruch der Pantherkatzen" (1985) von Osvaldo de Oliveira (Brasilien) oder „Frauengefängnis" (1986) von Bruce Logan (USA). Diese „Ikonographie der gefesselten Weiblichkeit" greift Männerphantasien und -ängste auf – eine Variante der Sex und Gewalt-Thematik (Georg Seeßlen), die später auch als Serie Eingang ins Fernsehen finden sollte.

Der Pornofilm verschwand damals weitgehend aus der Kinokultur und suchte sich stattdessen über das Medium Video einen anderen Ort: das heimische Wohnzimmer (oder Schlafzimmer), allenfalls im Übergang noch die sogenannten „Wichs-Kabine" in Sex- und Pornoshops. Damals wurden zehntausende von „Pornos" an-

Merksatz

Der Pornofilm verzeichnete in seiner Geschichte von den frühesten Anfängen des Films bis heute in den 80er Jahren seinen absoluten Boom – dank Video und beschränkt auf den kurzen Abschnitt zwischen seiner Distribution als Kinofilm bis zu den 70ern einerseits und den Pornoangeboten im World Wide Web ab den 90ern andererseits.

spruchslosester Art produziert, häufig in irgendeinem Hotel- oder Motelzimmer oder an einem einsamen Strand oder Waldstück abgedreht, mit einem sehr beschränkten Etat und mit einer Drehzeit von sieben Tagen oder kürzer. Der Pornomarkt für sogenannte Hardcore „Hardcore-Pornos" – nicht illegale, sondern „richtige", für Erwachsene erlaubte Pornos – war riesig, auch wenn es sich um die Variation des Immergleichen handelte. Dieser Bereich ist übrigens nach wie vor kaum erforscht, gibt freilich unter ästhetischen Gesichtspunkten auch so wenig her wie Schlager, Heftchenromane oder Fernsehwerbespots. Aber man muss ihn als historisches Phänomen zur Kenntnis nehmen, obwohl bei den Billigpornos die Titel, die SchauspielerInnen und die Regisseure häufig nicht bekannt, mehr oder weniger beliebig oder austauschbar sind.

Um nur einige willkürlich herausgenommene Beispiele zur Veranschaulichung zu nennen: Der Konzern von Beate Uhse etwa kaufte ausländische Produkte an oder ließ eigene Pornos im Ausland, speziell in den USA, drehen, z.B. „Grüne Witwen – triebhaft und exzessiv". Andere Titel hießen „Dream Lovers" (1985), „Marina Heat" (1986) oder „Wilde junge Schnecken" (1987). Einen historischen Anhaltspunkt bietet „Foxy Lady Nr. 1" (1986) von und mit Teresa Orlowski, die nicht nur vor der Kamera agierte, sondern auch den gleichnamigen Konzern gegründet hatte. Der letztgenannte Film war der Anfang einer langen Kette von Foxy Lady-Pornos, stets mit demselben Star als Protagonistin, die mit wechselnden Männern in wechselnden Stellungen an wechselnden Orten bei wechselnden Praktiken unter wechselnden Umständen im Prinzip die immergleichen sexuellen Handlungen vollzog. Auch an der kruden Nummerndramaturgie, der genrespezifischen Kameraästhetik, der genormten Musik, dem nachträglichen Bestöhnen, den klassischen Verführungs- und Überwältigungsmythen und der Hauptfunktion der sexuellen Sti-

Teresa Orlowski

Abb 128

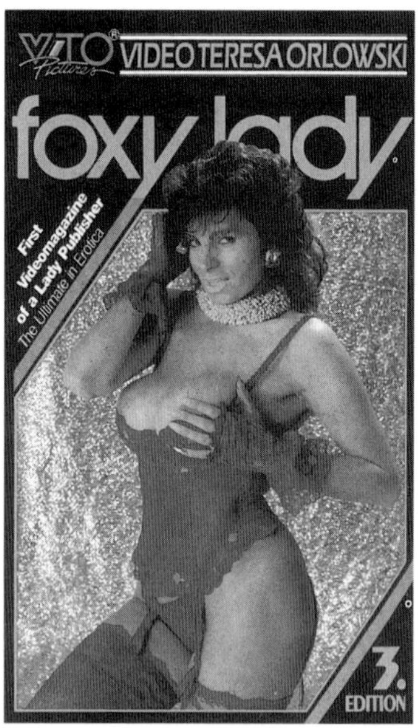

Titelseite des Begleitmagazins zu den Foxy Lady-Pornos

mulation der (meist männlichen) Zuschauer bzw. Entleiher hat sich hier nichts geändert. Dazu gehört freilich, dass es auch in diesem Genre spezielle männliche und vor allem weibliche Stars gab, die von den Fans geschätzt wurden und auf besonderen „Sexmessen" erfolgreich auftraten.

Merksatz

In den 80er Jahren war der Pornofilm von einer enormen Ausdifferenzierung gekennzeichnet. Die These: „Hast du einen gesehen, kennst du alle", erwies sich ab jetzt als absolut falsch. Praktisch alle Wünsche der Kunden wurden in zahlreichen neuen Subgenres des Pornofilms bedient.

Subgenres des Pornofilms

Die große Ausdifferenzierung des Genres meint weniger die illegalen Varianten, die sich auch von Land zu Land unterscheiden. So sind in Deutschland Filme verboten, die Sexualität mit Kindern zeigen, Sexualität mit Tieren oder Sexualität mit Gewalt. In der Schweiz ist zusätzlich auch die Darstellung von Sexualität mit Kot und Urin verboten, während in Dänemark wiederum Sexualität mit Tieren erlaubt ist. Es sind vielmehr die Mainstream-Varianten des legalen Pornofilms, die sich zu eigenen Subgenres entwickelt haben: vom genitalen Koitus über Fellatio und Cunnilingus bis zu Analsex; von diversen Varianten des Busens über spezielle sexuelle Praktiken bis zu Dominas/Fesselspielen; von Gummi und Klistier über Natursekt/Kaviar und Gruppensex bis zu diversen Fetischformen. Dazu kommen noch Sondergenres wie die Präferenz „Sex mit Hochschwangeren", „Sex mit Alten", „Transvestiten", „Sex an öffentlichen Orten" oder „Masturbation", ganz zu schweigen von den Großgruppen „Lesben" und „Schwule", die ihrerseits wiederum in zahlreiche Varianten aufgegliedert werden müssen.

Merksatz

In klassischen Filmgeschichten werden Pornofilme ausnahmslos ausgeklammert. Speziell in den 80er Jahren waren sie jedoch quantitativ nach der Produktion, der Vielfalt der Subgenres, der Videotheken-Distribution und auch der Rezeption mit Abstand das wichtigste Filmgenre der Zeit. Schlicht fehlende Kenntnis des Primärmaterials oder Prüderie, Verklemmtheit, falsche Scham, Doppelmoral und Tabuisierung verstellen hier oft den Blick.

Quantitative Dominanz

Allein in der Bundesrepublik Deutschland beispielsweise haben Ende der 80er Jahre, gemäß den Ergebnissen seriöser wissenschaftlicher Untersuchungen (Henner Ertel), 5% der erwachsenen Bevölkerung jeden zweiten bis dritten Tag mindestens einen Hardcore-Porno angesehen, weitere 9% einmal pro Woche und weitere 21% einmal im Monat, d.h. mehr als ein Drittel sah monatlich regelmäßig zuhause mindestens einen richtigen Pornofilm. Die enormen Ausleihzahlen und Umsatzanteile von Pornos in Videotheken korrespondieren mit diesen Befunden. Übrigens war der Konsum am häufigsten in der Altersgruppe zwischen 18 und 29 Jahren, und auch Frauen waren markant vertreten, allerdings eher als Mit-Zuschauerinnen.

Exemplarisch ausgewählte Erotik-, Sex- und Pornofilme 1975 bis 1990:

Jahr	Titel	Regisseur
1976	„Bilitis“	David Hamilton
1977	„Eis am Stil“	Boaz Davidson
1981	„Porky´s“	Bob Clark
1983	„Joy – 1 1/2 Stunden wilder Lust“	Serge Bergon
1984	„Hölle im Frauengefängnis“	Willy S. Regan
1985	„9 1/2 Wochen“	Adrian Lyne
1986	„Foxy Lady Nr. 1“	Teresa Orlowski
1986	„Im Reich der Sinne“	Nagisa Oshima
1986	„Blue Velvet“	David Lynch
1992	„Basic Instinct“	Paul Verhoeven

Literatur

Gerard Lenne: Der erotische Film. München 1987.

Themenspezifische Darstellung des erotischen Films durch die gesamte Filmgeschichte von den Anfängen bis einschließlich 1977.

Karola Gramann, Gertrud Koch u.a.: Lust und Elend: Das erotische Kino. München, Luzern 1981.

Älterer Sammelband, u.a. mit Beiträgen von Gertrud Koch und Karsten Witte zu „Im Reich der Sinne“.

Georg Seeßlen: Der pornographische Film. Frankfurt/Main, Berlin 1990.

Bahnbrechender Überblick über ausgewählte Pornofilme von den Anfängen in Frankreich und den USA bis zu den 80er Jahren.

Werner Faulstich und Andreas Vogel (Hrsg.): Sex und Gewalt im Spielfilm der 70er und 80er Jahre. Bardowick 1991.

Neben einer Einführung konkrete Analysen und Interpretationen der Filme „Der Nachtportier“, „Im Reich der Sinne“, „Dressed to Kill“, „9 1/2 Wochen“ und „Blue Velvet“.

Werner Faulstich: Die Kultur der Pornographie. Kleine Einführung in Geschichte, Medien, Ästhetik, Markt und Bedeutung. Bardowick 1994.

Umfassender Überblick gemäß dem Stand der Forschung, von der Definitionsproblematik über Märkte bis zu Erklärungsmodellen und Theorien der Pornografie, mit einer Typologie auch des Pornofilms der 80er Jahre.

Georg Seeßlen: Erotik. Ästhetik des erotischen Films. Marburg 1996.

Guter Gesamtüberblick auf der Grundlage einer beeindruckenden Materialkenntnis von der Stummfilmzeit der „Sexgöttinnen“ über die „Ära der Stars“ bis zu den 80er und 90er Jahren als „Nachklang der sexuellen Revolution“.

Übungs- und Wiederholungsfragen

17 Unterscheiden Sie begrifflich zwischen Erotik-, Sex- und Pornofilm. Nennen Sie je ein Beispiel.
18 Was thematisiert „Im Reich der Sinne" im Kern?
19 Nennen Sie die vier wichtigsten Serien-Sexfilme der Zeit.
20 Was sind Hardcore-Pornos?
21 Worin charakterisieren sich die Pornofilme der Zeit vor allem?
22 Welche Subgenres kann man beim modernen Pornofilm unterscheiden?
23 Begründen Sie die quantitative Dominanz des Pornofilms Ende der 80er Jahre in der Bundesrepublik Deutschland.

Weiterführende Arbeitsaufgaben

- Vergleichen Sie einen Erotik-, einen Sex- und einen Pornofilm im Hinblick auf Ausmaß und Art der Darstellung sexueller Handlungen, ihre Ästhetik und ihre Funktion.
- Analysieren Sie präzise einen Pornofilm im Hinblick auf Handlungsdramaturgie, das lokale Setting, die zentralen Personen, Kamera, Ton, Musik und seinen konkreten Gebrauchswert.
- Gehen Sie in eine Videothek (oder einen Sexshop) und machen Sie eine kleine Erhebung über die Zahl und die Arten des bereitgehaltenen Pornofilmangebots.
- Informieren Sie sich ausführlich über demographische Befunde der deutschen Pornokunden.
- Setzen Sie sich mit der Zensur auseinander: Wie hat sie sich in den letzten 50 Jahren verändert? In welchen Fällen halten Sie sie für begründet? Wann, für wen und für welche Filme kann (moralische oder juristische) Zensur als Bevormundung verstanden und abgelehnt werden?

Der Film und die anderen Künste | 7.6

Film und Literatur

Der Mix der Genres war teilweise auch durch die Vermischung unterschiedlicher Kunstformen bedingt („Intertextualität"). Das gilt insbesondere für die Literatur, die Musik und die Malerei, die in den narrativen Spielfilm der Zeit mit internationalem Erfolg Eingang fanden. Je ein Beispiel muss hier genügen.

Zum ersten hat die *Literaturverfilmung* eine Vielzahl wichtiger Werke bereitgestellt, allen voran, wie schon erwähnt, „Die Blechtrommel" (1979) von Volker Schlöndorff, nach dem gleichnamigen Roman von Günter Grass; ferner „Die Geliebte des französischen Leutnants" (1981) von Karel Reisz, nach dem gleichnamigen Bestsellerroman von John Fowles; „Ran" (1985) von Akira Kurosawa, nach Shakespeares „King Lear"; und „Der Name der Rose" (1986) von Jean-Jacques Annaud, nach dem gleichnamigen Roman von Umberto Eco – letzteres typisch wieder ein Genremix aus Kriminalfilm, historischem Ausstattungsfilm, Horrorfilm und Liebesfilm.

„Die Blechtrommel"

„Die Blechtrommel" gewann mehrere Preise und den Oscar für den besten ausländischen Film und wurde damit analog zum Roman auch zum Filmklassiker. Schlöndorff rankte seine Romanversion episodisch um seinen Protagonisten Oskar Matzerath. Oskar beschließt mit drei Jahren, ab sofort nicht mehr zu wachsen, und stürzt die Kellertreppe hinunter. Es sind seine Erlebnisse, die das Panorama der Zeitgeschichte von 1927 bis zum Einmarsch der Russen in Danzig am Ende des 2. Weltkriegs entfalten. Insbesondere seine Fähigkeit, durch hohes Singen oder Kreischen Glas zerspringen zu lassen, und seine Neigung, zu den unpassendsten Momenten auf seiner Trommel zu schlagen – etwa bei einer Nazi-Kundgebung oder beim Seitensprung seiner Mutter –, charakterisieren Oskar als Zeitzeugen und zugleich

Abb 129

Der kleine Oskar entreißt seinem Vater schreiend die Trommel

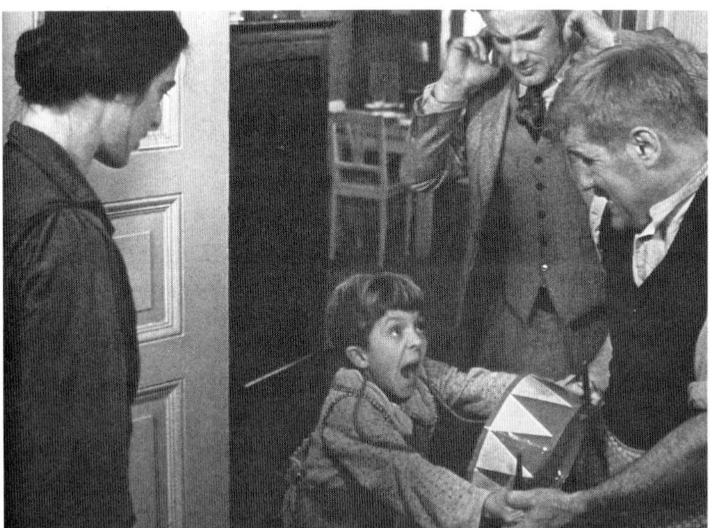

als „alter ego" des Zuschauers. Er ist Handlungsfigur und fiktiver Erzähler zugleich, dessen Kommentare im Off ebenso wie seine schweigende Anteilnahme, vermittelt durch Großaufnahmen seines Gesichts, aus der Perspektive des Kindes politische Geschichte darstellen und hinterfragen. Der Film besteht aus einer Kette von Tableaus, deren Figuren aber statisch bleiben und sich nicht entwickeln, nicht einmal Oskar (Knut Hickethier). Karikiert und entlarvt wird insbesondere die Haltung des Kleinbürgers als Nörgler, Egoist, Opportunist und Mitläufer, der dem deutschen Faschismus zum Sieg verholfen hat. Schlöndorff wollte aber nicht nur „inszenierte Lieratur", sondern ein eigenständiges Filmwerk schaffen. Ironie und Zynismus wurden dabei die wichtigsten Stilmittel, mit denen der Film provozieren will.

Film und Musik

Zum zweiten ist auch der *Musikfilm* weitergeführt worden (Kap. 6.4), wie sich insbesondere am Beispiel „Carmen" beobachten lässt: Im Jahr 1983 erschienen u.a. „Die Tragödie der Carmen" von Peter Brook, nach der Bühneninszenierung von 1981, „Carmen" von Francesco Rosi, eine französisch-italienische Produktion, „Vorname Carmen" von Jean-Luc Godard und vor allem „Carmen" des Spaniers Carlos Saura, dann wieder gefolgt von dem französischen Softporno „Die nackte Carmen" (1984) von Albert Lopez, einer Comicversion und zahlreichen neuen Operninszenierungen und Balletten.

„Carmen"

Sauras Film „Carmen" rekonstruiert den spanischen Kontext , wobei er „Carmen" als Zigeunermythos, als Tanztheater und als Oper nach Bizet miteinander verknüpft (Fred Ritzel). Der Choreograph Antonio sucht für seine Theaterproduktion eine Hauptdarstellerin und findet Carmen, in die er sich verliebt. Carmen geht auf die Beziehung ein, obwohl sie verheiratet ist, nimmt freilich auch Beziehungen zu anderen Männern auf – und Antonio, rasend vor Eifersucht, tötet sie. Thema ist hier die Unabhängigkeit und Selbstbestimmung der Frau in einer in Spanien traditionellen Männergesellschaft, womit dem klassischen Mythos von Carmen als männerzerstörerischem, launischem, gefährlichem, untreuem Geschöpf eine Absage erteilt wird. Der Film spielt dabei mit zwei Ebenen, der Filmhandlung mit den Proben und der theatralischen Carmen-Handlung innerhalb der Tanzproduktion – die Tänzerin heißt Carmen und spielt

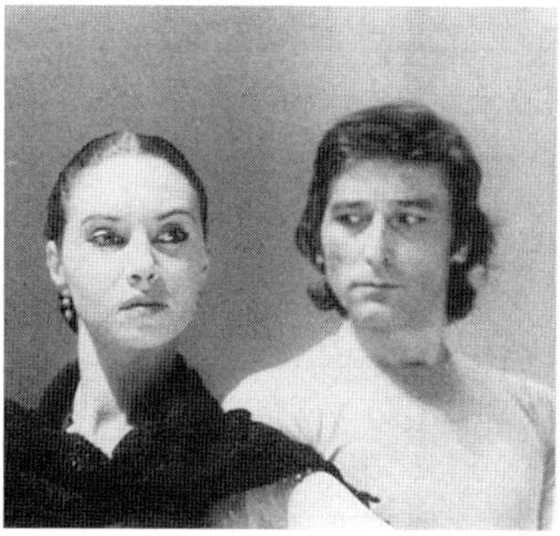

Abb 130

Carmen und der Choreograph Antonio, der sich in sie verliebt

Merksatz

Eine neue Sinnlichkeit, eine neue Körperlichkeit machte sich neben dem Erotik-, Sex- und Pornofilm, neben dem Kommerzkino und dem Jugend-Tanzfilm auch im anspruchsvolleren Kunstfilm breit.

zugleich die Carmen. Die Konflikte der fiktionalen Carmen in der Oper verschränken sich auf verwirrende Weise mit den authentischen Konflikten zwischen der Tänzerin und dem Choreographen auf der realen Bühne.

Dabei spielt der Flamenco als Körpersprache eine zentrale Rolle – es gibt Streittänze, Verführungstänze oder burleske Tänze bis hin zum Tanz als Touristenattraktion. „Carmen“ von Saura ist nicht nur Musikfilm, sondern auch Tanzfilm und verweist damit auf andere Tanzfilme wie „Saturday Night Fever“/“Nur Samstag Nacht“ (1977) von John Badham oder „Dirty Dancing“ (1987) von Emile Ardolino, um nur zwei zu nennen.

Film und Malerei

Drittens wurde im *Kunstfilm* neben literarischen und musikalischen Momenten – Verweise auf Fotografie, andere Filme und die gesamte Kulturgeschichte waren ohnehin selbstverständlich – explizit auch ein Referenzfeld zur Malerei geknüpft, speziell von Peter Greenaway. Was sich bei früheren Filmen von ihm wie „Der Kontrakt des Zeichners“ (1982) und „Verschwörung der Frauen“ (1988) bereits angedeutet hat, entwickelte sich in seinem Werk „Der Koch, der Dieb, seine Frau und ihr Liebhaber“ (1989) zum zentralen dramaturgischen Prinzip. Man hat diesen künstlerischen Mix auch schon als programmatische „Intermedialität“ bezeichnet (Yvonne Spielberg).

„Der Koch, der Dieb, seine Frau und ihr Liebhaber“

„Der Koch, der Dieb, seine Frau und ihr Liebhaber“ nimmt Bezug auf so unterschiedliche Traditionen wie die mittelalterliche Fabel, das barocke Theater, die elisabethanischen Rachetragödien und Pasolinis „120 Tage“, vor allem aber auf die Bilder von Rembrandt und Frans Hals sowie die jüdisch-kabbalistischen Traditionen etwa um koscheres Essen, Farben und rituelle Waschungen: eine „Apokalypse im Sternenrestaurant“ (Detlef Kremer). Wichtigster Ort der neun Tage umspannenden Handlung ist ein französisches Luxusrestaurant, in das allabendlich der tyrannische Dieb Albert einfällt, mit seiner Frau Georgina, die er beständig demütigt, und einer Bande von Gangster-Kumpanen, mit denen er zügellos und mit schweinischem Benehmen die Köstlichkeiten des Meisterkochs Richard „auffrißt“. Der Machtmensch Albert ist charakterisiert durch drastische Grausamkeiten, Schikanen, Gewalttätigkeiten und obszöne Dialoge. Georgina tröstet sich mit dem vornehmen Buchhändler Michael, mit dem sie in Toiletten und Vorratsräumen eine sexuelle Affäre genießt. Albert kommt dahinter, rächt sich brutal und tötet den

Buchhändler. Darauf verbünden sich Richard, Georgina und alle anderen Restaurantangestellten gegen den primitiven Albert und zwingen ihn, von dem gebratenen und – nach dem Vorbild des Gemäldes „Christo in scurto“ von Andrea Mantegna – aufgebahrten, köstlich zubereiteten Leichnam des Buchhändlers zu essen, bis Georgina ihm den Gnadenschuss gibt.

Die stark stilisierte Handlung mit ihrer elaborierten Farbsymbolik ist in verschiedenen Szenen tableauartig aufgeteilt, wie auf einer Bühne, deren Vorhang sich am Anfang öffnet und am Ende schließt: der Film ist theatralisch. Vorbilder waren das englische Theater zu Beginn des 17. Jahrhunderts, mit seiner drastischen Darstellung von Leidenschaft, Gewalt, Verbrechen und Sexualität, und das Theater der Grausamkeit von Antonin Artaud. Es geht um Elementares: Essen, Ausscheiden, Sexualität, Tod. Sodann lehnt sich Greenaway an die Konventionen der holländischen Genre- und Stillebenmalerei an, speziell an das Gemälde „Festmahl der Offiziere der St.-Georgs-Schützengilde in Haarlem“ von Frans Hals (1616), eine Gemeinschaft ehrenwerter Bürger, gegenüber der Albert und seine Bande als korrumpierte Variante des ausgehenden 20. Jahrhunderts erkennbar werden. Mit solchen Verschlüsselungen der Gesellschaftskritik setzt er sich vom Mainstream-Erzählkino ab und funktionalisiert den Gegensatz von primitiven, animalischen Grausamkeiten auf der einen und künstlerisch-ästhetischen Motiven ei-

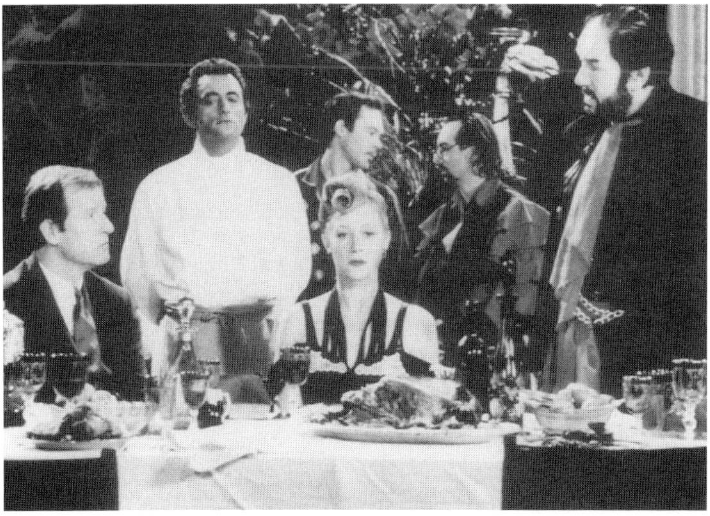

Abb 131

Georgina beim „Festmahl“, zwischen Albert und Michael mit dem Koch im Hintergrund

ner entwickelten Zivilisation auf der anderen Seite für den kulturbewußten Zuschauer. Georgina als „denaturierte Frau" (Christer Petersen) pendelt zwischen den Welten hin und her, lebt in der Sphäre brutaler Ausbeutung, teilt mit Richard den Geschmackssinn und mit Michael die Vorliebe für das Lesen und sehnt sich verzweifelt nach Liebe und Zärtlichkeit. Der Kannibalismus am Schluss kann als eine Re-Initiation kultureller Entwicklung verstanden werden: die Erneuerung der Zivilisation dadurch, dass die Verletzung der Regeln durch Albert bestraft, seine Bestrafung aber nach den Maßstäben der Kultur inszeniert wird (Margit Dorn).

„Kunstfilme" zwischen 1975 und 1990 (Auswahl):

Jahr	Titel	Regisseur
1979	„Die Blechtrommel"	Volker Schlöndorff
1981	„Die Geliebte des franz. Leutnants"	Karl Reisz
1982	„Der Kontrakt des Zeichners"	Peter Greenaway
1983	„Carmen"	Carlos Saura
1985	„Ran"	Akira Kurosawa
1986	„Der Name der Rose"	Jean-Jacques Annaud
1989	„Der Koch, der Dieb..."	Peter Greenaway

Literatur

Franz-Josef Albersmeier (Hrsg.): Literaturverfilmungen. Frankfurt am Main 1989.

Repräsentativer Sammelband mit zahlreichen wichtigen Beiträgen und Fallstudien zu einzelnen Literaturverfilmungen, darunter u.a. „Die Blechtrommel".

Annette Busch: Text, Sprache und Musik in verschiedenen Carmen-Versionen. Gerbrunn b. Würzburg 1989.

Musikanalytische Dissertation über einen Vergleich von Novelle, Libretto und Drehbuch zum Film von Peter Brook.

Volker Behrens: Das Spiel mit der Illusion in „The French Lieutenant´s Woman". Ein Vergleich von Roman, Film und Drehbuch. Würzburg 1994.

Ein analytisch fundierter Vergleich mit Interpretationen zu „Die Geliebte des französischen Leutnants" in drei ästhetischen Formen, als Fallstudie.

Yvonne Spielmann: Intermedialität. Das System Peter Greenaway. München 1994.

Versuch einer Theorie der Intermedialität, konkret veranschaulicht an Greenaway.

Detlef Kremer: Peter Greenaways Filme. Vom Überleben der Bilder und Bücher. Stuttgart, Weimar 1995.

Kenntnisreiche, anregende Auseinandersetzung mit den Filmen des Avantgardisten Greenaway mit Blick auf das traditionelle Arsenal von Melancholie und Groteske.

Christer Petersen: Jenseits der Ordnung. Das Spielfilmwerk Peter Greenaways. Strukturen und Kontexte. Kiel 2001.

Knappe Gesamtdarstellung der Spielfilme Greenaways unterm Gesichtspunkt von Ordnungssystemen und Grundstrukturen der Werke, mit weiterführenden Literaturangaben.

Übungs- und Wiederholungsfragen

24 Welche drei Kunstformen werden mit dem narrativen Spielfilm der 80er Jahre verknüpft?

25 Welche drei Traditionen verbindet Saura mit seinem Film „Carmen"?

26 Nennen Sie mindestens drei Traditionen, die Peter Greenaway in „Der Koch, der Dieb, seine Frau und ihre Liebhaber" motivlich und strukturell in Zusammenhang bringt.

Weiterführende Arbeitsaufgaben

- Untersuchen Sie vergleichend eine andere Literaturverfilmung dieser Zeit und beurteilen Sie die Unterschiedlichkeit der jeweiligen Aussagen in Abhängigkeit von der Unterschiedlichkeit der eingesetzten ästhetischen Erzählstrategien und der jeweiligen Medien.
- Vergleichen Sie mehrere Filmversionen der „Carmen" und analysieren sie Ähnlichkeiten und Unterschiede.
- Erarbeiten Sie kulturelle und soziale Hintergründe für den Erfolg der Tanzfilme in den 70er und 80er Jahren in der Bundesrepublik Deutschland.
- Analysieren Sie den Film „Der Kontrakt des Zeichners" von Greenaway hinsichtlich seiner Formalisierung und Strukturalisierung.

Genremodifikationen | 7.7

Auch viele andere Genres wurden in dieser Phase modifiziert oder in der einen oder anderen Weise erneuert. Das läßt sich an wichtigen Beispielen in Stichworten verdeutlichen:

Komödie

In der *Komödie*, die sich verstärkt den Beziehungs- und Geschlechterproblemen gewidmet hat, dominierte ohne Zweifel Woody Allen – sieht man von Satiren wie dem apokalyptischen „Brazil" (1984) von Terry Gilliams und anderen vergleichbaren Beziehungskomödien wie zum Beispiel „Harry & Sally" (1989) von Rob Reiner einmal ab. Allen hat bereits vorher einige wichtige Filme mit geprägt, etwa „Mach's noch einmal, Sam" (1972) von Herbert Ross, mit seinen kritischen Bezügen zu „Casablanca" (1942), oder

Woody Allen

in eigener Regie vorgelegt, etwa den amüsanten Episodenfilm „Was Sie schon immer über Sex wissen wollten, aber bisher nicht zu fragen wagten“ (1972). Seine wichtigsten Werke als Regisseur und Hauptdarsteller aber fallen in diese Phase der Filmgeschichte: „Der Stadtneurotiker“ (1977), „Innenleben“ (1978), „Manhattan“ (1979), „Zelig“ (1983), „Broadway Danny Rose“ (1984), „Purple Rose of Cairo“ (1985), „Hannah und ihre Schwestern“ (1986), „Radio Days“ (1987), „September“ (1987). „Der Stadtneurotiker“ und „Hannah und ihre Schwestern“ wurden beide mit mehreren Oscars ausgezeichnet.

– „Der Stadtneurotiker“

„Der Stadtneurotiker“erzählt die unglückliche Liebesgeschichte zwischen Alvy Singer und Annie Hall in der Stadt New York – ganz traditionswidrig eine Rückblende und entgegen allen von der klassischen „screwball comedy“ geprägten Konventionen auch ohne Happy End (Hans Gerhold). Der Anti-Held, ein mittelschichtiger New Yorker Stand-up-Comedian – man hat ihn auch als „intellektuellen Schlemihl“ (Angelika Janssen) und professionellen Zyniker, paranoiden Juden und Vollzeit-Misanthropen charakterisiert (Jürgen Müller) – lässt in der Rolle des Träumers und Verlierers im Rückblick seine Vergangenheit Revue passieren, von seiner verkorksten Jugend im jüdischen Stadtteil über seine Alltagsprobleme, seine Neurosen und seine gescheiterte Romanze mit Annie bis zu jener gelassen-nostalgischen, auch humorvollen Lebensperspektive, die nur heitere Selbstanalysen dieser Art zu erzeugen imstande sind. Die Lie-

Abb 132

Alvy und Annie neben einem symbolträchtigen Filmplakat

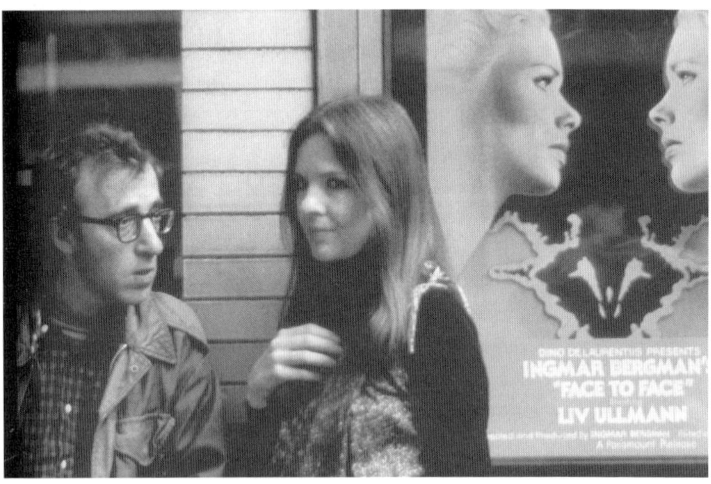

besgeschichte, aus der Freundschaft wird, steht allgemein für die Sehnsucht der Menschen nach dem romantischen Glück, das aber von allen stolpernden, stotternden, linkischen Hypochondern, wie Alvy einer ist, nicht festgehalten werden kann. Zeitspezifisch ist die „gewagte" Offenheit, mit der über Orgasmus, Oralsex und Miteinander-Schlafen geredet wird. Dem Dialog kommt formal – neben anderen innovativen Techniken (split-screen, Dokumentarteile, Cartoon, visuell-verbale Assoziationsmontage usw.) – besondere Bedeutung zu; er dominiert, lässt aber mit seinen Sprüngen, Fragmenten, doppelsinnigen Anmerkungen und ironischen Fragen, die wie bei einem Puzzle offen bleiben, keinen fortlaufenden Diskurs erkennen und thematisiert gleichwohl in ausführlicher Selbstreflexion generalisierbare Beziehungsprobleme von jedermann. Die Probleme, die Alvie mit seiner Sexualität, mit dem anderen Geschlecht und vor allem mit sich selbst hat, sind im Grunde unsere eigenen.

Merksatz

Erstmals konnte der Zuschauer in diesem Film nicht mehr *über* Woody Allen als Komiker lachen, sondern *mit ihm*; der Protagonist war vom Image des Clowns weggekommen und nun auch in der Komödie zum „alter ego" des Zuschauers geworden.

– „Hannah und ihre Schwestern

„Hannah und ihre Schwestern" thematisiert ähnlich Krisen und Lebensveränderungen in einer New Yorker Künstlerfamilie, wieder in Form einer Tragikomödie, in die diesmal drei Schwestern und ih-

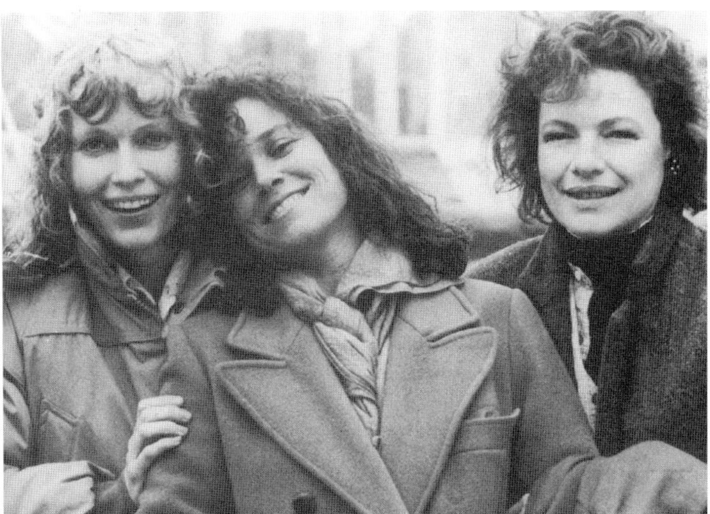

Abb 133

„Hannah und ihre Schwestern"

re Verwandten eingebunden sind. Mit zahlreichen Anspielungen auf Bergman, Tschechow, Tolstoi und andere Filmemacher und Literaten wird ein beziehungsreiches Familienporträt ausgezeichnet, in dem Mickey alias Woody, der Mann Hannahs, nur eine Rolle unter vielen spielt. Er glaubt, er sei unheilbar krank, gerät damit in eine Lebens- und eine Sinnkrise und übernimmt wieder den Part des Hypochonders, auch des Pessimisten und des Agnostikers, der zeitweilig die Rettung in einem Übertritt von der jüdischen zur christlich-katholischen Religion sieht. Ganz anders die Frauen, die keineswegs als komische Figuren inszeniert sind, aber von den Männern kaum ernstgenommen werden. Der Film kommt jedoch zu einem guten Ende: Ehen bleiben erhalten, Affären werden beendet, neue Liebesbeziehungen angeknüpft, und selbst der vorgeblich Unfruchtbare erweist sich letztlich als Vater eines Kindes. Auf den Inszenierungscharakter dieser allseitigen Harmonie ist aber bereits hingewiesen worden: Gezeigt werden die Figuren am Schluss im Spiegel und eingetaucht in warmes, weiches Dämmerlicht – vielleicht ist alles nur eine Illusion (Jürgen Felix).

Märchen

Auch das *Märchen* im Film, ein oft unterschätztes oder vergessenes Genre, wurde in dieser Phase erheblich modifiziert. Gute Beispiele dafür wären etwa „Diva“ (1980) von Jean-Jacques Beineix, ein Mix aus Gangster-, Kriminal- oder Polizeifilm, Musik- und Liebesfilm sowie dominant dem Märchen, oder auch „Kevin – Allein zu Haus“ (1990) von Chris Columbus, wo die Komödie, der Familienfilm und der Weihnachtsfilm strukturell in den Märchencharakter einbezogen werden. Seine wichtigste Variation erfuhr das Märchen in dieser Zeit aber durch die Serie „Krieg der Sterne“ (1977) von George Lucas, „Das Imperium schlägt zurück“ (1980) von Irvin Kershner und „Die Rückkehr der Jedi-Ritter“ (1983) von Richard Marquand, später noch gefolgt von diversen „Episoden“ (1999, 2002), alle mit Harrison Ford in der Hauptrolle.

George Lucas

– „Star Wars“

Das Märchen (mit seinen genrespezifischen Handlungsstrukturen, der klassischen Vater-Sohn-Konfrontation und den exotischen Charakteren der Galaxien) wird hier, als Initiationsgeschichte, angereichert durch Elemente des Science Fiction-Films (im Weltraum-Setting), des Kriegsfilms (speziell mit den schnellen Raumschiffen und Laserwaffen), des Western (mit dem klaren Gut-Böse-Gegensatz zwischen dem guten Imperium und der „bösen MACHT“ des Darth Vader und seines Imperators, samt dem Show-down), des Abenteuerfilms (in dem der junge Held Luke Skywalker hinauszieht und die

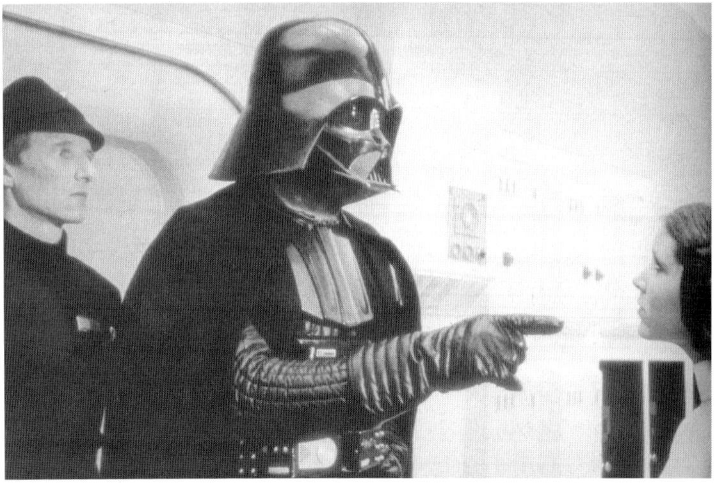

Abb 134

1. Darth Vader und die Maske des Bösen

Prinzessin befreit), natürlich partiell auch des Liebesfilms (zwischen Han Solo und Leia Organa) und der Komödie (etwa den beiden Robotern C-3PO und R2-D2). Der Genremix folgt hier, auf der Grundlage einer elaborierten Tricktechnik, den Gesetzen der Trivial- und Comic-Kultur mit gelegentlichen Anklängen faschistoider Ideologie. Verknüpft damit war ein Produktverbund in bis dahin nicht bekanntem Ausmaß: Spielzeuge, Modellbaukästen, Videospiele, Textilien, Bücher, Hefte, Schallplatten, Poster, Aufkleber, Hörspielkassetten

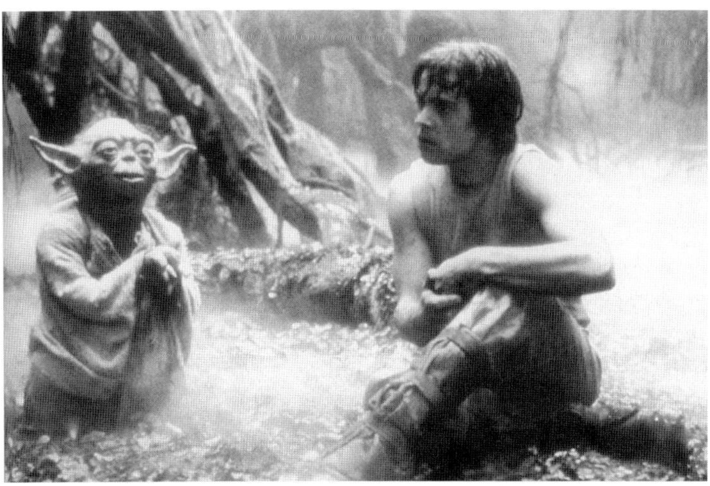

Abb 135

2. Luke Skywalker und die Weisheit der Macht

Abb 136

3. Die Konfrontation: der Vatermord

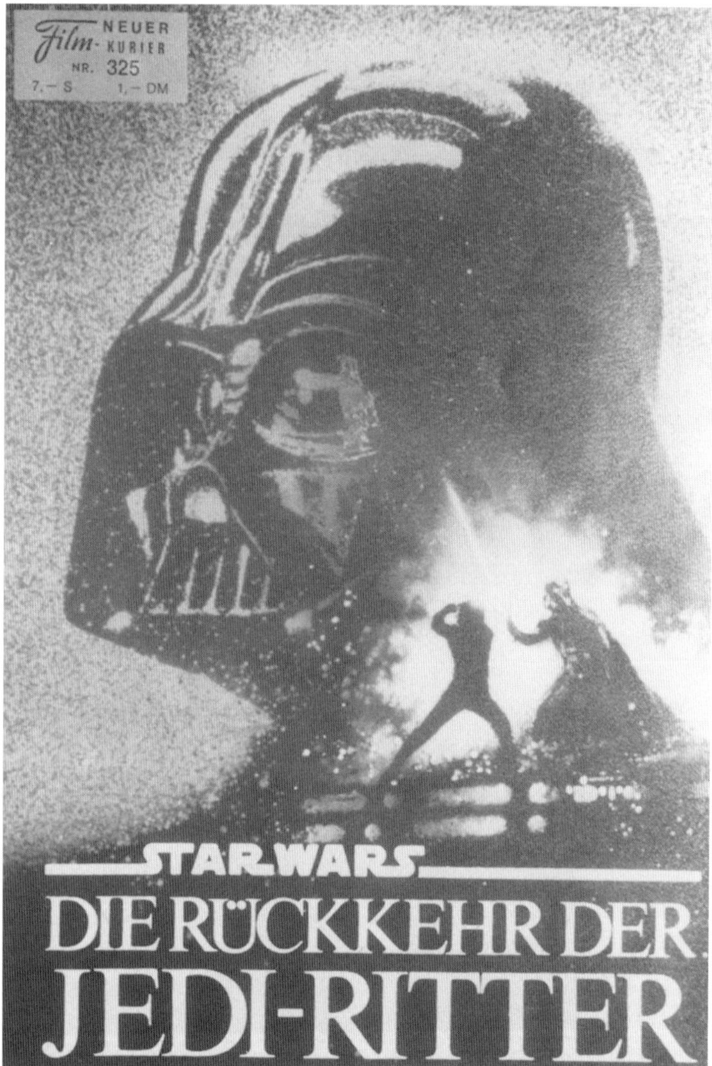

usw. Damit erhielten die Filme Event-Charakter, wurden zu einem kulturellen Ereignis, mit Merchandising als Bindeglied zwischen Movie und Alltagswelt (Birgit Schwenger).

Der enorme weltweite Erfolg dieser Serie begründete einen neuen Mythos: ein neues Heldenepos, in dem die Lösung aller Probleme letztlich der mystisch anmutenden MACHT überantwortet wird, zu deren Gefäß oder Träger oder Gefolgsmann wir uns zu machen haben. Dem Feindbild des Großen Imperators und seinem brutalen Totalitarismus werden Opferbereitschaft und Kamikaze-Mentalität der „guten“ Rebellen entgegengesetzt, wie in zahlreichen anderen Märchen auch: eine durchaus religionsähnliche Message, die allerdings ohne Transzendenz auskommt (Christian Wesseley) und damit in den 80er Jahren des aufgeklärten 20. Jahrhunderts perfekt goutiert werden kann. Es bedarf zwar eines Erlösers, aber er ist ganz und gar profan.

Vampirfilm

Der *Vampirfilm*, der im Laufe seiner Geschichte das zentrale Motiv des Blutsaugens immer neu konnotiert hat, fand unter den 87 von 1975 bis 1990 international produzierten Vampirfilmen gleich mehrere Neufassungen, die das Genre wieder aktuell machten. Besondes hervorzuheben ist dabei „Begierde“ (1983) von Tony Scott, mit Cathérine Deneuve und David Bowie in den Hauptrollen.

– „Begierde“

Merksatz

In „Begierde“ ist das Blutsaugen nicht mehr Symbol für sexuelle Impulse oder für politische Unterdrückung und wirtschaftliche Ausbeutung wie in früheren Fassungen, sondern es geht um Kulturimperialismus.

Im Übergang von Europa zu den USA hat sich mit dem Wechsel der Vormachtstellung ein Wertewandel vollzogen: von altägyptischen Symbolen, feudaler Herrschaftsordnung und klassischer Musik zu moderner Alltagskultur mit lauter Rockmusik, hektischer Großstadt und medizinischer Forschung. Der Betrachter wird nicht mehr in die Perspektive des Vampirjägers versetzt oder des Voyeurs, der sich am Blutsaugen ergötzt, sondern in die des Vampirs selber. Da erscheint der Hunger nach Leben, die Gier nach ewiger Jugend in dem Moment, in dem man den Preis dafür zahlen muss: rapiden Verfall und ewiges Weiterleben als Mumie im Sarg, als unerträgliches Schicksal, als Tragödie. Deshalb will der Untote wieder zum Menschen werden, um endlich auch sterben zu können. Die

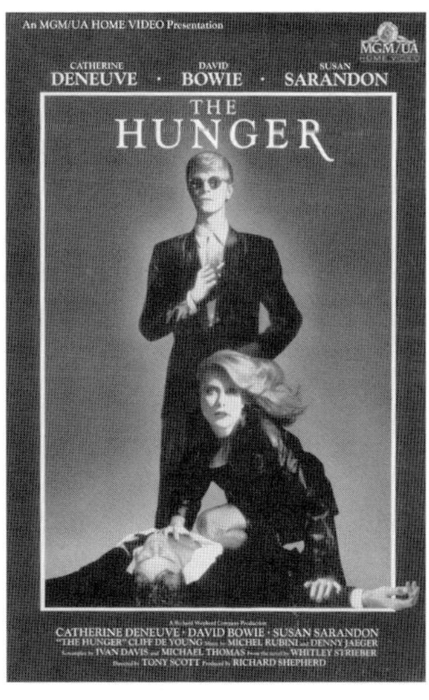

Abb 137

Die sexuelle Begierde wandelt sich über den Hunger nach dem ewigen Leben zum Wunsch, endlich sterben zu können

Dominanz der zeitgenössischen amerikanischen Kultur über alle europäische Tradition und altehrwürdigen ästhetischen Werte führt zur Gier nach Erlösung, die nur im Tod zu finden ist. – Später sollten noch weitere Umdeutungen folgen, etwa mit dem bereits erwähnten Film „Bram Stokers Dracula“ (1992) von Francis Ford Coppola.

Liebesfilm

– „Jenseits von Afrika“

Der *Liebesfilm* ist geprägt von einer ähnlich beeindruckenden Ausdifferenzierung wie der Horrorfilm. Mit sieben Oscars besonders erfolgreich war „Jenseits von Afrika“ (1985) von Sidney Pollack: ein romantisch-sentimentales Kinomelodram über die abenteuerliche Zeit der dänischen Schriftstellerin Karen Blixen als Farmerin in Afrika und ihre Liebesbeziehung zu dem Großwildjäger Denys, mit Meryl Streep, Robert Redford und Klaus Maria Brandauer in den Hauptrollen. Wildheit und Romantik der Naturlandschaften werden hier gespiegelt in den Protagonisten und ihren sich wandelnden Beziehungen zueinander und zu sich selbst.

– „Eine verhängnisvolle Affäre“

Eine ganz andere Darstellung von Liebe prägt den Film „Eine verhängnisvolle Affäre“ (1987), mit Michael Douglas in der Rolle des glücklich verheirateten Familienvaters, der sich zu einem folgenreichen Seitensprung hinreissen lässt, und Glenn Close in der Rolle eines fallengelassenen, aber geschwängerten One-night-Stand, die sich zur Psychopathin verwandelt. Während die symbolische Afrika-Geschichte mit dem tragischen, überraschenden Tod des Geliebten auf ein Happy End verzichtet, endet die Seitensprung-Geschichte, ein erotischer Thriller, mit der Vernichtung der Psychopathin und der Rettung der Ehe des untreuen Dan mit seiner Frau Beth.

– „Gefährliche Liebschaften“

Wieder ganz anders die Liebe in der erneuten Verfilmung des gleichnamigen Briefromans von Choderlos de Laclos „Gefährliche Liebschaften“ (1988) von Stephen Frears. In diesem historischen Gesellschaftsporträt des vorrevolutionären französischen Adels, einem Kostümfilm, geht es um Verführung, unmoralische Wetten und Intrigen auf der einen Seite, Unschuld, Jungfräulichkeit und Sittsamkeit auf der anderen. Die Liebe erscheint zunächst als ein perverses Spiel abgebrühter Charaktere, das dann aber blutig endet, als sich herausstellt, dass es auch hinter den Lügen und der Heuchelei der Intriganten Verletzlichkeit und Sehnsucht gibt: Man darf mit der Liebe nicht spielen.

– „Sex, Lügen und Video“

Zwei weitere Beispiele präsentieren erneut alternative Varianten. In dem preisgekrönten Independent-Film „Sex, Lügen und Video“ (1989) von Steven Soderbergh wird eine klassische Dreiecksgeschichte – John ist verheiratet mit Andy und hat deren Schwester Cynthia zur Geliebten – durch einen vierten variiert. Graham, ein früherer Schulfreund Johns, zieht in die Wohnung mit ein: impotent und besessen davon, andere Frauen vor laufender Videokamera über ihr Sexualleben zu befragen. Mithilfe einer elaborierten Filmästhetik, die gespielte Fassade, Realität und deren Videomanifestationen gegeneinander setzt, wird Liebe auf ihre emotionale Wahrheit hin befragt. Doch erst nachdem Ann ihrerseits die Kamera Johns benutzt, um ihn selbst aufzuzeichnen, d.h. ihn mit sich selbst zu konfrontieren, kann am Schluss ein Ausblick eröffnet werden: auf Ehrlichkeit gegenüber sich selbst als Basis für Partnerschaft.

– „Pretty Woman"

Dem kontradiktorisch entgegengesetzt ist das Konzept von Liebe in „Pretty Woman" (1989) von Garry Marshall, mit Richard Gere und Julia Roberts in den Hauptrollen. Hier wird ein modernes Aschenputtelmärchen erzählt: Ein knallharter Geschäftsmann, der marode Konzerne aufkauft, ausschlachtet und die Filetstücke mit Gewinn verscherbelt, verliebt sich in eine Hure, die sich schnell zu einer eleganten Dame wandelt, zu einer respektablen und gefühlstiefen Frau, die den Traum einer wirklich liebenden Geliebten wahr werden lässt, wenn der „Prinz auf dem weißen Pferd" kommt und sie rettet.

Merksatz

Liebe als romantischer Verlust, Liebe als Ehe, Liebe als Sehnsucht, Liebe als Partnerschaft, Liebe als traumhaftes Märchen – die Bandbreite der Variationen speziell aus den 80er Jahren ließe sich noch erheblich ausweiten.

Abenteuerfilm

Mindestens ein wichtiger Aspekt des generellen Genrewandels in diesem Abschnitt der internationalen Filmgeschichte muss noch erwähnt werden: das Revival des *Abenteuerfilms*, das einem damals verbreiteten Blick zurück entsprach – erinnert sei nur an Filme über die 50er Jahre wie zum Beispiel „Zurück in die Zukunft" (1985) von Robert Zemeckis, „Absolute Beginners" (1986) von Julien Temple oder „Peggie Sue hat geheiratet" (1986) von Francis Ford Coppola. Der Abenteuerfilm hat durch die „Indiana Jones"-Serie ganz neue Impulse erhalten: „Jäger des verlorenen Schatzes" (1981), „Indiana Jones und der Tempel des Todes" (1984) sowie „Indiana Jones und der letzte Kreuzzug" (1989), alle von Steven Spielberg, jeweils mit Harrison Ford in der Hauptrolle. Hier steht wieder die Schatzsuche im Zentrum, ein spannendes Abenteuer jagt das andere, es geht um Tapferkeit, Bewährung, Überwindung von Gefahren, es geht um Selbstfindung in der Konfrontation mit dem Andern, dem Fremden. Auch in diesem Fall gab es eine perfekte Merchandising-Ausschlachtung. Der einfache, naive Abenteuerfilm lässt sich kontrapunktisch zum „technologischen Overkill der phantastischen Filme“ (Georg Seeßlen) interpretieren, kontrastiert aber sicherlich auch zu den Brutalitäten des neuen Horrorfilms bzw. ist den alten und neuen Superhelden vergleichbar und unterstreicht deren Angstbewältigungsfunktion.

„Indiana Jones“ ist nur ein wichtiges Beispiel für die damaligen Revivals und Rückblicke. Andere Filmbeispiele wären „Am Anfang war das Feuer“ (1981) von Jean-Jacques Annaud, „Excalibur“ (1981) von John Boorman, „Herkules in New York“ (1982) von Arthur Allen Seidelman, „Quatermain – Auf der Suche nach dem Schatz der Könige“ (1985) von J. Lee Thompson, „Das Geheimnis des Grabmals am Nil“ (1986) von Fred Olen Ray, „Piraten“ (1986) von Roman Polanski oder „Zeitsprung in die Tafelrunde“ (1989) von Mel Damski und zahlreiche weitere Abenteuer um König Artus und die Tafelrunde, Robin Hood, die Piraten der Meere oder die Musketiere des Königs.

Weitere Genremodifikationen zwischen 1975 und 1990 (Auswahl):

Jahr	Titel	Regisseur
1977	„Der Stadtneurotiker“	Woody Allen
1977	„Krieg der Sterne“	George Lucas
1980	„Das Imperium schlägt zurück“	Irvin Kershner
1981	„Jäger des verlorenen Schatzes“	Steven Spielberg
1983	„Die Rückkehr der Jedi-Ritter“	Richard Marquand
1983	„Begierde“	Tony Scott
1985	„Jenseits von Afrika“	Sidney Pollack
1986	„Hannah und ihre Schwestern“	Woody Allen
1989	„Sex, Lügen und Video“	Steven Soderbergh
1989	„Pretty Woman“	Garry Marshall
1989	„Indiana Jones/der letzte Kreuzzug“	Steven Spielberg

Literatur

Reinhold Rauh: Woody Allen. Seine Filme – sein Leben. München 2. Aufl. 1991.

Einzeldarstellung der Filme mit Fotos, Filmografie und weiterführender Literatur.

Jürgen Felix: Woody Allen. Komik und Krise. Marburg 1992.

Kundige Studie zu den Filmen, die in größeren Themenkreisen behandelt werden, mit umfangreicher Bibliografie und detaillierter Filmografie.

Margit Dorn: Vampirfilme und ihre sozialen Funktionen. Ein Beitrag zur Genregeschichte. Frankfurt/Main 1994.

Gute Geschichte des Vampirgenres von den Anfängen bis 1992, mit detaillierten Analysen u.a. von „Nosferatu – Eine Symphonie des Grauens"(1922), „Dracula" (1958), „Jonathan, Vampire sterben nicht" (1970) und „Begierde".

Oliver Denker: Star Wars. Die Filme. München 1996, 3. Aufl. 1999.

Klassischer Beitrag aus der Fan-Perspektive.

Christian Wessely: Von Star Wars, Ultima und Doom. Mythologisch verschleierte Gewaltmechanismen im kommerziellen Film und in Computerrollenspielen. Frankfurt/Main 1997.

Katholisch-theologische Dissertation in Auseinandersetzung mit „Star Wars" als neuem Mythos.

Birgit Schwenger: Strategien des Ereigniskinos: „Star Wars" als neues Erfolgskonzept Hollywoods. Bochum 1997, 2. erweit. Aufl. 2002.

Darstellung und Interpretation der „Star Wars"-Saga und folgenden Blockbustern wie „Jurassic Park" mit Blick auf (Kino)Technik und Merchandising – der Film als Medienspektakel im Zeitalter globaler Vernetzung.

Vittorio Hösle: Woody Allen. Versuch über das Komische. München 2001.

Anregender Essay zum Komischen bei Woody Allen aus philosophischer Sicht.

Angelika Janssen: Deconstructing Woody Allen. Ein amerikanischer Filmemacher zwischen Kunst und Kommerz. Frankfurt/Main 2002.

Interessanter Versuch, die Filme Woody Allens unterm Gesichtspunkt des Star- bzw. Anti-Star-Konstrukts zu interpretieren.

Übungs- und Wiederholungsfragen

27 Welcher Regisseur dominierte die amerikanische Komödie in den späten 70er und 80er Jahren?

28 Nennen Sie mindestens drei Filme von Woody Allen.

29 Welches war die wichtigste Variante des Filmmärchens in dieser Zeit?

30 Welche sechs Genres werden in „Krieg der Sterne" gemixt?

31 Was versteht man unter Eventmovie?

32 Nennen Sie drei verschiedene symbolische Bedeutungen des Blutsaugens im Vampirfilm.

33 Nennen Sie mindestens drei verschiedene Liebesfilme dieser Zeit und die zentrale Bedeutung, die der Chiffre „Liebe" jeweils zugeordnet wurde.

34 Welches war der wichtigste Fall des Genre-Revivals in den 80er Jahren?

Weiterführende Arbeitsaufgaben

- Was heißt Genre? Welche Genretheorien gibt es?
- Analysieren Sie einen der weniger erfolgreichen Filme von Woody Allen und vergleichen Sie Ihre Befunde mit den Stellungnahmen zeitgenössischer Filmkritik.
- Analysieren und interpretieren Sie „Diva" als Märchen und Genremix.

Weiterführende Arbeitsaufgaben

- Informieren Sie sich über die Erträge der Erforschung traditioneller Kindermärchen und entwerfen Sie Kategorien zur Analyse von Filmmärchen.
- Welche Konzepte von Liebe kann man unterscheiden? Beziehen Sie sich auf die umfangreichen Erträge aus so unterschiedlichen Disziplinen wie Psychologie, Soziologie, Medienwissenschaft.
- Untersuchen Sie amerikanische Abenteuerfilme der 30er Jahre und vergleichen Sie sie mit der „Indiana Jones"-Serie.

7.8 | Von Jack Nicholson über Michael Douglas bis Harrison Ford

Zum Abschluss auch dieses filmhistorischen Abschnitts soll noch ein Blick auf die entsprechenden Stars geworfen werden, von denen viele allerdings – teils nationalspezifisch, teils genrespezifisch, teils aber auch supranational und genreübergreifend – bereits erwähnt wurden: Hanna Schygulla, Sigourney Weaver, Sylvester Stallone, Arnold Schwarzenegger, Christopher Lambert, Bruce Willis, Sean Connery, Kurt Russell, Kim Basinger, Mickey Rourke, Sharon Stone, Teresa Orlowski, Mario Adorf, Jamie Lee Curtis, Woody Allen, Mia Farrow, Meryl Streep, Robert Redford, Klaus Maria Brandauer, Richard Gere, Julia Roberts usw.

Häufiger als früher wird in dieser Phase der Star-Status über ganz verschiedene Genres hinweg konstituiert. Sean Connery beispielsweise war nicht nur 007-James Bond im britischen Serienfilm, sondern dann auch der Barbar in „Zardoz" (1974) von John Boorman, sowie Bergarbeiter, Gangster, Berberscheich, Arzt, Fernsehreporter; der Western-Sheriff in „Outland", der Mönch in „Der Name der Rose", aber auch Offizier, Wissenschaftler, Adliger, Archäologieprofessor; der brave Polizist in „Die Unbestechlichen" (1987) von Brian de Palma sowie ein U-Boot-Kommandeur, ein Schriftsteller und König Artus, und er verkörperte bis in die 90er noch viele andere, ganz und gar unterschiedliche Rollen und Images. Ähnlich Bruce Willis, Robert de Niro und weitere Schauspielerinnen und Schauspieler. Im Folgenden sollen ergänzend drei Filmstars besonders hervorgehoben werden: Jack Nicholson, Michael Douglas und Harrison Ford.

Merksatz

Vor allem drei Filmstars haben den Weltfilm in Phase VII der Filmgeschichte maßgeblich mit geprägt: Jack Nickolson, Michael Douglas und Harrison Ford.

Jack Nicholson ist insbesondere mit seinem sarkastischen Grinsen bekannt geworden, allerdings in durchaus unterschiedlichen Rollen. Nach zahlreichen Motorrad- und Drogenfilmen in den 60er Jahren, u.a. von Roger Corman, begann seine eigentliche Star-Karriere als Privatdetektiv im Stil des Revivals der Schwarzen Serie aus den 30ern mit „Chinatown" (1974) von Roman Polanski. Dem folgte die Rolle des Verrückten in einer Nervenheilanstalt in „Einer flog über das Kuckucksnest" (1975) von Milos Forman, den er mit einer Überzeugungskraft spielte, die ihm den Oscar einbrachte. Einen weiteren Höhepunkt, nach zwischenzeitlichen Westernfilmen, feierte er dann in „Shining" (1979) von Stanley Kubrick. Hier entwickelt er den aufkommenden Wahnsinn des Protagonisten allmählich zur Raserei und bestialischen Mordlust, bis sein Gesicht zu einer diabolischen Fratze wird – eine beeindruckende mimische Gestaltung psychischen Horrors. Andere Rollen wie die des Verführers in „Wenn der Postmann zweimal klingelt" (1980) von Bob Rafelson, des Killers in „Die Ehre der Prizzis" (1985) von John Huston, des Teufels in „Die Hexen von Eastwick" (1987) von George Miller, des Bösen in „Batman" (1989) von Tim Burton oder auch des verbohrten Front-Colonels in „Eine Frage der Ehre" (1992) von Rob Reiner erlaubten ihm Variationen seines Image, das von einer spezifischen Mischung lebt.

Jack Nicholsen

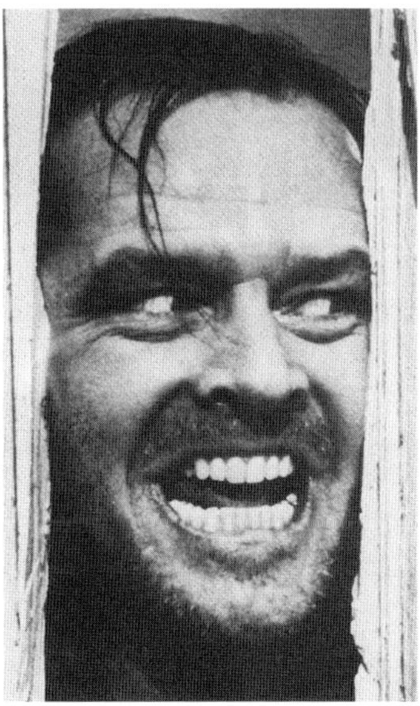

Abb 138

Der Schriftsteller Jack, der im einsamen Overlook-Hotel verrückt wird und seine Familie bedroht („Shining")

Merksatz

Das Image von Jack Nickolson ist quer zu unterschiedlichen Rollen geprägt von einer persönlichkeitsspezifischen Mischung aus Irrationalität mit einem Schuss Fatalismus, emotionaler Intensität, einer obskuren Sexualität und Leidenschaft, im Kern einer rebellischen Clownerie in einer labyrinthischen Welt.

Ganz anders *Michael Douglas*, der weniger durch seine Persönlichkeit als über seine vielen Rollen Eindruck machte. Der Sohn des bekannten Schauspielers Kirk Douglas wurde zunächst vor allem durch

Michael Douglas

die Fernsehserie „Die Straßen von San Francisco" bekannt. Zu seinen wichtigsten Kinofilmen später gehören „Auf der Jagd nach dem Juwel vom Nil" (1985) von Lewis Teague, ein Abenteuer-Remake nach dem Vorbild von „Indiana Jones"; „Fatal Attraction – Eine verhängnisvolle Affäre" (1987) von Adrian Lyne, wo er die Rolle des normalen, glücklich verheirateten Ehemanns bei einem kleinen Seitensprung übernimmt; „Wall Street" (1987) von Oliver Stone, in dem er überzeugend einen buntschillernden, kriminellen Börsen-Tykoon spielt; „Black Rain" (1989) von Ridley Scott – in der Rolle des amerikanischen Cop, der sich im japanischen Kulturkreis behaupten muss; „Der Rosenkrieg – Bis dass der Tod uns scheidet" (1990) von Danny de Vito als Ehemann in einer bitterbösen Farce ohne Happy end; „Basic Instinct" (1991) als Inspektor Nick von der Mordkommission in San Francisco, der mit der Verdächtigen eine heiße sexuelle Beziehung beginnt; oder „Falling Down" (1992) von Joel Schumacher in der Rolle des normalen amerikanischen Angestellten, der auf einmal Amok läuft. Douglas fungiert dabei ausnahmslos als „alter ego" des Zuschauers – ein Held, der sich auf wohlbekannte, letztlich stets vertraute Abenteuer begibt und dabei auslebt, wovon viele Zuschauer nur träumen: Reichtum, Sex, Erfolg, Gewalt. Eine gewisse Konventionalität und Stereotypie sind dabei unvermeidlich.

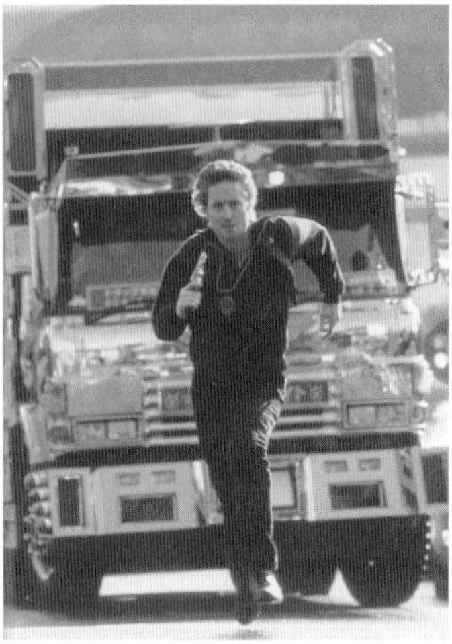

Abb 139

Der amerikanische Cop Nick im japanischen Kulturkreis auf Verbrecherjagd („Black Rain")

Harrison Ford

Harrison Ford schließlich erreichte nach zahlreichen Nebenrollen Starstatus mit „Krieg der Sterne" und seinen Fortsetzungen (Kap. 7.3) sowie der bereits erwähnten „Indiana Jones"-Serie. Weitere wichtige Filme von ihm waren in den 80er Jahren u.a. „Blade Runner" (1982), ein schon genannter Science Fiction-Thriller über Replikanten, die sich gegen ihre menschlichen Erzeuger wenden, und die Frage nach der Differenz von Mensch und Maschine; „Der einzige Zeuge" (1985) von Peter Weir, in der er den Rauschgift-Cop Book in Philadelphia spielt, der einem korrupten Kollegen und Killer auf die Spur kommt und bei einer Amish-Sekte und der reizenden Rachel

Schutz suchen muss; oder „Frantic“ (1988) von Roman Polanski in der Rolle des Dr. Walker, dem bei einem Ärztekongress in Paris seine Frau entführt wird. Ford repräsentiert fast immer den „einfachen“ Handlungshelden, der auf die Normalität des an Handlungsspannung interessierten Kinobesuchers rekurriert. In Gefahr und Not steigert er sich zu schier übermenschlichen Abstrengungen und hat stets Erfolg, erreicht immer sein Ziel – entkommt der Gefahr, findet den Schatz, besteht das Abenteuer, gewinnt die richtige Frau usw. Vielleicht deshalb haben alle seine Filme einen märchenhaften Zug, der mit Initiation zu tun hat. Seine Komplexität ist darauf beschränkt, ein (im weitesten Sinne) Abenteurer-Image zu entfalten. Ansonsten verändert er sich in keinem seiner Filme. Und genau darin besteht seine Attraktivität: Er realisiert und beglaubigt das Tapfer-Jungenhafte in uns, das heldenhafte Potential des Durchschnittsmenschen, dem deshalb zuzuschauen immer wieder unterhaltsam ist.

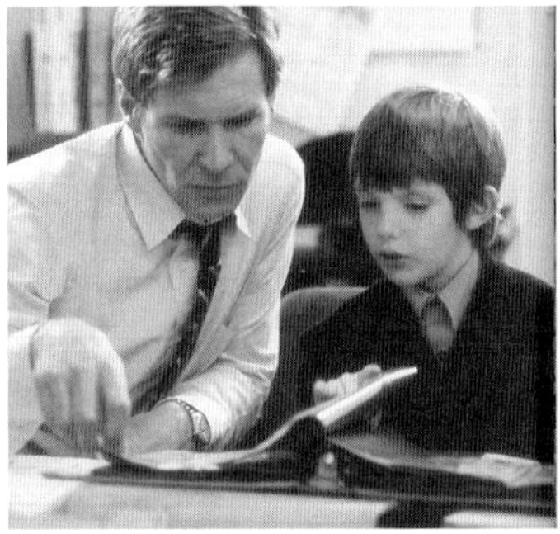

Abb 140

Der Polizist Book gemeinsam mit Samuel, dem einzigen Zeugen

Merksatz

Harrison Ford charakterisiert sich nicht durch eine spezielle Persönlichkeit (wie Nicholson) oder durch eine besondere Rollenvielfalt (wie Douglas), sondern durch ein gleichbleibendes Image als „normaler“, erfolgreicher Abenteurer.

Weitere Stars, die bislang noch gar nicht erwähnt worden sind, wären etwa Bruce Lee und Jean-Claude van Damme, Mel Gibson und Kevin Kostner für die 80er oder Nicolas Cage, Demi Moore Julia Roberts und Brad Pitt für die 90er Jahre. Das Starkino wird ohne Zweifel auch in Zukunft sowohl zur Weltfilmkultur als auch zu bestimmten Subgenres sowie nationalspezifischen Produktionen gehören.

Auswahlfilmografie zu Jack Nickolson, Michael Douglas und Harrison Ford

Jahr	Titel	Regisseur
1974	„Chinatown“	Roman Polanski
1975	„Einer flog über das Kuckucksnest“	Milos Forman
1979	„Shining“	Stanley Kubrick

1982	„Blade Runner“	Ridley Scott
1985	„Die Ehre der Prizzis“	John Huston
1985	„Der einzige Zeuge“	Peter Weir
1987	„Fatal Attraction“	Adrian Lyne
1988	„Frantic“	Roman Polanski
1989	„Batman“	Tim Burton
1989	„Black Rain“	Ridley Scott
1990	„Der Rosenkrieg“	Danny de Vito
1991	„Basic Instinct“	Paul Verhoeven

Literatur

Meinolf Zurhorst und Lothar Just: Jack Nicholson. Seine Filme – sein Leben. München 1983.

Darstellung seiner Filme aus biographischer Sicht bis 1981.

Berndt Schulz und Willy Loderhose: Harrison Ford. Hollywoods heimlicher Superstar. Bergisch Gladbach 1989.

Biographie und Einzelbeiträge zu seinen Filmen in chronologischer Reihenfolge, die implizit das gleichbleibende Image im Rollenwechsel deutlich macht.

Norbert Stresau: Michael Douglas. Seine Filme – sein Leben. München 1990.

Darstellung seiner Fernsehserien und Filme aus biographischer Sicht bis „Der Rosenkrieg – Bis daß der Tod uns scheidet“.

Burt N. Silva: Arnold Schwarzenegger. Eine Erfolgsstory. München 1991.

Darstellung seiner Filme in chronologischer Abfolge nach thematischen Schwerpunkten wie „Der Bodybuilder“, „Konter gegen Rambo“ und „Ausbruchsversuche“.

Annette Kilzer (Hrsg.): Bruce Willis. Berlin 2000.

Sammelband mit zwei Essays und zahlreichen Einzeldarstellungen all seiner Filme. Eingegangen wird u.a. auch auf die Rolle des John McClane und weitere Heldenrollen.

Bruce Babington (Hrsg.): British Stars and Stardom, vom Alma Taylor to Sean Connery. Manchester, New York 2001.

Sammelband mit Einzeldarstellungen britischer Stars von Alma Taylor in den 10er Jahren bis zu Sean Connery.

Sabine Horst (Hrsg.): Robert de Niro. Berlin 2002.

Sammelband mit 10 wichtigen Beiträgen zu den ganz verschiedenen Images und Persönlichkeitsfacetten von Robert de Niro als Filmstar.

Übungs- und Wiederholungsfragen

35 Nennen Sie mindestens 10 Stars aus dieser Phase der Filmgeschichte.

36 Charakterisieren Sie das Image von Jack Nickolson.

37 Worin unterscheidet sich der Star-Status bei Nickolson, Douglas und Ford?

Weiterführende Arbeitsaufgaben

- Untersuchen Sie das Image eines der vielen Stars aus dieser Zeit nach Ihrer Wahl anhand seiner erfolgreichsten Filme.
- Vergleichen Sie einen Weltstar der 80er Jahre mit Stars aus den 50ern und der Stummfilmzeit. Was genau hat sich geändert?
- Untersuchen Sie die Rollen eines Robert de Niro und entwickeln Sie daraus die charakteristischen Merkmale seines Star-Image.

Zusammenfassung

Die zweite Hochzeit der internationalen Filmkultur war übergreifend geprägt von einem umfassenden Genrewandel, womit die Filmindustrie den zunehmend sich ausdifferenzierenden Zielgruppen und Erwartungen Rechnung zu tragen suchte. Dabei traten nationale Unterschiede kontinuierlich zurück.

Es entwickelte sich eine ganze Reihe neuer Subgenres. Das betrifft etwa den Frauenfilm und den Vietnamfilm, aber auch andere Subgenres wie den Söldnerfilm. Der frühere Hexen- und Teufelsfilm, der Katastrophenfilm und der Rachefilm reichten alle noch in diese Phase hinein. Markant war insbesondere die Diversifikation traditioneller Genres wie des Horrorfilms und des pornografischen Films, bei denen das neue Medium Video eine wichtige Rolle spielte.

Es kennzeichnet den Frauenfilm, dass er nicht nur in der Bundesrepublik einen deutlichen Schwerpunkt hatte, sondern auch in anderen europäischen Ländern und in den USA. Zunehmend atttraktiv wurde in der Folge die „starke Frau" auch im Mainstreamfilm – etwa in Gestalt von Sigourney Weaver, deren „Alien – Das unheimliche Wesen aus einer fremden Welt" man freilich auch als einen Männerfilm interpretieren könnte.

Der Vietnamfilm war vom Anliegen und von der Produktion her ein genuin amerikanisches Subgenre des Kriegsfilms, das aber überall in Europa, gerade auch in der Bundesrepublik Deutschland, kulturell ins Zentrum der Aufmerksamkeit rückte. Man muss dabei nur scharf differenzieren zwischen Vietnamfilmen und solchen Filmen, die lediglich ihr Setting in Vietnam haben, ansonsten aber anderen Genres zuzurechnen sind.

Der Horrorfilm thematisierte Gewalt in nie da gewesenem Ausmaß, häufig geprägt von Fortsetzungen, Serien, Spinoffs und Imitationen. Die Bandbreite reicht hier von primitivsten Hackebeil-Filmen über Mainstream-Horror wie bei John Carpenter bis zu anspruchsvollen Filmen wie z.B. „Zombie".

Die enorme quantitative und qualitative Zunahme des neuen Horrorfilms verweist dabei auf ein allgemeines Klima der Angst in diesem Zeitabschnitt, das auch durch den Boom an alten und neuen Superhelden unterstrichen wird: Rocky, Rambo, Superman, Conan, Deckard, McLeod, Murphy, McClane und vor allem der Terminator versprachen Rettung und Heil stets durch den starken Mann – durch Gewalt.

Die Variation des Immergleichen prägte auch diverse andere Genremodifikationen: In der Komödie wurde der Schauspieler-Regisseur Woody Allen zur herausragenden Erscheinung, neben den weiterhin gepflegten traditionellen Formen des Komischen. In international erfolgreichen Märchen wie „Krieg der Sterne" mischten sich Science Fiction, Kriegsfilm, Western, Abenteuerfilm, Liebesfilm und Komödie. Im Vampirfilm wurde die Leerstelle des Blutsaugens neu symbolisiert. Oder im Liebesfilm wurden die unterschiedlichsten Konzepte von Liebe in großer Bandbreite nebeneinander gestellt und bedürfnisentsprechend zugerichtet.

Diversifikation und Ausdifferenzierung gelten schließlich auch für ein traditionelles Genre, das in gängigen Filmgeschichten gerne ausgespart wird: den Erotikfilm, den Sexfilm, den Pornofilm – vom „Reich der Sinne" über „9 1/2 Wochen" bzw. „Eis am Stil" bis zu „Foxy Lady Nr. 1". Speziell die neue Vielfalt des Pornofilms, der in mindestens 20 Subgenres reale sexuelle Präferenzen und Praktiken beim Großteil der Bevölkerung spiegelte oder bediente, macht den allgemeinen Trend auch hier sichtbar.

Daneben gab es noch weitere Formen des Genrewandels, etwa das Revival: Der klassische Abenteuerfilm der 30er Jahre erlebte mit Indiana Jones seine umjubelte Auferstehung. Und die Vermischung unterschiedlicher Kunstformen wie Literatur, Musik, Malerei im narrativen Spielfilm – etwa bei Peter Greenaway – belegt, dass dieses übergreifende Signum nicht nur den Blockbuster und einzelne Subgenres des Mainstreamkinos oder vieler Fan-Milieus prägte, sondern durchaus auch den künstlerisch hochwertigen, den komplexen Avantgardefilm.

Der Weltfilm entwickelte sich also deutlicher denn je gewissermaßen zu einer genrebezogenen Abkehr vom Genre. Und selbst

Zusammenfassung

beim Autorenfilm und beim Avantgardefilm wurde das Star-Kino ausgeprägter. Hier wiederholte sich die charakteristische Diversifikation der gesamten Filmkultur – mit einer Vielzahl unterschiedlichster Stars, vom persönlichkeitsfundierten Startypus über den rollenmultiplen Startypus bis zum imagekonstanten Startypus. Der folgende Ausblick auf die 90er Jahre bis heute wird zeigen, daß die Filmkultur auch in der Konkurrenz mit den „neuen" digitalen Medien bestehen wird, vielfältiger und verbreiteter denn je, so wie das in der Konkurrenz mit den „alten" Medien Fernsehen und Video der Fall gewesen ist.

1990-heute
Digitalisierung und Globalisierung

Phase VIII

Inhalt

Übergreifende Entwicklungskategorien:

Dem Film der 90er Jahre bis heute stehen wir noch zu nahe, als dass bereits konsensuell ein verbindliches Gesamtbild möglich wäre. Versuche, diesen Zeitabschnitt mit Kategorien wie „Oberflächenrausch" (Jens Eder), d.h. die Ästhetisierung von Bildern, die Inszenierung von bloßen Oberflächen nach dem Vorbild der Werbeästhetik, oder „Genremix" und „Intermedialität" (Joan Kristin Bleicher), d.h. die Integration anderer Medien wie Fernsehen und Video, zu erfassen, helfen nur wenig weiter, weil diese Attribute ausnahmslos schon für Filme der vorangegangenen Phase VII charakteristisch waren. Doch mindestens zwei übergreifende Entwicklungskategorien lassen sich für die 90er Jahre bereits jetzt objektiv namhaft machen: Digitalisierung und Globalisierung. Sie waren im Verlauf der 80er Jahre wirtschaftlich und politisch prägend geworden und hatten im darauffolgenden Jahrzehnt auch die Filmkultur erfasst. Hier werden sie unter den Gesichtspunkten „Wirklichkeitssimulation" und „Cultural Clash" eingebracht.

– Digitalisierung

Die Filmproduktion der 90er Jahre war prinzipiell von der absoluten Formbarkeit der Bilder durch die neuen digitalen Techniken geprägt. Mit dem Einsatz von Computern wurden nicht nur die frühen Tricks und Special Effects abgelöst, sondern die Detail-Manipulationen optisch perfektioniert und gesteigert bis zu kompletten künstlichen Welten. Das filmische Bild entwickelte sich in dieser Phase der Filmgeschichte von einer analogen Repräsentation des Abgebildeten zu einer virtuellen, d.h. künstlich erzeugten Realiät ganz eigener Art. Wirklichkeit wurde nicht mehr analog animiert, sondern digital simuliert – und damit war im Prinzip alles möglich: Ge-

genstände zerfließen, Personen verschwinden und tauchen wieder auf, phantastische Metamorphosen verwandeln das vertraute Setting, räumliche Illusionen setzen Zeit außer Kraft, irreale Ängste nehmen sichtbare Gestalt an, die Wirklichkeit selbst wird transformiert und damit brüchig... Alles war nur noch eine Frage der eingesetzten Finanzmittel. Die digitale Nachbearbeitung als neue Dimension der Inszenierung wurde in immer mehr Fällen für die Filmherstellung zum wichtigsten Abschnitt. Neue Formen der inneren Montage, spezielle Techniken der Spannungssteigerung, ungeahnt spektakuläre Ereignisse steigerten die Erwartungshaltung und setzten neue Maßstäbe (Wrapping, Morphing, Digital composing, Motion capture etc.). Dass sich damit der narrative Spielfilm im Kino wieder verstärkt vom Medium Fernsehen absetzte, sei nur nebenbei angemerkt.

Damit wurden auch die Sehkonventionen stark verändert (Almuth Hoberg). Noch die phantastischste Handlung erschien beklemmend realistisch, jede artifizielle Inszenierung wurde glaubhaft und erhielt Authentizität. Dem Primat der subjektiven Phantasie trat die digitale Wirklichkeitssuggestion zur Seite, d.h. die Illusion im Kopf des Zuschauers wurde partiell ersetzt und dieser damit von der Notwendigkeit eigener Kreativität entlastet. Das bedeutet für die Gewalt des Zeigens im narrativen Spielfilm (vgl. die einführenden Bemerkungen) durchaus beides: einen Verlust seines Traumcharakters und eine Zunahme seiner Wirkmächtigkeit. Manche beklagen das entsprechend als künstlerische Verarmung.

– Globalisierung

Natürlich sind Digitalisierung und Globalisierung der Filmkultur eng miteinander verbunden – schon weil der enorme Kapitaleinsatz, den die neue Filmproduktion erfordert, nur über gewaltige monopolisierte, supranationale Industrie- und Bankenkonglomerate bereitgestellt werden und nur auf weltweiten Märkten eine entsprechende Rendite erbringen kann. Die Globalisierung der Filmkultur meint sowohl eine weltweite internationale Arbeitsteilung bei der Produktion als auch eine systematisierte transnationale Vermarktung des einzelnen Spielfilms unter Einschluss der Kinoverwertung, der Video- bzw. DVD-Verwertung, des Kabelfernsehens, der Musikverwertung, zahlreicher weiterer Media-tie-ins und natürlich eines elaborierten Merchandising in nie gekanntem Ausmaß. Der einzelne Film bzw. die Serie von Filmen, die im Erfolgsfall anschließend entsteht, wird damit transnational und tendenziell zu einem Phänomen weltkulturprägender Bedeutung. Der Erlebnischarakter solcher Film-Events erzwingt selbstverständlich auch eine entsprechende Distributions- und Rezeptionsgestaltung. Daß sich in Deutschland in den 90er Jahren die neuen großen Multiplex-Kinos verbreiteten, mit denen der Filmgenuss in einen kompletten Erlebnispark eingebettet wurde: viele Kinos mit einer breiten Angebotspalette, Gastronomie, Bar, praktischerweise auch ein Geldautomat, Spieleautomaten, Sitz- und Flirtecken usw. ist kein Zufall.

Globalisierung hat aber auch den Aspekt des Kulturtransfers, des Nebeneinander, des Miteinander und des Gegeneinander, der Konfrontation von Kulturen. Die Ausweitung von Filmmärkten nach rein ökonomischen Kriterien impliziert die Andersheit, die Widersprüchlichkeit von religiösen Wertesystemen, von ästhetischen Normen und von kulturellen Verhaltenspraxen, die aufeinanderprallen. In diesem Prozess, der derzeit noch anhält, wird der alte Gegensatz zwischen „Amerikanisierung“ und „europäischer Filmkultur“ noch weiter ausdifferenziert. Türken in Deutschland, Skandinavier in Italien, Amerikaner in Japan oder Inder in England – in den 90er Jahren häuften sich Filme, die sich zentral dem „cultural clash“ zuwandten, und fanden zunehmend Interesse auch im Mainstream.

Neben Digitalisierung und Globalisierung scheint aber noch mindestens ein weiterer Aspekt von der Forschung bereits als zeitcharakteristisch herausgearbeitet worden zu sein und soll deshalb einleitend vorgestellt werden: der neue Gewaltfilm als „Kino der Grausamkeit“. Andere Genres, ästhetische Ansätze, einzelne Filme und Stars können als exemplarische Ergänzung hier nur knapp benannt werden: natürlich der pornografische Film mit seinen neuen Formen und Konzeptionen; dann das „Kino der Transgression“ (Georg Seeßlen), also Filme wie „The Crying Game“ (1992) von Neil Jordan mit ihrem „gender switch“; das „Hongkong-Action-Kino“ mit seinen Heldinnen und Helden und Stars wie beispielsweise Bruce Lee oder Jackie Chan; Alltagsfilme wie das „jeune cinéma“ und weitere experimentelle nationale Autorenfilme; neue Mainstream-Stars wie Nicolas Cage oder auch Brad Pitt, letzterer mit Filmen wie „True Romance“ (1993) von Tony Scott, „Twelve Monkeys“ (1995) von Terry Gilliam, „Sieben“ (1995) von David Fincher oder „Sieben Jahre in Tibet“ (1997) von Jean-Jacques Annaud; ferner Kultfilme wie die Comic-Strip-Verfilmung „Die Krähe“ (1994) von Alex Proyas; einige herausragende Romanverfilmungen wie „Fräulein Smillas Gespür für Schnee“ (1996) von Bille August; oder auch der Mega-Erfolgsfilm „Titanic“ (1997) von James Cameron. Die Diskussion um

– Kino der Grausamkeit

eine Schwerpunktsetzung für Phase VIII hat bisher kaum erst begonnen.

– Alternativen

Ein vierter Akzent dürfte aber ebenfalls auf weitgehenden Konsens stoßen – die Gegenbewegung, die fast zwangsläufig aus den übergreifenden Tendenzen der Digitalisierung und Globalisierung entstanden ist: nationalspezifische Avantgarde-Filmemacher, regional wirksame kunstorientierte Filmklubs, Subgenre-Fans, lokale Programmkinos und kleine Gruppen eigenwilliger Filmfreaks, die den Blockbustern mit ihren Grenzüberschreitungen, den Multiplexen mit ihren Konsummassen Alternativen entgegensetzen. Neben den genannten drei Schwerpunkten sollen sie abschließend präsent gehalten werden – am Beispiel von zwei Filmen: erstens „Das Fest" (1998) von Thomas Vinterberg, eine eigenwillige Variante von Gewalt, und zweitens „Idioten" (1998) von Lars von Trier. Beide markieren den Anfang des neuen dänischen „Dogma"-Films, der sich programmatisch allen Digitalisierungs- und Globalisierungstendenzen widersetzt.

Merksatz

Die Filmkultur der 90er Jahre ist übergreifend geprägt erstens von einem neuen Kino der Grausamkeit, zweitens von digital geprägter Wirklichkeitssimulation, drittens einem „cultural clash" im Kontext der Globalisierung und viertens ihren Alternativen.

8.1 | Der neue Gewaltfilm

Gewalt in neuer drastischer Direktheit – nicht als Gewalt des Zeigens, sondern als gezeigte Gewalt – prägte eine Vielzahl von Filmen insbesondere der Regisseure David Lynch, Quentin Tarantino und Oliver Stone. Hinzuzurechnen wären auch weitere bereits erwähnte Filme, von „Basic Instinct" (1992) von Paul Verhoeven bis zu „Acht Millimeter" (1999) von Joel Schumacher, und natürlich vor allem „Das Schweigen der Lämmer" (1991) von Jonathan Demme, die Fortsetzung „Hannibal" (2000) von Ridley Scott sowie der nachgeschobene erste Teil „Roter Drache" (2002) von Brett Ratner, der unter dem Titel „Blutmond/Roter Drache" (1986) bereits von Michael Mann verfilmt worden war..

David Lynch

Wegbereiter der neuen Gewalt war ohne Zweifel *David Lynch*, der bereits in den 80er Jahren mit Filmen wie „Blue Velvet" (1986) eindringlich den Zusammenhang von Sex und Gewalt, die bei ihm im Lusterlebnis zusammenfallen, thematisiert hat. Der junge Jeffrey, gespiegelt von dem sadistischen Psychopathen Frank, lernt nicht nur neben der Liebe (Sandy) auch den Sex (Dorothy) kennen, sondern er wird erwachsen – er realisiert, dass das Böse, Häßliche, Gewalttätige in der Welt nichts weiter ist als ein Teil seiner selbst; er erkennt den Frank in sich. Und weil er als Statthalter des Zuschauers fungiert, wird damit auch dieser, als Voyeur und Betroffener, der den verlogenen Kitsch- und Schlagerträumen der 50er und frühen 60er Jahre von romantischer Liebe und kleinbürgerlicher Harmoniesucht anhängt, unmittelbar einbezogen.

– „Wild at Heart“

Sein Folgefilm „Wild at Heart – Die Geschichte von Sailor & Lula“ (1990), mit dem er in Cannes die Goldene Palme gewann, behandelt als Road Movie, zugleich Märchen, Liebesfilm, Musikfilm, Kriminalfilm, vor allem auch Horror- und Splattermovie, noch deutlicher den Prozess der Initiation auf dem Hintergrund der integrativen Verknüpfung von Liebe und Gewalt. Schon im Vorspann tötet Sailor in äußerster Brutalität einen farbigen Killer, der ihn mit dem Messer bedroht, beauftragt von der eifersüchtigen „bösen Hexe des Ostens“ aus dem klassischen Hollywood-Musical „Das zauberhafte Land“/ „The Wizard of Oz“ (1939) von Victor Fleming, mit Judy Garland in der Hauptrolle. Es folgen Vergewaltigung, Mord, Brandstiftung, sterbende Unfallopfer, ein tödlicher Banküberfall, bis sich der Gangster Bobby Peru schließlich mit einer Schrotflinte den Kopf abschießt. Die Welt ist ein apokalyptischer Albtraum in einem abgründigen Flammenmeer aus Grauen, Brutalität und Schuld. Ideologisch maßgeblich ist die Geschichte von Sailor und Lula als Geschichte eines moralischen Verfalls, aus dem nur das Märchen rettet: die utopische Fiktion. Das „Land hinter dem Regenbogen“, das Paradies der Liebe gibt es nur noch im Selbstbetrug des verlogenen Elvis-Songs „Love me tender“, im „Ausverkauf aller Ideale“ (Hans-Peter Rodenberg).

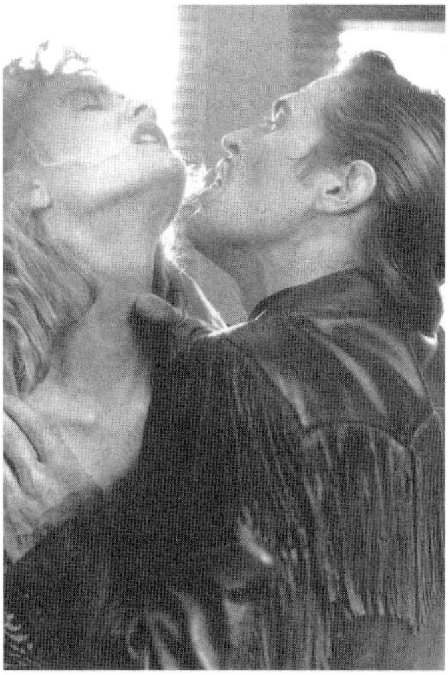

Abb 141

Lula wird schuldig mit Bobby Perdu

Die Tragödie in klassischer 5-Akt-Struktur reicht von den Liebenden, wie sie sich finden, über die Jagd bis New Orleans, ihre Begegnung mit Lug, Trug und Tod, bis sie selber schuldig werden

(Lula durch ein Lusterlebnis mit Bobby, Sailor mit seiner Beteiligung am Überfall) und der Katastrophe der Trennung, die von der „guten Fee" freilich in ein Happy End umgewandelt wird. Ästhetisch dominiert die komplexe Strategie eines stückweisen Erinnerns auf der Erzählebene, unterlegt mit zahlreichen Zitaten der Film- und Musikgeschichte und verschiedener Ikonen populärer Kultur, wobei allmählich die Vergangenheit durchsichtig wird: Enträtselung als Sinnkonstruktion. Viele Szenen sind wie Tableaus inszeniert, mit genau symbolisierender Farbgebung, einer kalkulierten Musik, stilisiert-karikierten Protagonisten und einer beunruhigenden Bedeutungstiefe, welche wieder die Träume der Zuschauer zerpflückt.

Quentin Tarantino

Während Lynch Gewalt vor allem mit Erotik, Sexualität und Initiation verband, widmete sich *Quentin Tarantino*, der übrigens auch das Drehbuch zu Oliver Stones „Natural Born Killers" verfasst hat, der Alltäglichkeit der Gewalt und hier insbesondere ihrer „Tragikomik „ (Werner C. Barg).

– „Pulp Fiction"

„Pulp Fiction" (1994) ist der Beleg dafür. Im Stil der gleichnamigen Groschenromane und B-Pictures der 30er und 40er Jahre („Schund") und im Rekurs auf den Film noir – wieder ein Revival – werden drei verschiedene Episoden aneinandergereiht, bei denen die klassischen Klischees und Halbweltgestalten, Berufskiller, korrupten Boxer, Gangsterbosse und naiven Bräute in ganz unterschiedlichen Handlungszusammenhängen miteinander verknüpft werden und die jeweiligen Szenen immer wieder unerwartete und witzige Wendungen nehmen oder völlig verblüffend

Abb 142

Der philosphische Killer Vincent mit seinem farbigen Gefährten bei der Arbeit

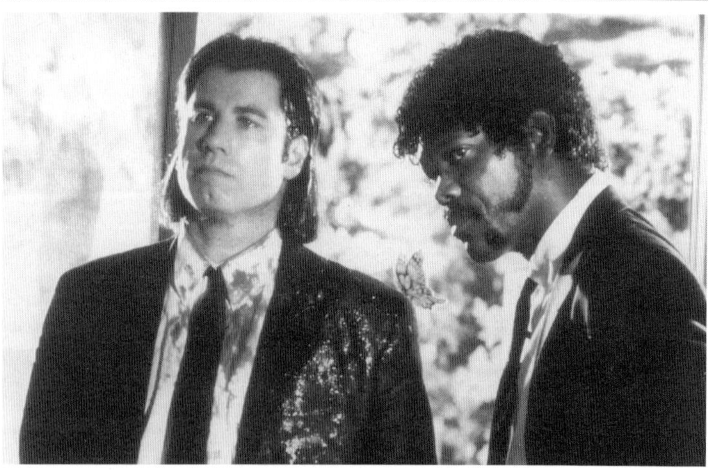

aufgelöst werden. Wie ein roter Faden zieht sich dabei der Killer Vincent Vega, gespielt von John Travolta (seinerseits eine Pop-Ikone aus „Saturday Night Fever"), durch den Film – wenn er während der Ausübung seines blutigen Handwerks Debatten über Fußmassage oder den richtigen Verzehr von Pommes Frites führt, der Gangsterbraut Mia das Leben rettet, indem er ihr eine Adrenalinspritze ins Herz jagt, später auf der Toilette erschossen wird, nur um am Schluss wieder lebendig aufzutreten, weil die Chronologie der Ereignisse in der filmischen Abfolge der Sequenzen nicht eingehalten wird. Auch diese dramaturgische Anarchie und andere Verletzungen der konventionellen Filmästhetik kreieren komische Situationen und erzwingen die Rezeptionshaltung des coolen Zuschauers, denn nur er kann über die bösen Gags lachen. Exzessive Gewalt und Blutorgien werden verknüpft mit Slapstick, Zynismus und Komödie.

Oliver Stone

Oliver Stone dagegen war bereits in den 80er Jahren (Kap. 7.2) mit Filmen wie „Platoon" (1986), „Salvador" (1986), „Wall Street" (1987), „Talk Radio" (1988) und „Geboren am 4. Juli" (1989) international hervorgetreten und setzte nach weiteren provokativen Erfolgsfilmen wie vor allem „JFK John F. Kennedy – Tatort Dallas" (1992), mit Kevin Kostner in der Hauptrolle, auch unter den Gewaltfilmen der 90er Jahre einen Höhepunkt: „Natural Born Killers" (1994) wurde einer der umstrittensten Filme dieser Zeit, in Venedig aber ebenfalls mit einem Preis ausgezeichnet. Erzählt wird die Geschichte des Killerpärchens Mickey und Mallory, die reihenweise völlig unschuldige Menschen brutal töten. Als sie auch einen friedlichen Indianer massakrieren, werden sie von Schlangen gebissen und in einem Supermarkt gefasst. Nach kurzer Zeit im Gefängnis entwickeln sie sich zu Idolen der Massenkultur, finden das Interesse der Medien und schießen sich mithilfe fanatischer Fernsehleute den Weg in die Freiheit, um am Schluss als friedliche Großfamilie in einem Bus durch das freie Amerika zu tingeln.

– „Natural Born Killers"

Der Film ist eine grelle Satire auf die Rolle der Gewalt in unserer modernen Gesellschaft, die wir gerne verdrängen; auf die trivialen Erklärungsmodelle, die wir uns allenfalls dazu ausdenken; auf die Widersprüche zwischen Gewalt und Moral und Gesetz, die wir verleugnen; und auf die Medien Film und Fernsehen, in der ganzen Bandbreite vom trivialen Fernsehwerbespot bis zum künstlerisch anspruchsvollen Werk mit Schwarz-Weiß-Passagen, Zeitlupe, dokumentarischem Anspruch und verkanteter Kamera. Der Film bedient sich einer elaborierten Ästhetik auf der visuellen wie auf der audi-

Abb 143

Das Killerpärchen Mickey und Mallory auf ihrem Trip durch Amerika

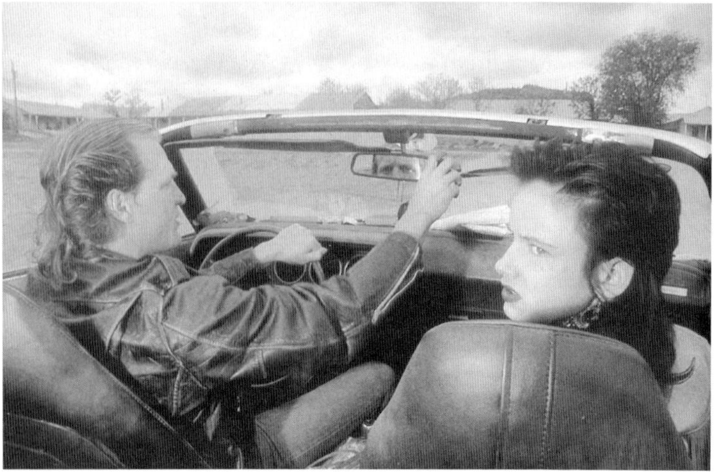

tiven und der symbolischen Ebene, von der sich der Zuschauer faszinieren und überwältigen lässt; und in dem Maße, in dem er seine eigenen schamlosen Unterhaltungsbedürfnisse bedienen lässt, wird er auch selber angeklagt. Die Hysterie, die der Film entfachte, war eher dieser Provokation geschuldet als dem, woran sie sich entzündete: der Brutalität und Beiläufigkeit der Mordorgien, der Sinnlosigkeit des blutdürstigen Treibens, dem krankhaften Wahnwitz der Protagonisten, dem Rausch eines ungehemmt atavistischen Vernichtungstriebs. Gewalt wurde als genuin menschliche Abart in der zeitgenössischen amerikanischen Gesellschaft angeprangert – womit die Message von Filmen wie „Blue Velvet“ bis zurück zu „Uhrwerk Orange“ (Kap. 7.4) erneut gestaltet wurde, nur mit größerer appellativer Kraft.

„Das Schweigen der Lämmer“

Die Figur des Serienkillers hat schon „Das Schweigen der Lämmer“ (1991) zentral geprägt, in der Gestalt des Dr. Hannibal Lecter (gespielt von Anthony Hopkins). Auch hier geht es nur am Rande um einen Kriminalfall, bei dem die Polizei einen Psychopathen jagt, der seinen Opfern die Haut abzieht, also mit viel manifester Gewalt. Schon viel bedeutungsvoller ist der Film als Psychothriller zwischen der Heldin Clarice Starling und Dr. Lecter, ebenfalls ein monströser Serienkiller. Nicht Jäger und Gejagte, nicht Täter und Opfer stehen dabei im Zentrum, sondern Suchende und Führer, Schülerin und Lehrer: zwei Partner in einem Entwicklungsprozess, in dem sich die

FBI-Anwärterin ihrer Vergangenheit stellt, sich den eigenen „Leichen im Keller" konfrontiert und und damit ihre eigene Identität gewinnt. Es geht demnach um Transformation und Metamorphose. Auf einer dritten Bedeutungsebene lautet die Frage nicht mehr: Wer ist der psychopathische Billy? Oder: Wer bin ich, Clarice?, sondern: Wer bin ich, der Zuschauer? Die Message gipfelt im Appell an den Zuschauer, sich als der zu erkennen, der er ist – Billy oder Dr. Lecter, in jedem Fall ein Monster.

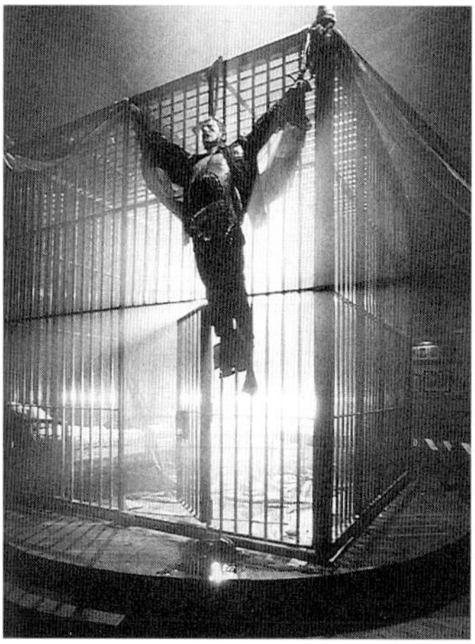

Abb 144

Die Ästhetisierung von Gewalt am Beispiel eines gekreuzigten Polizisten

Offenbar wurde Gewalt in diesem Fall als akzeptabler empfunden, weil nicht Rockmusik und Popkultur und Massenmedien als ihr Universum kannibalisiert wurden wie in „Natural Born Killers", sondern Bachs „Goldberg Variationen", exquisite Ess- und Wein- und Hochkultur und obermittelschichtige Höflichkeit und Eleganz. In „Hannibal", der Filmfortsetzung zum Ende des Jahrzehnts, wurde das programmatisch beibehalten, wenn sich etwa der Kannibale zunächst als Kenner und Kurator der italienischen Kultur- und Kunstgeschichte in Florenz, auch der Kultur der Düfte und Parfüms zu erkennen gibt und zuletzt einem FBI-Agenten, zugegebenermaßen einen Widerling, den Schädel aufsägt, ein Stück aus seinem Gehirn herausgeschneidet, es brät und dem Opfer selbst zum Verzehr reicht.

Merksatz

Das Kino der Grausamkeit in den 90er Jahren lokalisierte Gewalt in bislang nicht gekannten drastischen Bildern und Erzählformen als einen essentiellen Bestandteil der menschlichen Natur selbst und wendete diesen Befund gegen eine gewaltverseuchte Konsumgesellschaft und den unterhaltungsgierigen Zuschauer selbst. Darin bestand seine besondere Provokation .

Ausgewählte Beispiele des neuen Gewaltfilms der 90er Jahre:

Jahr	Titel	Regisseur
1990	„Wild at Heart"	David Lynch
1991	„Das Schweigen der Lämmer"	Jonathan Demme
1994	„Pulp Fiction"	Quentin Tarantino
1994	„Natural Born Killers"	Oliver Stone

1999	„Acht Millimeter“	Joel Schumacher
2000	„Hannibal“	Ridley Scott

Literatur

Andrea Nagele-König: Zum Schweigen der Lämmer. Philosophisch-ideengeschichtliche Analyse eines Thrillers. Klagenfurt 1993.

Versuch einer Filminterpretation auf dem Hintergrund der abendländischen Geistes- und Philosophiegeschichte, mit Kategorien wie z.B. Logos, Sphinx, Schamane oder Kreuzigung; demnach erzählt der Film eine „metaphysische Genealogie der Begrifflichkeit des Vernünftigen aus der Perspektive des Subjektverlusts“ (S. 14).

Claudia Domschky: „Das Schweigen der Lämmer“ von Jonathan Demme. Motive und Erzählstrukturen. Alsfeld 1996.

Interpretation des Films aus psychoanalytischer Sicht: Demnach geht es um das Problem des Inzests und des sexuellen Missbrauchs von Frauen und Mädchen.

Anne Jerslev: David Lynch. Mentale Landschaften. Wien 1996.

Interpretierender Gesamtüberblick über das Werk des Regisseurs (bis „Twin Peaks“), allerdings ohne jede Analyse .

Werner C. Barg und Thomas Plöger: Kino der Grausamkeit. Frankfurt/Main 1996.

Sammelband mit Beiträgen u.a. zu Sergio Leone, Stanley Kubrick, David Lynch, Martin Scorsese, Oliver Stone und Quentin Tarantino, herausgegeben vom Bundesverband Jugend und Film e.V.

Robert Fischer, Peter Körte und Georg Seeßlen: Quentin Tarantino. Berlin 1997.

Mehrere gute Beiträge, u.a. zu Tarantinos Ästhetik und zu seinen Filmen, insbesondere „Natural Born Killers“, mit einer kommentierten Filmografie und guten weiterführenden Literaturhinweisen.

Don Kunz (Hrsg.): The Films of Oliver Stone. London 1997.

Sammelband mit vielen guten Einzelbeiträgen zu allen Filmen von Stone.

Übungs- und Wiederholungsfragen

1 Welche vier Schwerpunkte kann man schon heute als charakteristisch für die 90er Jahre angeben?

2 Nennen Sie die drei Regisseure, die den neuen Gewaltfilm der Zeit in besonderem Maße geprägt haben, mit je einem zentralen Filmbeispiel.

3 Welche drei Bedeutungsebenen lassen sich bei „Schweigen der Lämmer“ unterscheiden?

Weiterführende Arbeitsaufgaben

- Untersuchen Sie das Gesamtwerk von David Lynch (oder Oliver Stone oder Ridley Scott) kritisch im Hinblick auf einen Wandel der Themen und der Bauformen des Erzählens.
- Rekonstruieren Sie die Gewaltdebatte, die in Deutschland zum Film „Natural Born Killers“ geführt wurde.

Weiterführende Arbeitsaufgaben

- Konzentrieren Sie sich auf einen der hier ausgesparten Themenkomplexe der 90er Jahre, etwa das „Kino der Transgression" oder das „Hongkong-Action-Kino", und erarbeiten Sie eine kritische Beurteilung über seine Relevanz für das Jahrzehnt.
- Vergleichen Sie verschiedene Serienmörder aus Filmen der 90er Jahre miteinander. Wie werden ihre Taten dargestellt und erklärt, welche Art von emotionalem Response wird ihnen gegenüber erzeugt?
- Analysieren Sie einen der hier genannten Filme im Hinblick auf das Verhältnis von gezeigter Gewalt und Gewalt des Zeigens.

Wirklichkeitssimulation | 8.2

Die neuen Techniken der digitalen Computermanipulationen ermöglichen potentiell eine Simulation von Wirklichkeit. Es gab auch schon entsprechende Versuche, einen ganzen Spielfilm in digitaler Gestaltung vorzulegen, aber die Resultate ähneln doch eher noch Phantasie- und Märchenwelten, d.h. es bedarf dabei nach wie vor der bewußten Entscheidung, sich auf diese Welten, Personen und Geschehnisse als reale einzulassen. Anders verhält es sich mit handlungs-, personal- oder bedeutungsrelevanten Teilsegmenten oder Einzelaspekten. Das wohl erste gelungene Beispiel dieser Art ist der bereits erwähnte Film „Terminator II – Tag der Abrechnung" (1991) von James Cameron, der auch damit in die Filmgeschichte einging. Die Regeneration des von Kugeln durchsiebten Cyborgs T-1000, die Verwandlung seines Arms in eine tödliche Stichwaffe, seine Rematerialisierung als Metallkörper nach diversen katastrophalen Unfällen, seine Verschmelzung mit dem karierten Fußboden, aus dem er sich erhebt, um als Doppelgänger den Gefängniswächter zu töten, oder die Spaltung seines Schädels durch Explosivgeschosse, nur um sich dann wieder zusammenzufügen – dabei handelt es sich nicht mehr nur um spektakuläre Effekte, sondern damit wird eine ganz neue Bedeutungsebene des Films etabliert: die Konfrontation mit einer glaubhaft konzipierten intelligenten Maschine, lernfähig, mimetisch verwandlungsfähig, supermateriell, ein kybernetischer Organismus, der praktisch nicht mehr zerstört werden kann. Niemals

„Terminator II"

zuvor ist die negative Utopie eines totalen Kontrollverlusts über die maschinellen Produktionsmittel (Almuth Hoberg) derart überzeugend in Szene gesetzt worden. Das ist dieselbe zugleich faszinierende wie bedrohliche Grenzverwischung zwischen Mensch und Maschine, die auch in „Blade Runner“ thematisiert wird. Dass die hausgemachte Apokalypse meist auch unverblümt religiöse Bezüge aufweist, wird schon im Originaltitel „Judgement Day“ („Jüngstes Gericht“) angedeutet.

„Der Tod steht ihr gut“

Aber nicht nur in Science Fiction- und Action-Geschichten eröffnen die neuen digitalen Gestaltungsmittel ganz neue Horizonte, sondern auch beispielsweise in der Komödie. Ein gutes Beispiel dafür wäre etwa „Der Tod steht ihr gut“ (1992) von Robert Zemeckis, mit Meryl Streep, Goldie Hawn und Bruce Willis in den Hauptrollen. Hier läuft Elvis Presley leibhaftig herum, fällt Madeline die Treppe hinunter und trägt dann ihren Kopf eine Zeitlang mit dem Gesicht nach hinten und hat ein riesengroßes Loch im Bauch, durch das man die Wand dahinter sehen kann, wenn sie sich bewegt. Oder

„Men in Black“

„Men in Black“ (1997) von Barry Sonnenfeld, eine Parodie auf Superhelden, Monster und Mystery-Serien, entfaltet unsere vertraute Erde mit ihrer trivialen Alltagsgesellschaft in einen Tummelplatz computergenerierter Außerirdischer, vom glubschäugigen Waffenverkäufer, dem der heruntergeschossene Kopf immer wieder nachwächst, über den winzigen Herrschersohn der Aquilaner auf der Suche nach der „Galaxis“ bis zur gefährlichen Schabe, die den

Abb 145

Der sterbende Mini-Aquilaner im Gehirn eines „Menschen“

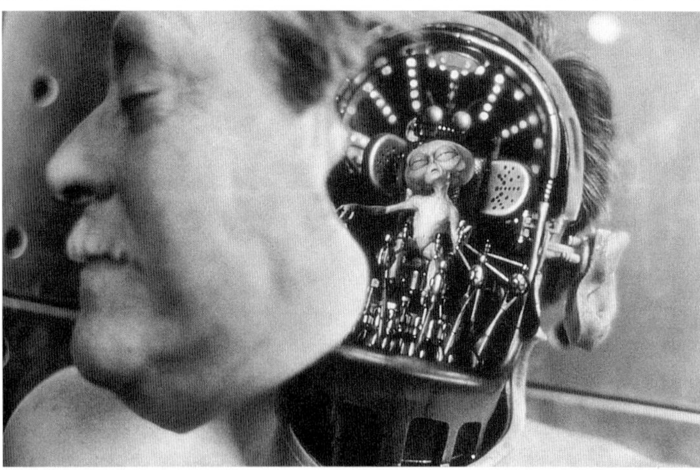

Untergang des irdischen Planeten in Kauf nimmt und monströse Schleimströme von sich gibt.

„Jurassic Park"

Als die zwei besten Beispiele freilich gelten „Jurassic Park" (1993) von Steven Spielberg und „Matrix" (1999) von Andy und Larry Wachowski, beide mit mehreren Fortsetzungen. „Jurassic Park" lässt in dreidimensionaler Bewegungssimulation die Dinosaurier der Frühgeschichte auferstehen. Ältere Monster des Horrorfilms wie Frankenstein, die Mumie, der Werwolf oder auch Außerirdische des Science Fiction-Films werden hier mit dem Quantensprung der Gentechnik bzw. der Computersimulation von teils liebenswerten, teils lebensgefährlichen, in jedem Fall aber faszinierenden Ungetümen abgelöst. Zwar wurden dabei nur sechseinhalb Minuten der Filmzeit computergeneriert, doch die ruckfrei digitalisierten Bewegungen etwa des Tyrannosaurus Rex, insbesondere bei seinem Kampf mit den Raptoren, suggerieren absolute Wirklichkeit – was der Zuschauer zwangsläufig auf die ansonsten traditionell ferngesteuerten Modelle und klassischen Trickaufnahmen überträgt. Auch hier wird eine neue Bedeutungsebene etabliert: Der sich gottgleich erhebende Mensch scheitert bei seinem durch und durch authentisch wirkenden Versuch, die Natur rückstandslos zu beherrschen und das Kontinuum von Geschichte aufzuheben.

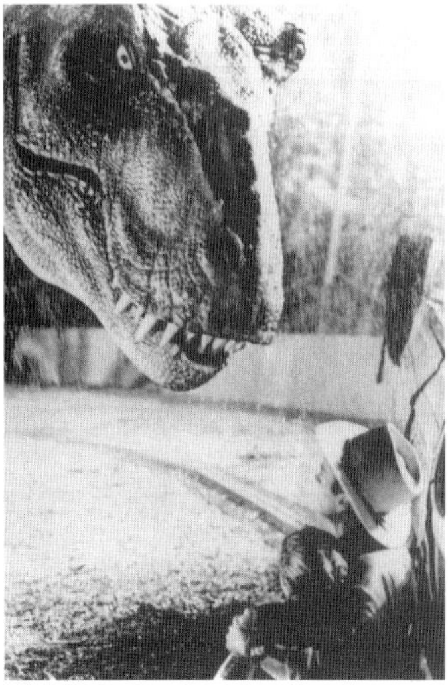

Abb 146

Der wiederbelebte T-Rex bedroht die Menschen

„Matrix"

Um die Natur des Menschen bzw. den Kontrast zur Maschine geht es auch beim zweiten wichtigen Beispiel: „Matrix". Im Kampf um Aufklärung über die postapokalyptische Versklavung der Menschen durch Maschinen findet Morpheus, Führer weniger noch lebender Aufständischer gegen die Computeragenten, den Hacker Neo (Anagramm für „The One") als den Auserwählten, den Messias. Die Welt, in der wir leben, ist nichts weiter als eine computergenerierte Kulisse, mit der die wahren Verhältnisse verschleiert werden sollen: eine Illusion. Sie zu erzeugen, ist die Aufgabe der Matrix. Damit werden mehrere weitverbreitete Tendenzen der Popularkultur

Abb 147

Die Heldin Trinity überwindet im Kampf die Schwerkraft

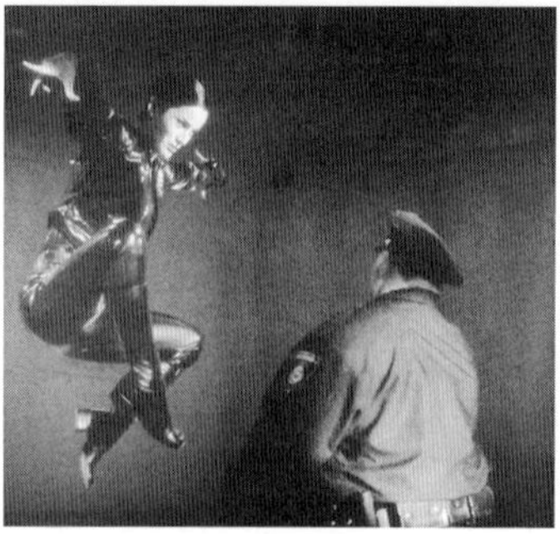

miteinander verbunden: die Welt als Verschwörung, die Welt als Konstrukt, die Welt als Mediensystem (Computernetz, Telefon, Fernseher, Videomonitore, Action-Theater usw.). Wir werden mit Neo vor die Wahl gestellt: zwischen der wirklichen, bitteren Welt oder einer kollektiven Lust-Psychose im Selbstbetrug – zwischen der Wahrheit einer systematischen Ausbeutung in gigantischen Anlagen, in der die Menschen gezüchtet und abgeerntet werden, oder den süßen Versprechungen einer durchästhetisierten Werbe- und Konsumgesellschaft. Als zentraler Wert in dieser dualistischen Gut-Böse-Struktur wird der Ausgang aus Platons Höhle verheißen, die Freiheit in Zion – ebenfalls eine stark religiöse Konzeption. Auch zahllose andere Facetten unterstreichen diese theologische Message (Cypher alias Luzipher bzw. Judas, das mystische Orakel, Morpheus als prophetischer Johannes der Täufer, das Überwinden von Schwerkraft und Geschwindigkeitsgrenzen usw., schließlich auch der Tod des Erlösers Neo, der durch die Liebe Trinitys wieder zum Leben erweckt wird). Neo wird die Matrix überwinden, weil er sie als Verweis auf seine eigene ästhetische Verfasstheit durchschaut (Maximilian G. Burkhart) und sich im Endkampf gegen den Agenten Smith selbst in die beste aller möglichen Maschinen verwandelt (Raimar Zons).

Merksatz

„Matrix" ist nicht der einzige neuere religiöse Film, wie man meinen könnte. Zahlreiche andere Filme wie „Wenn die Gondeln Trauer tragen" (1973) von Nicolas Roeg über die Wahrheit von Transzendenz, „The Mission" (1986) von Roland Joffé als Legitimierung des christlichen Missionsauftrags, „Sieben" (1995) von David Fincher über die sieben Todsünden oder „The Sixth Sense" (1999) von M. Night Shyamalan über das gerechtigkeitsorientierte Zwischenreich zwischen den Lebenden und den Toten (um nur einige zu nennen) redefinieren die Welt aus der Perspektive einer manchmal fast theologischen Heilssehnsucht.

Auswahl von Filmen mit besonderem Einsatz digitaler Gestaltungsmittel:

Jahr	Titel	Regisseur
1991	„Terminator II"	James Cameron
1992	„Der Tod steht ihr gut"	Robert Zemeckis
1993	„Jurassic Park"	Steven Spielberg

1997	„Men in Black“	Barry Sonnenfeld
1999	„Matrix“	Andy u. Larry Wachowski

Literatur

Britta-Karolin Öhding: Thriller der 90er Jahre. Über den Zusammenhang von Struktur, Spannung und Bedeutung an ausgewählten Spielfilmen. Bardowick 1998.

Analysen einzelner Filme unter übergeordneten Kategorien, u.a. zur Bedeutung der Figuren im Serienkiller-Thriller „Copykill“ und zur Bedeutung der Ideologie im Serienkiller-Thriller „Sieben“.

Almuth Hobergt: Film und Computer. Wie digitale Bilder den Spielfilm verändern. Frankfurt/Main und New York 1999.

Thematisierung des digitalen Films historisch und genrespezifisch, mit anregenden Einzelanalysen u.a. von „Terminator 2“ und „Jurassic Park“.

Raimar Zons: Die Zeit des Menschen. Zur Kritik des Posthumanismus. Frankfurt/Main 2001.

Breitgespannte Auseinandersetzung mit dem Theorem vom Ende des Menschen, mit Beiträgen u.a. auch zu „Blade Runner“ und „Matrix“.

Jürgen Felix (Hrsg.): Die Postmoderne im Kino. Ein Reader. Marburg 2002.

Einer von vielen Readern bei dem Versuch, die Filmkultur der 90er Jahre zu beschreiben, mit Beiträgen u.a. zu „Diva“, „Blade Runner“, „Wild at Heart“, Peter Greenaway, David Lynch, den Superhelden und „Matrix“.

Georg Seeßlen: Die MATRIX entschlüsselt. Berlin 2003.

Ausführliche Auseinandersetzung mit allen „Matrix“-Teilen als einem großen „Spielplatz“, mit einem Akzent je auf deren Ästhetik, Politik, Philosophie und Religion. „Matrix“ erscheint als populärer Mythos und Neo als erster transzendentaler Held des Kinos.

Bernd Scheffer und Oliver Jahraus (Hrsg.): Wie im Film. Zur Analyse populärer Medienereignisse. Bielefeld 2004.

Sammelband mit Beiträgen u.a. auch zu „Matrix“, David Lynch und Ego-Shooter-Spielen.

Übungs- und Wiederholungsfragen

4 Welches war das erste gelungene Beispiel für die bedeutungsgenerierende Verwendung digitaler Gestaltungsmittel beim narrativen Spielfilm?

5 Nennen Sie eine Komödie, die sich der Wirklichkeitssimulation bedient.

6 Welches sind die beiden besten Filmbeispiele für die zunehmende Bedeutung digitaler Gestaltungsmittel?

7 Nennen Sie mindestens vier aktuellere Filme, denen religiöse Grundtendenzen nachgewiesen werden können.

Weiterführende Arbeitsaufgaben

- Erarbeiten Sie möglichst viele Interpretationen zu „Matrix“ und nehmen Sie kritisch dazu Stellung – insbesondere im Hinblick auf die Frage, was jeweils lediglich projektiert wird und was am Film selbst analytisch fundiert werden kann.
- Vergleichen Sie die dramaturgische Bedeutung des „Monsters“ im früheren Invasions- oder auch Katastrophenfilm mit dem digitalisierten Monster in Filmen der 90er Jahre.
- Verschaffen Sie sich einen Überblick über die technischen Strategien und Wege, die Filmwelt digital zu bearbeiten. Suchen Sie Kontakt mit Computerspezialisten, die Erfahrung auf diesem Gebiet aufweisen, und informieren Sie sich in teilnehmender Beobachtung über solche Rechenprozesse.

8.3 | Cultural Clash

Ebenso wie die Digitalisierung wurde auch die Globalisierung in den Filmen folgenreich thematisiert. Dazu liegen praktisch noch überhaupt keine wissenschaftlichen Arbeiten vor, und für die wissenschaftliche Filmanalyse sind entsprechende methodische Ansätze auch noch nicht ausgeprägt. Deshalb können hier mehr als kurze Anmerkungen nicht erwartet werden. Gemeint sind Filme, in denen unterschiedliche Kulturen gleichwertig oder gleichrangig gegeneinander gehalten werden und dies im Zentrum des jeweiligen Films steht. International erfolgreiche Beispiele reichen etwa von „Sammy & Rosie tun es“ (1987) von Stephen Frears und „Black Rain“ (1989) von Ridley Scott über „Die Wiege der Sonne“ (1993) von Philip Kaufman und „Sieben Jahre in Tibet“ (1997) von Jean-Jacques Annaud bis zu „Brot und Tulpen“ (2002) von Silvio Soldini, „Solino“ (2002) von Fatih Akin und jüngst „Lost in Translation“ (2003) von Sofia Coppola.

Charakteristisch für die 90er Jahre scheint eine markante Zunahme solcher „Cultural Clash“-Filme zu sein, stets mit einer ethnischen oder übergreifend nationalen oder geographischen Komponente. Drei verschiedene Beispiele sollen die Bandbreite dieser neuen Tendenz verdeutlichen: Inder in England, Italiener in Deutschland, Amerikaner in Japan.

„Sammy & Rosie tun es“

In dem britischen Film „Sammy & Rosie tun es“ wird gezeigt, wie der gealterte indische/ pakistanische Politiker Rafi, der auf der Flucht vor politischen Feinden nach London zurückkommt, um sich mit seinem Sohn auszusöhnen, an der neuen kulturellen Gegenwart der Thatcher-Ära scheitert und kulturell isoliert bleibt. Die kritische Sozialsatire beleuchtet aus der Sicht des Remigranten die aktuelle britische Gesellschaft in einem heruntergekommenen Stadtteil Londons, mit ihren Straßenkämpfen, Drogen, ihrem latenten Rassismus und einem neuen Wertesystem, wie es u.a. in der offenen Ehe zwischen seinem Sohn Sammy und Rosy, einer engagierten Sozialarbeiterin, zum Ausdruck kommt. Rafi resigniert schließlich und tötet sich, während Sammy und Rosy sich dadurch wieder näher kommen.

Der Film ist neben seinem sozialen Realismus geprägt von surrealistischen Szenen, schlagfertigen Dialogen und symbolischen Visionen, in ihrer Ästhetisierung teilweise vom Fernsehen geprägt. Erzählt wird in Form aneinandergereihter Episoden, die nur lose miteinander verbunden sind. Es geht eher um kollektive Repräsentation im Sinne eines Netzwerks sozialer Beziehungen als um kontinuierliches Handeln einzelner Subjekte, so dass unterschiedliche kulturelle Identitäten sichtbar werden. Dabei werden nicht statische Befunde vermittelt, wenn die Kontraste zwischen östlichen und westlichen Kulturen ausdifferenziert werden, sondern Zwischenstadien, Prozesse, Vorläufigkeiten: Wandel. An die Stelle kultureller Eindeutigkeit und traditioneller Verankerung des „Englischen“ oder „Britischen“ werden Vielheit, Heterogenität und Vermischung gesetzt: kulturelle Flexibilität.

„Solino“

In „Solino“ verlässt die Familie Amato in den 60er Jahren ihr Heimatdorf Solino und wandert nach Duisburg aus. Vater Romano und Mutter Rosa eröffnen im Ruhrgebiet eine Pizzeria, die beiden Söhne helfen später. Allmählich jedoch bricht die Familie trotz des ökonomischen Erfolgs auseinander. Romano interessiert sich für deutsche Frauen und wird von Rosa bei einem Seitensprung ertappt. Da gleichzeitig ein unheilbares Karzinom bei ihr diagnostiziert wird, verlässt sie Deutschland und kehrt in ihre italienische Heimat zurück. Ihre beiden Söhne verlieben sich in dasselbe Mädchen und trennen sich im Bruderzwist, als der eine dem anderen nicht nur die Freundin wegnimmt, sondern auch noch den ersten Preis für den ersten eigenen Dokumentarfilm. Die Geschichte endet eher resignativ mit einem bittersüßen Happy End, als der betrogene Bru-

Abb 148

DVD-Titelbild

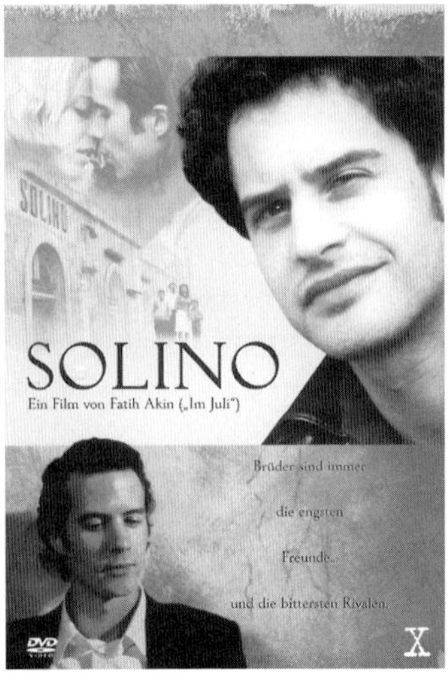

der ein Mädchen im heimischen Salino heiratet, der Vater aber nicht zur Hochzeit erscheint: Die kulturelle Konfrontation erlaubt hier nur entweder eine totale Anpassung an die Fremdkultur oder den Schritt zurück in das traditionelle Werte- und Normensystem.

Das dritte Beispiel, das ähnlich wie „Black Rain" und „Die Wiege der Sonne" die japanische und die amerikanische Kultur miteinander in Beziehung setzt, arbeitet deutlich weniger stark als diese mit Klischees und Stereotypen und setzt stattdessen Komik und Burleske ein. Zwei Amerikaner treffen sich in Tokio: der alternde Schauspieler Bob, der für ein enormes Honorar einen Werbespot für Whisky aufnehmen soll, und die jung verheiratete Charlotte, Ehefrau eines Starfotografen, von dem sie berufsbedingt dauernd allein gelassen wird. Beide befinden sich in einer persönlichen Krise. Beide haben ihre Probleme auch mit den unterschiedlichsten Facetten der japanischen Sprache und Kultur, sind isoliert und jetlagbedingt sowohl übermüdet als auch hellwach. Sie lernen sich kennen und entwickeln allmählich Sympathie füreinander, Zuneigung bis hin zu Freundschaft und Intimität: ein Gespräch an der Bar ihres anonymen Hotels, eine Tour durch Tokios Straßen, eine amüsante Hausparty, ein bizarrer Abend in einer Karaoke-Bar, Blicke aus dem Fenster, persönliche Fragen und Geständnisse auf dem Zimmer, insbesondere als eine Begegnung der jungen mit der alten Generation. Bezeichnenderweise sind Körperlichkeit und Sex zwischen

„Lost in Translation"

Abb 149

DVD-Titelbild

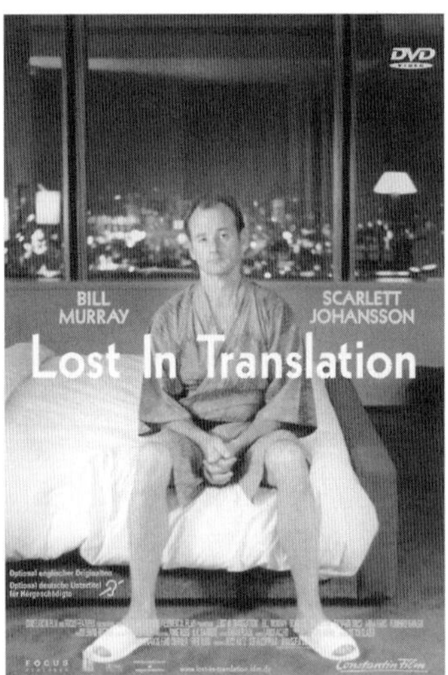

den beiden ausgespart (Bob schläft mit der Barsängerin) – der Film thematisiert nicht eine Mann-Frau-Beziehung, sondern eine Dreiecksgeschichte zwischen Bob und Charlotte als Vertretern zweier Generationen und der fremdartigen Kultur der Metropole Tokio.

Die Gestaltung der Atmosphäre und der Gefühle, die entstehen, wenn zwei Kulturen und zwei Reisende, gestrandet in der Fremde, aufeinander treffen, wird dabei stark von Licht, Halblicht, Dunkelheit beeinflusst, die zugleich vieles aussparen. Entsprechend findet „Lost in Translation" auch keinen bündigen Abschluss. Vielmehr wird der Zuschauer mit einer Mischung aus Heiterkeit, Trauer, Sehnsucht und Melancholie aus dem Kino entlassen. Der „cultural clash" erweist sich hier als ebenso unvermeidlich wie ambivalent – er ist durchaus als Chance zu verstehen.

Erste Auswahl von neueren Filmen zum „cultural clash":

Jahr	Titel	Regisseur
1987	„Sammy und Rosie tun es"	Stephen Frears
1993	„Die Wiege der Sonne"	Philip Kaufmann
2002	„Solino"	Fatih Akin
2003	„Lost in Translation"	Sofia Coppola

Literatur

Holger Hühn: Implodiertes Empire und Thatchers England. Sozialkritische Reflexionen in den Filmen von Stephen Frears und Hanif Kureishi. In: Wilhelm Hofmann (Hrsg.), Sinnwelt Film. Beiträge zur interdisziplinären Filmanalyse. Baden-Baden 1996, S. 194-208.

Fallstudie u.a. zu „Mein wunderbarer Waschsalon" und „Sammy & Rosie tun es", mit besonderem Augenmerk auf dem politischen und sozialen Hintergrund.

John Hill: British Cinema in the 1980s. Oxford 1999.

Umfassende Studie zum britischen Film der 80er Jahre.

Angela Krewani: Hybride Formen. New British Cinema – Television Drama – Hypermedia. Trier 2001.

Umfangreiche Aufarbeitung der britischen Mediensysteme in den 80er und 90er Jahren unter Einschluss auch des Dokumentarfilms und des Fernsehens. Thematisiert u.a. ausführlich „Sammy & Rosie tun es" mit Blick auf „Transkulturalität und Popästhetik".

Übungs- und Wiederholungsfragen

8 Nennen Sie drei Filme, bei denen der Cultural Clash im Mittelpunkt steht.

9 Welche unterschiedlichen Messages finden sich in „Sammy & Rosie tun es", „Solino" und „Lost in Translation"? Wie wird hier jeweils Sexualität instrumentalisiert?

Weiterführende Arbeitsaufgaben

- Suchen Sie andere Spielfilme (aus dieser Zeit oder früher), die den Cultural Clash thematisieren. Welche Unterschiede lassen sich feststellen?
- Reflektieren Sie verschiedene Kulturbegriffe und ihre Tauglichkeit für die Analyse von Cultural Clash-Filmen.
- Vergleichen Sie „Die Wiege der Sonne" und „Lost in Translation" hinsichtlich der Konzepte des „Japanischen" aus Sicht einer amerikanischen Filmkultur.
- Recherchieren Sie nach Filmbeispielen, die den Cultural Clash aus der Sicht anderer Kulturen (der indischen, italienischen, japanischen...) thematisieren. Wo bestehen Ähnlichkeiten, wo Kontraste und Widersprüche?

3.4 | Alternativen

Es gab in den 90er Jahren zahllose Alternativen zur hochtechnisierten und globalisierten Filmkultur der großen multimedialen, supranationalen Finanz- und Medienkonzerne, allen voran Hollywood. Eine der bekanntesten Reaktionen insbesondere auf den vermeintlichen Zwang zur Digitalisierung war eine Gegenbewegung in Dänemark, genannt „Dogma 95". Lars von Trier, gemeinsam mit Thomas Vinterberg und anderen Filmemachern, präsentierte in Paris 1995, zum hundertsten Geburtstag des Mediums Film, ein Flugblatt mit neuen Regeln: Gedreht wird nur an Originalschauplätzen, ohne Requisiten und neue Bauten. Ton und Bild gehören unzertrennbar zusammen. Nur die Handkamera ist erlaubt. Kein künstliches Licht. Keine Filmmusik außer im On. Keine optische Bearbeitung.

Das Konzept von „Dogma 95"

Keine vordergründige Action mit Waffen, Mord etc. Keine zeitlichen und geographischen Verfremdungen. Vor allem keine Genrefilme. Beabsichtigt war Purismus, Authentizität, unverstellte Wahrheit im Sinne eines Direct Cinema. Die Anknüpfung an frühere Erneuerungsmanifeste wie die Nouvelle vague (vgl. Kap. 5.5) oder das Oberhausener Manifest (vgl. Kap. 6.1) war dabei durchaus beabsichtigt.

Merksatz

Im Rückblick hat sich inzwischen herausgestellt, dass diese eher naive „verkehrte Ästhetik" von den Filmemachern selbst meist doch nicht stringent eingehalten wurde und Dogma 95 letztlich weniger ein Gestus der Avantgarde zu einem innovativen Aufbruch war als vielmehr eine gelungene Public Relations-Strategie, unter kräftiger Mithilfe der Filmkritik in der Tagespresse die eigenen, stark subjektiv gehaltenen „Autorenfilme" publikumswirksam zu vermarkten.

Das Experiment wurde freilich in zahlreichen Ländern nachgeahmt und hatte erheblichen Einfluss auf die Entwicklung einer alternativen Filmkultur „von unten", die dann teilweise durchaus auch wirtschaftlich erfolgreich war (z.B. „Blair Witch Project", 1999).

„Das Fest"

Der erste Dogma-Film war „Das Fest". Erzählt wird darin die Geschichte eines Familienfestes, das ein großbürgerlicher Patriarch für seine Kinder, Angehörigen, Geschäftsfreunde und Bekannten zur Feier seines 60. Geburtstages auf seinem Landsitz ausrichtet. Schlüsselfiguren sind neben dieser „Öffentlichkeit" und dem Vater selbst die Kinder: der lärmig-aggressive, spontane Mikael mit seiner Familie, der schüchterne Christian, der eigens aus dem Ausland angereist ist, die promiskuitive Tochter Helene mit ihrem farbigen Freund und Schwester Linda, die vor kurzem durch Selbstmord aus dem Leben geschieden ist. Als Christian auf Wunsch des Vaters zwischen Suppe und Hauptgang einen Toast ausbringen soll, steht er auf und berichtet in nüchternen Worten der Festgesellschaft von dem jahrelangen sexuellen Missbrauch des Vaters an ihm und seiner Schwester Linda, die sich deswegen das Leben genommen habe.

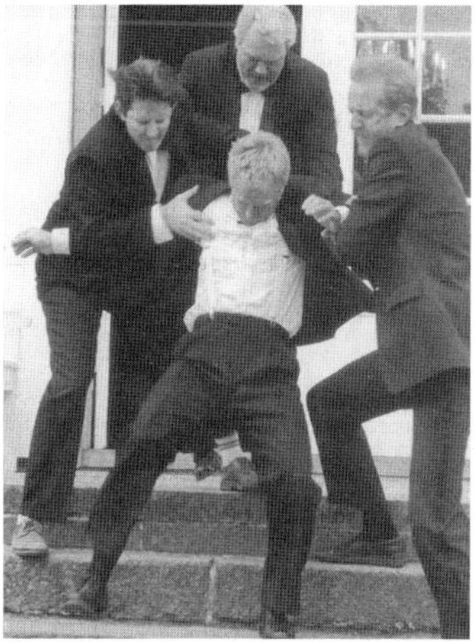

Abb 150

Der „Störenfried" Christian wird aus dem Haus geworfen („Das Fest")

Der Film beschreibt, wie mit diesem unerhört peinlichen Ereignis umgegangen wird: Zunächst wird es geleugnet. Als

Christian erneut davon anfängt, wird er des Hauses verwiesen. Als er wieder eindringt und noch einmal davon anfängt, wollen die Gäste gehen, aber man kann sie zum Bleiben überreden und Michael und ein Freund binden den Störenfried draußen im Wald an einen Baum. Als Christian sich befreien kann und wieder in die Festgesellschaft zurückkehrt, offenbart Helene einen Abschiedsbrief ihrer toten Schwester, den sie inzwischen gefunden hat, der alle Anklagen bestätigt .

Der Film entfaltet seine grausige Message mit einer raffinierten Wahrnehmungssteuerung. Das betrifft einmal die neue Ästhetik, die durchaus konzeptionelle Bedeutung gewinnt: Die Handkamera, teilweise mit verwackelten oder unscharfen Bildern und mit wenig professionell anmutenden Zooms und Schwenks, erinnert an das Heimvideo, das man an solchen Familienfesten meist selber dreht, um das große Ereignis für die Zukunft festzuhalten. Die Figuren werden oft extrem nah und groß gezeigt, gelegentlich sehen sie direkt in die Kamera. Die Schnittfrequenz ist unruhig und abrupt. Auf der auditiven Ebene stehen die Dialoge im Zentrum. All das hat eine absolute Glaubwürdigkeit der Ereignisse zur Folge. Zugleich aber wird der Zuschauer, hin und hergerissen zwischen Verlegenheit und Voyeurismus, gezielt fehlgeleitet. Von Anfang an identifiziert er sich mit dem „vernünftigen“, wenngleich exzentrischen Mikael und wird emotional gegen den offenbar „kranken“, unangenehm störenden Christian eingenommen, der nicht nur impotent ist, sondern auch ein Alkoholproblem hat. Damit kehren sich alle Bemühungen der Geburtstagsgesellschaft, die perversen Verbrechen des Vaters zu leugnen, zu vertuschen, unter den Teppich zu kehren und das Tabu um jeden Preis aufrecht zu erhalten, am Schluss gegen den Zuschauer selbst, der dem Druck der auf Anstand bedachten Öffentlichkeit emotional nachgegeben hat und nun erkennen muss, dass er Christian nicht geholfen, sondern ihn allein gelassen hat.

„Idioten“

Auch der zweite Dogma-Film erschien 1998: „Idioten“. Auch hier spielt Sexualität in verschiedenen Formen eine zentrale Rolle, allerdings werden Nacktheit, Gruppensex und Liebe an die Stelle von Pädophilie, Gewalt und Inzest gerückt. Karen begegnet einer Wohngemeinschaft in einem Kopenhagener Vorort, der sie sich anschließt. Die jungen Leute gebärden sich in der Öffentlichkeit als geistig behindert, um damit anarchischen Freiraum zu gewinnen, für die Grenzen in sich selbst und für die gesellschaftlichen Konventionen und Normen draußen. Dass keine Diskriminierung wirklich Behin-

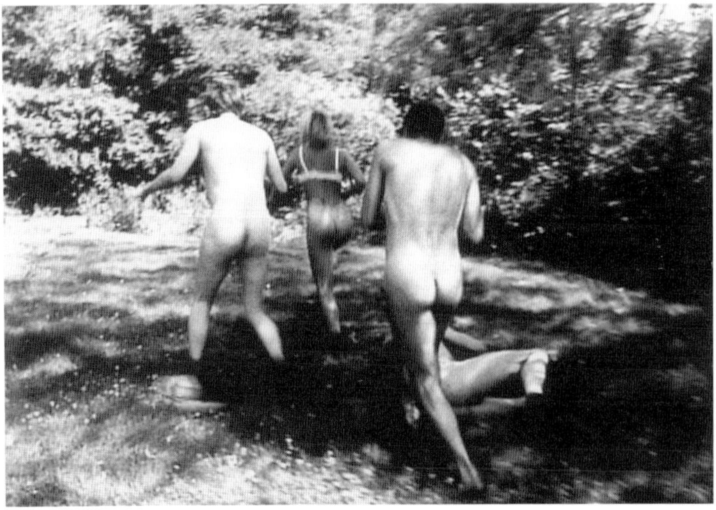

Abb 151

Die „Idioten" laufen nackt durch die bürgerliche Welt

derter beabsichtigt ist, wird nachdrücklich in einer Szene unterstrichen, in der die „Idioten" einer Gruppe wirklich Behinderter begegnen und spontan ihr Spiel einstellen. Die Funktion des Narren, des „Verrückten" dient vielmehr dazu, die Fassade bürgerlicher Normalität zu hinterfragen, zu durchbrechen und Alternativen auszuleben. Das wird brisant, als sich Stoffer zu seiner Geburtstagsparty eine Sexorgie wünscht. Alle fallen übereinander her und man sieht pornografische Szenen mit Erektionen und kopulierenden Körpern. Nur Susanne verweigert sich, aber das wird nicht akzeptiert. Hier beginnt bereits der Zusammenbruch der Gruppe und ihres Spiels, denn es wird von Stoffer dazu missbraucht, Macht zu erlangen und Herrschaft auszuüben. Das Spiel dient nicht mehr der Befreiung, sondern der Disziplinierung. Das Scheitern der „Idioten" wird dann manifest, als verlangt wird, den Verrückten auch am jeweiligen Arbeitsplatz zu spielen. Die Verweigerung der Mitglieder zeigt, dass das gespielte „Aussteigen" doch keinen Gegenentwurf zur bürgerlichen Gesellschaft etabliert, sondern nur ein Freizeitspiel etablierter Bürgerkinder darstellt. Allein Karen gelingt es am Schluss, in ihrer Familie zuhause die Idiotin zu spielen in dem Versuch, mit dieser Inszenierung zu sich selbst zu kommen.

Der Film verwischt programmatisch den Unterschied zwischen Wahrheit und Schein – man weiß nicht, ob und wann die Personen nur spielen oder sie selbst sind. Narrative Sequenzen und Interviews wechseln in loser Folge einander ab, dadurch wird die Chronologie des Erzählens durchbrochen. Die Figuren werden in ihren zahlreichen Widersprüchen und hochemotionalen Spannungszuständen gezeigt und bieten insgesamt eine Skala verschiedener Verhaltensweisen. Eine stringente Handlung gibt es so wenig wie eine bedeutungskonstituierende Figurenkonstellation. Kameraästhetik und Licht unterstreichen den Reportagecharakter. Der Zuschauer muss die wahrgenommenen dokumentarisch scheinenden Fragmente erst zusammenfügen, d.h. wird wieder selbst als bedeutungsgenerierende Instanz in den Film hineingezogen: Auch er muss sich als einer der Idioten in diesem Spiel erkennen.

Sexualität in den Dogma-Filmen

In beiden Filmen übrigens wird Sexualität, soweit sie dargestellt wird, denunziert oder abgewertet – in Verbindung mit Liebe wird sie nur angedeutet (in „Das Fest" etwa die Vereinigung von Christian und Pia, in „Idioten" die Liebesszene von Jeppe und Josephine). Ganz offensichtlich antworten die Dogma-Filme auf „die Tyrannei der Lust", den sexuellen Hedonismus mit einem ausgeprägten Puritanismus, nach dem sichtbarer, körperlicher, aktiver Sex hässlich und grotesk ist, und nur der unsichtbare Sex schön und romantisch und liebevoll (Andreas Sudmann). Der Graben zwischen dem künstlerischen Film mit Avantgarde-Anspruch und dem klassischen Pornofilm war offenbar auch zum Ende des Jahrtausends noch unüberwindbar breit.

Ausgewählte Filme der Dogma 95-Bewegung:

Jahr	Titel	Regisseur
1998	„Das Fest"	Thomas Vinterberg
1998	„Idioten"	Lars von Trier
1999	„Mifune"	Søren Kragh-Jacobsen

Literatur

Achim Forst: Breaking the Dreams. Das Kino des Lars von Trier. Marburg 1998.
Gut lesbare Studie zu den Anfängen von Lars von Trier und zu seinen Filmen bis „Idioten", mit einem Interview mit dem Regisseur.

Andreas Sudermann: Dogma 95. Die Abkehr vom Zwang des Möglichen. Hannover 2001.
Die Studie beschreibt die Anknüpfungspunkte von Dogma 95, etwa bei der Nouvelle vague, und ihre Bedeutung im digitalen Zeitalter,

mit einer exemplarischen Analyse von „Das Fest“..

Jana Hallberg und Alexander Wewerka (Hrsg.): Dogma 95. Zwischen Kontrolle und Chaos. Berlin 2001.

Sammelband über verschiedene Beispiele des Filmstils und das gemeinsame Manifest als Hintergrund, mit zahlreichen Interviewteilen und Bezügen zu anderen Manifesten und Avantgardebestrebungen in der Filmgeschichte.

Matthias N. Lorenz (Hrsg.): Dogma 95 im Kontext. Kulturwissenschaftliche Beiträge zu Authentisierungsbestrebungen im dänischen Film der 90er Jahre. Wiesbaden 2003.

Sammelband mit vielen guten Beiträgen, kritisch, aus unterschiedlichen Perspektiven und mit dem Blick auf breitere Fragestellungen (z.B. Dokumentarfilm, Sexualität).

Mette Hjort und Scott Mackenzie (Hrsg.): Purity and Provocation. Dogma 95. London 2003.

Jüngster Sammelband unter vielen anderen, mit zahlreichen guten Beiträgen speziell zur Verortung von Dogma 95 in der Kino- und Filmkultur der 90er Jahre.

Übungs- und Wiederholungsfragen

10 Nennen Sie mindestens fünf Regeln aus dem Konzept der Dogma-Filme.

11 Welches waren die beiden ersten Dogmafilme – nennen Sie Titel und Regisseure.

12 „Das Fest“ ist geprägt von einer Wahrnehmungssteuerung, die vor allem zwei Effekte für den Zuschauer mit sich bringt. Welche?

Weiterführende Arbeitsaufgaben

- Welche anderen Dogma-Filme gab es? Erarbeiten Sie einen Überblick über die gesamte Bewegung einschließlich der Auswirkungen auch in anderen Ländern.
- Analysieren Sie einen der späteren Dogma-Filme und beachten Sie genau, welche Regeln eingehalten wurden und welche nicht.
- Vergleichen Sie die normativen Ziele von Dogma 95 mit den Forderungen des Oberhausener Manifests und der Nouvelle vague.
- Welche anderen programmatischen Alternativen (gegen Digitalisierung und Globalisierung) gab es in den 90er Jahren in Deutschland (in Italien, England, den USA usw.)?

Zusammenfassung

Der jüngste Abschnitt der Filmgeschichte ist noch wenig überschaubar und wissenschaftlich längst nicht ausreichend erforscht. Deshalb können die genannten Schwerpunkte nur Vorläufigkeitscharakter haben.

Zusammenfassung

In Verbindung mit den beiden übergreifenden Entwicklungskategorien Digitalisierung und Globalisierung, die in den 90er Jahren auch die Filmkultur beeinflusst haben, erscheinen als wichtige Aspekte die neue Wirklichkeitssimulation und der Cultural Clash. Zusätzlich sind aber auch das „Kino der Grausamkeit" und ästhetische Alternativen wie die dänische Dogma 95-Bewegung maßgeblich gewesen, so dass derzeit mindestens vier wichtige zeitcharakteristische Phänomene festgehalten werden müssen.

Der neue Gewaltfilm (erstens) wurde vor allem geprägt von David Lynch, Quentin Tarantino und Oliver Stone sowie dem „Schweigen der Lämmer" und seinen Nachfolgern. Speziell der Film „Natural Born Killers" hat seinerzeit eine breite Debatte in den westlichen Gesellschaften ausgelöst.

Die Wirklichkeitssimulation durch Computer (zweitens) nahm als neues technisches Gestaltungsmittel zunehmend Einfluss auch auf die Bedeutungsgenerierung von Filmen. Wichtige Beispiele dafür waren nach „Terminator II" vor allem „Jurassic Park" und „Matrix", die ihre quasi religiösen Bedeutungskomponenten deutlich erkennen lassen.

Die Begegnung und Konfrontation von Kulturen (drittens), eine zunehmend verbreitete Auswirkung von Globalisierung, begann bereits in den 80er Jahren und läßt eine große Bandbreite an Stellungnahmen und Lösungsvorschlägen erkennen – von der Forderung nach kultureller Flexibilität wie in „Sammy & Rosie tun es" über die Absage an interkulturelle Penetration wie in „Solino" bis zur Gestaltung einer chancenreichen Ambivalanz einer Begegnung der Kulturen wie in „Lost in Translation" (und weiteren Varianten).

Alternativen schließlich zum Mainstream (viertens), insbesondere zu den neuen technologischen Zwängen, waren in dieser Phase vielfältig. Spezielle Aufmerksamkeit fand dabei die dänische Dogma 95-Bewegung, die mit neuen Regeln den Akt der filmischen Gestaltung minimieren wollte zugunsten einer illusionsärmeren Filmwirklichkeit bzw. Wahrheit. Die ersten Filme wie „Das Fest" und „Idioten" haben denn auch weltweit eine neue Debatte über Film als Kunst und als Geschäft in Gang gesetzt. Es wird noch zu untersuchen sein, welche weiteren Innovationen, Regisseure, Filme, Stile und Stars die 90er Jahre bis heute geprägt haben.

Antwortteil

zu den Übungs- und Wiederholungsfragen (in Stichworten zur Erinnerung)

Kap. 1: Vor- und Frühgeschichte (1895-1900)

1. Projektionstechnik/Laterna magica, stroboskopischer Effekt, Fotografie, Zelluloid.
2. Ottomar Anschütz, William Friese-Greene, Thomas Alpha Edison.
3. Visualisierung und Sinnlichkeit gegenüber abstrakter literaler Kultur der Druckmedien.
4. Kombination einzelner Funktionen älterer Medien zu einer neuen Gestalt – beim Film szenische Live-Inszenierung (Theater), authentische Wirklichkeit (Fotografie) und narrative Grundstruktur (Erzähler).
5. realistische Alltagsszenen, dokumentarischer Charakter.
6. Zauberfilme, narrative Dramaturgie.
7. 28.12.1895.
8. pornografischer Film.
9. Pathé Frères.
10. Standardisierung, Konzentration.
11. Beförderte die Akzeptanz für das neue Medium bei den Massen.
12. Nutzung der Malteserkreuzschaltung bei der Kinoprojektion.
13. Organisatorische Bündelung aller Zweige der Filmapparate- und Filmbearbeitungstechnik.
14. Von der stationären Aufführung zum Wanderkino, d.h. schichtenübergreifend breite und unterschiedliche Publika.

Kap. 2: Nationale Besonderheiten (1900-1914)

1. Kinokonzentration, Filmindustrialisierung, Langfilm, Filmstars, Genres.
2. Ökonomische Dominanz einiger weniger Anbieter.
3. Mehr als 10 Filme wöchentlich, rund 500 Kameras etc. monatlich, fast 200 Kinos.
4. Léon Gaumont.
5. Komische Filmserien, z.B. „Calino“, „Fantomas“ oder „Max“.
6. „Das Kind von Paris“ (1913).
7. Motion Pictures Patents Company (MPPC), 1908 gegründet, an unterhaltsamen Kurzfilmen orientiert.
8. Carl Laemmle, William Fox, Adolph Zukor und Marcus Loew, 1910 in Hollywood, mit dem Ziel der Dominanz über die gesamte Wertschöpfungskette.
9. Mary Pickford, Jungfrau und Nymphe in einem.
10. „Der große Eisenbahnraub“ (1903) von Edwin S. Porter.
11. Wendet sich ausführlich der amerikanischen Geschichte zu und verwendet neue filmästhetische Gestaltungsmittel.

Kap. 2: Nationale Besonderheiten (1900-1914)

12. Machte als Darsteller und Regisseur die Slapstick-Komödie berühmt – Vorläufer von Chaplin.
13. Monumentalfilm.
14. Commedia dell´arte, nationale Quellen und Stoffe, imperialistische Propaganda 1911/12, Gabriele D´Annunzio.
15. „Der Fall von Troja", „Die letzten Tage von Pompeji", „Quo Vadis", „Antonius und Cleopatra", „Gajus Julius Cäsar", „Cabiria" und viele andere.
16. Lyda Borelli als Vamp.
17. 35.000.
18. „Union-Theater" von Paul Davidson.
19. Melodram: beschreibt die Initiation der Frau in der kleinbürgerlichen Gesellschaft.
20. Verleihfirma übernimmt als einzige die Vermarktung eines Films im nationalen Raum.
21. Asta Nielsen und Henny Porten.
22. 12.000.
23. Filme nach den Vorlagen von Buch- und Theaterautoren: „Der Student von Prag" (1913).
24. Er wurde von Live-Musik, Kommentatoren und/oder Grammophon begleitet.
25. „Weiße Sklavinnen".
26. Das frivole Salonstück.
27. Politik und Propaganda.

Kap. 3: Vom Stummfilm zum Tonfilm (1914-1933)

1. Kriegsfilm/Antikriegsfilm, Musikfilm
2. Begleitung von Varieté-Orchestern, Klavierbegleitung, Kammermusik-Ensembles, Theater-Orgeln.
3. „Der Jazzsänger" (1927) und „Lichter von New York" (1928).
4. Entlassung von Kinomusikern, Verbund mit Schallplattenbranche, Prominenz des Dialogs, Wechsel von Schauspielern und Stars, Dominanz des Lichttonsystems von Western Electric, Umrüstung von Kinos, Zerfall des internationalen Filmmarkts mangels Synchronfassungen.
5. Oligopol weniger Produktionsgesellschaften, vertikale Konzentration, große Kinoketten, große Budgets, neue Techniken und Produktionspraktiken, teure Stars, weltweite Expansionspolitik.
6. Ökonomische, politische, moralische und Selbstzensur.
7. Double-Feature, B-Movie.
8. Western (z.B. „Der Virginier"), Sandalenfilm (z.B. „Die zehn Gebote"), Abenteuerfilm (z.B. „Robin Hood"), Komödie (z.B. „Närrische Frauen", „Der General", „Der Studentenprinz"), Horrorfilm (z.B. „Frankenstein", „Dracula", „King Kong und die weiße Frau"), Gangsterfilm (z.B. „Scarface"), Gefängnisfilm (z.B. „Ich bin ein entflohener Kettensträfling"), Pornofilm (z.B. „A Free Ride").
9. Publikumsmagnat, Blockbuchen, Inszenierung von Images.
10. Schauspielerinnen und Schauspieler als zeitgebundene Idole für unterschiedliche Fangruppen mit sozialpsychologischen Funktionen.

Kap. 3: Vom Stummfilm zum Tonfilm (1914-1933)

11. Rudolph Valentino, Theda Bara, Gloria Swanson, Greta Garbo, Charles Chaplin.
12. Der Tramp als Witzfigur, als komplexes Image, als humane Grundkategorie.
13. Einstellungen werden so miteinander verbunden, dass sie miteinander kollidieren und die „Idee" dem Zuschauer „schockartig" vermitteln.
14. „Panzerkreuzer Potemkin".
15. 71 Tochtergesellschaften, 5 Verleihunternehmen, 115 Kinotheater, zahlreiche Auslandsgesellschaften, Filmexport für über 30 Millionen Mark.
16. Serien von Detektiv-, Abenteuerfilmen, Melodramen und Sittenfilmen.
17. Volkstümliche Stoffe und Bestseller als Vorlagen, populäre männliche Darsteller und weibliche Serienheldinnen.
18. Gegenreaktion zum vorgängigen Impressionismus und Naturalismus: Protest gegen Tradition und Autorität, Zerstörung von Realität, Tendenz zu Ekstase und Gefühlsintensität, das Schreckliche, Phantastische, Dämonisch-Böse steht im Zentrum.
19. „Das Cabinett des Dr. Caligari", „Der Golem", „Das Wachsfigurenkabinett"; Murnau, Lang.
20. Kammerspielfilme, Straßenfilme, sozialistische Filme.
21. „Nosferatu".
22. Entfesselte Kamera.
23. „Metropolis".
24. René Clair, Jean Renoir.
25. „Toni", „Die große Illusion", „Die Spielregel".
26. Maurice Stiller, Victor Sjöström, Gustav Molander.
27. Historischer Ausstattungsfilm (Alexander Korda), Thriller (Alfred Hitchcock).
28. Eizo Tanaka, Yasujiro Ozu.

Kap. 4: Filmkultur unterm Hakenkreuz (1933-1945)

1. Das amerikanische Studiosystem mit seinem Starprinzip, allerdings nach politischen Maßregeln.
2. Berufsverbote, politische Zensur, ökonomische Kontrolle.
3. Unterhaltungs- und Operettenfilme, Propagandafilme.
4. Hans Albers, Marika Rökk, Zarah Leander, Heinz Rühmann, Theo Lingen, Grete Weiser, Hans Moser.
5. Eskapismus.
6. „Die große Liebe" (1942).
7. Beim Propagandafilm eine explizite politische Message mit dem Ziel der Überwältigung, beim Unterhaltungsfilm zwar politische Dimension, aber eher Zerstreuungsfunktion.
8. Detlef Sierck.
9. Ca. 100; Führerprinzip, Rassismus, Blut-und-Boden-Ideologie.
10. „Jud Süß" (1940) von Veit Harlan.
11. Apologie der Euthanasie, der Vernichtung „unwerten Lebens".
12. „Vom Winde verweht" (1939).
13. Sexuelle Details, Bevorzugung von Nah- und Großaufnahmen, Figur des Handelsvertreters/Handwerkers, Urinieren, lesbische Aktivitäten.

Kap. 4: Filmkultur unterm Hakenkreuz (1933-1945)

14. Kinobuchung von Topfilmen nur zusammen mit wenig attraktiven B-Pictures.
15. John Ford, Orson Welles, William Wyler.
16. Eine Gruppe in einem geschlossenen Raum.
17. Das Jahr des Western.
18. Ein scheiternder Held, geprägt von Hass; ein gesellschaftlicher Außenseiter, charakterisiert durch sinnlose Gewalt und Scheitern.
19. „Citizen Kane“ (1941).
20. Recherche-Struktur, Tiefenschärfe, Weitwinkelaufnahme.
21. „Handwerker“; „Die besten Jahre unseres Lebens“ (1946).
22. John Wayne, Orson Welles, Clark Gable, Katharine Hepburn, Joan Crawford, Jean Harlow, Mae West, Bette Davis.
23. Jean Gabin.
24. „Die Kinder des Olymp“ (1945).

Kap. 5: Der „Weltfilm“ der Nachkriegszeit (1945-1960)

1. Amerikanischer Gangsterfilm, französischer poetischer Realismus, deutscher Expressionismus.
2. Hardboiled detective novels, Dashiell Hammett, Raymond Chandler, James M. Cain, Cornell Woolrich.
3. Gruppe von rund 300 amerikanischen Kriminalfilmen zwischen 1940 und 1960 in Schwarz-Weiß, sozialkritisch-desillusionierendes Wertesystem, spezifische, gegen Hollywood gerichtete Ästhetik.
4. Zum Beispiel: „Die Spur des Falken“, „Mord, meine Süße“, „Tote schlafen fest“, „Rächer der Unterwelt“, „Gefährliche Leidenschaft“.
5. Einzelgänger: isoliert, stoisch, zynisch, ein Loser, sympathischer Antiheld.
6. Ungewöhnliche Kamerperspektiven, abrupter Wechsel von Totalen und Großaufnahmen, Weitwinkelaufnahmen und Tiefenschärfe, vor allem Low Key-Style.
7. Roberto Rossellini, Vittoria de Sica, Luchino Visconti.
8. Gruppe von Filmen von den 40er bis zu den 60er Jahren, Darstellung der alltäglichen Wirklichkeit, kritischer Spiegel der italienischen Gesellschaft und ihrer sozialen Verfassung.
9. „Fahrraddiebe“.
10. Die menschliche Existenz ist nicht schicksalshaft fremdbestimmt, sondern steht auch in der Verantwortung der Betroffenen.
11. Beispiele: „Rom, offene Stadt“, „Die Erde bebt“, „Bitterer Reis“, „Umberto D.“.
12. Fellini: „La Strada – Das Lied der Straße“, Antonioni: „Die mit der Liebe spielen“, Pasolini: „Mamma Roma“.
13. Beispiele: Fellini u.a. „Fellinis Satyricon“, Antonioni u.a. „Blow Up“, Pasolini u.a. „Die 120 Tage von Sodom“.
14. Kalter Krieg, technische und biologische Erfindungen, struktureller Wandel des Publikums.
15. ad 1: „Invasion vom Mars“, ad 2: „Tarantula“, ad 3: Alarm im Weltall“.

Kap. 5: Der „Weltfilm" der Nachkriegszeit (1945-1960)

16. Öffentlich-politisch (Invasionsängste) und subjektiv-privat (Initiation).
17. Invasionsängste, Mutationsängste, Selbstvernichtungsängste, Endzeitängste, sexuelle Ängste der Heranwachsenden.
18. Einesteils Neuanfang (z.B. Auflösung der Ufa), andernteils Kontinuität (z.B. erneute Verflechtung), personelle Kontinuität, ca. 1000 neue Filme, meist schematisiert, Beginn politisch-moralischer Kontrolle, Boom an Kinos und Zuschauern.
19. Kriegsfilme z.B. „08/15", Musikfilme z.B. „Liebe, Tanz und 1000 Schlager", Heimatfilme z.B. „Schwarzwaldmädel".
20. Rehabilitation des Militärs, der deutsche Soldat als positiver Held, Krieg als Abenteuer, als Bewährungschance oder als Schicksalssschlag.
21. Setzen sich auch in den 60er Jahren kontinuierlich fort.
22. Opposition von Identität und Entfremdung: konservativ, auf heile Welt und Harmonie ausgerichtet, Trost- und Geborgenheitsfunktion, Abgrenzung vom Fremden, Übrschaubarkeit der vertrauten Umwelt, Sehnsuchtsideal.
23. Schemafilme minderer ästhetischer Qualität als Leerstelle und Folie für qualitativ anspruchsvolle Filme aus dem Ausland.
24. Visualisiert das Grauen nicht im gegenständlichen Monster, sondern ruft es als Emotion im Zuschauer selbst hervor.
25. Schlüsselfilme des Film noir.
26. Beispiele: „Das Fenster zum Hof", „Vertigo", „Psycho", „Die Vögel".
27. Vordergründig Voyeurmotiv und Kriminalfall, im Kern die Sehnsucht des Helden, sich von seiner Freundin zu trennen, bzw. die Ambiguität von Bindungen zwischen Mann und Frau in einer geschlossenen Welt.
28. Protagonist durchlebt zwei Geschichten, die miteinander zusammenhängen und auf seine Höheangst rekurrieren: Er wurde zum ahnungslosen Zeugen funktionalisiert, um ein Verbrechen zu verdecken. Formal: aufwendige Kamera mit Zooms und Fahrten, suggestive Musik, elaborierte Farbsymbolik, spezielle Schnittfrequenz zur Desorientierung des Zuschauers.
29. Gespaltene Persönlichkeit, Identitäsproblematik.
30. Claude Chabrol, Francois Truffaut, Alain Resnais, Jean-Luc Godard.
31. Eine Gruppe von französischen Autorenfilmern, die mit einem subjektiven Stil neue Akzente in der Filmkunst setzen wollten.
32. Gekünstleter Formalismus (Tonmontagen, Wiederholungen, Kontraste, Assoziationen, Labyrinth, Spiel mit Spielen, kein Kontinuum in der Handlung, keine individualisierende Charakterisierung, Verrätselung, keine offensichtliche Aussage.
33. Durch seine explizit politischen Filme.
34. Beispiele: „Das siebente Siegel", „Wilde Erdbeeren", „Das Schweigen".
35. Mittelalterliches Mysterienspiel, Offenbarung.
36. Suche nach Gott wird in Suche nach Selbsterkenntnis umgewandelt.
37. Auseinandersetzung mit dem Hitlerfaschismus.
38. Schicksal der Frau in der bürgerlichen Kleinfamilie als sexuelle Unterdrückung, Ausbruchversuch aus der hierarchischen Ordnung und der Dominanz des autoritären Vaters.
39. „Die sieben Samurai".
40. Etablierung von Werten wie Mitgefühl, Mut und Solidarität, Statusverlust der historisch überholten Samurai als feudaler Militärkaste.

Kap. 5: Der „Weltfilm" der Nachkriegszeit (1945-1960)

41. Als „Sexbomben" oder „Busenstars".
42. Beispiele: James Dean, Brigitte Bardot, Romy Schneider, Sophia Loren, Humphrey Bogart, Sophia Loren.
43. „Gier nach Liebe", „Das Gänseblümchen wird entblättert", „Ein Weib wie der Satan", „Und immer lockt das Weib".
44. Kombination widersprüchlicher Elemente, z.B. autonome Weiblichkeit vs. Spielball der Instinkte, körperbewusste Selbstinszenierung vs. Objekt des Begehrens.
45. „Blondinen bevorzugt", „Wie angelt man sich einen Millionär", Fluß ohne Wiederkehr", „Manche mögen's heiß", „Das verflixte siebte Jahr".
46. Kombination von Unschuld und Sexappeal, kleinem Mädchen und sinnlicher Reife, infantiler Naivität und provokativer Körperlichkeit.

Kap. 6: Konkurrenz zum Fernsehen und Erneuerung (1960-1975)

1. Konkurrenz zum Fernsehen, Wertewandel.
2. Abfolge von Einzelfilmen in größerer Zahl, mit vergleichbarer Handlungsstruktur, ähnlichem Sujet, Figureninventar und einer unveränderten Message nach einem Schema – zwischen Fortsetzungsfilm und Subgenre, nach ökonomischen Kriterien.
3. Beispiele: „Der Frosch mit der Maske", „Die Bande des Schreckens", „Der Mönch mit der Peitsche", „Der Hexer", „Der Zinker". Biedermeierliche lineare Detektivgeschichte, klarer Gut-Böse-Gegensatz, statisches Figureninventar, Mischung aus Verbrechen, Liebe und Humor, kindlich-naive Weltsicht.
4. Beispiele: „Der Schatz im Silbersee", „Winnetou", „Old Surehand". Harald Reinl, Alfred Vohrer, Robert Siodmak. Lex Barker als Old Shatterhand und Pierre Brice als Winnetou.
5. Beispiele: „Das Wunder der Liebe", „Schulmädchen-Report", „Deep Throat".
6. Gruppe von 26 deutschen Jungfilmern propagierte auf den Oberhausener Kurzfilmtagen 1962 den „jungen deutschen Film" als Autorenkino, gegen das Genrekino und die niedrigen ästhetischen Standards des Serienfilms.
7. Beispiele: „Abschied von gestern" von Alexander Kluge, „Jagdszenen aus Niederbayern" von Peter Fleischmann, „Die Angst des Tormanns beim Elfmeter" von Wim Wenders, „Die bitteren Tränen der Petra von Kant" von Rainer Werner Fassbinder.
8. „Die Blechtrommel" von Volker Schlöndorff.
9. Beispiele: „Liebe ist kälter als der Tod", „Händler der vier Jahreszeiten", „Angst essen Seele auf", „Die Ehe der Maria Braun", „Lili Marleen".
10. Unterdrückungs- und Gewaltverhältnisse in Liebesbeziehungen – in „Händler der vier Jahreszeiten" als Teufelskreis, den ein spezielles Streben nach Glück erst entwirft.
11. Ambivalenz von Image (z.B. Sanftheit, träumerische Entrücktheit) und Rolle (z.B. Ehrgeiz, Skrupellosigkeit), verknüpft mit Erotik, Tiefgründigkeit und Gebrochenheit.
12. Beispiele: „Ben Hur", „Doktor Schiwago", „Love Story", „Der Clou", „Asterix der Gallier".

Kap. 6: Konkurrenz zum Fernsehen und Erneuerung (1960-1975)

13. Rohmer: „Meine Nacht bei Maud“, Resnais: „Der Krieg ist vorbei“, Truffaut: „Die amerikanische Nacht“, Godard: „Week-End“.
14. Kritik am gehobenen Bürgertum, z.B. „Die untreue Frau“ und „Blutige Hochzeit“.
15. zeigt die Hohlheit und Bedeutungslosigkeit der damaligen Konventionen und Rituale – als Repräsentationen einer feudalen Herrschaft sind sie anachronistisch geworden.
16. Wiederholung und Serialisierung, nüchterner Erzählstil, kleine Ausschnitte und Fragmente von Wirklichkeit, live-Ton, wenig Dialog, parteilose Kamera.
17. Beispiele: Claude Lelouch mit „Ein Mann und eine Frau“, „Belle de Jour – Schöne des Tages“ von Luis Bunuel.
18. zeigt erstmals Hardcore-Szenen in einem Mainstream-Kinofilm.
19. Pier Paolo Pasolini, Bernardo Bertolucci, Sergio Leone, Sergio Corbucci.
20. Pasolini: „Das 1. Evangelium Matthäus“, „Die 120 Tage von Sodom“, Bertolucci: „Der große Irrtum“, „Der letzte Tango in Paris“, Leone: „Für eine Handvoll Dollar“, „Spiel mir das Lied vom Tod“, Corbucci: „Django“, „Leichen pflastern seinen Weg“.
21. Bei Pasolini teils antiautoritäre Kraft, teils als Abrechnung mit dem Faschismus; bei Bertolucci die Enterotisierung des entfremdeten Körpers im bloßen Sex, das Fehlen von Authentizität in der Liebe.
22. Beispiele: „Liebesgrüße aus Moskau“, „Der Spion, der mich liebte“, „Goldfinger“, „Im Geheimdienst Ihrer Majestät“. Darsteller: Sean Connery, Roger Moore, Timothy Dalton; Bösewichte, attraktive Frauen. Speziell stilisierter Held mit dem Auftrag, die Welt zu retten, besteht viele aufregende Abenteuer in 2-Parteien-Dramaturgie gemäß dem Kalten Krieg, bei festem Figureninventar und allmählich sich wandelnder Message (vom eiskalten Einzelkämpfer zum modernen Abenteurer der Zukunft).
23. Beispiele: „Die Einsamkeit des Langstreckenläufers“, „Tom Jones“, „Herr der Fliegen“, „Liebende Frauen“, „Der große Gatsby“.
24. Beispiele: „Lawrence von Arabien“, „2001 – Odyssey im Weltraum“, „Ekel“, „Leise weht der Wind des Todes“, „Wenn die Gondeln Trauer tragen“.
25. Beispiele: „Yeah! Yeah! Yeah!“ von Richard Lester, „Yellow Submarine“ von George Dunning, „Blow up“ von Michelangelo Antonioni.
26. Road Movie, Hexen- und Teufelsfilme, Katastrophenfilme, Rachefilme.
27. Zeigt Menschen in Bewegung, Entwicklungsgeschichten, Metapher der Straße, Unterwegssein als existentielle Grundkategorie, Werte wie Freiheit, Ichfindung, moderne Gralssuche. Beispiele: „Easy Rider“, Hells Angels 70“, „Getaway“.
28. Kultfilm, in dem zwei Helden die Weiten Amerikas durchstreifen und auf der Suche nach dem amerikanischen Traum von Freiheit und Toleranz provinzlerische Enge, überwiegend Feindseligkeit und schließlich den Tod finden.
29. Subgenre im Kontext christlicher Kultur, der Satan als Antipode Gottes, Hexen als vom Teufel Besessene, die exorziert werden müssen. 4 Typen: Satanskult, Besessenheit und Exorzismus, Antichrist, Geisterhaus.
30. „Airport“ von George Seaton.
31. „Ein Mann sieht rot“ von Michael Winner.
32. Martin Scorsese, Francis Ford Coppola, Steven Spielberg.

Kap. 6: Konkurrenz zum Fernsehen und Erneuerung (1960-1975)

33. Um Einsamkeit, sexuelle Frustrationen und unterdrückte Aggressionen als latente Befindlichkeiten des moderne Großstadtmenschen – es gibt keine Erlösung.
34. Beispiele: „Der Pate", „Apocalypse Now", „Bram Stoker´s Dracula".
35. Das Erwachsenwerden und seine entsprechenden Ängste (Konfrontationsangst, Kastrations- und Penetrationsangst, Trennungsangst usw.).
36. Beispiele: „Unheimliche Begegnung der dritten Art", „E.T. Der Außerirdische", „Jäger des verlorenen Schatzes", „Schindler´s Liste", „Der Soldat James Ryan".
37. Klaus Kinski, Hanna Schygulla.
38. Verkörperung der attraktiven und emanzipierten modernen Frau – geprägt vom gesellschaftskritischen Protestgestus.
39. Überzeugende Gestaltung einer Vielfalt von Rollen (Komiker, Eigenbrötler, Außenseiter, Melancholiker, Besessener, Verlierer), die die Sympathien auf sich ziehen.
40. Mischung aus Schönheit und Eleganz, aber auch Abgründigkeit und Perversion – Rätselhaftigkeit, die anziehend und bedrohlich zugleich wirkt.

Kap. 7: Genrewandel – Diversifikation, Revival, Mix (1975-1990)

1. Traditionell: Melodram („weepy"), modern: Film von Frauen aus der Sicht der Frau über frauenspezifische Themen mit emanzipativem Anspruch bevorzugt für Frauen.
2. Beispiele: Margarethe von Trotta, Helma Sanders-Brahms, Helke Sander, Jutta Brückner.
3. Beispiele: „Schwestern oder die Balance des Glücks", „Die bleierne Zeit", „Heller Wahn", „Rosa Luxemburg".
4. Die Schauspielerin Sigourney Weaver.
5. Um Empfängnis, Schwangerschaft und Geburt aus der angstbesetzten Sicht des Mannes, der aus diesen Prozessen weitgehend ausgeschlossen ist.
6. Söldnerfilm.
7. Beispiele: „Platoon", „Die durch die Hölle gehen", „Full Metal Jacket".
8. Kriegsfilm, Western, Thriller, Abenteuerfilm, Initiationsfilm, religiöser Film.
9. Abgehalfterter Guerillakämpfer ohne Auftrag, einsame Tötungsmaschine für das angeblich Gute, Ikone für den Macho auf eigene Faust und für Gewaltverherrlichung, Sinnbild für den primitiven, brutalen Einzelkämpfer mit dem Kopf durch die Wand.
10. Beispiele: „Rocky", „Superman", „Rambo", „Terminator", „Conan".
11. „Uhrwerk Orange", „Snuff", „Blutgericht in Texas".
12. Sean S. Cunningham.
13. Freddy Krueger.
14. „Die Nacht der lebenden Toten", „Zombie", „Day of the Dead". Im zweiten Teil symbolisieren die Zombies die kapitalistische Ausbeutung der Warenästhetik und Konsumgesellschaft.
15. Beispiele: „Assault", „Halloween", „The Fog", „Das Ding aus einer anderen Welt".

Kap. 7: Genrewandel – Diversifikation, Revival, Mix (1975-1990)

16. Ideenfilme, mit denen ein Chronist amerikanischer Albträume aktuelle Ideologie- und Gesellschaftskritik liefert.
17. Sexuelle Handlungen werden sind angedeutet, simuliert oder wirklich. Beispiele: „Die blaue Lagune“ bzw. „“Bilitis“ bzw. „Fox Lady Nr. 1“.
18. Den Tod als Ziel einer auf Vereinigung ausgerichteten absoluten Liebe.
19. „Bilitis“, „Eis am Stil“, „Porky´s“, Frauengefängnisfilm.
20. Hardcore-Pornos sind legal und definieren sich durch die Inszenierung sexueller Handlungen erstens wirklich, zweitens detailliert und drittens szenisch-narrativ.
21. Durch eine enorme Ausdifferenzierung in zahlreiche Subgenres.
22. Beispiele (oft gebündelt): genitaler Koitus, Fellatio, Cunnilingus, Analsex, Busensex, Fesselspiele, Gruppensex, Fetischsex, Sex mit Alten, Masturbation, Schwulensex.
23. Mehr als ein Drittel der bundesdeutschen Erwachsenen sah Ende der 80er Jahre monatlich mindestens einen Hardcore-Porno, 14% mindestens wöchentlich. Dem korrespondieren die entsprechenden Ausleihzahlen und Umsätze der Videotheken.
24. Literatur, Musik, Malerei.
25. Zigeunermythos, Tanztheater, Oper.
26. Mittelalterliche Fabel, barockes Theater, elisabethanische Rachetragödie, Pasolini, Bilder von Rembrandt und Frans Hals, jüdische Kabbalistik.
27. Woody Allen.
28. Beispiele: „Der Stadtneurotiker“, „Hannah und ihre Schwestern“, „Zelig“, „Radio Days“.
29. Die Serie „Krieg der Sterne“.
30. SF-Film, Kriegsfilm, Western, Abenteuerfilm, Liebesfilm, Komödie – Märchen.
31. Breite Vermarktung in möglichst vielen Kultursegmenten, unter Einsatz von Produktverbund und Merchandising als Bindeglied zur Alltagswelt.
32. Sexuelle Bedürfnisse, politische Unterdrückung, wirtschaftliche Ausbeutung, Kulturimperialismus.
33. Beispiele: Liebe als romantischer Verlust („Jenseits von Afrika“), als Ehe („Eine verhängnisvolle Affäre“), als Sehnsucht („Gefährliche Liebschaften“), als Partnerschaft („Sex, Lügen und Video“), als traumhaftes Märchen („Pretty Woman“).
34. Der Abenteuerfilm, mit der Indiana Jones-Serie.
35. Beispiele: Hanna Schygulla, Sigourney Weaver, Sylvester Stallone, Arnold Schwarzenegger, Bruce Willis, Sean Connery, Teresa Orlowsky, Meryl Streep, Robert Redford, Jack Nicholson, Michael Douglas, Harrison Ford.
36. Mischung aus Irrationalität, Fatalismus, emotionale Intensität, obskure Leidenschaft, rebellische Clownerie in einer labyrinthischen Welt.
37. Bei Nicholson eine spezielle Persönlichkeit, bei Douglas eine besondere Rollenvielfalt, bei Harrison das gleichbleibende Image des erfolgreichen Abenteurers.

Kap. 8: Ausblicke – Digitalisierung und Globalisierung (1990 – heute)

1. Kino der Grausamkeit, Wirklichkeitssimulation, Cultural Clash, Alternativen.
2. David Lynch: „Wild at Heart – Die Geschichte von Sailor & Lula“, Quentin Tarantino: „Pulp Fiction“, Oliver Stone: „Natural Born Killers“.
3. Der Kriminalfall (Billy), der Psychothriller (Clarice), die philosophische Ebene (der Thrill auf den Zuschauer).
4. „Terminator II – Tag der Abrechnung“.
5. „Der Tod steht ihr gut“, „Men in Black“.
6. „Jurassic Park“, „Matrix“.
7. Neben „Jurassic Park“ und „Matrix“ u.a. auch „Wenn die Gondeln Trauer tragen“, „The Mission“, „Sieben“ und „The Sixth Sense“.
8. Beispiele: „Sammy & Rosie tun es“, „Black Rain“, „Die Wiege der Sonne“, „Solino“, „Brot und Tulpen“, „Lost in Translation“.
9. „Sammy & Rosie tun es“: kulturelle Flexibilität/ freie Sexualität, sexuelle Erfüllung; „Solino“: keine kulturelle Interpenetration/ traditionelles Sexualverhalten; „Lost in Translation“: ambivalente Kulturbegegnung, als Chance zu verstehen/ Freundschaft und Intimität ohne Sexualität.
10. Beispiele: nur Originalschauplätze, keine Requisiten, kein künstliches Licht, nur Handkamera, keine Genrefilme, keine optische Bearbeitung.
11. „Das Fest“ von Thomas Vinterberg, „Idioten“ von Lars von Trier.
12. Die neue Ästhetik suggeriert ein privates Familienfestvideo und damit Glaubwürdigkeit und Authentizität. Dramaturgisch wird der Zuschauer dazu gebracht, sich in der peinlichen Situation der Enthüllung gegen Christian zu wenden und damit selbst als Bestandteil des Unterdrückungsapparats zu entlarven.

Bildquellen

1. Martin Loiperdinger: Film & Schokolade. Stollwercks Geschäfte mit lebenden Bildern. Frankfurt/Main, Basel 1999, S. 61.
2. Ulfilas Meyer: Kino-Express. Die Eisenbahn in der Welt des Films. München, Luzern 1985, S. 7.
3. Christian Hellmann (Hrsg.): Der Science Fiction Film. München 1983, S. 17.
4. Oskar Messter: Mein Weg mit dem Film. Berlin-Schöneberg 1936, S. 14/15, Abb. 5 (aus dem Messter-Katalog von 1897).
5. Ricarda Strobel (Hrsg.): Film- und Kinokultur in Lüneburg. Bardowick 1993, S. 42.
6. Jerzy Toplitz: Geschichte des Films 1895-1933, Bd. 1. Frankfurt/Main o.J., Bildteil ab S. 64.
7. Liz-Anne Bawden (Hrsg.): rororo-Filmlexikon, Bd. 5: Personen H-Q. Reinbek 1978, S. 1261.
8. Toeplitz Bd. 1, S. 64/65.
9. Geoffrey Nowell-Smith (Hrsg.): Geschichte des internationalen Films. Stuttgart, Weimar 1998, S. 120.
10. Heinrich Fraenkel: Unsterblicher Film. Die große Chronik von der Laterna Magica bis zum Tonfilm. München 1956, S. 236.
11. Adolf Heinzlmeier, Bernd Schulz und Karsten Witte: Die Unsterblichen des Kinos. Bd. 1: Stummfilmzeit und die goldenen 30er Jahre. Frankfurt/Main 1982, S. 18.
12. Corinna Müller: Frühe deutsche Kinematographie. Formale, wirtschaftliche und kulturelle Entwicklungen. Stuttgart, Weimar 1994, S. 145.
13. Helmut H. Diederichs: Der Student von Prag. Einführung und Protokoll. Stuttgart o.J., S. 63.
14. Hans-Jürgen Kubiak: Die Oscar-Filme. Die besten Filme der Jahre 1927-1984. Frankfurt/Main 1985, S. 20.
15. Toeplitz Bd. 1, S. 70/71.
16. Fraenkel 1956, S. 259.
17. William K. Everson: Klassiker des Horrorfilms. München 1982, S. 203.
18. Babelsberg Studiotour: Cinefantastic (Katalog). Berlin 1994, S. 19.
19. Everson 1982, S. 107.
20. Georg Seesslen: Der pornographische Film. Frankfurt/Main, Berlin 1990, S. 216/17.
21. Heinzlmeier, Schulz, Witte, Bd. 1, S. 84.
22. Fraenkel 1956, S. 267.
23. Fraenkel 1956, S. 299.
   Paul Werner: Die Skandalchronik des deutschen Films von 1900 bis 1945. F24. rankfurt/Main 1990, S. 131.
25. Friedrich von Zglinicki: Der Weg des Films (Bildband). Hildesheim, New York 1979 (ohne Seitenangabe).
26. Gerd Albrecht (Hrsg.): Die großen Filmerfolge. Ebersberg 1985, S. 17.
27. Albrecht 1985, S. 15.
28. Fraenkel 1956, S. 264.
29. Fraenkel 1956, S. 301.
30. Fraenkel 1956, S. 291.
31. Lotte H. Eisner: Die dämonische Leinwand. Frankfurt/Main 1975, 1980, S. 108.
32. Toeplitz Bd. 1, S. 320/21.
33. Everson 1982, S. 39.
34. Fraenkel 1956, S. 315.
35. Babelsberg Studiotour 1994, S. 9.
36. Toeplitz Bd. 1, S. 746/47.
37. Toeplitz Bd. 1, S. 602/03.
38. Fraenkel 1956, S. 288.
39. Fraenkel 1956, S. 344.
40. Claudia Lenssen: Blaue Augen, Blauer Fleck. Kino im Wandel von der Diva zum Girlie. Berlin 1997, S. 37.
41. „Münchhausen". Ufa-Magazin Nr. 19. Ausstellungskatalog. Berlin 1993, S. 2.

42. Kraft Wetzel und Peter Hagemann: Zensur. Verbotene deutsche Filme 1933-1945. Berlin 1978, S. 165.
43. „Unter den Brücken". Ufa-Magazin Nr. 21. Ausstellungskatalog. Berlin 1993, S. 1.
44. „Hitlerjunge Quex". Ufa-Magazin Nr. 11. Ausstellungskatalog. Berlin 1993, S. 7.
45. Szenenfoto.
46. Werner Faulstich und Helmut Korte (Hrsg.): Fischer Filmgeschichte, Bd. 2. Frankfurt/Main 1991, S. 272.
47. Homer Dickens: Gary Cooper und seine Filme. München 1982, S. 168/69.
48. Szenenfoto (Aushangbild).
49. Peter Bogdanovich: John Ford. Berkeley, London 1978, S. 61.
50. Marc Ricci, Boris und Steve Zmijewsky: John Wayne und seine Filme. München 1982, S., 84.
51. J.A. Place: Die Western von John Ford. München 1984, S. 49.
52. Place 1984, S. 74.
53. Ricci/Zmijewsky, S. 150.
54. Place 1984, S. 186.
55. James Howard: The Complete Films of Orson Welles. New York 1991, S. 43.
56. Titelbild des Umschlags der Videofassung („Cinema Club").
57. Ezra Goodman: Humphrey Bogart. Porträt einer Kinolegende. München 1993, S. 113.
58. Adolf Heinzlmeier, Jürgen Menningen und Bernd Schulz: Kino der Nacht. Hollywoods Schwarze Serie. Hamburg 1985, S. 80.
59. Peter Brunette: Roberto Rossellini. New York, Oxford 1987, S. 48.
60. Helmuth Pelzer: Vittorio de Sica. (Ost-) Berlin 1964, Bildteil ohne Seitenangabe.
61. Alan Adler (Hrsg.): Science Fiction and Horror Movie Posters in Full Color. New York 1977, S. 13.
62. Adler 1977, S. 15.
63. Adler 1977, S. 5.
64. Titelseite der Illustrierten Film-Bühne Nr. 3089.
65. Titelseite der Illustrierten Film-Bühne Nr. 2510.
66. Titelbild des Umschlags der Videofassung („Die Grossen Kino-Hits der 50er").
67. Titelseite der Illustrierten Film-Bühne Nr. 776.
68. Bernhard Jendricke: Alfred Hitchcock. Reinbek 1993, S. 96.
69. Donald Spoto: Alfred Hitchcock und seine Filme. München 1976, 1992, S. 291.
70. Jendricke 1993, S. 108.
71. Werner Faulstich und Helmut Korte (Hrsg.): Fischer Filmgeschichte, Bd. 3. Frankfurt/Main 1990, S. 365.
72. Alain Resnais. Reihe Film 38. München 1990, S. 97.
73. Alain Resnais 1990, S. 107.
74. Gösta Werner: Die Geschichte des schwedischen Films. Frankfurt/ Main 1988, S. 118.
75. Werner 1988, S. 119.
76. Film in der DDR. Reihe Film 13. München 1977, S. 85.
77. Christian Cargnelli und Michael Palm (Hrsg.): Und immer wieder geht die Sonne auf. Wien 1994, S. 130.
78. Donald Richie: The Films of Akira Kurosawa. 3rd. ed. Berkeley 1996, S. 102.
79. Bernard D´Eckardt: Brigitte Bardot. Ihre Filme – ihr Leben. München 1982, S. 85.
80. Michael Conway und Marc Ricci: Marilyn Monroe und ihre Filme. München 1980/1984, S. 25.
81. Joachim Kramp: Hallo! Hier spricht Edgar Wallace. Berlin 1998, S. 181.
82. Leo Phelix und Rolf Thissen: Pioniere und Prominente des Sexfilms. München 1983, S. 223.
83. Robert Fischer und Joe Hembus: Der Neue Deutsche Film 1960-1980. München 1982, S. 68.
84. Fischer/Hembus 1982, S. 90.
85. Gerhard Zwerenz: Die Ehe der Maria Braun. Nach dem gleichnamigen Film von Rainer Werner Fass-

binder mit Hanna Schygulla in der Hauptrolle. München 1981, S. 245.
86. Robert Bresson. Reihe Film 15. München 1978, S. 161.
87. Phelix/Thissen 1983, S. 279.
88. Phelix/Thissen 1983, S. 158.
89. Joe Hembus: Western-Lexikon. München 1976, S. 579.
90. Georg Seeßlen und Claudius Weil: Western-Kino. Reinbek 1979, S. 190.
91. Steven Jay Rubin: The James Bond Films. A Behind the Scenes History. New York 1983, S. 42.
92. Bernhard Matt (Hrsg.): Berühmte Erzählungen, Große Filme. München 1985, S. 133.
93. Jürgen Struck: Rock Around the Cinema. Reinbek 1985, S. 69.
94. Ronald Hahn und Volker Jansen: Kultfilme. München 1985, S. 45.
95. Werner Faulstich und Helmut Korte (Hrsg.): Fischer Filmgeschichte, Bd. 4. Frankfurt/Main 1992, S. 181.
96. Norbert Stresau: Der Horror-Film. München 1987, S. 191.
97. Steven H. Scheurer: Movie Blockbusters. New York 1983, S. 12.
98. Jürgen Müller: Filme der 70er Jahre. Köln 2003, S. 286.
99. Ulli Weiss: Das neue Hollywood. München 1986, S. 45.
100. Müller 2003, S. 109.
101. Weiss 1986, S. 144.
102. Weiss 1986, S. 185.
103. Weiss 1986, S. 194.
104. Georg Seeßlen: Steven Spielberg und seine Filme. Marburg 2001, S. 144.
105. Weiss 1986, S. 223.
106. Heinzlmeier, Schulz, Witte: Die Unsterblichen des Kinos, Bd. 3. Frankfurt/Main 1982, S. 124.
107. Jeff Lenburg: Dustin Hoffman. Seine Filme, sein Leben. München 1983, 4. Aufl. 1991, S. 125.
108. Francoise Gerber: Catérine Deneuve. Ihre Filme – ihr Leben. München 1981, S. 51.
109. Renate Hehr: Margarethe von Trotta. Filmmaking as Liberation. Stuttgart, London 2000, S. 67.
110. Szenenbild aus: Richard J. Anobile (Hrsg.): „Alien". Movie Novel. London 1979 (ohne Seitenangabe).
111. Paul Scanlon und Michael Gross: The Book of „Alien". London 1979, zweitletzte Seite.
112. Jürgen Müller: Filme der 80er Jahre. Köln 2002, S. 472.
113. Müller 2003, S. 422.
114. Müller 2003, S. 512.
115. Marsha Daly: Sylvester Stallone. Vom Außenseiter zum Superstar. Bergisch Gladbach 1986, S. 204.
116. Jürgen Müller: Filme der 90er. Köln 2002a, S. 67.
117. Müller 2003, S. 66.
118. Phil Hardy (Hrsg.): The Encyclopedia of Horror Movies. New York 1986, S. 298.
119. Müller 2003, S. 533.
120. Hans D. Baumann: Horror. Die Lust am Grauen. München 1989, S. 191.
121. John McCarty: The Modern Horror Film. 50 Contemporary Classics. New York 1990, S. 104.
122. Jason Dark: John Carpenter. Das große Filmbuch. Bergisch Gladbach 1990, S. 32.
123. Frank Schnelle: Suspense – Schock – Terror. John Carpenter und seine Filme. Stuttgart 1991, S. 66.
124. Dark 1990, S. 72.
125. Schnelle 1991, S. 80.
126. Müller 2002a, S. 81.
127. Dirk Manthey und Jörg Altendorf (Hrsg.): Erotik TV, Bd. II (von TV Spielfilm). Hamburg 1992, S. 141.
128. Georg Seeßlen: Der pornographische Film. Frankfurt/Main 1990, S. 216/17.
129. Albrecht 1985, S. 183.
130. Werner Faulstich und Helmut Korte (Hrsg.): Fischer Filmgeschichte Bd. 5. Frankfurt/Main 1995, S. 122.
131. Faulstich/Korte 1995, S. 238.
132. Müller 2003, S. 485.
133. Stephan Reimertz: Woody Allen. Eine Biographie. Reinbek 2000, S. 157.

134. Müller 2003, S. 458.
135. Müller 2003, S. 629.
136. Christian W. Thomsen und Werner Faulstich (Hrsg.): Seller, Stars und Serien. Heidelberg 1989, S. 175.
137. Titelbild der Umschlagseite der Videofassung („Home Video").
138. Meinolf Zurhorst und Lothar Just: Jack Nicholson. München 1983, S. 149.
139. Annene Kaye und Jim Sclavunos: Michael Douglas. Das Leben des berühmten Hollywoodstars. Bergisch Gladbach 1989, S. 160/61.
140. Müller 2002, S. 348.
141. PR-Heft „Wild at Heart" (Filmprogramm 246). Stuttgart 1993, S. 28.
142. Robert Fischer, Peter Körte und Georg Seeßlen: Quentin Tarantino. Berlin 1997, S. 139.
143. Müller 2002a, S. 226.
144. Szenenbild in der Romanausgabe von Thomas Harries: Das Schweigen der Lämmer. München 1988, 9. Aufl. 1990, S. 270/71.
145. Müller 2002a, S. 477.
146. Faulstich/Korte 1995, S. 304.
147. Müller 2002a, S. 610.
148. Titelbild der DVD-Fassung.
149. Titelbild der DVD-Fassung.
150. Müller 2002a, S. 533.
151. Jack Stevenson: Lars von Trier. London 2002, S. 88/89.

Namens- und Sachregister

Filmregister